工业工程专业规划教材
工信部"十四五"规划教材建设重点研究基地规划项目

质量管理学

李艳婷　宗福季　奚立峰　主编

上海交通大学出版社
SHANGHAI JIAO TONG UNIVERSITY PRESS

内容提要

在国家全力推进"新质生产力"战略和建设"质量强国"的大背景下,质量管理学的地位愈发重要。本书基于数据驱动的问题解决与质量改进理念,共分 7 篇 19 章。第 1 篇"绪论"系统梳理了质量管理的历史演变及六西格玛管理方法;第 2~6 篇依据定义、测量、分析、改善和控制 5 个阶段,介绍质量管理的核心工具和实践路径;第 7 篇"应用与前沿"则重点探讨了六西格玛管理法在不同行业和场景下的实际案例与最新发展。

融合大数据时代的智能质量管理理念,本书对传统质量管理理论与方法进行了创新与拓展,弥补了传统模式在数据分析和智能应用方面的不足,为学生与从业者在面对复杂多变的质量问题时,提供了行之有效的理论基础与实用工具。全书内容紧扣学术与产业的前沿需求,可作为高等院校工业工程及相关专业"质量管理学"课程的教材,也可供研究人员与企业相关从业人员参考。

图书在版编目(CIP)数据

质量管理学 / 李艳婷,宗福季,奚立峰主编.
上海 :上海交通大学出版社,2025.6. -- ISBN 978-7
-313-32044-5

Ⅰ. F273.2

中国国家版本馆 CIP 数据核字第 2025TV8541 号

质量管理学

ZHILIANG GUANLIXUE

主 编:	李艳婷 宗福季 奚立峰			
出版发行:	上海交通大学出版社		地 址:	上海市番禺路 951 号
邮政编码:	200030		电 话:	021 - 64071208
印 制:	上海新艺印刷有限公司		经 销:	全国新华书店
开 本:	787 mm×1092 mm 1/16		印 张:	23.25
字 数:	561 千字			
版 次:	2025 年 6 月第 1 版		印 次:	2025 年 6 月第 1 次印刷
书 号:	ISBN 978 - 7 - 313 - 32044 - 5			
定 价:	79.00 元			

前言
PREFACE

质量管理在当今快速发展、竞争激烈的市场环境中显得尤为重要。它不仅关乎产品和服务的优劣,更是一个组织能否在长期竞争中立于不败之地的关键因素。质量管理作为一门学科,其理论与实践在过去一个世纪里经历了翻天覆地的变化。从早期的统计过程控制,到全面质量管理,再到如今的智能化质量控制,质量管理的内涵和外延都在不断拓展。在这个变革的时代,编写一本涵盖质量管理核心理论与最新发展的教材,既是一项挑战,也是一种责任。本书旨在为学生和实践者提供一个全面、深入的质量管理知识体系,从基础理论到实践应用,从传统方法到前沿技术,帮助读者掌握质量管理的精髓,并将其应用于实际工作中。

全书涵盖了质量管理的历史沿革、基本概念、统计工具、实验设计、过程控制,以及最新的人工智能和大数据在质量管理中的应用等内容。我们力求在传统与创新之间找到平衡,既要夯实学生的基础知识,又要开拓他们的视野,为未来的质量管理实践做好准备。全书分为7篇。第1篇"概述"回顾了质量管理的发展历史,包括从工业时代以前的质量控制到现代的全面质量管理,并探讨了质量的定义和维度,为读者建立起对质量管理的宏观认识。第2篇"定义阶段(D)"深入探讨了质量统计分布和统计推断,强调了数据驱动的问题解决方法,并介绍了如何利用统计工具来定义和量化质量问题。第3篇"测量阶段(M)"重点介绍了测量系统分析和过程能力分析,强调了准确测量的重要性,并讲解了如何评估和改进测量系统的可靠性。第4篇"分析阶段(A)"详细介绍了常用的质量管理分析工具,包括传统的7种工具和新7种工具,帮助读者掌握如何利用这些工具来分析质量问题,找出问题的根本原因。第5篇"改善阶段(I)"和第6篇"控制阶段(C)"则分别讲解了实验设计法和统计过程控制,强调了如何通过实验设计来优化工艺参数,并通过统计过程控制来确保改进成果的长期有效性。此外,本书第7篇还探讨了人工智能和大数据在质量管理中的应用,展望了质量管理的未来发展趋势。

本书的特点主要有以下几点。

理论与实践相结合:本书不仅系统地讲解了质量管理的理论知识,还结合了大量的实际案例,帮助读者更好地理解和应用这些理论。

深入浅出：本书力求以通俗易懂的语言讲解复杂的统计学概念和方法，并配以图表和示例，方便读者理解和掌握。

与时俱进：本书不仅涵盖了传统的质量管理方法，还介绍了人工智能、大数据等前沿技术在质量管理中的应用，体现了质量管理的最新发展趋势。

优秀的质量管理人才不仅需要扎实的理论基础，更需要敏锐的洞察力和创新精神。因此，本书在介绍理论知识的同时，也融入了大量的案例分析和实践应用，旨在培养学生的解决问题的能力和创新思维。

质量管理是一个动态发展的领域。随着工业 4.0 和智能制造的推进，质量管理也在经历新的变革。本书最后一章专门讨论了人工智能和大数据在质量管理中的应用，希望能为读者打开一扇通往未来的窗户。

本书适合于跨学科领域，如**工业工程**、**运营管理**、**供应链管理**、**工商管理**等专业领域的学生、从事质量管理工作的专业人士，以及对质量管理感兴趣的读者阅读。希望本书能够成为读者学习和应用质量管理知识的良师益友，为推动质量管理的进步和发展贡献一份力量。

本书第 1、2、5～7、14～17 章由李艳婷、宗福季、奚立峰撰写，第 3、4、19 章由王迪撰写，第 8、18 章由夏唐斌撰写，第 9～13 章由李勇祥撰写。

最后，要感谢所有为本书做出贡献的同事和学生。他们的洞见和建议使这本书更加完善。同时，也要感谢那些在质量管理领域辛勤耕耘的先驱者们，是他们的智慧和努力铺就了今天的道路。希望这本书能成为学生学习质量管理的良师益友，也能为业界实践者提供有益的参考。质量管理的道路永无止境，让我们携手共进，为推动质量管理的发展贡献自己的力量。

编　者

2024 年 10 月

目录
CONTENTS

第1篇 总 论

第 2 篇　定义阶段(D)

第3篇　测量阶段(M)

第4篇　分析阶段(A)

第5篇　改善阶段(I)

第 6 篇　控制阶段(C)

第7篇　应用与前沿

第1篇

总 论

山不在高,有仙则名。

水不在深,有龙则灵。

斯是陋室,惟吾德馨。

——刘禹锡《陋室铭》

唐代刘禹锡的《陋室铭》以其深邃的哲理和隽永的文辞流传千古。诗中不仅有对简陋居所却因主人品德高尚而熠熠生辉的赞美,更深刻地表达了对内在品质的崇尚。在当今这个快速发展、竞争激烈的市场环境中,这种对品质内核的深刻洞察显得弥足珍贵。

质量管理,作为连接科学与艺术的桥梁,其核心理念与刘禹锡的诗中所蕴含的智慧不谋而合。它不仅超越了单纯的技术流程与标准框架,更成为一种对卓越品质的不懈追求,一种对内在价值深刻挖掘与塑造的哲学实践。

本书第1篇提供了质量管理的宏观视角,从理论到实践,从历史到现代,帮助读者对质量管理有一个全面而深入的了解。通过本篇的内容,希望能够激发读者对质量管理的深入思考,为后续章节的学习打下坚实的基础。

第1章 绪　　论

　　本章旨在探讨如何运用统计方法及其他先进技术手段来提升产品与服务的质量水平。这些质量改进的方法论不局限于制造环节，而是在公司的各个环节均能发挥作用，如工艺流程的设计与优化、工程项目的规划实施、财务管理与会计审计、市场营销策略的制订、分销网络及物流体系的构建，以及客户服务体系的完善与现场服务的提升。

　　"疑今者，察之古；不知来者，视之往。"此言出自中国古代典籍《管子·形势》，意在强调通过回顾历史以理解现状，并通过观察过去来预见未来。基于这一思想，本章首先将追溯质量管理的历史渊源，勾勒出其学术发展的历程；接着致力于界定质量、质量改进及其他相关质量工程概念的基础定义；最后则会介绍质量维度模型，帮助读者更全面地理解质量的概念。

　　本章的学习目标：

　　(1) 探讨质量改进方法的历史演变及其发展脉络；

　　(2) 明确质量的定义及其在不同领域中的应用意义；

　　(3) 分析知名质量大师们的管理哲学及其实践成果；

　　(4) 概览全球范围内的各类质量奖项及其评选标准；

　　(5) 探索质量衡量的不同维度及其对企业绩效的影响。

　　通过上述内容，读者不仅能获得对质量管理的深刻认识，还能掌握实用工具和技术，以推动所在组织对质量的持续改进。

1.1 质量管理历史

　　"疑今者，察之古；不知来者，视之往。万事之生也，异趣而同归，古今一也。"事物的发展是一个过程，是循着时间逐渐演变而成的。观察事物的历史，可以推知它的现在；观察它的现在，可以推知它的未来。欲深入理解质量管理理论，同样需要知晓质量管理在漫长的历史长河中，如何跟随科学和社会进步，由初级到高级，由主观到客观，由被动到主动的发展历程。任何一门科学的发展都有其内在的规律性，质量管理科学的发展就是以社会对质量的要求为原动力的。质量管理的方法在过去数千年中发生了巨大的变化，这种变化还会继续进行下去。

1.1.1 工业化时代以前的质量管理

　　质量是一个历久弥新的议题。尽管有些质量管理的具体形式可能已经遗失在历史的长河中,但能够肯定的是,自从人类开始制造物品,质量控制的问题就已经存在。例如,最早的采集者需要识别哪些植物可食,哪些有毒;古代的猎人也需选择最佳的木材来制作弓箭。这种实践经验代代相传,奠定了早期质量管理的基础。

随着时间推移,人类社会从小家庭逐步扩展到村落乃至部落。在这些小型社区内,人们开始在市集中交换各自的产品,其多为天然资源或手工艺品。产品的质量通常由消费者的直观感受决定,这种直接的互动促进了劳动的专业化和技术的积累。手艺人通过对材料、工具、工艺流程以及最终产品的深入了解,不断提升技艺水平,而他们的声誉则成了维护产品质量的一种自然机制。

随着社会进步,村落发展为市镇,交通条件的改善促进了地区间的贸易往来。在这种情况下,生产者与消费者之间的直接联系被打破,中介商成为两者之间的桥梁。这导致了传统市场上存在的质量保障机制失效,催生了新的质量保证形式,如质量保证书、产品标准和度量体系等。

质量保证最初可能是口头协议,其约束力有限,于是书面形式的保证应运而生。例如,一块出土于古巴比伦的陶碑记录了一枚镶嵌绿宝石的金戒指的质量保证,承诺若宝石在 20 年内脱落,则赔偿银币。另一个例子来自古巴比伦的《汉谟拉比法典》,该法典规定建造房屋的工匠应对建筑安全负全责,若因施工不当导致房屋倒塌致人死亡,工匠将面临死刑。

在中国,早在商朝就有"司空""司工"这样的官职负责监督手工业制品。《周礼·考工记》描述了春秋战国时期国家对产品质量的年度审查制度及官员质量责任制度。《吕氏春秋》提到"物勒工名"的做法,即在器物上刻上工匠的名字,表明其对器物的质量负责。唐代法律也规定了类似的责任追究机制。这些都反映了中国历史上对质量保障的关注。

为了方便远程制造商与经销商之间的有效沟通,产品质量标准应运而生。无论距离多么远、结构多么复杂的商品,只要遵循同一套标准,就都能确保质量信息的准确传达。然而,不同的测量和检验方法可能导致分歧,促使业界统一检验与测试规范,进而推动了计量技术的发展。由于这个阶段的质量控制主要依赖手工操作者的个人技艺与经验,因此称为"操作者质量管理"。

18 世纪中叶,工业革命席卷欧洲,标志着现代工厂制度的兴起。相较于传统的手工作坊,工厂以其规模化生产和效率优势,迅速取代了后者的地位。而到了 19 世纪后半叶,"科学管理"理论的出现更是对传统手工作坊制度构成了重大挑战。原有的质量管理方式在面对工业化生产的新要求时显得捉襟见肘,尤其是在效率和成本控制方面。

伴随着工厂的大规模生产模式,一系列新的技术难题也随之浮现,比如部件的互换性、标准化生产、工装夹具的设计及精确的测量方法等。解决这些问题的过程,推动了质量管理科学的形成与发展。

生产方式从个体手工制造向大规模机械化生产的转变,关键在于一个创新的理念——零件的可互换性。1798 年前后,美国发明家伊莱·惠特尼(Eli Whitney)率先提出了标准化和可互换零件的概念,并将其付诸实践。当时正值美法战争期间,美国政府急需大量滑膛枪,但仅有的两家兵工厂产能有限,难以满足需求。惠特尼的公司承担了生产一万支枪的任务,并为此在康涅狄格州纽黑文建立了新工厂。

在该工厂内,惠特尼将滑膛枪分解成多个独立的组件(见图 1-1),并利用专用模具和机械设备来生产这些零件,确保它们之间具备高度一致性。随后,工人按照标准化流程将这些零件组装成完整的枪械。此外,惠特尼还发明了首台用于金属切割的铣床,进一步提高了生产效率和精度。他的目标是使每个零件的制造误差控制在一个极小的范围内,从而确保任意一支枪的任何一个零件都能够适配其他枪支,真正实现了零件的互换性和标准化生产。这一创举不仅极大地提升了军事装备的生产速度,同时也为后续的质量管理和大规模生产奠定了基础。

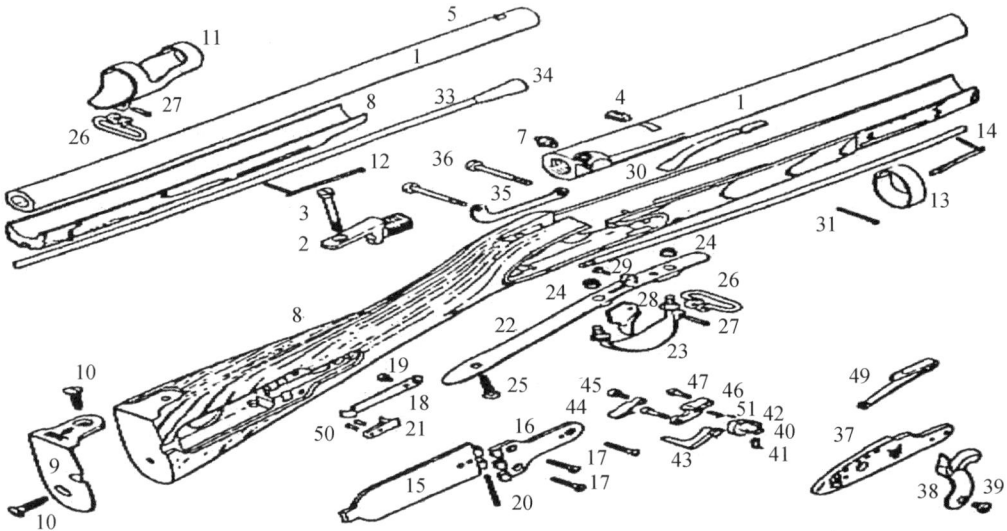

图 1-1　惠特尼将滑膛枪分成 51 个零部件

然而,当 2 年的合同期满时,惠特尼并未能按时完成交货任务。他被召至首都接受调查。当时的美国总统托马斯·杰斐逊意识到了惠特尼发明的重要性和对未来工业发展的潜在影响。因此,惠特尼不仅未受到惩罚,反而获得了国会的额外拨款,以加速其研究和生产进度。1801 年,惠特尼成功交付了首批 500 支滑膛枪,并且这批枪的质量达到了预期标准。最终,在 1809 年,惠特尼完成了所有订单。尽管交货时间延迟了 9 年,但惠特尼制造的滑膛枪因其优良的品质而受到广泛赞誉,以至于接下来的 15 年间,美国陆军军械部所有的轻武器合约都指定由惠特尼的工厂来生产。

在当时美国劳动力和技术工人稀缺的情况下,"标准化"生产理念极大地推动了制造业的发展。钟表、金属器具和缝纫机等行业纷纷效仿惠特尼的方法,工程师们也研发出了大量的新型加工机械。随着机床质量的不断提高,所生产的零部件精度和质量也随之大幅提升。惠特尼在美国建国初期的工业发展中发挥了关键作用,他提出并实践了全新的生产理念,因此被誉为"美国规模生产之父"。

到了 1875 年左右,科学管理的先驱弗雷德里克·温斯洛·泰勒(Frederick Winslow Taylor)撰写了《科学管理原理》一书,正式引入了"科学管理"理念。泰勒在质量管理方面的贡献包括:明确管理人员与工人的职责分工;建立专门的质量检验制度;根据工作性质科学地选拔员工,并对其进行培训和教育;推行标准化作业。

随着工厂进入高效的大规模流水线生产时代,诸如零件互换性、标准化工装及测量精度等一系列新的技术问题随之而来。这些问题的出现和解决过程,推动了质量管理科学的诞生和发展。

1.1.2 工业化时代的质量管理

20 世纪初,人类跨入工业化时代,按照质量管理在工业发达国家实践中的特点,质量管理的发展一般可分为 3 个阶段:① 质量检验阶段;② 统计质量控制阶段;③ 全面质量管理阶段。

1. 质量检验阶段

20 世纪初,人们对质量管理的理解还停留在质量检验阶段,所依赖的手段主要是各种检测设备和仪表。这一阶段被认为是质量管理的初级阶段,其主要特征是侧重于事后的检验。在此之前,工厂的产品检验大多依靠工人的自我检查,即通过严格把关,对每一件产品进行 100% 的检验。

全数检验是指对提交检验的一批产品中的每一个单位逐一进行清点并检验,并对每个单位产品做出合格与否的判定(见图 1-2)。这种方式适用于检验过程相对简单、批量较小、成本较低的情况,或是当检验不会对产品造成损坏、关键性能要求较高、不良品会对后续工序产生严重影响的情况,抑或是客户特别要求进行全面检验的情形。只要产品符合既定规格,即被视为质量良好。全数检验的主要优点在于能够提供完整的产品检验数据,以及较为充分、可靠的质量信息。

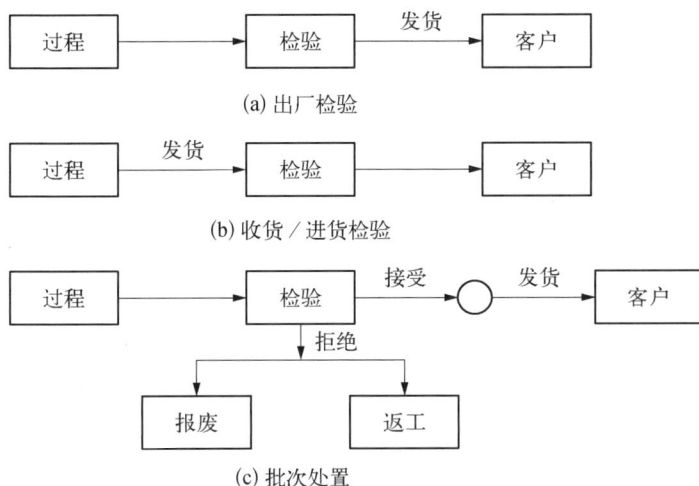

图 1-2 全数检验流程

起初,人们非常重视工长在确保产品质量方面的作用,将质量管理的责任从操作者转移到工长身上,因此这一时期的管理称为"工长的质量管理"。随后,这一职能又被转移至专职的检验人员手中,由专门的检验部门负责质量控制,称为"检验员的质量管理"。专职质量检验制度在保证产品质量方面发挥了积极且重要的作用。

1913 年,亨利·福特创建了世界上第一条流水生产线,他将原本涉及 3 000 多个组装部件的工序简化为 84 道工序,大幅缩短了每台福特 T 型车的生产时间,从原来的 12 h 减少到仅 90 min。在这一生产线上,福特实践了"科学管理之父"泰勒提出的将管理和执行职能分离的原则,组建了一支专职的检验队伍,从而使质量检验机构独立出来,形成了专门的质量检查工种。福特汽车公司配备了专门的质量检查员,负责供应商的质量控制和产品质量检验工作。这一阶段质量管理的主要特点是以检验为主导,质量的定义是符合生产规格,主要质量管理方法是质量检验。产品在出厂前或进入关键工序前,由专门的检验部门实施质量检验,符合规格的产品才能进入下一道工序或市场,不符合规格的产品则需要报废或返工。专职的质量检验制度对确保产品质量起到了积极且重要的作用。在大规模生产的背景下,互换性理论和公差性概念也为质量检验奠定了理论基础,质量检验的专业化及重要性至今仍不可忽视。

然而,全数检验也有其不足之处。首先,质量检验属于事后把关。通过在成品中筛选废品来保证出厂产品的质量,并不能提升产品质量,也不为产品增加任何附加值,无法在生产过程中起到预防和控制的作用,废品一旦产生便难以补救,类似于"马后炮"。其次,全数检验增加了产品的成本和人力资源的负担。在大批量生产的情况下,成本和时间上的劣势尤为明显。再次,检验并非总是完全准确的,存在将次品误判为合格品或将合格品误判为次品的风险,前者可能导致质量事故,后者则会造成浪费。此外,对于某些产品,全数检验是不可能的,尤其是一些破坏性的质量检验,如对子弹的质量检验。最后,这种方法过分强调了设计人员、生产人员和检验人员之间的分工,设计人员仅负责按照技术要求设计产品,较少考虑经济合理性与工艺可行性;生产人员按标准执行,很少考虑生产过程的稳定性与可控性;检验人员则单纯负责把关,逐一检验产品,却很少考虑到检验的成本或质量保证的问题。三者各自为政,缺乏有机和系统的组织与协调,导致生产过程和产品质量管理的效能较低。

总而言之,单纯依赖质量检验的管理手段存在诸多局限性,大规模的制造亟须更为经济有效的质量管理方法。在此期间,一些基于数理统计方法的新理论与方法被提出,质量管理进入了第二个历史时期。

2. 统计质量控制阶段

第一次世界大战爆发后,沃特·阿曼德·休哈特(Walter A. Shewhart)运用概率论原理为美国国防部解决了 200 万套不同规格军服的问题,确保了每位参战士兵都能穿上合身的军装。通过对抽样数据的研究,休哈特发现军衣和军鞋的尺寸规格分布符合正态分布规律,于是他将军装和军鞋尺码按照高矮胖瘦分成 10 个等级进行加工制作。这一举措使得军服与参战军人体型基本吻合,及时保障了军需供应。这次实践初步证明了数理统计方法在管理工作中具有巨大的应用潜力。

1924 年,休哈特进一步将概率论和数理统计学原理应用于质量预防。他认为,质量管理不应仅仅局限于事后检验,而应在废品产生之前就发出预警,做到防患于未然。休哈特设计了世界上第一张质量控制图,并撰写了《产品生产的质量经济控制》一书,这是第一本正式出版的质量管理科学专著。控制图的问世标志着质量管理从单纯的事后检验转向了检验与预防相结合的新阶段,同时也是质量管理作为一门独立学科的开端。

当时,包括西屋电气公司和福特汽车公司在内的少数美国企业,在质量管理中采纳了休哈特所介绍的统计方法,并取得了一定的成效。继休哈特之后,同属贝尔实验室的 H.F.道奇(H.F. Dodge)和 H.G.罗米格(H.G. Romig)开发了一套针对批量产品进行计数抽样的计划表,并发表了《抽样检验方法》一文。这 3 位科学家是最早将数理统计方法引入质量管理领域的先驱,是统计质量管理理论的奠基人。他们将统计学方法引入质量管理的做法是一项重要的创新,控制图理论和抽样检测理论对质量管理的发展产生了深远的影响,为这一领域的科学化做出了重要贡献。

控制图在生产线上进行抽样,测量抽样产品的质量指标或关键工艺参数的值。基于这些质量数据,计算统计量,并以时间为横轴,将这些统计量绘制成一张折线图。比较这些点与中心线和上下控制限的相对位置和排列形态,检查是否有点出界,或是否存在一些特殊的规律性波动。如果控制图发出警报,则需要对生产过程进行检查,定位问题根源,并采取纠正措施,如图 1-3 所示。

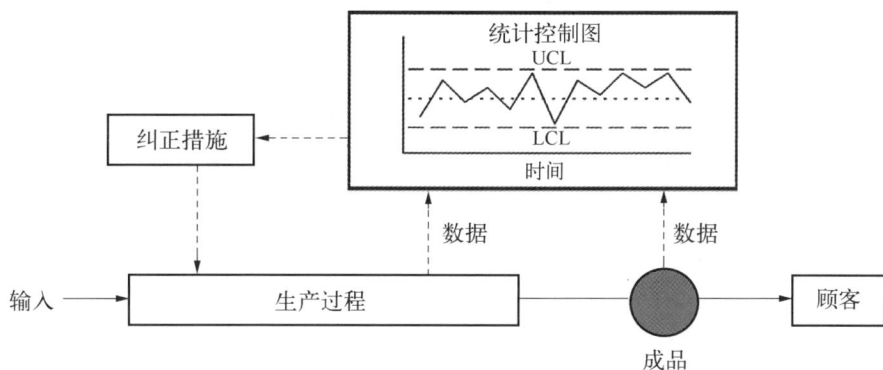

图 1-3　控制图工作原理

然而,尽管控制图被提出,但在当时只有少数美国企业采用。20 世纪 30 年代的经济危机影响了美国工业的发展,生产力和经济环境尚未成熟,对质量管理的需求不高,导致这一先进的管理技术和科学方法未能得到广泛应用。直到 20 世纪 40 年代,大多数企业仍然主要依赖事后检验的方法。

第二次世界大战爆发后,美国在武器质量方面遇到了诸多问题,单纯依赖增加检验人员导致产品积压待检现象日益严重,废品率居高不下。战场上频繁发生的武器弹药质量事故严重影响了士气和战斗力。为了解决这些问题,美国国防部邀请了休哈特、道奇和罗米格等专家共同研究,制定了《美国战时质量管理标准》(Z1.1、Z1.2 和 Z1.3),强制要求生产军需品的企业实行统计质量控制和抽样质量检验。实践证明,这些方法在制造业中非常有效地预防了不合格品的产生,大幅改善了美国军需物品的质量。

二战之后,美国质量管理协会(American Society for Quality,ASQ)、国际标准化组织(International Organization for Standardization,ISO)和日本科学技术联盟(Japanese Union of Scientists and Engineers,JUSE)这 3 个与质量相关的协会相继成立。

1946 年,美国质量管理协会成立,首任主席为时任美国陆军军需部顾问、贝尔实验室质量总监的乔治·爱德华兹。在成立的 60 年间,ASQ 的会员们创建了许多质量技术、概念和方法,如统计过程控制(statistical process control,SPC)、质量成本控制、全面质量管理(total quality management,TQM)、零缺陷、可靠性与故障分析、顾客满意度指数调查和六西格玛方法等。这些方法已被许多国家普遍采用和接受。

ISO 成立于 1947 年,是世界上最大的非政府性标准化的专业机构,负责当今世界上绝大部分领域的标准化活动。其成员来自世界上 100 多个国家的标准化团体。中国于 1978 年加入 ISO,现任 ISO 的常任理事国,代表中国参加 ISO 的国家机构是中国国家标准管理委员会。

JUSE 创立于 1946 年,其前身是日本技术会,旨在加强科技工作者之间的交流,提高科学技术水平,由已故的全面质量管理及质量控制小组活动创始人石川馨的父亲捐资设立。

二战后,该联盟对日本产业界的恢复和发展起到了巨大的推动作用,在帮助企业提高质量管理方面做出了巨大贡献。

美国作为二战的战胜国之一,战后巨大的市场需求导致其工厂对质量控制的关注度降低。质量管理方法创新发展的重任随即传递给了战败国日本。1945 年日本无条件投降后,经济全面崩溃,工业基础损毁殆尽,生活必需品极度匮乏,农业生产大幅下降。在此背景下,日本企业迫切需要生产和出口各类商品以换取粮食。但其产品质量低劣,在国际市场上毫无竞争力。为了帮助日本恢复经济,盟军总司令道格拉斯·麦克阿瑟批准成立了日本科学技术联盟,并将休哈特的《产品的经济质量管理》一书作为质量管理教材引入日本,同时还将美国军方 1940 年制定的《美国战时质量管理标准》(Z1.1、Z1.2 和 Z1.3)引入日本。

爱德华兹·戴明是质量管理领域的重要人物,他对质量管理的贡献巨大,尤其是他提出的"为质量而管理"及"戴明十四法"在世界工业发展史上占有重要地位。1947 年,戴明赴日本协助筹备全国普查工作。1950 年 3 月,日本科学技术联盟邀请他为日本研究人员、工厂经理及质量管理人员授课。此后,戴明开始对日本企业进行培训,教导他们如何使用统计方法控制质量,并向企业灌输质量管理的理念。他的培训内容主要包括:质量必须由最高层负责;质量由顾客决定而非企业;质量提升需减少过程波动;运用"计划—执行—检查—处理(plan-do-check-act,PDCA)"循环持续改进,让组织中的所有人包括供应商都参与到质量管理中来。几年后,数百万日本人接受了戴明质量管理方法的培训,近两万名工程师掌握了基本的质量管理方法,在日本掀起了一场以戴明理论为基础的质量革命。

为了更好地阐述质量管理的理念,戴明设计了两个经典的质量实验:漏斗实验和红珠实验。戴明的质量管理理论为日本制造业质量的提升带来了希望。20 世纪 50 年代以后,日本企业凭借质优价廉的产品赢得了美国市场的青睐,给北美工业产品市场带来了巨大压力。为了纪念戴明的贡献,日本设立了戴明奖,授予在质量管理理论和应用方面有卓越成就的个人和企业。在戴明的影响下,日本培养了一大批质量专家,田口玄一便是其中的佼佼者,他创立了田口方法(Taguchi method)和三次设计理论。

20 世纪 70 年代,日本经济迅速崛起,其产品质量和市场竞争力对美国产品构成了严重威胁。为此,美国国家广播公司(National Broadcasting Company,NBC)决定制作一档节目探讨美国企业为何日渐衰落,而日本企业却迅速崛起的原因。NBC 采访了爱德华兹·戴明,并制作了名为"如果日本可以,我们为什么不可以?"的纪录片。戴明在这部纪录片中警示美国人,如果不提高生产效率,他们的下一代将成为第一代生活水平低于父辈的美国人。节目播出后,美国企业纷纷将戴明的理论视为迟到的质量福音,并开始着手进行质量改进。戴明从观念上改变了人们对质量的传统看法,从质量是检验出来的转变为质量是控制出来的,再到质量是管理出来的。在此基础上,朱兰和费根堡姆等人进一步将质量管理提升到更高的层次。

1954 年至 1957 年间,质量大师约瑟夫·朱兰应邀前往日本宣讲质量管理和品质改善,为全球质量管理领域做出了卓越贡献。朱兰的主要贡献包括:首先,他提出了著名的"朱兰质量三部曲"——质量策划、质量控制与质量改进,这一理论至今仍深刻影响着全球企业界及质量管理的发展;其次,他将质量纳入管理范畴,倡导质量文化,并定义质量为产品的适用性,强调质量是由使用者决定的;此外,他提出了 80/20 准则(帕累托原则)及质量螺旋等理论与方法。质量螺旋的概念认为,为了获得产品的适用性,需要经历市场调研、开发、设计、计划、采购、生产控制、检验、销售、服务及反馈等一系列活动,而产品质量正是在这一系列不断循环的过程中螺旋式地提升的。朱兰所编写的《朱兰质量手册》至今仍是世界质量管理科学的经典之作,为 20 世纪全面质量管理理论基础和基本方法的确立做出了卓越贡献。他积极推动质量体系的实施与计划,是世界著名的质量管理专家,其理念和方法至今仍被广泛应用。

统计质量控制阶段不仅注重定性分析,更强调定量分析,这标志着质量管理科学走向成熟。统计质量管理时代产生了众多质量工具,包括新老 7 种工具、实验设计/田口方法、可靠性分析、抽样技术/质量检验、相关与回归分析、方差分析、测量系统分析、过程能力评估以及统计过程控制等。

然而,统计质量管理方法仍然存在一定的局限性。首先,这种方法过度依赖统计学方法,使用了大量的数学理论,对于缺乏基础数理统计知识的一线员工来说难以理解和应用。其次,质量控制和管理主要集中在制造部门和检验部门,忽略了其他部门的工作对质量的影响,也忽视了组织管理者和生产者的主观能动性。最后,统计质量管理主要关注于监控和管理生产过程,使产品尽量符合公差标准,而这些公差标准通常由工厂或商家自行设定,是否符合消费者的期望则不得而知,即便产品完全符合公差标准,也不一定能赢得消费者的青睐。这些问题促使质量管理进入了一个新的发展阶段。

3. 全面质量管理阶段

产品质量的形成不仅与生产制造过程有关,还与其他诸多过程、环节和因素密切相关。唯有将影响质量的所有因素纳入质量管理的轨道,并保持系统、协调地运作,才能确保产品的质量。在新的社会历史背景和经济发展形势的推动下,全面质量管理(total quality management,TQM)理论应运而生。

最早提出全面质量管理概念的是美国的质量管理专家阿曼德·费根堡姆(A. V. Feigenbaum),他是全面质量管理的创始人,曾获得国家技术创新奖,入选美国国家工程院院士,并获得 3 个荣誉博士学位,成为美国质量协会和国际质量科学院的荣誉会员。费根堡姆主张用系统或全面的方法管理质量,在质量管理过程中要求所有职能部门共同参与,而不仅仅是生产部门参与。他所著的《全面质量管理》一书多次再版,成为经典之作。全面质量管理强调质量职能应由全体人员承担,质量管理应贯穿产品的产生和形成的全过程。

在《全面质量管理》一书中,质量被定义为"为了能够在最经济的水平上,并考虑到充分满足顾客要求的条件下,进行需求挖掘、设计、制造和售后服务,把企业内各部门的研制质量、维持质量和提高质量的活动成为一体的有效体系"。

全面质量管理的主要特色可以概括为"三全一多样"。

(1)全企业:不仅要保证产品质量,还要做到成本低廉、供货及时、服务周到等,追求商品的价值和使用价值的统一、质量与效益的统一。

(2)全过程:产品质量产生、形成和实现的整个过程,包括市场调查、研究开发、设计、生产准备、采购、生产制造、包装、检验、储存、运输、销售、为用户服务等全过程。

(3)全员参加:与商品使用价值形成和实现有关的所有部门和人员都要参与质量管理。

(4)多样化方法:全面质量管理采用的方法科学、多样,只要是能带来质量改善的方法都可以运用。

在全球经济一体化的时代,质量已成为效率、完美、合理和进步的同义词,渗透到社会的各个领域。全面质量管理的核心是让顾客持续满意,以顾客为中心,不仅要满足顾客对产品质量、价格和服务的要求,还要满足顾客个性化的需求,甚至超前满足顾客尚未意识到的需求。全面质量管理旨在通过让顾客满意,使组织内所有成员及社会获益,达到长期成功。它强调质量和成本的统一,倡导质量创新,包含质量文化、质量道德等内容。

20 世纪 60 年代,全面质量管理的思想在全球范围内得到了广泛传播,各国结合自身实践进行创新,提出了许多新的理论和方法。石川馨是日本质量圈运动最著名的倡导者,被誉为日本质量管理的集大成者。他的贡献包括:质量第一、面向消费者、视下一道工序为顾客、用数据和事实说话、尊重人的经营、机能管理。质量管理 7 种工具中的鱼骨图(因果图),也被称为石川图,就是以其名字命名的。同时期的博克斯(G.E.P. Box)和亨特(J.S. Hunter)也撰写了关于实验设计的部分分析因设计的基础论文。1961 年,英国成立了国家质量和生产力委员会。

随着全球经济一体化进程的加速推进和国际贸易规模的持续扩大,产品和资本的国际流动日益频繁,企业间的竞争已突破地域限制,演变为全球范围内的角逐。在此背景下,国际产品的质量保证和产品责任问题日益凸显,成为影响国际贸易健康发展的重要因素。为有效促进国际技术经济合作、消除贸易壁垒,建立统一的质量管理国际标准体系已成为世界各国的普遍共识和迫切需求。国际标准化组织(ISO)顺应这一时代要求,于 1987 年正式颁布了第一版 ISO 9000 系列国际标准,开创了质量管理国际标准化的先河。在过去的近 40年间,ISO 9000 标准历经多次修订和完善,始终紧跟全球质量管理发展的前沿趋势。如今,ISO 9000 标准已在全球范围内获得广泛认可和采用,成为国际通行的质量管理基准。这一标准的推广应用,不仅促进了各国企业质量管理水平的提升,更推动了现代质量管理向着规范化、系统化、科学化和国际化的方向不断迈进,为全球贸易的健康发展提供了有力支撑。最新版本的 ISO 9001:2025 国际质量管理体系标准即将于 2025 年底发布,必将为全球质量管理实践注入新的活力。

1986 年左右,摩托罗拉公司提出了六西格玛(six sigma)管理法。六西格玛管理法是一种质量尺度和追求的目标,其核心目标是通过系统化的项目和流程改进,减少过程中的缺陷和变异,以达到接近完美的水平。六西格玛管理法强调通过统计分析和数据驱动的决策提升产品和服务质量,从而满足客户需求并提高企业效益。该方法主要包括 DMAIC 流程:即定义(define)、测量(measure)、分析(analyze)、改善(improve)、控制(control)5 个阶段。这 5个阶段一般用于对现有过程的改进,包括制造过程、服务过程及工作过程等。六西格玛管理法旨在提高顾客满意度的同时降低经营成本和周期,通过提高组织核心过程的运行质量,提升企业的盈利能力,是新经济环境下企业获得竞争力和持续发展能力的经营策略。

在这个阶段,各国先后建立了国家级和地区级的质量奖项。1988 年,美国国会设立了马尔科姆·波多里奇国家质量奖(Malcolm Baldrige national quality award)。它是全球最具影响力的国家质量奖项之一,其评审标准和卓越绩效评价准则成为全球传播最广泛的组织卓越经营管理的指导和评价标准。世界上有 40 多个国家和地区采用马尔科姆·波多里奇国家质量奖的标准作为本国质量奖的评审依据。同年,欧洲质量管理基金会(European Foundation for Quality Management,EFQM)设立了欧洲质量奖。中国的质量奖是由中国政府组织评选的最高质量类奖项。中国质量奖是中国质量领域的最高荣誉,于 2012 年经中央批准设立,每两年评选一次。中国质量奖旨在推广科学的质量管理制度、模式和方法,促进质量管理创新,传播先进质量理念,激励引导全社会不断提升质量,推动建设质量强国。

中国质量奖的评选、表彰工作由国家市场监督管理总局负责组织实施。截至 2024 年,该奖已经颁发了 5 届。值得注意的是,中国质量奖并非终身有效,如果获奖的组织或个人在 2 年内发生重大质量和安全事故,或存在违法违规行为,奖项将会被撤销。

然而,收集产品全生命周期的数据面临着多方面的挑战,这些挑战涉及技术、流程、协作和标准化等多个层面。第一,产品全生命周期涉及多个阶段,从研发、制造到销售和售后服务,每个阶段都会产生大量的数据,这些数据的类型、格式和存储方式各异,需要采用不同的技术手段进行收集和处理。第二,数据收集需要跨部门、跨领域协作。但由于企业内部流程和机制不完善,各个部门之间可能存在信息壁垒,导致数据无法有效共享和整合。并且,缺乏统一的数据收集标准和规范,也增加了数据收集的难度。第三,产品全生命周期的数据收集需要多个部门和团队共同参与,包括研发、生产、销售等。不同部门和团队之间可能存在沟通障碍和利益冲突,导致数据收集的进度和质量受到影响。加之数据收集的责任不明确,也可能出现数据遗漏或重复的情况。第四,存在数据质量和一致性问题。由于数据来源多样、采集标准不一,可能导致数据之间存在差异和冲突。此外,数据的准确性和完整性也可能受到人为错误、设备故障等因素的影响。第五,在收集产品全生命周期数据的过程中,涉及大量的敏感信息,如客户信息、知识产权等。如何确保这些数据的安全性和隐私性,避免泄露和滥用,也是一个需要解决的重要问题。

4. 智能质量控制阶段

在工业 4.0、智能制造和"互联网＋"等新模式和新环境的推动下,全面质量管理(total quality management,TQM)不仅向制造环节延伸,还向产品设计和售后服务两端扩展,售后服务的质量与产品设计的质量同等重要。为了满足顾客的个性化需求,大规模定制的生产方式应运而生,形成了以互联网、自动控制、工业 4.0 等技术为支撑的生产网络。借助先进的射频识别传感器和互联网技术,产品全生命周期各个环节的大数据可以被实时收集和存储。基于数据融合和分析的技术,可以对这些数据进行收集、汇总、过滤、分析和预测,从而指导产品研发、采购、制造、物流、销售、维护和回收等各个环节的决策与执行。这使得费根堡姆提出的全面质量管理成为现实,也让全面动态实时地管理产品各个环节成为可能。

质量大数据的来源多种多样,涵盖产品设计、生产制造、售后与回收产品、供应链与产业生态等多个方面。这些数据既来源于内部生产制造过程,也来自外部使用过程,包括产品从初始到报废全流程的相关质量数据,如产品信息、设备信息、生产信息、检测判定信息、运维信息、人员信息、安全信息等。质量大数据可以定义为围绕工业产品各种质量要求(如功能型质量、性能质量、可靠性质量、感官质量等)在不同阶段(研发设计、生产制造、使用运行等)所产生的与产品质量相关的各类数据、技术和应用的总称,覆盖人、机、料、法、环、测等多个因素。

质量大数据的出现给传统质量管理方法带来了新的挑战。

(1)数据规模与复杂性:大数据的规模庞大且形式多样,包括结构化数据和非结构化数据,这使得传统质量管理方法难以有效处理和分析。传统方法往往依赖于抽样检测和经验判断,无法全面、准确地掌握大规模数据中的质量信息。

(2)处理效率与实时性:大数据的增长速度和处理速度都非常快,要求质量管理系统能够实时进行分析和反馈。然而,传统质量管理方法处理效率低下,无法满足实时性要求,导致无法及时发现和解决质量问题。

(3)数据质量与准确性:大数据中可能存在数据质量不高、有噪声和异常值等问题,这会影响质量管理决策的准确性和有效性。传统质量管理方法通常缺乏对数据质量的严格控制和清洗,难以适应大数据环境下的质量管理需求。

(4) 技术更新与人才储备:大数据技术的发展需要不断更新和升级质量管理系统的技术架构和工具。然而,传统质量管理方法往往缺乏与时俱进的技术更新机制,同时企业也可能面临人才储备不足的问题,难以找到具备大数据处理和分析能力的专业人才。

为应对这些挑战,智能质量管理应运而生,将现代信息技术与质量管理相结合,实现质量管理的智能化、数字化和自动化,推进质量管理的数字化转型。通过数字化数据的采集、处理、分析和应用,实现对质量管理的全过程控制和全方位监督。

今天的质量管理已经与 1996 年或 2008 年时大不相同,曾经依赖的一些质量工具,现在可能不再那么有效。随着工业 4.0、智能制造和"互联网+"等新技术的应用,以及大数据、云计算和人工智能等前沿科技的迅猛发展,质量管理领域正经历着深刻的变革。对于质量管理这一学科而言,需要重新审视新的环境,洞悉世界的变化,看清未来的方向,做到未雨绸缪。

首先,随着技术进步和社会发展,顾客对产品质量和服务的要求越来越高,个性化、定制化的需求日益凸显。传统的质量管理工具和方法,如抽样检验、统计过程控制等,虽然在特定的历史时期发挥了重要作用,但在面对今天复杂多变的市场环境时,其局限性愈发明显。比如,抽样检验难以全面覆盖所有可能的质量问题,统计过程控制虽能监控生产过程中的变异,但面对海量数据时显得力不从心。未来的质量管理将更加注重用户体验和服务质量。随着消费者体验意识的增强,产品不仅要满足基本的功能需求,还应具备良好的使用体验。这意味着企业在进行质量管理时,不仅要关注产品的物理属性,还要重视用户的感受和反馈,通过持续改进产品设计和服务流程,不断提升顾客满意度。

其次,现代信息技术的发展,特别是物联网、大数据分析和人工智能的应用,为质量管理提供了全新的视角和工具。通过智能传感器实时收集生产过程中的数据,结合先进的数据分析技术,不仅可以快速识别潜在的质量风险,还能实现对生产流程的精细化管理和优化。此外,利用机器学习算法,可以从历史数据中挖掘出质量改进的关键因素,帮助企业在设计阶段就规避可能的质量隐患。

最后,随着全球化进程的加快,供应链管理变得尤为重要。传统的质量管理体系往往局限于企业内部,而在全球化的背景下,供应链上下游的质量协同成为质量管理不可或缺的一部分。这就要求企业不仅要关注自身的质量控制,还需要与供应商、分销商等合作伙伴建立起高效的合作机制,共同提升整个产业链的质量管理水平。

综上所述,面对新时代的质量管理挑战,企业需要不断创新思维,拥抱变化,充分利用现代信息技术手段,构建适应未来发展的质量管理体系。这不仅有助于提升产品质量,增强市场竞争力,更能为企业长远发展奠定坚实基础。

1.2 质量的定义

在生产发展的不同历史时期,人们对质量的理解有所不同。随着时代的变迁和技术的进步,质量的概念也在不断演进。当人们站在不同的角度来看待质量时,也会给出不同的定义。即使是同一个企业的员工,对同一个产品的质量也会有不同的感知。例如,产品工程师关注的是设计的优劣,制造工程师则关注质量的一致性、稳定性和可靠性,而市场人员则更多地关注顾客的满意度。正如一首歌曲,可以通过激光唱片(CD)播放,也可以通过黑胶唱片播放,不同的顾客会有不同的偏好。有的顾客偏爱黑胶唱片带来的独特音质,而有的顾客则更喜欢 CD 带来的便捷与清晰度。因此,质量的定义因人而异,且随时代的变化而不断演变。

1.2.1　符合性质量

在 20 世纪 40 年代,质量的定义主要以符合性为基础,即产品的质量通过其是否符合既定标准来衡量。核心要求是产品的符合性,包括符合图样规定、技术标准等。符合标准意味着产品质量合格,符合程度的高低反映了产品质量的好坏。

与符合性质量定义相对应的是符合性质量管理。这是一种以检验为中心的质量管理模式,即将检验作为一项独立的管理职能,从生产过程中分离出来,建立专职的检验机构。检验人员按照产品质量标准,对产品生产过程的符合性进行检验。符合标准的产品被认为是高质量的,而不符合标准的产品则被视为不合格,应当被拒收。因此,这一时期产生了“质量是检验出来的”这一说法。

然而,单纯关注产品是否合格并不能很好地控制质量。1979 年,日本《朝日新闻》曾报道过索尼生产的彩色电视机的情况。索尼电视机有两个生产基地,一个在日本,另一个在美国。两地工厂生产的索尼电视机使用相同的生产线和设计方案,产品使用说明书也完全相同。设计方案规定电视机彩色浓度 Y 的目标值为 m,容差为 ±5。当 Y 值落在 $[m-5, m+5]$ 公差范围内时,判定该电视机的彩色浓度为合格;若超出该范围,则判定为不合格。然而,美国消费者对日本产的索尼电视机表现出更高的热情。调查显示,日本产的彩色电视机约有 0.3% 的彩色浓度不合格,而美国产的彩色电视机几乎没有不合格的情况。从合格率来看,美国产电视机优于日本产电视机。但如果进一步区分彩色浓度接近目标值 m 的电视机为 A 级,偏离目标值较远的为 B 级和 C 级,则可以发现日本产的电视机中 A 级品的比例远高于美国产的电视机,而 C 级品的比例则更低。随着电视机的使用,彩色浓度会随着时间的延长而发生变化。如图 1-4 所示,两个分布分别向左移动一个标准差后,美国产的电视机在退化后不合格的产品数量远多于日本产的电视机。

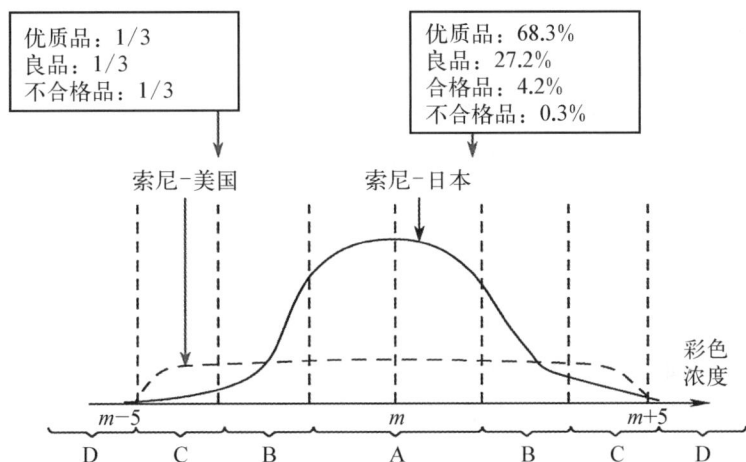

图 1-4　美国产与日本产索尼电视机的彩色浓度分布比较

造成这一现象的根本原因在于两个工厂的电视机彩色浓度的概率分布不同。美国工厂的质量检验由检验部门把关，认为"合格就好"，只要彩色浓度落在公差线以内，产品就是合格的。因此，电视机的彩色浓度均匀地分布在规格线以内，形成了均匀分布。虽然这种做法确保了每个产品落在规格线以内，但导致了产品质量平平。简单地控制合格率并不能真正改善产品质量。

相比之下，日本工厂的生产者和管理者认为，越接近目标值 m 的电视机才是越好的。因此，他们采取了更严格的质量管理方式，使生产出来的电视机的彩色浓度更加接近目标值 m。这种管理方法使得日本产的电视机不再呈现均匀分布，而是呈现出正态分布。在目标值附近的产品比例较高，远离目标值的产品比例较低。这种管理方式确保了日本产的索尼电视机在色彩、清晰度、抗干扰等多项关键指标上，有 99.7% 的产品是令顾客满意的高质量产品。

由此可见，两种不同的质量定义影响了两个工厂的质量管理方法，最终导致了不同的市场结果。这一案例说明，单纯依靠符合性检验无法实现真正的质量改进，而更严格的、目标导向的质量管理方法才能真正提升产品质量，赢得市场认可。

1.2.2 适用性质量

在 20 世纪 60 年代，质量大师约瑟夫·朱兰提出了"适用性"的质量概念。他认为，衡量质量的依据应该是"符合顾客需要的程度"。

朱兰认为，产品的质量是一种适用性，即产品在使用期间能满足使用者需求的程度。从这一定义中可以看出，朱兰对质量的理解侧重于用户的需求，强调产品和服务必须以满足顾客的需求为目的。事实上，产品的质量水平应该由用户来评判，只要用户满意，无论产品的特性值如何，都可以视为高质量的产品。没有市场认可的所谓"高质量"是没有意义的。

朱兰认为，质量是指产品在使用时能够成功满足用户需求的程度，为了满足这种需求，需要在设计开发、制造、销售和服务等各个环节对质量进行管理，这推动形成了广义质量的概念。从符合性质量到朱兰的适用性质量，反映了人们在对质量的认识过程中，已经开始把顾客的需求放在首要位置。广义质量的核心要求是适应市场。符合标准的产品并不一定是高质量的，只有适应市场需求的产品才是真正意义上的高质量产品。

市场需求是多方面的，企业只有对产品质量形成的各个环节实施控制，才能确保所有质量因素都符合用户的要求。质量管理的特征是立足于市场、面向市场，通过提高员工的工作质量，控制质量产生、形成和实现的全过程，从而生产出满足市场需求的产品。因此，这个时期产生了"质量是管理出来的"这种说法。

朱兰的质量管理理念强调了以下几个方面。

（1）用户导向：质量的核心是满足用户的需求。只有当产品真正符合用户的期望和需求时，才能被视为高质量的产品。

（2）全面管理：质量管理不仅限于生产过程中的检验，而是贯穿于产品从设计到服务的整个生命周期。通过系统化的管理方法，确保每个环节都达到高质量的标准。

（3）市场适应性：质量不仅仅是为了符合标准，更重要的是适应市场需求。只有适应市场的产品，才能获得用户的认可和喜爱。

（4）全员参与：质量管理不仅仅是质量部门的责任，而是需要企业所有员工共同参与，从高层管理者到一线员工，每个人都在质量管理体系中发挥重要作用。

朱兰的质量管理理念推动了质量管理从单一的符合性标准向更广泛的适用性标准转变，强调了质量不仅是技术层面的问题，更是管理和市场适应性的问题。这种理念为企业提供了全新的质量管理思路，帮助企业在激烈的市场竞争中脱颖而出。

1.2.3　ISO 标准中质量的定义

20 世纪 80 年代，质量管理进入了全面质量管理阶段。国际标准化组织在其质量管理的最新标准 ISO 9000 基础和术语中，给出了质量的定义：**质量是一组固有特性满足要求的程度**。满足的程度越高，质量就越高；满足的程度越低，质量就越低。

"固有"指的是存在于某事物中的内在特性，尤其是那些永久不变的特性，例如，机器的功能、机器的参数、服务的标准流程等。

"特性"可以是固有的，也可以是被赋予的。特性可以是定性的，也可以是定量的。特性种类繁多，包括物理的、化学的、生物的特性，感官上的嗅觉、触觉、味觉、视觉、听觉等特性，行为方面的礼貌、诚实、正直等特性，时间维度的准时性、可靠性、可用性等特性，以及基于人体工效的特性，如生理特征、人身安全等。

"要求"是指一个产品或服务必须满足的明示的或隐含的需求与期望。"隐含"特性通常指质量相关方的习惯或惯例所形成的一些要求。"要求"可以由不同的质量相关方提出，例如下游工序对上游工序的质量有要求，生产部门对设计部门的图纸质量有要求，顾客对生产商提供的产品质量有要求，政府监管部门对企业质量有要求等。这些要求不仅包括符合标准的要求，还以顾客和其他相关方的满意为衡量依据，体现了"以顾客为关注焦点"的原则。

1.2.4　卓越质量

20 世纪 90 年代，摩托罗拉和通用电气等世界顶级企业相继提出了六西格玛管理方法，逐步确立了全新的卓越质量理念。

卓越质量是指理解、满足并超越用户对质量的感知和期望而进行的持续质量改进实践，为用户提供卓越的、富有魅力的质量。其内涵主要包括以下几个方面。

（1）全面系统化的质量管理：卓越质量要求企业对全员、全要素、全过程、全数据的质量管理，以及产品全生命周期质量进行系统重构，推动质量管理范式向数字化、体系化、系统化、精益化、零缺陷转型。这包括：

（a）数字化，推动质量管理活动的数字化、网络化、智能化升级；

（b）精确感知，有效实现对质量数据的精确感知；

（c）精细管理，实施精细化管理，提升管理水平；

（d）精益生产，实现精益化生产，提高生产效率；

（e）精准预警，建立精准预警机制，及时发现和解决问题；

（f）智能控制，利用智能化技术进行质量控制，确保产品的一致性和稳定性。

通过这些措施，增强产品全生命周期、全价值链、全产业链的质量管理能力。

（2）强劲的质量发展动力：卓越质量强调质量发展动力的强劲性，要求提升供给对需求的适配性,促进企业对研发、制造、试验、保障等全流程实施策划、控制和改进,形成需求牵引供给、供给创造需求的更高水平动态平衡,推动企业实现持续成功。

(3)高质量的稳定性和可靠性:卓越质量要求产品在设计、制造和使用过程中始终保持高质量的稳定性和可靠性,确保产品的功能和性能能够稳定地达到或超过用户的期望。此外,卓越质量还强调产品具备先进的技术和创新的设计,能够不断满足市场和用户的新需求,保持竞争力。卓越质量的产品还应具备优秀的工艺和材料,以提高产品的耐用性和稳定性,降低故障率和维修成本。

卓越质量是一个持续追求的过程,要求企业不断学习和改进,以适应市场的变化和用户的需求,实现产品和服务的持续优化和升级。

1.3 质量的维度

1.3.1 Garvin 模型

根据哈佛商学院 David A. Garvin 教授的研究[①],他提出了包含 8 个关键组成部分的 Garvin 模型,以帮助人们更全面地理解产品质量。以下是这 8 个维度的具体介绍。

(1)性能质量(performance quality):产品或服务的基本功能和性能水平,即它是否能够按照预期的方式工作。例如,智能手机的处理速度、相机的分辨率、汽车的燃油效率等都是性能的具体体现。

(2)符合性质量(conformance quality):产品或服务是否符合预定的规格和标准。这是一种最传统的质量定义。通常在产品设计时,会将产品的性能量化,例如,一款冰箱的容量、容积、耐久性等规格一般由工厂制定。如果产品质量指标落在这些规格限以内,那么这个产品就具有符合性。

(3)可靠性质量(reliability quality):产品或服务在一段时间内保持一致性的能力,包括耐用性和故障率。产品不仅出厂时各项性能指标达到规定的要求,还要做到"经久耐用",即产品的稳定性、持久性和耐用性良好。在规定的使用期限内,尽可能地少出故障,保持规定的功能。常用的可靠性指标包括以下几方面。

(a)可靠度 $R(t)$:指产品在规定条件下和规定时间内完成规定功能的概率。这是衡量可靠性的最直接指标,通常用来描述产品无故障运行的能力。

(b)失效概率:与可靠度相对,是指产品在规定条件下和规定时间内未能完成规定功能的概率。

(c)失效率 $\lambda(t)$:也称风险率,是指在规定使用条件下,产品使用到某一个时刻后单位时间内发生失效的概率。

(d)平均工作时间(mean time between failures,MTBF):即平均无故障时间,是指产品在两次故障之间正常工作的平均时间长度。

(e)平均维修时间(mean time to repair,MTTR):是指产品从发现故障到恢复正常工

---

① GARVIN D A. Competing on the eight dimensions of quality [J]. Harvard Business Review,1987,1:101-109.

作所需要的平均时间。

（f）有效度（availability）：是指产品在一段时间内能够正常工作的时间比例，它综合考虑了产品的可靠性和维修性。

（4）耐久性质量（durability quality）：产品或服务在正常使用条件下的预期使用寿命。产品寿命或使用期限表示的是产品总的生命长度有多长，比如灯泡的总使用小时数、钻井机钻头的进尺数、闪光灯的总闪光次数等。一个好的产品一般可靠性和耐久性呈现正相关关系。

（5）服务性质量（serviceability quality）：产品或服务在需要时获得维修和支持的便利性。服务性质量通常涵盖多个维度，主要包括有形性、可靠性、响应速度、信任和移情作用等。服务质量的评判具有很强的主观性，消费者根据自身的需要或期望来定义服务质量，这意味着服务质量的好坏很大程度上取决于顾客的个人感受和评价。同时，服务质量也具有绝对性，即在特定的环境和道德前提下，服务质量的标准是明确的。

（6）美观性质量（aesthetic quality）：指产品或服务的设计和外观对其吸引力的影响。包括产品和服务的外观、气味、声音、感觉等感官上的美学指标，这些是个人审美偏好的反映。例如，永久牌自行车和捷安特自行车的设计外观区别很大，消费者各有所爱。在服装领域，这个维度更显重要。近年来，很多国产服装品牌越来越注重设计的个性化、时尚化和民族化。品牌完成了华丽转身，拓宽了国内外市场。

（7）特征质量（features quality）：产品或服务的附加特性和功能，这些可以增加其吸引力和实用性。这些特征扩充了产品和服务的基本功能，让产品或服务独树一帜，是同类竞争者很少具备的功能。例如，智能家居设备的语音控制功能、游戏控制器的震动反馈、客运航空公司提供的免费饮料、洗衣机的免烫功能、五星级酒店可自选的舒适枕头、内衣上的无感标签等。以某国产手机品牌为例，其成功之处在于针对非洲市场做了很多特殊设计：推出双卡双待甚至四卡四待的手机，满足用户对于多卡使用的需求；考虑到非洲地区电力供应不稳定的情况，推出大电池手机，有的机型电池容量甚至超过 8 000 mA；为了满足非洲用户对音质和音量的需求，设计了大音量扬声器和多扬声器的手机；推出了适合黑人肤色的美颜自拍功能，更好地满足非洲用户的拍照需求；开发了适配当地文化和语言的操作系统，以及音乐软件和短视频平台，全面覆盖非洲市场。

（8）感知质量（perceived quality）：感知质量是指消费者对产品或服务质量的主观评价和感受。感知质量以顾客的感觉为准，顾客通过个人感知来判断产品的好坏。产品和品牌的声誉形象是感知质量的主要因素。广告宣传等手段会影响顾客对产品的感知。消费者由于专业知识不足，并不能对产品或服务属性的好坏做出科学的判断。因此，大多数情况下，消费者会通过品牌之间的比较来做选择。广告或口碑是消费者获得产品感知质量的主要渠道。

从近 10 年世界品牌实验室（WBL）发布的《WBL 世界品牌 500 强》数据来看，中国制造业品牌建设取得了显著成效。从 2014 年的 5 家企业上榜增长到 2023 年的 18 家，位居全球第 4 位，增长势头明显（见图 1-5）。在相对比重、排名位次、关键领域和品牌效益方面，与美国、日本、法国、瑞士、德国和英国等发达国家相比，仍需努力缩小与国际领先品牌的差距，提升全球竞争力。

Garvin 模型的 8 个维度可用于战略层面分析质量特征。有些维度相辅相成，比如产品

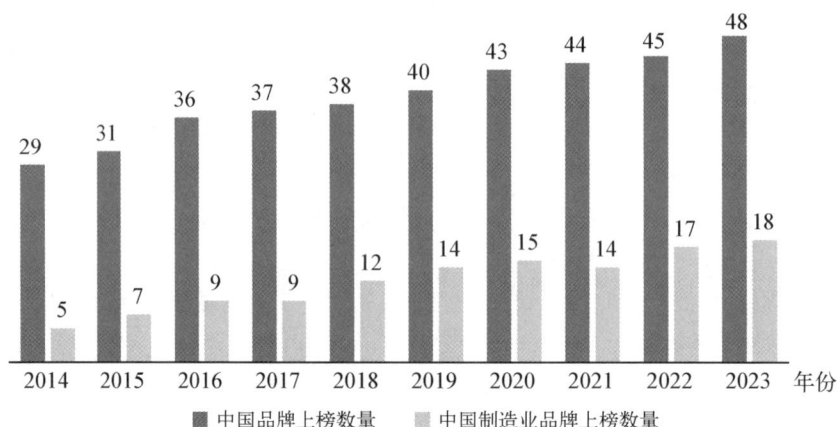

图 1 - 5　WBL 世界品牌 500 强榜单中中国企业数量

的寿命和可靠性;有些维度则相互制约。Garvin 模型可以帮助企业细致剖析客户期望,结合企业的优势与劣势进行取舍,使企业能够建立自身产品的竞争优势。

1.3.2　SERVQUAL 模型

SERVQUAL 是"service quality"的缩写,是一种衡量服务质量的工具,由美国市场营销学家 Parasuraman、Zeithaml 和 Berry 在 20 世纪 80 年代提出[①]。该模型基于全面质量管理理论,其理论核心是"服务质量差距模型",即服务质量取决于用户所感知的服务水平与用户所期望的服务水平之间的差别程度,故又称"期望-感知"模型。

SERVQUAL 模型将服务质量分为以下 5 个层面。

(1) 有形性(tangibles):设施、设备、人员等物理表征的质量。例如,酒店的客房装修、员工制服的整洁程度、前台接待的友好态度等。

(2) 可靠性(reliability):服务提供的稳定性和可依赖性。例如,银行按时兑现支票、快递公司准时送货、客服中心准确解答问题等。

(3) 响应性(responsiveness):服务人员的反应速度和愿意帮助顾客的程度。例如,餐厅服务员迅速响应顾客的需求、技术支持团队及时解决客户问题等。

(4) 保证性(assurance):员工的知识、礼貌以及激发信任的能力。例如,医生的专业知识、销售人员的礼貌态度、技术人员的专业技能等。

(5) 移情性(empathy):服务人员对顾客的关心和个性化关注。例如,酒店工作人员记住客人的喜好、客服代表耐心聆听顾客的问题并提供个性化的解决方案等。

为了有效对 5 个层面进行评估,5 个层面又被细分为多个问题,通过调查问卷的方式,让用户对每个问题的期望值和实际感受值进行评分(见表 1 - 1)。评分一般采用 7 分制,其中 7 表示"完全同意",1 表示"完全不同意"。通过比较期望值和实际感受值之间的差距,可以得到每个维度的"差距分值"。差距越小,表明服务质量评价越高;差距越大,则服务质量评价越低。

---

① PARASURAMAN A P, ZEITHAML V A, BERRY L L. A conceptual model of service quality and its implication for future research [J]. Journal of Marketing, 1985, 49: 41 - 50.

表 1 - 1 SERVQUAL 模型量表

服 务 质 量		期望值	实际值	差异
有形性服务	(1) 关于现代设备的存在和使用 (2) 物理设施的外观是否吸引人 (3) 员工是否着装整洁 (4) 物理设施的外观是否与服务行业的类型相符			
可靠性服务	(1) 公司是否遵守其承诺的时间框架进行响应 (2) 当客户遇到问题时,公司是否有同情和安慰的方法 (3) 他们是否值得信赖 (4) 他们是否在承诺的时间内提供服务 (5) 他们是否保持准确的记录			
响应性服务	(1) 是否应该告知客户确切的服务执行时间 (2) 是否期望员工提供及时的服务 (3) 员工是否愿意帮助客户 (4) 员工应该如何以及何时响应客户请求			
保证性服务	(1) 员工是否值得信任 (2) 客户在与员工交易时是否感到安全 (3) 员工是否礼貌 (4) 员工是否得到了公司充分的支持以做好工作			
移情性服务	(1) 公司是否会给予每位客户个性化的关注 (2) 员工是否会给予每位客户个性化的关注 (3) 员工是否完全理解客户的需求 (4) 员工是否将客户的最佳利益放在首位 (5) 公司是否在所有客户都方便的时间运营			

1.3.3 Kano 模型

Kano 模型是由东京理科大学的狩野纪昭(Noriaki Kano)教授发明的一种用于用户需求分类和优先排序的独特模型。该模型以分析用户需求对用户满意的影响为基础,体现了产品性能和用户满意之间的非线性关系。根据不同的质量特性与顾客满意度之间的关系,狩野纪昭教授将产品质量服务的特性分成了 5 类(见图 1 - 6)。

(1) 基本型需求,也称为必备型需求,是用户理所应当的需求,是顾客对企业提供的产品或服务的基本需求,是用户认为产品"必须有"的属性和质量。这种基本需求即使超出了顾客的满意,用户也不会有太多的好感,但是稍有疏忽,未达到顾客的期望,会使顾客的满意度大幅下降。例如自行车要求车链不能掉,如果车链一直掉落,那么顾客就会变得非常恼火;如果车链一直不掉,顾客也不会因此对这辆自行车异常满意。智能手机的基本需求包括语音通话质量、信号覆盖、操作系统的兼容性和安全性、日常使用性能、待机时间和速度等,如果这些基本性能没有满足,顾客的满意度会大幅下降。对于这类需求,企业应注重不要在这方面失分,并且通过合适的方法充分保证顾客的这些需求能够满足。

(2) 期望型需求,也被称为意愿型需求,是指在这方面顾客满意的状况会随着需求被满足程度的增长而成比例增加。如果这种需求满足得良好,客户满意度会持续增加。只要企

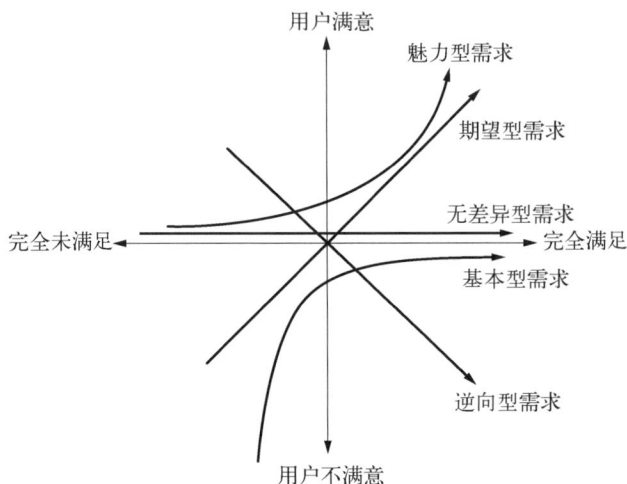

图 1 - 6 Kano 模型

业在这一方面持续努力,顾客的满意度将以线性程度持续增长。这种需求不像基本型需求那样苛刻,它要求提供比较优秀但并非"必须"的产品特性或服务,是顾客期望得到的,有时也称为用户需求的"痒处"。这些是处于成长期的需求,客户、竞争对手和企业都要关注这些需求,以体现自身的竞争力,并且要注重在这方面的提升,力争超过竞争对手。在市场调查中,顾客经常谈论的是一些期望型需求,企业对这些期望型需求的投诉处理得越圆满,那么顾客就会越满意。

(3)魅力型需求,有时也称为兴奋型需求,是指不会被顾客过分期望的需求。这种需求如果能够在一定程度上满足,顾客的满意度会急剧上升;但如果无法满足这方面的需求,顾客的满意度也不会明显下降。这些特性通常是用户对一些产品和服务没有明确表达出的。如果企业能够提供这些完全出乎用户意料的产品属性和服务,使顾客感到惊喜,那么就会大幅提升用户的满意度和忠诚度。企业通常的做法是发掘这一类需求,这样就可以独树一帜,领先于对手。这类需求与 Garvin 提出的特征质量维度非常类似。例如汽车中的车载手机支架,虽然不是所有用户都会特别要求这一点,但如果配备,会让用户感到非常惊喜。

(4)无差异型需求,那些对顾客满意度影响不大的需求。无论这些需求是否得到满足,顾客的满意度都不会有太大变化。例如,某些产品的颜色或款式变化可能对顾客的满意度影响不大。

(5)逆向型需求,与顾客期望相反的需求。当这些需求得到满足时,顾客的满意度反而会下降。例如,如果一个购物网站频繁发送促销邮件,用户可能会觉得被打扰,从而降低满意度。餐厅提供过多的免费食品样品,可能会让顾客觉得混乱或负担,而不是享受。

这一节介绍了 3 种分析质量维度的模型,分别为 Garvin 模型、SERVQUAL 模型和 Kano 模型。基于这 3 个模型,就可以从不同的角度来分析某种产品和服务。

习题

1. 总结不同质量管理阶段的特点、质量管理手段优劣和代表性人物。

2. 近几十年来,随着科学、技术和社会的发展,质量的维度和定义不断演变。你觉得质量需要增加哪些新维度吗?

3. 基于 Garvin 模型的 8 个维度,自选两三个同类产品,评估对比其在每个维度的表现,并针对性给出产品质量改善的建议。

4. 基于 Kano 模型,从 5 个维度分析某种产品或服务,并针对性给出产品质量改善建议。

5. 列举 2 个产品质量事故的真实案例。

6. 调研 1 个你感兴趣的行业、企业、部门或者组织,调研内容如下。

(1) 公司名称、所属行业、企业所有制性质(外资/合资/国企/民企等)、企业规模(年销售收入/员工人数)、部门名称、被访者年龄。

(2) 所在的部门、企业或者组织提供的是什么产品?

(3) 部门、企业或者组织的质量方针是什么?产品具体质量目标是什么?产品质量包含 Garvin 模型的哪些维度?目前市场的主要竞争对手有哪些?对比之下,在哪些质量维度上优于竞争对手?

(4) 企业内哪个部门负责对产品质量进行管理和考核?管理和考核方法是什么?考核结果对员工的哪些方面有影响?

(5) 有哪些产品质量管理方面的经验和教训?

(6) 可以根据需要,加入其他相关问题。例如,您的部门目前正在收集和使用哪些质量相关数据?数据的来源、收集方式、收集频率、数据大小、数据格式、数据标准与存储方式等是什么?您的企业在哪些环节设立了质量管理部门(如市场调研、设计、采购、制造、物流、销售、售后服务)?您的企业或者部门是否通过了某些质量体系的认证?目前是否有面向用户的质量问题反馈渠道?反馈渠道有哪些?企业近年来在提升质量方面的资金投入有哪些?近些年投入可有增长?

通过访谈,评价其质量管理水平的高低,分析其质量管理水平属于哪个阶段(5 个阶段),给出你的改善建议。

参考文献

[1] 管仲.管子[M].扬州:广陵书社,2009.

[2] 朱兰,德费欧.朱兰质量手册:通向卓越绩效的全面指南[M].卓越国际质量科学研究院,等译.6 版.北京:中国人民大学出版社,2013.

[3] 林雪萍.质量简史[M].上海:上海交通大学出版社,2022.

[4] 泰勒.科学管理原理[M].朱碧云,译.北京:北京大学出版社,2013.

[5] 亨利·福特.亨利·福特自传[M].崔权醴,程永顺,译.北京:中国书籍出版社,2021.

[6] 克劳士比.质量免费[M].杨钢,林海,译.太原:山西教育出版社,2011.

[7] SHEWHART W A. Economic control of quality of manufactured product [M]. Princeton: Van Nostrand Reinhold Company, 1931.

[8] FEIGENBAUM A V. Total quality control [M]. New York: McGraw-Hill, 1983.

第 2 章　DMAIC 方法论

六西格玛管理法(简称六西格玛)是一种以数据和统计方法为基础的质量管理策略，1986 年起源于摩托罗拉公司。它通过定义(define)、测量(measure)、分析(analyze)、改善(improve)和控制(control)的流程(简称 DMAIC)，追求 99.999 66％的品质合格率，即每百万个机会中仅有 3.4 个缺陷。六西格玛管理法的推广不仅限于制造业，它还被广泛应用于服务、医疗、金融等多个领域。六西格玛管理法的核心在于通过减少过程变异，提高产品和服务的质量，同时降低成本、提高效率。它强调跨部门的协作和对数据的深入分析，以识别和解决质量问题的根本原因。随着全球化和技术的发展，六西格玛管理法也在不断地演进和完善。通过使用六西格玛管理法，企业不仅能够提高客户满意度，还能够合理地平衡成本，实现可持续发展，增强自身的市场竞争力。

本章的学习目标：

(1) 了解六西格玛管理法的定义；

(2) 掌握西格玛质量水平的计算方法；

(3) 掌握进行六西格玛管理的步骤。

2.1　六西格玛管理法的发展简史

六西格玛管理法在 1986 年起源于摩托罗拉公司。作为全球知名的电子设备和电子零部件制造商，摩托罗拉面临着来自日本制造商的竞争压力，尤其是在产品质量方面，其质量水平仅为四西格玛。公司高层管理人员对日本生产过程性能的优越性印象深刻，在前往日本进行深入调研后，决心在 5 年内弥补与日本制造商的差距，将公司的质量水平提升至六西格玛标准。摩托罗拉于 1986 年正式启动了六西格玛管理计划。通过贯彻"六西格玛方案"，摩托罗拉在 92 亿美元的营业额中节约了 4.8 亿美元，并在 1991 年节约成本 7 亿美元。这些显著的成果不仅提升了公司的整体质量水平，还使摩托罗拉成为第一家获得美国国家质量奖——马尔科姆波多里奇国家质量奖的企业。

摩托罗拉的成功实践引起了全球的关注，尤其是美国通用电气公司(简称通用电气)。通用电气在杰克·韦尔奇担任 CEO 期间大力推广六西格玛管理法，将其作为管理战略在全公司推行，是公司内部改进流程和提高效率的重要工具。在杰克·韦尔奇的领导下，通用电气采用六西格玛管理法的流程变革取得了显著效益，仅用了 5 年时间就完成了 10 年计划。

通用电气的成功案例进一步推动了六西格玛管理法在全球范围内的普及和发展。联讯、德仪等公司推行六西格玛管理法也获得了巨大成功。六西格玛管理法的浪潮迅速席卷全球，成为许多行业组织质量管理的首选方法。六西格玛管理法不再局限于制造业，而是扩展到了服务、医疗、金融等多个领域。企业开始设立专门的六西格玛项目，并培训黑带(black belt)、绿带(green belt)等专业人员来领导和实施六西格玛改进项目。

20 世纪 90 年代末，六西格玛管理法被引入中国，许多国内企业开始学习和实施这种管理方法。六西格玛管理法在制造业、服务业和其他行业都展现出强大的质量管理能力。

如今，六西格玛管理法已经成为一种广泛应用的质量改进方法，它不仅被用于改善生产过程，也被用于提升服务质量和优化业务流程。六西格玛管理法已经与精益生产(lean production)结合形成精益六西格玛(lean six sigma)，这种结合进一步强调了消除浪费和减少变异的重要性。精益六西格玛不仅提高了生产效率，还增强了企业的灵活性和响应能力，使其能够在不断变化的市场环境中保持竞争力。

随着技术的进步，特别是大数据分析、人工智能(AI)和机器学习的应用，六西格玛管理法也在不断演进。现代六西格玛项目越来越多地利用先进的数据分析工具来进行更精确的过程控制和预测建模。此外，六西格玛培训课程和认证体系也在不断完善，为企业培养更多具备六西格玛管理技能的人才。六西格玛管理法不仅帮助企业实现了质量的显著提升，还促进了跨部门间的合作和创新文化的培育。许多企业已经将六西格玛作为一种持续改进的文化，通过不断地识别和解决质量问题，实现了成本降低、效率提升和客户满意度的提高。

六西格玛管理与全面质量管理在质量管理的共同目标上有所交集，但两者在方法论和实施重点上存在差异。全面质量管理强调全员参与和持续改进，而六西格玛管理更侧重于使用统计工具和方法来量化和管理质量。六西格玛管理的实施通常伴随着对员工的培训，使他们能够运用特定的统计技术来识别和解决质量问题。

2.2　六西格玛管理法

六西格玛管理法包含了两个层面的深刻含义：一是统计意义上的质量水平，二是一种持续改进和管理变革的方法论。

2.2.1　统计意义上的质量标准

百万机会缺陷数(defect per million opportunity，DPMO)是六西格玛管理法中常用的衡量产品或过程质量的指标，用于评估一个过程或产品中每百万个机会中的缺陷数量。它不仅关注产品的缺陷率，还考虑了每个产品或服务中可能出现缺陷的机会数。缺陷数量与机会总数进行标准化，使得不同产品或过程的质量水平可以横向比较。

DPMO 的计算公式如下：

$$DPMO = \frac{缺陷总数}{机会总数} \times 10^6$$

这里的"机会总数"是指在一个单位的产品或服务中，所有可能产生缺陷的机会的数量总和。

计算 DPMO 的时候,首先,需要确定产品或服务中所有可能发生缺陷的位置或步骤,这些位置或步骤构成了机会总数。然后,在一定的时间周期内记录实际发生缺陷的数量。最后,使用上述公式计算出每百万机会中的缺陷数。

举个例子来说,假设一家电子制造公司生产了一批电路板,这批电路板共有 100 个单元,每个单元上有 50 个焊接点。经过检查,发现这批电路板中共有 20 个焊接点存在缺陷。则

$$\text{DPMO} = \frac{20}{100 \times 50} \times 10^6 = 4\,000$$

这意味着平均每百万个焊接点中,有 4 000 个焊接点存在缺陷。

99.99% 的合格率听起来已经非常高,但在大规模生产的今天,在许多行业或应用中,这样的合格率难以满足高标准的要求。在高风险行业(如航空航天、高铁、船舶等)中,即使是极小的缺陷也可能导致巨大的损失或灾难性的后果。99.99% 意味着每万个机会中仍有 1 个缺陷,这在关键应用中可能是不可接受的。

据此,六西格玛管理法给出了一个按照西格玛水平衡量质量水平的计算方法。在质量管理领域,西格玛(σ)是一个关键的统计学概念,用来衡量数据的离散程度。对于连续可计量的质量特征,σ 值量化了这些特征与目标值的偏离程度。σ 前的系数,即 σ 水平,代表了过程输出落在规格界限之外的概率,从而反映了缺陷发生的可能性。σ 值越小,表明质量特征越集中于目标值,过程的稳定性和可靠性越高,缺陷率相应越低。短期六西格玛水平假设过程中心与规格中心完全重合,且过程变异仅由随机因素引起。长期六西格玛水平则考虑过程中心可能存在的 1.5σ 偏移。

短期六西格玛质量水平表示:一个生产过程的质量指标服从正态分布,该正态分布的均值与目标值重合,且规格上下限位于目标值加减 6 倍标准差的位置,即单侧可容纳 6 个标准差,如图 2-1 所示,其中 USL 为规格上限(upper specification limit),LSL 为规格下限(lower specification limit),则这个过程的 DPMO 为

$$\text{DPMO} = [1 - (\Phi(6) - \Phi(-6))] \times 10^6$$
$$= (1 - 0.999\,999\,999\,013\,412\,3 + 0.000\,000\,000\,986\,587\,645\,002\,899\,8) \times 10^6$$
$$= 0.000\,000\,001\,973 \times 10^6 \approx 0.002$$

式中,Φ 是标准正态分布的累计密度函数。上式表明一百万个出错机会里,平均只有 0.002 次错误,也就是说,每 10 亿次出错机会中平均出错 2 次。这是六西格玛质量在短期过程的质量水平,即每百万机会中几乎没有缺陷。

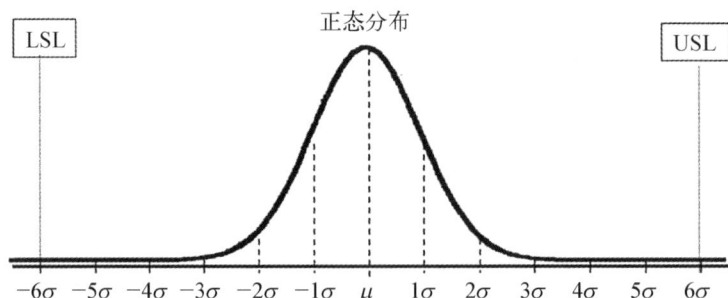

图 2-1 规格上下限位于正态分布过程均值加减 6σ 处

短期五西格玛质量水平表示：一个生产过程的质量指标服从正态分布，该正态分布的均值和目标值重合，且规格限位于目标值加减 5 倍标准差的位置，即单侧可容纳 5 个标准差，则这个过程的 DPMO 为

$$\text{DPMO} = [1 - (\Phi(5) - \Phi(-5))] \times 10^6 \approx 0.57$$

这是五西格玛质量在短期过程的质量水平，即一百万个出错机会里，平均只有 0.57 次错误。

以此类推，可以获得其他西格玛质量水平对应的短期 DPMO。

摩托罗拉公司在引入六西格玛管理法时，不仅设定了一个高标准的短期质量目标，还提出了 1.5 西格玛偏移的概念。在长期的生产制造和服务过程中，由于环境波动、设备老化更替、原材料质量波动和操作人员差异等各种因素的干扰，过程均值可能会发生 1.5 倍西格玛的偏移（见图 2-2）。这是一个重要的概念，反映了过程在长期运行中的实际性能。通过考虑 1.5 西格玛的偏移，六西格玛管理法更加贴近实际应用，确保过程在长期运行中能够达到预期的质量水平。

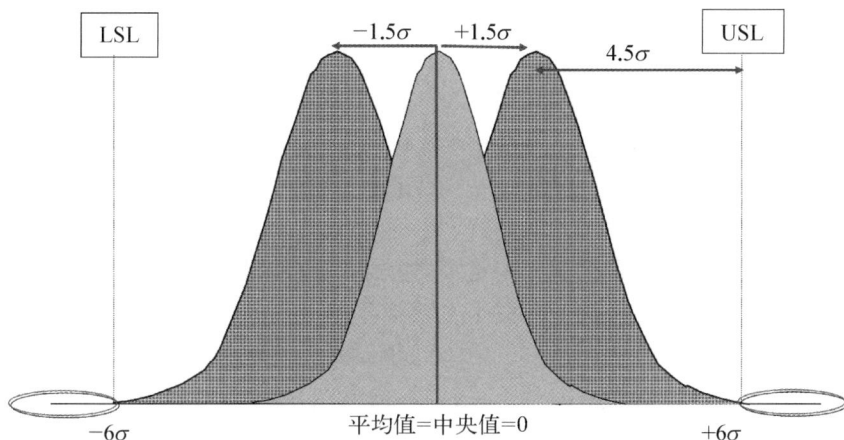

图 2-2　考虑 1.5σ 偏移的六西格玛过程

在这种情况下，

$$\text{DPMO} = [1 - (\Phi(7.5) - \Phi(-4.5))] \times 10^6 = 3.4$$

即在考虑过程中心可能存在的 1.5σ 偏移的情况下，六西格玛质量水平是每百万机会中有不超 3.4 个缺陷（DPMO ≤ 3.4）。

如果质量指标的规格限不在目标值加减 6 倍的标准差处，或者长期情况下的均值偏移不是 1.5 倍标准差，可以根据表 2-1 查找各个西格玛质量水平所对应的 DPMO 值。

表 2-1　西格玛质量水平均值偏移情况 DPMO 数的换算

均值偏移大小	3σ	3.5σ	4σ	4.5σ	5σ	5.5σ	6σ
0	2 700	465	63	6.8	0.57	0.034	0.002
0.25σ	3 577	666	99	12.8	1.02	0.11	0.006 3

续　表

均值偏移大小	3σ	3.5σ	4σ	4.5σ	5σ	5.5σ	6σ
0.5σ	6 440	1 382	236	32	3.4	0.71	0.019
0.75σ	12 288	3 011	665	88.5	11	1.02	0.1
σ	22 832	6 433	1 350	233	32	3.4	0.39
1.25σ	40 111	12 201	3 000	577	88.5	10.7	1
1.5σ	66 803	22 800	6 200	1 350	233	32	**3.4**
1.75σ	105 601	40 100	12 200	3 000	577	88.4	11
2σ	158 700	66 800	22 800	6 200	1 300	233	32

2.2.2　六西格玛管理法的步骤

六西格玛管理法不仅是一种质量标准,更是一种系统化的持续改进方法论。它强调通过数据驱动的方法来识别和解决质量问题的根本原因,从而实现过程的优化。

六西格玛的质量改进策略旨在追求顾客的完全满意,它通过识别和解决关键的质量缺陷问题,分析其成因,消除导致缺陷的输入因素,并建立新的控制机制以预防问题再次发生。为了执行六西格玛改进,首先需要基于特定原则选定改进项目,并建立一个由不同部门成员组成的跨职能团队。该团队需遵循 DMAIC 方法论,即遵循定义(define)、测量(measure)、分析(analyze)、改善(improve)和控制(control)的流程。DMAIC 流程是戴明 PDCA 循环的扩展,其每个阶段都配备了多种活动和工具技术,为六西格玛管理法提供了一套结构化的问题解决框架。

1) 定义(define)

在定义阶段,首先明确项目目标,识别并确认商业机遇,这是小组辨识与确认改进项目的基础。主要活动包括:

(1) 明确商务过程,定义用户需求,准备项目小组,确保其有效性;

(2) 识别与确认商业机遇,确认并开发小组许可证;

(3) 辨识与描画过程/流程,识别"快速获胜"的机会,精简流程;

(4) 将客户需求转化为企业标准要求;

(5) 建立与开发小组指南及运行规则。

在这个过程中,可以采用多种工具与方法,如用户呼声的流程、流程图、因果图、头脑风暴法、质量功能展开(QFD)及横向对比等,以识别过程/流程改进项目的所有相关因素。

确定有待改进的产品或流程时,要结合用户需求,以问题为导向,可以使用财务的语言描述过程现状和改进后的绩效,将过程业绩转化为财务指标,有助于改进项目的选择。确定改善目标有 3 个原则:"聚焦",即切忌"大而全",每个项目选择 1～2 个主要的目标;"现实",即设置目标时,不要搞大跃进;"关联",即项目目标之间要相互制衡,防止为了满足部分目标,牺牲整体利益。

选定改进项目后,需编写项目任务书,界定项目范围和改进内容,组建专业的六西格玛团队。项目任务书是关于项目或问题的书面文件,涵盖改进项目的理由、目标、计划、团队职责和配置的资源等关键信息,为项目顺利实施奠定基础。

定义阶段的主要活动、工具和输出如表 2-2 所示。

表 2-2　定义阶段的任务清单

步骤	项 目 选 择	项 目 定 义	项 目 授 权
定义	陈述选择项目的过程和必要性	设定项目的目标和范围	报批项目授权书并得到审批
主要活动	展开项目的过程,商业环境及机会分析,客户之声(voice of customer, VOC)的导出,品质关键点(critical to quality, CTQ)优先排序,与战略的相关性评价,项目选择	选定背景,问题陈述,顾客CTQ,项目输出(Y)选定,当前水平及目标陈述,效果计算(预想),战略联系及项目范围选定	关联部门的协调及协议,项目报批、审批及注册,项目公开化,组建团队及推进日程
工具	亲和图,帕累托图,控制图,CTQ树,内外部竞争环境和竞争条件下的SWOT分析,Kano分析,QFD,头脑风暴法,标杆法	利益相关者分析,SIPOC分析(supplier供应者;input输入;process流程;output输出;customer客户),流程图,控制图,过程能力分析	财务审核员验证基准,团队管理
输出	项目选定背景陈述,项目的客户之声,CTQ清单,商业机会分析表	项目授权书,定义阶段报告	已审批的项目授权书,已验证的预想财务效果

2) 测量(measure)

六西格玛管理法的测量阶段是评估和分析目标过程现状的关键步骤,旨在确立改进的基准线,并获取过程的初始 σ 值。此阶段的工作主要分为以下两个方向。

(1) 数据收集与量化分析。

(a) 收集目标过程的数据,分析问题的症状并进行量化度量,涵盖过程的直接输出结果和长期后果;

(b) 测量过程中可控和测量的因素,帮助团队监控工作流程并精确定位问题原因;

(c) 测量输入因素,识别可能导致问题的因素;

(d) 项目团队需掌握科学的数据收集方法,分析数据并计算过程性能指数,如 DPMO,进而确定过程的西格玛质量水平值。

(2) 数据整理与基准建立。

整理收集的数据,为下一阶段分析问题原因提供线索和数据支持。

测量阶段的目标是识别关键度量,评估满足关键顾客需求的流程,并开发有效收集流程业绩数据的方法。小组分析有助于理解六西格玛管理法计算的要素,并建立流程或过程的基准。主要活动包括:

(a) 辨别输入过程与输出指示器;

(b) 开发运作定义与测量计划;

(c) 数据绘图与分析；

(d) 确定是否存在特殊原因；

(e) 确定六西格玛的业绩；

(f) 收集其他基准业绩数据。

可用的工具与方法包括：测量系统分析、过程控制图、帕累托图、直方图、控制图和雷达图等。通过这些活动和工具，测量阶段为六西格玛项目提供了一个清晰的起点，确保了后续分析和改进阶段能够基于准确和全面的数据进行。

测量阶段的主要活动、工具和输出如表 2-3 所示。

表 2-3 测量阶段的任务清单

步骤	明确 Y 的指标	把握当前水平
定义	明确项目的 CTQ，并用可测量的具体指标(Y)体现	测量 Y 的当前水平，再确认改善目标
主要活动	掌握顾客核心要求特性，确认 Y 及规格	测量系统分析，Y 数据的确保和解释，现水平的确认及改善目标的确定
工具	VOC 分析，QFD，亲和图，帕累托图，标杆法，头脑风暴法	探索性数据分析，7 种工具，测量系统分析，正态性检验，时间序列图，工序能力分析
输出	CTQ 清单，Y 确定，绩效指标简要表	重复性和再现性分析(Gage R&R)表，过程能力指数，西格玛质量水平，DPMO

3) 分析(analyze)

分析阶段是 DMAIC 过程中深入挖掘问题根源的关键步骤。在此阶段，团队通过测量阶段收集的数据，识别并验证影响过程输出的潜在关键因素。目标是精确界定问题，并通过数据分析揭示根本原因。主要活动包括流程划分、数据分解、问题陈述开发、根本原因识别与验证，以及创新性提升。使用的工具有头脑风暴法、因果图、直方图、控制图等，以确保所有影响因素被分析到位。

分析阶段的主要活动、工具和输出如表 2-4 所示。

表 2-4 分析阶段的任务清单

步骤	挖掘潜在原因	收集相关数据	分析对应数据	选定重要少数
定义	挖掘影响 Y 的潜在原因变数(X)并排序	收集确定重要少数 X 所需的 X 和 Y 的数据	为确定重要少数 X，进行数据分析	根据数据分析结果选定重要少数 X
主要活动	确认详细的过程，挖掘所有 X，排序潜在 X	确认数据类型，制定假设，收集数据活动	数据确认，图表分析，假设检验	制作重要少数 X 的目录，风险分析，优先顺序排序

续　表

步骤	挖掘潜在原因	收集相关数据	分析对应数据	选定重要少数
工具	QFD,头脑风暴法,鱼骨图,因果矩阵,失效模式和影响分析(failure mode and effect analysis, FMEA)	多变异分析,数据抽样,假设检验	多变异分析,置信区间,图形分析法,箱图,散点图,直方图,时序图,运行图,控制图,假设检验(正态检验、t-检验、F-检验、卡方检验),方差分析(analysis of variance, ANOVA),相关回归分析,非参数检验	因果矩阵,FMEA
输出	所有 X 的清单,排序后的潜在 X,即时实施/改善(快赢)措施,初期控制计划	数据收集计划表,数据(Y, X)	图表分析结果,统计性分析结果,间隔分析结果,技术性分析结果	选定的重要少数 X 清单,更新后的初期控制计划,因果矩阵,FMEA

4）改善(improve)

改善阶段致力于设计并实施解决方案,以减少过程缺陷或变异。团队基于分析阶段的发现,进一步研究关键因素,验证它们对过程输出的影响,并制定改善措施。这些措施在小规模试行后,根据试行结果进行调整和优化,以确保改善方案的有效性和可行性。主要活动包括构思解决方案、评估影响、解决方案评价与选择、过程图和计划开发,以及与受益者沟通。工具包括实验设计等。

改善阶段的主要活动、工具和输出如表 2-5 所示。

表 2-5　改善阶段的任务清单

步骤	制订改善方案	优化重要少数	验证改善效果
定义	区分重要少数 X 的特性	阐明 Y 和 X 的关系,决定重要少数 X 的最佳条件	确认最佳方案的检验
主要活动	X 的特性确认,制订最佳化计划	实施改善对策,制订实验计划、实施及分析,决定最佳方案,制订选定的改善对策实施计划书	X 的测量系统分析,最佳方案的检验,把握短期过程能力,确认改善效果,设定 X 的公差
工具	头脑风暴,标杆法,普氏矩阵,新 7 种质量工具,实验设计,线性规划	普氏矩阵,实验设计,多元回归,经济性分析,测量系统分析,随机模拟	测量系统分析,探索性实验,FMEA
输出	控制因子,关键因子,即时改善因子,重要少数 X 最佳化计划	实验结果,选定的改善对策,输入与输出函数关系,重要少数 X 的最佳条件,Y 的改善效果预测	测量系统分析,工序能力指数分析,措施后修改的 FMEA

5）控制(control)

控制阶段的目的是确保改进成果的持久性和标准化。在此阶段,团队开发控制计划,监控过程以维持改进效果,并确保成果不会因时间推移而退化。其主要活动、工具和输出如表 2-6 所示。

表 2-6　控制阶段的任务清单

步骤	制订控制计划	实施控制计划	文件化与共享
定义	实施改善结果的风险性评价,并反映到控制计划中	现场实施控制计划	预想财务效果/体制改善效果,教育资料、会议记录等文件,下一个推进项目的检讨资料,结案报告书
主要活动	改善结果的风险性评价及对策制订,修改控制计划,标准化	控制计划项目的监控,确认长期过程能力	掌握年度预想效果,移交现场,导出下一个推进项目,承认及结案报告
工具	控制计划,FMEA,风险评估,防错,标准化	审计,控制图,工序能力分析	成果计算基准,教育、传播、会议等
输出	更新后的 FMEA,潜在风险的对策,控制计划书,标准作业程序书	控制图,工序能力指数,西格玛水平,DPMO 等	预想财务效果/体制改善效果,教育资料、会议记录等文件,下一个推进项目的检讨资料,结案报告书

习题

1. 简述六西格玛方法与全面质量管理的关系?
2. 六西格玛中 DPMO 的计算方法和合格率有什么不同?
3. 六西格玛 DMAIC 流程的每个阶段的主要目标是什么? 简述每个阶段的关键活动。

参考文献

［1］HARRY M，SCHROEDER R. Six sigma：the breakthrough management strategy revolutionizing the world's top corporations ［M］. New York：Doubleday Business，1999.

［2］PYZDEK T T. The six sigma handbook：making six sigma work for you ［M］. New York：McGraw-Hill, 2003.

［3］ROSS M J. The six sigma quality breakthrough：how to rapidly increase profits and enhance customer satisfaction ［M］. New York：AMACOM，2002.

［4］上海质量管理科学研究院.六西格玛核心教程：黑带读本［M］.北京：中国标准出版社，2006.

第 2 篇
定义阶段(D)

横看成岭侧成峰,远近高低各不同。
不识庐山真面目,只缘身在此山中。

——苏轼《题西林壁》

宋代苏轼在《题西林壁》中的描绘,不仅展现了庐山景色的多变与丰富,更深刻地隐喻了人们在面对问题时常见的视角局限与认知偏差。正如诗人所言,"不识庐山真面目,只缘身在此山中",当人们深陷问题的迷雾之中,往往难以窥见其真实面貌,更遑论精准定义问题并有效解决。

在质量管理的领域,这种困境同样存在且尤为关键。问题解决与过程改善的基石便是定义问题,然而这个关键步骤却常常为人所轻视甚至忽视。人们往往在未清晰识别问题本质的情况下,急于寻找答案,而忽略了对问题本身的深入分析和定义。但问题的定义决定了解决策略的方向和效果。一旦问题被精确地定义,解决之路往往已豁然开朗。许多"设计思维"及头脑风暴的工具及方法都可以帮助问题的定义。

质量管理中的问题核心往往与变异和不确定性紧密相连。如果现实与理想之间不存在变异偏差,那么质量问题将不复存在。因此,将质量问题转化为变异问题,探索如何减少、控制甚至消除这些变异,成了质量管理的关键。本篇将探讨如何使用统计分布来刻画质量的不确定性,即变异,并进一步对质量建立模型及进行统计推断,以便更深入地理解问题的本质,具体掌握真正的问题,摆脱"只缘身在此山中"的困境。

第3章 质量统计分布

本章主要介绍质量控制与改进的统计学基础方法。本章有两个目标：一是展示如何使用简单的描述性统计工具来定量表达某一种质量特性的变化；二是介绍概率分布，并说明概率分布如何为建模或描述过程的质量特性提供工具。3.1 节讲述了如何使用简单的描述性统计工具来定量表达质量特征的变化，3.2 节和 3.3 节讲解质量分析中常用的随机变量与概率分布，并展示它们如何为建模或描述过程的质量特征提供工具。

本章的学习目标：

（1）计算并解释样本均值、样本方差、样本标准差和样本范围；

（2）解释随机变量和概率分布的概念；

（3）概率分布的均值、方差和标准差；

（4）理解常用离散概率分布及其假设条件；

（5）理解常用连续概率分布及其假设条件；

（6）拟合数据的概率分布；

（7）二项式分布的近似泊松分布和泊松分布的近似正态分布。

3.1 数据描述

在实际生产过程中，几乎没有两件产品是完全相同的。以罐装饮料为例，每一罐的净含量都可能会有所差异；即使是标称统一标准的电源输出电压，也并非完全一致。这种变化性是不可避免的，它反映了制造过程中的自然波动。统计学作为一门科学，致力于分析数据并从中得出有意义的结论，特别之处在于它能够有效地处理和解释这些数据中的变化性。

3.1.1 样本均值与样本方差

当数据样本收集完成后，需要依靠一些关键的属性和角度去描述样本的整体情况，以此来初步了解被采样的数据集。对于样本数据的分布形状、数据的中心趋势和数据的分散情况或差异性，往往需要一些具有归纳性和标准性的数据指标来进行准确的描述。其中，衡量样本中心倾向的最重要指标是样本均值。

假设 x_1，x_2，$\cdots$，x_n 为样本中的观测值，样本均值即为 n 个观测值的算术平均值：

$$\bar{x} = \frac{x_1 + x_2 + \cdots + x_n}{n} = \frac{\sum_{i=1}^{n} x_i}{n} \tag{3-1}$$

样本均值代表样本数据的质量中心。

衡量样本数据离散程度及差异性的指标为样本方差。样本方差是每个观测值与样本均值 $\bar{x}$ 的平方差之和除以样本量减 1 的差,即

$$s^2 = \frac{\sum_{i=1}^{n} (x_i - \bar{x})^2}{n-1} \tag{3-2}$$

一般来说,样本方差 s^2 越大,样本数据的差异性就越大,数据的离散程度也越大。如果样本中的数据没有差异,即样本中的所有观测值均为 $x_i = \bar{x}$,则样本方差 $s^2 = 0$。

样本方差 s^2 的单位是数据原始单位的平方。这在解释上往往很不方便,因此通常更愿意使用 s^2 的平方根,即用样本标准差 s 来衡量样本数据的差异性和离散程度。样本标准差表示为

$$s = \sqrt{\frac{\sum_{i=1}^{n} (x_i - \bar{x})^2}{n-1}} \tag{3-3}$$

样本标准差的主要优点是单位与原始测量单位一样。

为了更易理解样本标准差是如何描述数据的差异性和离散程度的,考虑如下所示的两个样本:

样本 1	样本 2
$x_1 = 1$	$x_1 = 1$
$x_2 = 3$	$x_2 = 5$
$x_3 = 5$	$x_3 = 9$
$\bar{x} = 3$	$\bar{x} = 5$

显然,样本 2 的差异性要大于样本 1,这个结论反映在样本标准差上,样本 1 的样本标准差为

$$s = \sqrt{\frac{\sum_{i=1}^{n} (x_i - \bar{x})^2}{n-1}} = \sqrt{\frac{(1-3)^2 + (3-3)^2 + (5-3)^2}{2}} = 2$$

而样本 2 的样本标准差为

$$s = \sqrt{\frac{\sum_{i=1}^{n} (x_i - \bar{x})^2}{n-1}} = \sqrt{\frac{(1-5)^2 + (5-5)^2 + (9-5)^2}{2}} = 4$$

因此,样本 2 的样本标准差较大,反映了样本 2 的样本差异性较大。再考虑第三个样本,例如:

样本 3
$x_1 = 101$
$x_2 = 103$
$x_3 = 105$
$\bar{x} = 103$

样本 3 的样本标准差 $s = 2$,与样本 1 的样本标准差相同。比较这两个样本可以发现,它们具有相同的样本差异性或数据离散程度,这也是它们具有相同样本标准差的原因。这就引出了重要的一点:样本标准差并不能反映样本数据的大小,只能反映样本数据的离散程度或均值附近的分布情况。

3.1.2 可视图表

3.1.1 节介绍了一些描述样本数据基本属性的数据指标,这些数据指标能够归纳性地显示数据的分布形状、数据的中心趋势和数据的分散情况或差异性。很多时候,如中位数、四分位数等单纯的指标虽然能够获取关于数据集的分布趋势,但并不形象。一个常用的方法就是利用各种图表工具来探索数据的集中、离散和偏差情况。一些最常用的表现形式如茎叶图、直方图、箱形图和散点图等,能够有效地提供有关数据集的直观印象,显示数据的分布形状、中心趋势、散点特性和变异性。本小节将具体介绍一些有用的数据可视化图表工具。

1) 茎叶图

茎叶图用来对数据进行总结和展示,假设数据用 x_1, x_2, $\cdots$, x_n 表示,每个数字 x_i 至少由两位数组成。绘制茎叶图,要把每个数字 x_i 分成两部分:茎,由一个或多个高位数字组成;叶,由最后的低位数字组成。例如,如果数据包括半导体晶圆批次上 0~100 的缺陷百分比信息,那么可以将数值 76 分成茎 7 和叶 6。一般来说,应该选择与观测值数量相比相对较少的茎,通常最好选择 5 到 20 个茎。一旦选择了一组茎,就会在茎叶图左侧列出这些茎,并在每个茎的旁边按照数据集中出现的顺序列出与观测数据值相对应的所有叶。

按叶的大小排列的茎叶图有时称为有序茎叶图,依据有序茎叶图的显示方式,可以很容易地找到数据的百分位数。一般来说,第 $k\%$ 分位数是这样一个值:至少 $k\%$ 的数据值处于或低于此值,至少 $(100-k)\%$ 的数据值处于或高于此值。数据分布的 50% 分位数称为**样本中位数**。中位数可以看作是将样本精确分成两半的数据值,其中一半观测值小于中位数,另一半观测值大于中位数。

如果观测值的个数 n 是奇数,那么找到中位数就很容易了。首先将观测值按升序排序(即将数据从最小观测值到最大观测值排序),中位数是该列表中排在 $\left(\dfrac{n-1}{2}+1\right)$ 位置的观测值。如果 n 为偶数,那么中位数就是排在第 $\dfrac{n}{2}$ 和第 $\left(\dfrac{n}{2}+1\right)$ 位置的观测值的平均值。

2）直方图

直方图是一种比茎叶图更紧凑的数据汇总，用来表示单个变量的分布，无论是离散型变量还是连续型变量，都可以由直方图来近似其分布曲线。通过使用合理分配布局的直方图，可以对变量的分布、偏态有大致的了解，不同直方图在一起比较更可以直观地体现不同变量在均值、方差等指标上的差异。

无论离散型变量还是连续型变量，都需要预先设置好上下边界。要绘制连续数据的直方图，必须将数据范围划分为若干区间，这些区间通常称为类区间、单元格或分段。一个合适的划分区间很重要，如果可能，区间的宽度应相等，以增强直方图的视觉信息。在选择分隔数时必须有一定的判断力，才能得到合理的显示效果。当划分区间过小时，图形包含的信息过多，通过图形得到的信息因为读取困难反而更少；当划分区间过大时，有价值的信息可能会被忽略。划分区间的数量取决于观测值的数量及数据的分散程度，通常会发现，在大多数情况下，最好选择 5～20 个划分区间，而且划分区间的数量应随着样本数的增加而增加。在实践中，选择近似等于样本观测数平方根的区间数通常效果很好。

一旦确定了划分的数量及每个区间的下边界和上边界，就可以将数据依次排序放入区间中，并计算每个区间中的观测值数量。绘制直方图时，用横轴表示数据的测量尺度，纵轴表示计数或频率。有时，直方图的纵坐标表示相对频率，每个区间的相对频率表示区间中的观测值数除以观察总数。在直方图横轴对应的每个分区上绘制矩形，每个矩形的高度与频率（相对频率）成正比。

如果区间宽度相等，直方图总是更容易解释；如果区间宽度不相等，通常会画出面积（而不是高度）与区间中观测值数量成正比的矩形。对于小数据集，如果改变区间的数量或宽度，直方图的外观可能会发生巨大变化。因此，更倾向于将直方图视为一种最适合包含 75～100 个或更多观测值的大型数据集的技术。

请注意，从原始数据或茎叶图转换到直方图时，在某种意义上失去了一些信息，因为原始观测数据并没有保留在直方图上。不过，与直方图的简洁性和易解释性相比，这种信息损失通常很小，尤其是在大样本中。

频率分布和直方图也可用于定性、分类或计数（离散）数据。在某些应用中，类别的排序是自然的（如大一、大二、大三和大四等年级），而在其他应用中，类别的排序是任意的（如男性和女性）。使用分类数据时，条形图的宽度应相等。

要绘制离散数据或计数数据的直方图，首先要确定变量可能取到的每个值的频率（或相对频率）。绘制直方图时，在垂直方向上绘制频率（或相对频率），在水平方向上绘制观测值。然后在每个观测值的上方画一个矩形，矩形的高度就是该值对应的频率（或相对频率）。

3）箱形图

茎叶图和直方图仅仅提供了有关数据集的直观印象，而箱形图则是一种图形显示，可同时显示数据的多个重要特征，如数据的集中趋势、分散情况、分布是否偏态（偏离对称性），以及识别与数据主体异常偏离的观测值（这些观测值通常称为"离群值"）。箱线图最突出的特征就是会用一个箱形来展示数据，将数据的 3 个四分位数、最小值和最大值显示在一个矩形框内，横向或纵向对齐。箱线划分并包含了四分位数之间的范围，左线（下线）位于第一四分位数 Q_1，右线（上线）位于第三四分位数 Q_3。在第二四分位数（50%分位数或中位数）处画一条线穿过箱形,在两端画一条线延伸到极值,其他部分则用散点来表示离群点。延伸出的直线通常为 $1.5 \times (Q_3 - Q_1)$ 距离,超过这些界限的观测值会被标记为潜在的异常值,这种基本程序的变体称为修正箱形图。箱形图适用于对数据集内部数据进行图形化比较,因为它们具有视觉冲击力,而且清晰明确,易于理解。

4)散点图

散点图用来表示数据中两个或更多变量之间的相互关系,以两个变量为例,一般分为自变量和因变量。每个采样数据在图上显示为一个点,可以通过散点的疏密程度来辨别变量分布集中的区域,并且散点整体的变化趋势可以帮助了解变量间是否存在相关,是正相关还是负相关,这在进行回归等数据分析前非常有用。

3.1.3 随机变量和概率分布

无论是样本均值、样本方差等数据描述指标,还是直方图、茎叶图、箱形图等图形工具,都是用来形象且准确地描述样本数据的。样本是从更大的来源或群体中选取的测量数据集合。例如,从生产过程中选取的晶圆样本中获得的层厚度测量数据,该示例中的总体是该工艺生产的所有层厚度的集合。通过使用统计方法,可以对样本层厚数据进行分析,并得出有关晶圆制造过程的某些结论。

概率分布是一个数学模型,它将变量的值与该值在群体中出现的概率联系起来。换句话说,可以把层厚度看作一个**随机变量**,因为它根据某种随机机制在群体中产生不同的值,然后层厚度的概率分布描述了层厚度的任何值在群体中出现的概率。

概率分布有两种类型:

(1)连续分布。当被测变量以连续的尺度表示时,其概率分布称为连续分布。晶圆层厚度的概率分布就是连续分布。

(2)离散分布。当被测变量只能取某些值时,如整数 0,1,2,…,概率分布称为离散分布。例如,印刷电路板中不合格(或缺陷)数量的分布就是离散分布。

离散分布的外观是一系列垂直的“尖峰”,每个尖峰的高度与概率成正比。将随机变量 x 取特定值 x_i 的概率写为

$$P\{x = x_i\} = p(x_i) \tag{3-4}$$

由于连续分布的外观是一条平滑的曲线,曲线下的面积与概率相等,因此 x 位于 a 到 b 区间的概率可写成:

$$P\{a \leqslant x \leqslant b\} = \int_a^b f(x)\mathrm{d}x \tag{3-5}$$

在统计检验中,还会应用到一些常用的数理统计上的分布。在之后的章节中,将介绍几种有用的离散和连续分布。由变量的个数可以分出一元随机变量和多元随机变量。

概率分布的均值 μ 是对分布中心倾向或其最有可能处在的位置的度量。对于任意一组连续分布 $f(x)$,都可以得到其均值:

$$\mu = \int_{-\infty}^{\infty} x f(x) \mathrm{d}x \tag{3-6}$$

同样地,对于任意一组离散分布 $\{x, f(x)\}$,也可以得到相应的均值:

$$\mu = \sum_{i=1}^{\infty} x_i p(x_i) \qquad (3-7)$$

如果离散型随机变量有 N 个概率相等的可能取值,即 $p(x_i) = 1/N$,则均值可简化为

$$\mu = \frac{\sum_{i=1}^{N} x_i}{N} \qquad (3-8)$$

这个表达式与样本均值的定义相似。均值是分布正好"平衡"的点。因此,均值就是概率分布的质心,且均值不一定是分布的 50% 分位数(中位数),均值也不一定是变量最可能的值。均值决定了概率分布的位置。

概率分布中的差异性由方差表示。方差是另一个最常用的指标,可以用来衡量数据的离散程度,用 σ^2 来表示。类似地,对于连续分布 $f(x)$,可以得到其方差:

$$\sigma^2 = \int_{-\infty}^{\infty} (x - \mu)^2 f(x) \mathrm{d}x \qquad (3-9)$$

对于任意一组离散分布 $\{x, f(x)\}$,也可以得到其方差:

$$\sigma^2 = \sum_{i=1}^{\infty} (x_i - \mu)^2 p(x_i) \qquad (3-10)$$

如果离散型随机变量有 N 个概率相等的可能取值,则方差可简化为

$$\sigma^2 = \frac{\sum_{i=1}^{N} (x_i - \mu)^2}{N} \qquad (3-11)$$

在这种情况下,方差是集合中每个数值与均值的平均平方距离,这与样本方差的定义 s^2 相似。如果 $\sigma^2 = 0$,则说明分布集合中的数据没有差异。随着分布差异性的增加,方差也会增加。方差的单位也是用原始变量单位的平方来表示。例如,如果测量的是电压,那么方差的单位就是 V^2。因此,通常使用方差的平方根,即标准差:

$$\sigma = \sqrt{\sigma^2} = \sqrt{\frac{\sum_{i=1}^{N} (x_i - \mu)^2}{N}} \qquad (3-12)$$

由此可见,标准差是以原始单位表示的集合中的离散程度的度量。

3.2 常用离散概率分布

按照随机变量取值的连续性,可以将随机变量分为离散型随机变量和连续型随机变量。离散型随机变量中的常用分布有二项分布和泊松分布;连续型随机变量中的常用分布有正态分布。

本节将讨论统计质量控制中经常出现的几种离散概率分布,包括超几何分布、二项分

布、泊松分布,以及帕斯卡分布或负帕斯卡分布,具体解释各种分布的定义及假设条件,同时介绍一些在实际应用中常用的简便近似分布方法。

3.2.1 超几何分布

假设有一个由 N 个物品组成的有限群体。在这些物品中,有一部分,如 $D(D \leqslant N)$ 属于某一类。从总体中随机抽取 n 个物品,不进行替换,然后观察样本中属于相关类别的物品数量,比如 x。 那么 x 是一个超几何随机变量,其概率分布定义如下:

$$p(x) = \frac{\binom{D}{x}\binom{N-D}{n-x}}{\binom{N}{n}}, \ x = 0, \ 1, \ 2, \ \cdots, \ \min(n, D) \tag{3-13}$$

该分布的均值为

$$\mu = \frac{nD}{N} \tag{3-14}$$

方差为

$$\sigma^2 = \frac{nD}{N}\left(1 - \frac{D}{N}\right)\left(\frac{N-n}{N-1}\right) \tag{3-15}$$

其中

$$\binom{a}{b} = \frac{a!}{b!(a-b)!} \tag{3-16}$$

是每次从 a 件物品中抽取 b 件物品的组合数。

对于从 N 个批量(其中 D 个为不合格品或次品)中不替换地随机抽取 n 个样本的情况,超几何分布是一个合适的概率模型。x 通常代表样本中不合格产品的数量。例如,假设一个批次有 100 件产品,其中 5 件为不合格品,如果随机抽取 10 件,不进行替换,那么在样本中发现一件或更少不合格产品的概率为

$$P\{x \leqslant 1\} = P\{x = 0\} + P\{x = 1\} = \frac{\binom{5}{0}\binom{95}{10}}{\binom{100}{10}} + \frac{\binom{5}{1}\binom{95}{9}}{\binom{100}{10}} = 0.923\,14$$

3.2.2 二项分布

二项分布常用于包含多次重复试验的随机试验中。考虑一个由 n 次独立试验组成的过程。所谓独立试验,是指每次试验的结果与之前试验的结果没有任何关系,试验只有两种互斥的结果,且两种结果的概率恒定,即当每次试验的结果要么是"成功"要么是"失败"时,这些试验称为伯努利试验。

若伯努利试验成功,则伯努利随机变量取值为 1;若试验失败,则伯努利随机变量取 0。假设试验成功的概率为 p,则失败的概率为 $1-p$,此时上述伯努利随机变量服从参数为 p

的伯努利分布。伯努利分布的概率密度函数为

$$P(x) = p^x(1-p)^{1-x} = \begin{cases} p, & x=1 \\ 1-p, & x=0 \end{cases} \tag{3-17}$$

伯努利分布的均值为

$$\mu = np \tag{3-18}$$

方差为

$$\sigma^2 = p(1-p) \tag{3-19}$$

　　基于伯努利试验的定义,只要满足每次试验相互独立的假设,那么某种结果 n 次试验后出现的次数就符合二项分布。如果任何一次试验"成功"的概率(例如 p)是常数,那么 n 次伯努利试验中"成功"的次数 x 就具有参数 n 和 p 的二项分布,而伯努利分布则是 $n=1$ 时的特殊情况。二项分布的概率密度函数定义如下:

$$P(x) = \binom{n}{x} p^x(1-p)^{n-x}, \ x=0, \ 1, \ \cdots, \ n, \ n \geqslant 0, \ 0 < p < 1 \tag{3-20}$$

该分布的均值为

$$\mu = np \tag{3-21}$$

方差为

$$\sigma^2 = np(1-p) \tag{3-22}$$

　　质量工程中经常使用二项分布。它是一种适用于从无限大的群体中抽样的概率模型,其中 p 代表群体中缺陷或不合格项目的比例。在这些应用中,x 通常代表在 n 个随机样本中发现的不合格产品数量。对于固定的 n,当 p 从 0 增加到 0.5 或从 1 减少到 0.5 时,分布变得更加对称;对于固定的 p,随着 n 的增加,分布变得更加对称。

　　在统计质量控制中经常出现的随机变量为

$$\hat{p} = \frac{x}{n} \tag{3-23}$$

通常是指在样本中观察到的次品或不合格品数量与样本量之比,称为有缺陷的样本分数或不合格的样本分数。"^"用来表示二项式参数 p 的真实未知值的估计值。

$$P\{\hat{p} \leqslant a\} = P\left\{\frac{x}{n} \leqslant a\right\} = P\{x \leqslant na\} = \sum_{x=0}^{[na]} \binom{n}{x} p^x(1-p)^{n-x} \tag{3-24}$$

其中,$[na]$ 表示小于或等于 na 的最大整数。很容易证明 $\hat{p}$ 的均值为 p,方差为 $\sigma_{\hat{p}}^2 = \dfrac{p(1-p)}{n}$。

　　在一些实际的应用场景中,考虑超几何分布,如果比率 n/N(通常称为抽样分数)很小,例如 $n/N \leqslant 0.1$,那么服从超几何分布的样本数据之间的差异性就很难体现,而参数为 $p = D/N$ 和 n 的二项分布就是超几何分布的一个很好的近似值,可以很好地描述相应的样本数据。当 n/N 的值较小时,近似效果会更好。

　　这一近似变量在设计验收采样计划时非常有用。如果抽样数量 n 相对于批量数量 N

较小,则可以使用二项分布近似值,这通常会大大简化计算。

举例来说,假设一批 200 件的产品中有 5 件不符合规格要求。根据超几何分布,随机抽样的 10 件产品中没有不合格产品的概率为

$$p(0) = \frac{\binom{5}{0}\binom{195}{10}}{\binom{200}{10}} = 0.771\ 7$$

考虑到 $n/N = 10/200 = 0.05$ 相对较小,可以使用 $p = D/N = 5/200 = 0.025$ 和 $n = 10$ 的二项式近似来计算:

$$p(0) = \binom{5}{0}(0.025)^0(0.975)^{10} = 0.776\ 3$$

3.2.3　泊松分布

泊松分布是统计质量控制中一种有用的离散分布。泊松分布由二项分布进一步发展而来,可以理解为是特殊的二项分布,需要二项分布的参数满足 n 趋于无穷且 p 趋于 0,使得 $np = \lambda$ 是一个常数,则次数 x 满足 $x \sim P(\lambda)$。这一分布可以用来描述单位时间或空间事件发生的次数 x,其概率函数如下:

$$P(x) = \frac{\mathrm{e}^{-\lambda}\lambda^x}{x!}, \ x = 0,\ 1,\ \cdots,\ \lambda > 0 \tag{3-25}$$

该分布的均值为

$$\mu = \lambda \tag{3-26}$$

方差为

$$\sigma^2 = \lambda \tag{3-27}$$

泊松分布的均值和方差都等于参数 λ。

在 p 接近零和 n 接近无穷大的情况下,泊松分布是二项分布的极限形式。这意味着,对于较小 p 值和较大的 n,关于参数 $\lambda = np$ 的泊松分布可以用来近似二项分布。当 n 取一个很大的值,$p < 0.1$ 时,近似的效果比较好。n 值越大,p 值越小,则近似效果越好。

泊松分布在质量控制中的典型应用是作为单位产品中出现的缺陷或不合格数量的模型。事实上,任何以单位面积、单位体积或单位时间等为单位发生的随机现象通常都可以很好地用泊松分布来近似。举例来说,假设半导体器件中出现的线键缺陷的单位数量是泊松分布,其参数 $\lambda = 4$,那么随机选取的半导体器件含有两个或更少线键缺陷的概率为

$$P\{x \leqslant 2\} = \sum_{x=0}^{2} \frac{\mathrm{e}^{-4}4^x}{x!} = 0.238\ 104$$

泊松分布是一个偏斜分布,即右侧有长尾。随着参数的增大,泊松分布在外观上变得对称。

3.2.4　帕斯卡分布及相关分布

帕斯卡分布与二项分布一样,以伯努利试验为基础。考虑一系列独立试验,每次试验的

成功概率为 p，让 x 表示第 r 次成功的试验。那么 x 是一个帕斯卡随机变量，其概率分布定义如下：

$$P(x) = \binom{x-1}{r-1} p^r (1-p)^{x-r}, \ x = r, \ r+1, \ r+2, \cdots, \ r \geqslant 1, \ 0 < p < 1$$

$$(3-28)$$

该分布的均值为

$$\mu = \frac{r}{p} \tag{3-29}$$

方差为

$$\sigma^2 = \frac{r(1-p)}{p^2} \tag{3-30}$$

帕斯卡分布有两种特殊情况值得关注。一种情况是当 $r > 0$ 且其不一定为整数时，产生的分布称为负二项分布。即使当 r 为整数时，将上述公式称为负二项分布也是比较标准的。负二项分布与泊松分布一样，有时可作为各类"计数"数据的基本统计模型，如单位产品中不合格品的发生率。二项分布和负二项分布之间存在着重要的二重性。在二项分布中，固定样本量（伯努利试验次数）并观察成功次数；在负二项分布中，固定成功次数并观察实现成功所需的样本量（伯努利试验次数）。这个概念在各种抽样问题中尤为重要。

帕斯卡分布的另一种特殊情况是 $r = 1$，在这种情况下，将会得到几何分布，它表示伯努利试验次数的分布，计数直到第一次试验成功为止。

3.3　常用连续概率分布

本节将讨论在统计质量控制中非常重要的几种连续分布。这些分布包括正态分布、对数正态分布、指数分布、伽马分布和威布尔分布，本节将具体地解释各种分布的定义及假设条件。此外，在某些质量控制问题中，当试验次数较多或面临其他极端情况时，使用原始的离散分布进行分析处理的效率和准确性都大大降低，有时需要用某一种连续概率分布来近似一种离散的概率分布。本节也会介绍相应分布的近似方法。

3.3.1　正态分布

正态分布是最常用的统计分布，也可能是统计学理论和应用中最重要的分布。当变量 x 服从正态分布，即 $x \sim N(\mu, \sigma^2)$ 时，该分布的均值为 μ，方差为 σ^2。其概率分布函数为

$$f(x) = \frac{1}{\sqrt{2\pi}\sigma} e^{-\frac{(x-\mu)^2}{2\sigma^2}}, \ -\infty < x < +\infty \tag{3-31}$$

正态分布的外观是一条对称的单峰或钟形曲线。正态分布的标准差有一个简单的解释：68.26% 的数据介于平均值加上和减去 1 个标准差所定义的范围内（$\mu \pm \sigma$）；95.46% 的数据介于平均值加上和减去 2 个标准差所定义的范围内（$\mu \pm 2\sigma$）；99.73% 的数据介于平

均值加上和减去 3 个标准差所定义的范围内（$\mu \pm 3\sigma$）。即正态分布的标准差测量的是与 68.26%、95.46% 和 99.73% 的限制相关的尺度上的距离。通常的做法是将这些值四舍五入为 68%、95% 和 99.7%。

正态分布的累积分布函数定义是正态随机变量 x 小于或等于某个值 a 的概率：

$$P\{x \leqslant a\} = F(a) = \frac{1}{\sqrt{2\pi}\sigma} \int_{-\infty}^{a} e^{-\frac{(x-\mu)^2}{2\sigma^2}} \mathrm{d}x \qquad (3-32)$$

这个积分无法以封闭形式求出。不过，利用变量的变化：

$$z = \frac{x-\mu}{\sigma} \qquad (3-33)$$

积分求值与 μ 和 σ^2 无关：

$$P\{x \leqslant a\} = P\left\{z \leqslant \frac{a-\mu}{\sigma}\right\} \equiv \Phi\left(\frac{a-\mu}{\sigma}\right) \qquad (3-34)$$

式中，$\Phi(\cdot)$ 是标准正态分布的累积分布函数（$\mu = 0$，$\sigma = 1$）。标准正态分布的累积分布函数见附录 1。上述变量变换通常称为标准化，它将服从 $N(\mu, \sigma^2)$ 的随机变量转换为服从 $N(0, 1)$ 分布的随机变量。

在实际的应用中，常常需要利用正态分布的对称性来评估概率：

$$P\{x \geqslant a\} = 1 - P\{x \leqslant a\} \qquad (3-35)$$

$$P\{x \leqslant -a\} = P\{x \geqslant a\} \qquad (3-36)$$

$$P\{x \geqslant -a\} = P\{x \leqslant a\} \qquad (3-37)$$

正态分布有许多有用的特性。如果 x_1，x_2，$\cdots$，x_n 分别是具有均值 μ_1，μ_2，$\cdots$，μ_n 和方差 σ_1^2，σ_2^2，$\cdots$，σ_n^2 的相互独立的正态分布随机变量，则

$$y = a_1 x_1 + a_2 x_2 + \cdots + a_n x_n \qquad (3-38)$$

服从均值为

$$\mu_y = a_1 \mu_1 + a_2 \mu_2 + \cdots + a_n \mu_n \qquad (3-39)$$

方差为

$$\sigma_y^2 = a_1^2 \sigma_1^2 + a_2^2 \sigma_2^2 + \cdots + a_n^2 \sigma_n^2 \qquad (3-40)$$

的正态分布，其中 a_1，a_2，$\cdots$，a_n 为常数。

1. 中心极限定理

正态分布通常被假设为随机变量的概率模型。

中心极限定理：如果 x_1，x_2，$\cdots$，x_n 是具有均值 μ_i 和方差 σ_i^2 的独立随机变量且 $y = a_1 x_1 + a_2 x_2 + \cdots + a_n x_n$，则当 n 趋于无穷大时，$\dfrac{y - \sum\limits_{i=1}^{n} \alpha_i \mu_i}{\sqrt{\sum\limits_{i=1}^{n} \alpha_i^2 \sigma_i^2}}$ 分布接近于 $N(0, 1)$。

中心极限定理意味着，n 个独立分布的随机变量之和近似于正态分布，与单个变量的分布无关。近似值随着 n 的增大而增大。在许多情况下，n 越小，近似效果越好；而在某些情况下，可能 n 非常大时近似效果才能令人满意。一般来说，如果 x_i 的分布是完全相同的，并且每个 x_i 的分布都没有严重偏离正态分布，那么中心极限定理就能很好地适用于 $n \geqslant 3$ 或 $n \geqslant 4$ 的情况。这些条件在质量工程问题中经常出现。

2. 二项分布和泊松分布的正态近似值

在 2.2.2 节中，将二项分布定义为 n 次伯努利试验的总和，每次试验的成功概率为 p。如果试验次数 n 较多，那么可以使用中心极限定理来证明均值为 np、方差为 $np(1-p)$ 的正态分布是二项分布的近似值。也就是说，

$$P\{x = a\} = \binom{n}{a} p^a (1-p)^{n-a} = \frac{1}{\sqrt{2\pi np(1-p)}} e^{-\frac{1}{2} \cdot \frac{(a-np)^2}{np(1-p)}} \tag{3-41}$$

由于二项分布是离散分布，而正态分布是连续分布，通常的做法是在近似中使用连续性修正，即

$$P\{x = a\} \cong \Phi\left(\frac{a + \frac{1}{2} - np}{\sqrt{np(1-p)}}\right) - \Phi\left(\frac{a - \frac{1}{2} - np}{\sqrt{np(1-p)}}\right) \tag{3-42}$$

其中 Φ 表示标准正态累积分布函数。其他类型的概率语句的评估方法类似，例如：

$$P\{a \leqslant x \leqslant b\} \cong \Phi\left(\frac{b + \frac{1}{2} - np}{\sqrt{np(1-p)}}\right) - \Phi\left(\frac{a - \frac{1}{2} - np}{\sqrt{np(1-p)}}\right) \tag{3-43}$$

二项式的正态近似值在 $p \approx 1/2$ 且 $n > 10$ 时可以取得较好的近似结果。对于其他 p 值，则需要更大的 n 值。一般来说，当 $p < 1/(n+1)$ 或 $p > n/(n+1)$ 或以均值为中心时，宽度为 6 个标准差的区间 $\left[\text{即区间 } np \pm 3\sqrt{np(1-p)}\right]$ 以外的随机变量值，该近似分布并不适用。

当然，也可以使用随机变量 $\hat{p} = x/n$ 的正态近似值，即 2.2.2 节中的样本分数缺陷。随机变量 $\hat{p}$ 的近似分布为正态分布，均值为 p，方差为 $p(1-p)/n$，由此可得：

$$P\{u \leqslant \hat{p} \leqslant v\} \cong \Phi\left(\frac{v - p}{\sqrt{\dfrac{p(1-p)}{n}}}\right) - \Phi\left(\frac{u - p}{\sqrt{\dfrac{p(1-p)}{n}}}\right) \tag{3-44}$$

既然正态分布可以作为二项分布的近似值，而二项分布和泊松分布又密切相关，那么正态分布可以作为泊松分布的近似值也就顺理成章了。

事实的确如此，如果泊松分布的均值 λ 很大（比如至少 15），那么参数为 $\mu = \lambda$ 和 $\sigma^2 = \lambda$ 的正态分布就是一个比较好的近似分布。

3.3.2 对数正态分布

系统中的变量有时遵循指数关系，例如 $x = \exp w$。如果指数是一个随机变量 w，那么

$x = \exp w$ 也是一个随机变量。当 w 具有正态分布时,会出现一个重要的特例:在这种情况下,x 的分布称为对数正态分布。这个名称源于 $\ln x = w$ 的变换,即 x 的自然对数服从正态分布。

通过对 w 的变换可以得到 x 的概率分布,假设 w 是具有均值 θ 和方差 ω^2 的正态分布,那么 x 的累积分布函数为

$$F(a) = P(x \leqslant a) = P(\exp w \leqslant a) = P(w \leqslant \ln a)$$
$$= P\left(z \leqslant \frac{\ln a - \theta}{\omega}\right) = \Phi\left(\frac{\ln a - \theta}{\omega}\right) \tag{3-45}$$

式中,z 为标准正态随机变量。对数正态随机变量总是非负的,对数正态分布的定义如下:

$$f(x) = \frac{1}{x\omega\sqrt{2\pi}} \exp\left[-\frac{(\ln x - \theta)^2}{2\omega^2}\right], \ 0 < x < \infty \tag{3-46}$$

该分布的均值为

$$\mu = e^{-\theta + \frac{\omega^2}{2}} \tag{3-47}$$

方差为

$$\sigma^2 = e^{2\theta + \omega^2}(e^{\omega^2} - 1) \tag{3-48}$$

对数正态分布的参数为 θ 和 ω^2,但需要注意的是,这些参数是正态分布随机变量 w 的均值和方差。x 的均值和方差是上述方程所示的关于这些参数的函数。

对数正态随机变量通常用于模拟随时间退化的产品寿命。例如,半导体激光器寿命的分布。其他连续分布也可用于此类应用,不过,由于对数正态分布是从正态随机变量的一个简单指数函数推导出来的,因此易于理解,也易于评估概率。

3.3.3　指数分布

指数分布的概率分布函数定义为

$$f(x) = \lambda e^{-\lambda x}, \ x \geqslant 0 \tag{3-49}$$

式中,$\lambda > 0$ 是一个常数,该分布的均值为

$$\mu = \frac{1}{\lambda} \tag{3-50}$$

方差为

$$\sigma^2 = \frac{1}{\lambda^2} \tag{3-51}$$

其累积分布函数为

$$F(a) = P(x \leqslant a) = \int_0^a \lambda e^{-\lambda x} \mathrm{d}x = 1 - e^{-\lambda a}, \ a \geqslant 0 \tag{3-52}$$

在可靠性工程领域,指数分布被广泛用作元件或系统故障时间的模型。在这些应用中,参数 λ 称为系统的故障率,分布的平均值 $1/\lambda$ 称为故障时间。例如,假设机载雷达系统中的

一个电子元件的使用寿命为指数分布,故障率为 $10^{-4}/h$,也就是说,该元件的平均故障时间为 $1/\lambda=10^4\,h=10\,000\,h$,如果想确定该元件在预期寿命之前发生故障的概率,可计算:

$$P\left(x<\frac{1}{\lambda}\right)=\int_0^{\frac{1}{\lambda}}\lambda e^{-\lambda t}\mathrm{d}t=1-e^{-1}=0.632\,12$$

无论 λ 的值是多少,这一结果都是成立的,也就是说,指数随机变量的值小于其均值的概率是 0.632 12,出现这种情况是因为分布具有不对称性。

此外,指数分布和泊松分布之间有一种重要的关系。如果把泊松分布看作在区间 $(0,t]$ 内某个事件发生次数的模型,那么可以得到:

$$p(x)=\frac{e^{-\lambda t}(\lambda t)^x}{x!} \tag{3-53}$$

$x=0$ 意味着在 $(0,t]$ 中没有事件发生,可以把 $p(0)$ 看作到第一次事件发生的时间间隔大于 t 的概率:

$$P(y>t)=p(0)=e^{-\lambda t} \tag{3-54}$$

式中,y 为随机变量,表示到第一次事件发生的时间间隔。由于

$$F(t)=P(y\leqslant t)=1-e^{-\lambda t} \tag{3-55}$$

再考虑 $f(y)=\mathrm{d}F(y)/\mathrm{d}y$,可以得到:

$$f(y)=\lambda e^{-\lambda y} \tag{3-56}$$

为到第一次事件发生时间间隔的分布,即关于参数 λ 的指数分布。因此,如果事件发生次数的分布是关于参数 λ 的泊松分布,那么事件发生间隔时间的分布就是关于参数 λ 的指数分布。

3.3.4 伽马分布

伽马分布的概率分布函数定义为

$$f(x)=\frac{\lambda}{\Gamma(r)}(\lambda x)^{r-1}e^{-\lambda x},\ x\geqslant 0 \tag{3-57}$$

式中,$\lambda>0$ 是一个常数,该分布的均值为

$$\mu=\frac{r}{\lambda} \tag{3-58}$$

方差为

$$\sigma^2=\frac{r}{\lambda^2} \tag{3-59}$$

如果 $r=1$,伽马分布就会被简化为关于参数 λ 的指数分布。伽马分布可以有多种不同的形状,取决于所选的 r 值和 λ 值。

如果参数 r 是整数,那么伽马分布就是 r 个独立且同分布的指数分布之和,每个分布都是关于参数 λ 的指数分布。即,如果 x_1,x_2,$\cdots$,x_r 都是关于参数 λ 且独立的指数分布,那么,

$$y = x_1 + x_2 + \cdots + x_r \tag{3-60}$$

服从参数为 r 和 λ 的伽马分布。

其累积分布函数为

$$F(a) = 1 - \int_a^\infty \frac{\lambda}{\Gamma(r)}(\lambda t)^{r-1} e^{-\lambda t} dt \tag{3-61}$$

若 r 为整数,则累积分布函数变为

$$F(a) = 1 - \sum_{k=0}^{r-1} e^{-\lambda a} \frac{(\lambda a)^k}{k!} \tag{3-62}$$

因此,伽马分布可以被评估为 r 个泊松项之和,其参数为 λa,如果把泊松分布看作一个固定时间间隔内事件发生次数的模型,则可以把伽马分布看作获得特定发生次数所需的时间间隔的模型。

3.3.5 威布尔分布

威布尔分布的概率分布函数定义为

$$f(x) = \frac{\beta}{\theta}\left(\frac{x}{\theta}\right)^{\beta-1} \exp\left[-\left(\frac{x}{\theta}\right)^\beta\right], \ x \geqslant 0 \tag{3-63}$$

式中,$\theta > 0$ 为尺度参数,$\beta > 0$ 为形状参数。该分布的均值为

$$\mu = \theta\Gamma\left(1 + \frac{1}{\beta}\right) \tag{3-64}$$

方差为

$$\sigma^2 = \theta^2\left\{\Gamma\left(1 + \frac{2}{\beta}\right) - \left[\Gamma\left(1 + \frac{1}{\beta}\right)\right]^2\right\} \tag{3-65}$$

威布尔分布非常灵活,通过对参数 θ 和 β 的适当选择,该分布可以呈现多种形状。当威布尔分布的参数 $\beta = 1$ 时,威布尔分布即为参数为 $1/\theta$ 的指数分布,此时威布尔分布的累积分布函数为

$$F(a) = 1 - \exp\left[-\left(\frac{a}{\theta}\right)^\beta\right] \tag{3-66}$$

威布尔分布已被广泛应用于可靠性工程中,作为电气和机械部件及系统的失效时间模型。使用威布尔分布的实例包括存储元件等电子设备、轴承等机械元件,以及飞机和汽车的结构元件等。

3.3.6 多元随机变量和多元正态分布

多元正态分布的概率密度是一元正态分布向多维的推广。在一元正态分布中,任意一点 x 到 μ 的距离的平方为 $\left(\frac{x-\mu}{\sigma}\right)^2 = (x-\mu)(\sigma^2)^{-1}(x-\mu)$,针对多元向量 $\boldsymbol{X}$,用方差-协方差矩阵来测量从任意向量 $\boldsymbol{x}$ 到 $\boldsymbol{\mu}$ 的广义距离:$(\boldsymbol{x}-\boldsymbol{\mu})'\boldsymbol{\Sigma}^{-1}(\boldsymbol{x}-\boldsymbol{\mu})$。更进一步,可以得到

p 维随机向量的概率密度函数：

$$f(x)=\frac{1}{(2\pi)^{\frac{p}{2}}\mid\boldsymbol{\Sigma}\mid^{\frac{1}{2}}}\mathrm{e}^{-\frac{(x-\mu)'(x-\mu)}{2\boldsymbol{\Sigma}}}, \quad -\infty<x_i<\infty, \quad i=1,2,\cdots,p \quad (3-67)$$

类似于一元正态分布的性质，在多元正态分布中，若 $\boldsymbol{X}\sim\boldsymbol{N}(\boldsymbol{\mu},\boldsymbol{\Sigma})$，则变量的任意线性组合 $\boldsymbol{a}'\boldsymbol{X}=a_1\boldsymbol{X}_1+a_2\boldsymbol{X}_2+\cdots+a_p\boldsymbol{X}_p$ 也服从正态分布 $N(\boldsymbol{a}'\boldsymbol{\mu},\boldsymbol{a}'\boldsymbol{\Sigma a})$。类似地，如果对于任意 $\boldsymbol{a}'$，$\boldsymbol{a}'\boldsymbol{X}$ 服从 $N(\boldsymbol{a}'\boldsymbol{\mu},\boldsymbol{a}'\boldsymbol{\Sigma a})$ 分布，那么 $\boldsymbol{X}$ 一定服从正态分布。

对于 $\boldsymbol{\mu}$ 和 $\boldsymbol{\Sigma}$ 的估计使用极大似然估计法，首先得到其联合概率密度（JPD），再代入观测值得到似然函数 $L(\boldsymbol{\mu},\boldsymbol{\Sigma})$：

$$\mathrm{JPD}=\prod_{j=1}^{n}\left[\frac{1}{(2\pi)^{p/2}\mid\boldsymbol{\Sigma}\mid^{1/2}}\mathrm{e}^{-(x_j-\mu)'\boldsymbol{\Sigma}^{-1}(x_j-\mu)/2}\right]$$
$$=\frac{1}{(2\pi)^{np/2}\mid\boldsymbol{\Sigma}\mid^{n/2}}\mathrm{e}^{-\sum_{j=1}^{n}(x_j-\mu)'\boldsymbol{\Sigma}^{-1}(x_j-\mu)/2} \quad (3-68)$$

$$L(\boldsymbol{\mu},\boldsymbol{\Sigma})=\frac{1}{(2\pi)^{np/2}\mid\boldsymbol{\Sigma}\mid^{n/2}}\mathrm{e}^{-tr\left[\boldsymbol{\Sigma}^{-1}\left(\sum_{j=1}^{n}(x_j-\bar{x})(x_j-\bar{x})'+n(\bar{x}-\mu)(\bar{x}-\mu)'\right)\right]/2} \quad (3-69)$$

由此可以得到对于多元正态分布 $\boldsymbol{\mu}$ 和 $\boldsymbol{\Sigma}$ 的最大似然估计：

$$\hat{\boldsymbol{\mu}}=\bar{X} \quad (3-70)$$

$$\hat{\boldsymbol{\Sigma}}=\frac{1}{n}\sum_{j=1}^{n}(X_j-\bar{X})(X_j-\bar{X})'=\frac{(n-1)}{n}S \quad (3-71)$$

3.3.7 统计推断中的常用分布

在统计推断中，有很多推断过程基于正态分布假设，在抽样分布与假设检验的步骤中，以标准正态分布变量为基础而构造的 3 个统计量在实际中有广泛的应用，本节将简单地介绍这 3 个统计量对应的 3 个概率分布，即卡方分布、t 分布和 F 分布。这 3 个概率分布都是基于标准正态分布的假设，且其抽样分布的密度函数有显式表达式。

此外，在抽样分布与假设检验中，也有许多与此相关的概率分布。

1. 卡方分布

卡方分布又称 χ^2 分布，可以理解为标准正态分布的平方和。假设一组分布 $X_1,X_2,\cdots,X_n$ 满足独立同分布且 $X_i\sim N(0,1)$，则有 $Y=\sum_{i=1}^{n}X_i^2$ 服从参数为 n 的卡方分布，$Y\sim\chi^2(n)$，其概率函数如下：

$$f(y)=\begin{cases}\frac{1}{2^{\frac{n}{2}}\Gamma\left(\frac{n}{2}\right)}x^{\frac{n}{2}-1}\mathrm{e}^{-\frac{y}{2}}, & y>0\\0, & \text{其他}\end{cases} \quad (3-72)$$

2. t 分布

在已有一个卡方分布 $Y\sim\chi^2(n)$ 的情况下，假设另一个标准正态分布 $X\sim N(0,1)$，

$Z = \dfrac{X}{\sqrt{Y/n}}$ 服从 t 分布，即 $Z \sim t(n)$，其概率函数如下：

$$f(z) = \frac{\Gamma\left(\dfrac{n+1}{2}\right)}{\sqrt{\pi n}\,\Gamma\left(\dfrac{n}{2}\right)}\left(1 + \frac{z^2}{n}\right)^{-\frac{n+1}{2}} \tag{3-73}$$

t 分布大多用在小样本的检验中，当抽样的总体方差未知时，可以用 t 分布将抽样方差近似为总体方差，检验对于总体均值的假设。

3. F 分布

假设有两个独立的卡方分布 $X \sim \chi^2(n_1)$，$Y \sim \chi^2(n_1)$，则统计量 $Z = \dfrac{X/n_1}{Y/n_2}$ 服从 F 分布，即 $Z \sim F(n_1, n_2)$，其概率密度如下：

$$f(z) = \begin{cases} \dfrac{\Gamma\left(\dfrac{n_1+n_2}{2}\right)}{\Gamma\left(\dfrac{n_1}{2}\right)\Gamma\left(\dfrac{n_2}{2}\right)}\left(\dfrac{n_1}{n_2}\right)^{\frac{n_1}{2}} z^{\frac{n_1}{2}-1}\left(1 + \dfrac{n_1}{n_2}z\right)^{-\frac{n_1+n_2}{2}}, & z > 0 \\ 0, & \text{其他} \end{cases} \tag{3-74}$$

F 分布的应用范围也很广泛，常用于从两个不同总体抽样来验证总体方差是否相等，并进一步使用在方差分析、回归分析当中。

3.3.8 概率分布的选择

为了明确特定的概率分布是否是描述某组数据的合理模型，可以绘制相应的概率图。概率图法是一种基于对数据的主观目测来确定样本数据是否符合假定分布的图形方法。假定的分布一般为连续概率分布，程序非常简单，可以快速完成。概率绘图通常使用为假设分布而设计的专用绘图纸，即概率纸。正态分布、对数正态分布、威布尔分布、各种卡方分布和伽马分布的概率纸都被广泛地使用。

以正态分布的概率图为例。要绘制概率图，首先要将样本中的观测值从小到大排序。将样本 x_1，x_2，$\cdots$，x_n 按从小到大的顺序排列为 $x_{(1)}$，$x_{(2)}$，$\cdots$，$x_{(n)}$，其中 $x_{(1)}$ 是最小的观测值，$x_{(2)}$ 是第二小的观测值，依此类推，$x_{(n)}$ 是最大的观测值。然后将有序观测值 $x_{(j)}$ 与观测到的累积频率 $(j-0.5)/n$ 或 $100(j-0.5)/n$ 在相应的概率纸上作图。如果假设的分布充分地描述了数据，则绘出的点会近似地落在一条直线上；如果绘出的点明显地、系统地偏离直线，则说明假设的分布不合适。通常，判断数据是否为直线是主观的。

也可以在普通绘图纸上绘制正态概率图，方法是将标准化正态得分 z_j 与有序观测值 $x_{(j)}$ 相对应，其中标准化正态得分需满足以下条件：

$$\frac{j-0.5}{n} = P(Z \leqslant z_j) = \Phi(z_j) \tag{3-75}$$

例如，如果 $(j-0.5)/n = 0.05$，则意味着 $z_j = -1.64$。

正态概率绘图的一个非常重要的应用是在使用需要正态假设的统计推断程序时验证假

设。概率图非常有用,当需要确定哪种概率分布有可能为数据提供一个合理的模型时,它往往是最先使用的技术。在使用概率图时,通常是通过对概率图的主观评估来选择分布。更正式的统计拟合优度检验也可与概率图法结合使用。

习题

1. 已知以下 9 个测量值是在半导体生产过程中连续记录的炉温(单位为℉):953、955、948、951、957、949、954、950、959。求:
   (1) 样本均值;
   (2) 样本标准差。
2. 以下为接受加速寿命测试的电子元件的失效时间(单位为 h):
   127, 124, 121, 118, 125, 123, 136, 131, 131, 120, 140, 125, 124, 119, 137, 133, 129, 128, 125, 141, 121, 133, 124, 125, 142, 137, 128, 140, 151, 124, 129, 131, 160, 142, 130, 129, 125, 123, 122, 126
   (1) 计算样本均值和标准差;
   (2) 绘制直方图;
   (3) 绘制茎叶图;
   (4) 求样本中位数和上下四分位数。
3. 假设一个瓮中有 b 个白球和 c 个黑球,即 $b+c=N$。随机抽取一个球,在抽取下一个球之前,在瓮中加入 $s+1$ 个相同颜色的球。该过程重复 n 次。假设 X 是 n 次抽奖中抽到的白球数,$X=0,1,2,\cdots$,求关于 X 的概率分布函数。
4. 已知给定地区的雌性昆虫数量服从均值为 λ 的泊松分布,每只昆虫产卵的数量服从均值为 μ 的泊松分布。求该地区虫卵数量的概率分布函数。
5. 已知 $X \sim N(15,16)$,求:
   (1) $P\{X \leqslant 12\}$
   (2) $P\{10 \leqslant X \leqslant 17\}$
   (3) $P\{10 \leqslant X \leqslant 19 \mid X \leqslant 17\}$
   (4) $P\{\mid X-15 \mid \geqslant 0.5\}$
6. 假设飞机机翼的负载是一个随机变量 X,其分布为 $N(1\,000,14\,400)$。机翼可承受的最大载荷为随机变量 Y,其分布为 $N(1\,260,2\,500)$。如果 X 和 Y 是独立的,求机翼所受载荷小于临界载荷的概率。

参考文献

[1] ROHATGI V K, SALEH A K M E. An introduction to probability and statistics [M]. Hoboken: John Wiley & Sons, Inc., 2015.

第 4 章　质量统计推断

第 3 章介绍了概率分布在建模或描述过程输出中的应用,所有示例均假设概率分布的参数是已知的,因此过程的参数也被视为确定不变。然而,这与实际情况可能存在差距。例如,在使用二项分布来对生产过程中发现的不合格单元数量进行建模时,假设二项分布的参数 p(不合格单元的真实比例)是已知的。实际上,p 在实际生产中往往是难以准确获知的。如果知道了 p 的真实值,并且这个值在一段时间内保持相对稳定,只要 p 足够小且在可接受范围内,生产过程仍然可以被视为处于正常工作状态。

通常情况下,一个过程的参数是未知的,并且这些参数往往会随时间变化。因此,需要开发一套估计概率分布参数的方法,并解决相关的推理和决策问题。标准的统计技术,如参数估计和假设检验,在这个过程中显得尤为重要,它们构成了统计质量控制方法的基础。

本章将介绍统计推断的一些基本结果,并展示其在质量改进中的应用,包括:均值、方差和比例的点估计,均值、方差和比例的置信区间估计,均值、方差和比例的假设检验,正态概率图的使用。

本章的学习目标:

(1)随机抽样的方法;

(2)抽样分布的理解;

(3)单均值和双均值的假设检验;

(4)单方差和双方差的假设检验;

(5)单比例和双比例的假设检验;

(6)方差分析;

(7)拟合和解释线性回归模型。

4.1　统计抽样分布

统计推断的目的是根据从总体中选择的样本得出结论或做出关于总体的推断。**随机抽样**是指从总体中以随机方式选择样本的过程,关键在于确保总体中的每个成员都有相同的机会被选中,使得所抽取的样本能够代表总体。设 x_1, x_2, $\cdots$, x_n 为一个样本,其中 $\{x_i\}$ 服从独立同分布,则可称其为容量为 n 的**随机样本**。

该定义适用于有限总体和无限总体的随机样本。对于有限总体,通常使用有放回抽样以确保样本概率一致。而对于无限总体,有放回抽样和无放回抽样区别较小,因此常用无放回抽样。即使在有限总体中,只要样本量 n 与总体量 N 的比值 n/N 很小(如小于 0.1),无放回抽样也适用,样本可视为随机样本。

样本作为总体的代表,虽包含总体信息,但信息较为分散。为进行统计推断,需将关键信息集中起来。这通常通过构造不同的统计量实现,**统计量**是样本数据的函数,不含未知参数。例如,设 x_1, x_2, $\cdots$, x_n 为样本观测值,其样本均值、样本方差、样本标准差均为统计量。统计量的概率分布称为**抽样分布**。它能帮助进行推断统计,如置信区间估计或假设检验。下面介绍 3 种常见的抽样分布。

4.1.1 来自正态总体的抽样分布

根据正态随机变量线性组合分布的性质,设 x 是均值为 μ、方差为 σ^2 的正态分布随机变量,若 x_1, x_2, $\cdots$, x_n 为来自该总体的大小为 n 的随机样本,则样本均值 $\bar{x}$ 服从 $N(\mu, \sigma^2/n)$,也可写作:

$$\left(\frac{\bar{x}-\mu}{\sigma}\right)\sqrt{n} = \frac{\sum_{i=1}^{n} x_i - n\mu}{\sigma\sqrt{n}} \sim N(0, 1) \tag{4-1}$$

实际上,样本均值的这种性质并不仅限于从正态总体中抽样的情况。由中心极限定理可知,无论总体分布如何,$\sum_{i=1}^{n} x_i$ 的分布总是近似为均值为 $n\mu$、方差为 $n\sigma$ 的正态分布。因此,无论总体分布如何,样本均值的抽样分布都近似为 $\bar{x} \sim N\left(\mu, \frac{\sigma^2}{n}\right)$。

基于这一特性,可以进一步探讨在正态分布抽样中衍生出来的其他重要抽样分布。下面介绍基于正态分布衍生出来的 3 种重要抽样分布。

1. 卡方分布(χ^2 分布)

设 x_1, x_2, $\cdots$, x_n 是来自均值为 0,方差为 1 的正态分布的独立随机样本,则随机变量 $y = x_1^2 + x_2^2 + \cdots + x_n^2$ 服从自由度为 n 的卡方分布,其概率分布如下:

$$f(y) = \frac{1}{2^{\frac{n}{2}}\Gamma\left(\frac{n}{2}\right)} y^{\frac{n}{2}-1} e^{-\frac{y}{2}}, \ y > 0 \tag{4-2}$$

卡方分布的上侧分位数表见附录 2。为明确卡方分布的用法,假设 x_1, x_2, $\cdots$, x_n 是来自 $N(\mu, \sigma^2)$ 的随机样本,则随机变量

$$y = \frac{\sum_{i=1}^{n}(x_i - \bar{x})^2}{\sigma^2} \tag{4-3}$$

服从 $n-1$ 自由度的卡方分布。则样本方差 $s^2 = \sum_{i=1}^{n}(x_i - \bar{x})^2/(n-1)$ 可写作:

$$y = \frac{(n-1)s^2}{\sigma^2} \tag{4-4}$$

因此,当从正态分布抽样时,统计量 $(n-1)s^2/\sigma^2$ 的抽样分布是卡方分布。

2. t 分布

若 x 服从标准正态分布, y 服从具有 k 个自由度的卡方分布,且 x 和 y 相互独立,则随机变量

$$t = \frac{x}{\sqrt{y/k}} \tag{4-5}$$

服从具有 k 个自由度的 t 分布,其概率分布为

$$f(t) = \frac{\Gamma\left(\frac{k+1}{2}\right)}{\sqrt{k}\,\pi\Gamma\left(\frac{k}{2}\right)}\left(\frac{t^2}{k}+1\right)^{-\frac{k+1}{2}}, \quad -\infty < t < \infty \tag{4-6}$$

随机变量 t 的均值和方差分别为 $\mu=0$ 和 $\sigma^2=k/(k-2)$, $k>2$。 t 分布的自由度是式(4-5)的分母中与卡方分布相关的自由度。 t 分布的分位数表见附录3。

下面举一个服从 t 分布的随机变量的例子,假设 x_1, x_2, $\cdots$, x_n 是来自 $N(\mu, \sigma^2)$ 的一个随机样本,计算可得 $\bar{x}$ 和 s^2,则

$$\frac{\bar{x}-\mu}{s/\sqrt{n}} = \frac{\bar{x}-\mu/(\sigma/\sqrt{n})}{s/\sigma} \sim \frac{N(0, 1)}{\sqrt{\chi_{n-1}^2/(n-1)}} \tag{4-7}$$

又由于 $\dfrac{(n-1)s^2}{\sigma^2} \sim \chi_{n-1}^2$,且 $\bar{x}$ 及 s^2 相互独立,则随机变量 $\dfrac{\bar{x}-\mu}{s/\sqrt{n}} \sim t_{n-1}$。

3. F 分布

若 w 和 y 是两个独立的卡方随机变量,自由度分别为 u 和 v,则

$$F_{u, v} = \frac{w/u}{y/v} \sim F_{u, v} \tag{4-8}$$

如果 x 是服从 F 分布的随机变量,分子自由度为 u,分母自由度为 v,那么其概率分布函数为

$$f(x) = \frac{\Gamma\left(\frac{u+v}{2}\right)\left(\frac{u}{v}\right)^{\frac{u}{2}}}{\Gamma\left(\frac{u}{2}\right)\Gamma\left(\frac{v}{2}\right)} \frac{x^{\left(\frac{u}{2}\right)-1}}{\left[\left(\frac{u}{v}\right)x+1\right]^{\frac{u+v}{2}}}, \quad 0 < x < \infty \tag{4-9}$$

下面举一个服从 F 分布的随机变量的例子,假设两个独立正态过程,即 $x_1 \sim N(\mu_1, \sigma_1^2)$, $x_2 \sim N(\mu_2, \sigma_2^2)$,令 x_{11}, x_{12}, $\cdots$, x_{1n_1} 为来自第一个正态分布的一组随机样本,包含 n_1 个观测值; x_{21}, x_{22}, $\cdots$, x_{2n_2} 为来自第二个正态分布的一组随机样本,包含 n_2 个观测值。设 s_1^2 和 s_2^2 分别为各自的样本方差,则

$$\frac{s_1^2/\sigma_1^2}{s_2^2/\sigma_2^2} \sim F_{n_1-1, n_2-1} \tag{4-10}$$

F 分布将用于推断两个正态分布的方差。

4.1.2 来自伯努利总体的抽样分布

伯努利分布已在 2.2.2 节中介绍。假设从伯努利分布中随机抽取包含 n 个观测值的样本 $x_1, x_2, \cdots, x_n$，概率为 p，则样本观测值总和 $x = x_1 + x_2 + \cdots + x_n$ 服从参数为 n 和 p 的伯努利分布。此外，所有 x_i 都是 0 或 1，样本均值 $\bar{x}$ 为在 $\{0, 1/n, 2/n, \cdots, (n-1)/n, 1\}$ 内取值的离散变量，其概率分布可由二项式得到，即

$$P\{\bar{x} \leqslant a\} = P\{x \leqslant an\} = \sum_{k=0}^{[an]} \binom{n}{k} p^k (1-p)^{n-k} \qquad (4-11)$$

其中，$[an]$ 为小于等于 an 的最大整数。则 $\bar{x}$ 的均值及方差分别为

$$\mu_{\bar{x}} = p \qquad (4-12)$$

$$\sigma_{\bar{x}}^2 = \frac{p(1-p)}{n} \qquad (4-13)$$

4.1.3 来自泊松总体的抽样分布

泊松分布已在 2.2.3 节中介绍。考虑一个大小为 n，参数为 λ 的泊松分布随机样本，其样本和 $x = x_1 + x_2 + \cdots + x_n$ 服从参数为 $n\lambda$ 的泊松分布。更一般地，n 个独立泊松随机变量的和依然服从于泊松分布，其参数等于各泊松参数的和。泊松分布样本均值 $\bar{x}$ 为在 $\{0, 1/n, 2/n, \cdots\}$ 内取值的离散随机变量，其概率分布为

$$P\{\bar{x} \leqslant a\} = P\{x \leqslant an\} = \sum_{k=0}^{[an]} \frac{\mathrm{e}^{-n\lambda} (n\lambda)^k}{k!} \qquad (4-14)$$

式中，$[an]$ 为小于等于 an 的最大整数。$\bar{x}$ 的均值及方差分别为

$$\mu_{\bar{x}} = \lambda \qquad (4-15)$$

$$\sigma_{\bar{x}}^2 = \frac{\lambda}{n} \qquad (4-16)$$

在质量工程中常使用泊松随机变量的线性组合。例如，考虑线性组合：

$$L = a_1 x_1 + a_2 x_2 + \cdots + a_m x_m = \sum_{i=1}^{m} a_i x_i \qquad (4-17)$$

式中，x_i 为独立的泊松随机变量，每个变量具有参数 λ_i；a_i 为常数。此函数可用于建模产品中可能存在的 m 种不同类型的缺陷或不合格品（每种缺陷用泊松分布表示），并用于质量监控。常数 a_i 可以调整，以给予某些缺陷更大的权重，例如功能缺陷比外观缺陷更受重视。

4.2 点估计

在统计质量控制中，概率分布用于建模质量特征，如产品关键尺寸或缺陷比例。因此，需对这些分布的未知参数进行推断，从样本数据中进行估计。常用的方法是将未知参数的

估计量定义为与该参数对应的统计量。从样本数据中计算出的估计量数值称为**估计**。**点估计**采用一个单一的数值作为未知参数的估计。考虑随机变量 x 的概率分布 $f(x)$，假设该分布的均值 μ 和方差 σ^2 都未知。如果取 n 个观测值的随机样本，则**样本均值** $\bar{x}$ 和**样本方差** s^2 分别是**总体均值** μ 和**总体方差** σ^2 的点估计量。泊松分布参数的点估计为

$$\hat{\lambda} = \frac{1}{n} \sum_{i=1}^{n} x_i = \bar{x} \tag{4-18}$$

二项分布参数的点估计为

$$\hat{p} = \frac{1}{n} \sum_{i=1}^{n} x_i = \bar{x} \tag{4-19}$$

好的点估计应具备以下两个关键属性：首先，应为无偏估计，即点估计量的期望值应等于真实参数值；其次，应具有最小方差，即点估计量的方差应尽可能小，以减少波动性。样本均值 $\bar{x}$ 和**样本方差** s^2 分别是总体均值和方差的无偏估计：

$$E(\bar{x}) = \mu, \ E(s^2) = \sigma^2 \tag{4-20}$$

样本标准差不是总体标准差的无偏估计量，即

$$E(s) = \left(\frac{2}{n-1} \right)^{\frac{1}{2}} \frac{\Gamma\left(\frac{n}{2}\right)}{\Gamma\left(\frac{n-1}{2}\right)} \sigma = c_4 \sigma \tag{4-21}$$

常数 c_4 取决于样本的大小，附录 4 给出了样本量 $2 \leqslant n \leqslant 25$ 时的 c_4 值。因此可以得到样本标准差 s 的无偏估计：

$$\hat{\sigma} = \frac{s}{c_4} \tag{4-22}$$

在统计质量工程问题的许多应用中，常常采用**极差法**估计标准差。设有 n 个来自均值为 μ 和方差为 σ^2 的正态分布的随机样本 $x_1, x_2, \cdots, x_n$，样本**极差**为

$$R = \max(x_i) - \min(x_i) = x_{\max} - x_{\min} \tag{4-23}$$

极差 R 是最大和最小样本观测值的差值。随机变量 $W = R/\sigma$ 为**相对极差**，$E(W) = d_2$，常数 d_2 取决于样本的大小，其值见附录 4。正态分布 σ 的无偏估计量为

$$\hat{\sigma} = \frac{R}{d_2} \tag{4-24}$$

由于 R 忽略了极值之间样本中的所有信息，对于中等的 n 值，例如 $n > 10$，R 迅速失去优势。然而，对于小样本量，例如 $n \leqslant 6$，它非常有效。后面的章节将介绍使用极差法来估计某些类型的控制图标准差。

4.3 均值假设检验

统计推断技术分为参数估计和假设检验。参数估计依赖于假设的参数分布，但实际分

布通常不明确,因此需通过假设检验来验证假设是否成立。该理论依据是样本数据在设定置信度下确定假设成立概率。首先,统计假设是关于概率分布参数的陈述,例如,假设轴承的平均内径为 150.00 mm,则

$$H_0: \mu = 150.00$$
$$H_1: \mu \neq 150.00 \qquad\qquad (4-25)$$

式中,$H_0: \mu = 150.00$ 是**零假设**(null hypothesis),表示两个总体均值相等,但仅为假设而非事实;若零假设不成立,则需选择**备择假设**(alternative hypothesis) $H_1: \mu \neq 150.00$。零假设和备择假设互斥,确认零假设即放弃备择假设,否定零假设即接受备择假设。检验过程围绕零假设是否成立展开。

其次,既然是基于概率做出的判断,便不可避免地存在错误的判断,假设检验中存在两类错误:第 I 类错误(α 错误)和第 II 类错误(β 错误)。

$$\alpha = P\{\text{第 I 类错误}\} = P\{\text{拒绝 } H_0 \mid H_0 \text{ 为真}\} \qquad (4-26)$$

$$\beta = P\{\text{第 II 类错误}\} = P\{\text{接受 } H_0 \mid H_0 \text{ 为假}\} \qquad (4-27)$$

由此看出,零假设 H_0 为真却被错误拒绝的概率为 α,而 H_0 为真不拒绝 H_0 的正确决策概率为 $1-\alpha$。H_0 为假却未被拒绝的错误概率为 β,而 H_0 为假拒绝 H_0 的正确决策概率为 $1-\beta$。

我们希望减少两类错误的概率,但在固定样本量 n 下,这两类错误的概率无法同时很低。减少 α 错误的概率会增加 β 错误的概率,反之亦然。增加样本量可以减少两类错误,但样本量不能无限增加。因此,假设检验中需在两类错误之间权衡,通常选择适当的显著性水平(如 0.05 或 0.01)来控制 α 错误的概率。

假设检验的一般步骤是设定第 I 类错误概率 α,设计检验统计量,并根据统计量落入的区域决定是否拒绝零假设。确定了 α 后,拒绝域也随之确定,这使得决策界限明确,但风险概率统一为 α 可能不够准确,因此可使用 P。P 表示在零假设 H_0 为真的情况下,观察到当前样本结果或更极端结果的概率。若 P 值小于显著性水平 α,说明零假设不太可能成立,倾向于拒绝 H_0;若 P 值较大,则说明无法拒绝零假设,应保留 H_0。

在了解假设检验的基本理论后,接下来将介绍各分布参数值的假设检验方法及置信区间的估计。首先讨论均值的假设检验,单均值和双均值检验是常用的方法,用于判断总体参数是否等于特定值或两个总体参数是否相等。

4.3.1　单均值假设检验

在质量统计学中,单均值假设检验用于评估样本均值与假设均值之间是否有显著差异。根据对总体方差的了解,分为方差已知和方差未知两种情况。接下来将介绍两种情况的假设提出、检验统计量、拒绝域、P 值计算和置信区间的估计。

1. 方差已知情况下的单均值假设检验

设 x 是一个均值未知、方差已知的随机变量,针对检验均值 μ 是否等于标准值 μ_0 提出假设:

$$H_0: \mu = \mu_0$$
$$H_1: \mu \neq \mu_0 \qquad\qquad (4-28)$$

检验该假设的方法是对随机变量 x 取包含 n 个观测值的随机样本，计算检验统计量：

$$Z_0 = \frac{\bar{x} - \mu_0}{\frac{\sigma}{\sqrt{n}}} \tag{4-29}$$

当 $|Z_0| > Z_{\alpha/2}$ 时，拒绝零假设 H_0。其中 $Z_{\alpha/2}$ 是标准正态分布的上 $\alpha/2$ 分位数。该过程称为**单样本 Z 检验**。

根据中心极限定理，样本均值 $\bar{x}$ 近似服从 $N(\mu, \sigma^2/n)$。若 $H_0: \mu = \mu_0$ 为真，则 Z_0 近似服从 $N(0, 1)$，因此，Z_0 的值有 $100(1-\alpha)\%$ 的概率落在 $-Z_{\alpha/2} \sim Z_{\alpha/2}$ 之间。如果零假设为真，超出该范围的 Z_0 值则被视为异常，从而成为拒绝零假设的证据。其中，α 是发生第 I 类错误的概率，区间 $(Z_{\alpha/2}, \infty)$ 和 $(-\infty, -Z_{\alpha/2})$ 形成检验的临界区域。标准正态分布称为 Z 检验的**参考分布**。

在某些情况下，可能希望在只当真实均值大于 μ_0 时拒绝 H_0。因此，该单边备择假设是 $H_1: \mu > \mu_0$，仅当 $Z_0 > Z_\alpha$ 时，拒绝零假设 $H_0: \mu = \mu_0$。若仅需当 $\mu < \mu_0$ 时拒绝，则备择假设是 $H_1: \mu < \mu_0$，仅当 $Z_0 < -Z_\alpha$ 时拒绝 H_0。

对 μ 估计的 $100(1-\alpha)\%$ 置信区间为

$$\bar{x} - Z_{\frac{\alpha}{2}} \frac{\sigma}{\sqrt{n}} \leqslant \mu \leqslant \bar{x} + Z_{\frac{\alpha}{2}} \frac{\sigma}{\sqrt{n}} \tag{4-30}$$

式中，$Z_{\alpha/2}$ 为 $N(0, 1)$ 的上 $\alpha/2$ 分位数，即 $P\{z \geqslant Z_{\alpha/2}\} = \alpha/2$。由中心极限定理可知，$\bar{x}$ 近似服从 $N(\mu, \sigma^2/n)$，与 x 的分布无关。因此，无论 x 的分布如何，式 (4-30) 都是一个 μ 的近似置信区间。对于各检验的 P 值计算方法总结如表 4-1 所示。

表 4-1 单均值（方差已知）假设检验法

备择假设	拒绝域	P 值
$H_1: \mu \neq \mu_0$	$Z_0 < -Z_{\alpha/2}$ 或 $Z_0 > Z_{\alpha/2}$	$P = 2[1 - \Phi(|Z_0|)]$
$H_1: \mu > \mu_0$	$Z_0 > Z_\alpha$	$P = 1 - \Phi(Z_0)$
$H_1: \mu < \mu_0$	$Z_0 < -Z_\alpha$	$P = \Phi(Z_0)$

注：$\Phi(Z)$ 为第 2 章定义的标准正态累积分布函数。

2. 方差未知情况下的单均值假设检验

设 x 是一个均值和方差未知的正态随机变量，提出以下假设：

$$\begin{aligned} H_0: \mu = \mu_0 \\ H_1: \mu \neq \mu_0 \end{aligned} \tag{4-31}$$

该假设与上面相同，但方差未知，因此需额外假设随机变量服从正态分布。尽管正规统计检验要求正态性，实际中适度偏离正态性通常不会严重影响结果。由于 σ^2 未知，需要由 s^2 估计，则采用以下统计量：

$$t_0 = \frac{\bar{x} - \mu_0}{s / \sqrt{n}} \tag{4-32}$$

该检验统计量的参考分布是带有 $(n-1)$ 个自由度的 t 分布。对于固定显著性水平的检验,若 $|t_0| > t_{\alpha/2, n-1}$,其中 $t_{\alpha/2, n-1}$ 为具有 $(n-1)$ 个自由度的 t 分布的上 $\alpha/2$ 分位数,则拒绝零假设。也可计算 t 检验的 P 值,大多数软件包括 P 值及计算值 t_0。 对 μ 估计的 $100(1-\alpha)\%$ 双边置信区间为

$$\bar{x} - t_{\frac{\alpha}{2}, n-1} \frac{s}{\sqrt{n}} \leqslant \mu \leqslant \bar{x} + t_{\frac{\alpha}{2}, n-1} \frac{s}{\sqrt{n}} \tag{4-33}$$

4.3.2 双均值假设检验

双均值假设检验用于比较两个独立样本均值是否显著不同。与单均值检验类似,双均值检验也分为方差已知和方差未知两种情况。接下来将分别介绍这两种情况下的假设提出、检验统计量构建、拒绝域设定、P 值计算及置信区间估计。

1. 方差已知情况下的双均值假设检验

假设一个来自总体 1 的随机样本 $x_{11}, x_{12}, \cdots, x_{1n_1}$ 和一个来自总体 2 的随机样本 $x_{21}, x_{22}, \cdots, x_{2n_2}$,$x_1$ 和 x_2 代表的两个总体相互独立,均服从正态分布。如果它们不服从正态分布,则中心极限定理的条件适用。

从逻辑上看,$\mu_1 - \mu_2$ 的点估计量是样本均值之差 $\bar{x}_1 - \bar{x}_2$,根据期望性质得

$$E(\bar{x}_1 - \bar{x}_2) = E(\bar{x}_1) - E(\bar{x}_2) = \mu_1 - \mu_2 \tag{4-34}$$

且其方差为

$$V(\bar{x}_1 - \bar{x}_2) = V(\bar{x}_1) + V(\bar{x}_2) = \frac{\sigma_1^2}{n_1} + \frac{\sigma_2^2}{n_2} \tag{4-35}$$

基于前提假设,易得

$$Z = \frac{\bar{x}_1 - \bar{x}_2 - (\mu_1 - \mu_2)}{\sqrt{\dfrac{\sigma_1^2}{n_1} + \dfrac{\sigma_2^2}{n_2}}} \sim N(0, 1) \tag{4-36}$$

该结果用于形成对于 $\mu_1 - \mu_2$ 的假设检验和置信区间,实际上,可以把 $\mu_1 - \mu_2$ 看作一个参数 θ,其估计量 $\hat{\theta} = \bar{x}_1 - \bar{x}_2$,该估计量的方差 $\sigma_{\hat{\theta}}^2 = \sigma_1^2/n_1 + \sigma_2^2/n_2$。 如果 θ_0 是对于 θ 指定的零假设值,则检验统计量为 $(\theta - \theta_0)/\sigma_{\hat{\theta}}$。

$$H_0: \mu_1 - \mu_2 = \Delta_0 \tag{4-37}$$

$$Z = \frac{\bar{x}_1 - \bar{x}_2 - (\mu_1 - \mu_2) - \Delta_0}{\sqrt{\dfrac{\sigma_1^2}{n_1} + \dfrac{\sigma_2^2}{n_2}}} \tag{4-38}$$

表 4-2 总结了方差已知情况下的双均值假设检验过程。

表 4 - 2 双均值(方差已知)假设检验法

备择假设	拒绝域	P 值
$H_1 : \mu_1 - \mu_2 \neq \Delta_0$	$Z_0 < -Z_{\alpha/2}$ 或 $Z_0 > Z_{\alpha/2}$	$P = 2[1 - \Phi(\mid Z_0 \mid)]$
$H_1 : \mu_1 - \mu_2 > \Delta_0$	$Z_0 > Z_\alpha$	$P = 1 - \Phi(Z_0)$
$H_1 : \mu_1 - \mu_2 < \Delta_0$	$Z_0 < -Z_\alpha$	$P = \Phi(Z_0)$

对 $\mu_1 - \mu_2$ 估计量的 $100(1 - \alpha)\%$ 双边置信区间为

$$\bar{x}_1 - \bar{x}_2 - Z_{\frac{\alpha}{2}} \sqrt{\frac{\sigma_1^2}{n_1} + \frac{\sigma_2^2}{n_2}} \leqslant \mu_1 - \mu_2 \leqslant \bar{x}_1 - \bar{x}_2 + Z_{\frac{\alpha}{2}} \sqrt{\frac{\sigma_1^2}{n_1} + \frac{\sigma_2^2}{n_2}} \tag{4-39}$$

2. 方差未知情况下的双均值假设检验

当两分布的方差 σ_1^2 和 σ_2^2 均未知时,若样本量大于 30,可以按正态分布流程处理;样本量小时,假设两总体正态分布,使用 t 分布形成假设检验和置信区间,适度偏离正态性不会影响结果。以下将根据 σ_1^2 和 σ_2^2 是否相等分两种情况讨论。

1) 第一种情况:$\sigma_1^2 = \sigma_2^2 = \sigma^2$

假设两个独立的正态总体,均值未知,方差未知但相等,提出以下检验:

$$\begin{aligned} H_0 &: \mu_1 - \mu_2 = \Delta_0 \\ H_1 &: \mu_1 - \mu_2 \neq \Delta_0 \end{aligned} \tag{4-40}$$

令 $\bar{x}_1$ 和 s_1^2 分别表示来自总体 1 的样本均值和样本方差;$\bar{x}_2$ 和 s_2^2 分别表示来自总体 2 的样本均值和样本方差;$\bar{x}_1 - \bar{x}_2$ 是 $\mu_1 - \mu_2$ 的无偏估计,即 $E(\bar{x}_1 - \bar{x}_2) = \mu_1 - \mu_2$。则 $\bar{x}_1 - \bar{x}_2$ 的方差为

$$V(\bar{x}_1 - \bar{x}_2) = \frac{\sigma^2}{n_1} + \frac{\sigma^2}{n_2} = \sigma^2 \left(\frac{1}{n_1} + \frac{1}{n_2} \right) \tag{4-41}$$

将两个样本方差 s_1^2 和 s_2^2 组合起来,形成的估计量似乎是合理的。**并合方差**(pooled estimator)指的是通过对两个或多个总体参数的估计进行加权平均来得到一个更精确和统计有效的估计值。并合方差 s_p^2 定义如下:

$$s_p^2 = \frac{(n_1 - 1)s_1^2 + (n_2 - 1)s_2^2}{n_1 + n_2 - 2} \tag{4-42}$$

也可写作:

$$s_p^2 = \frac{n_1 - 1}{n_1 + n_2 - 2} s_1^2 + \frac{n_2 - 1}{n_1 + n_2 - 2} s_2^2 = w s_1^2 + (1 - w) s_2^2 \tag{4-43}$$

其中,$0 < w \leqslant 1$。即 s_p^2 是两个样本方差 s_1^2 和 s_2^2 的加权平均值,其中权重 w 和 $(1 - w)$ 取决于两个样本 n_1 和 n_2 的大小,显然,若 $n_1 = n_2 = n$,则 $w = 0.5$,且 s_p^2 是 s_1^2 和 s_2^2 的算术平均值,具有 $(n_1 + n_2 - 2)$ 个自由度。

将 s_p 代替下式中的 σ：

$$Z = \frac{\bar{x}_1 - \bar{x}_2 - (\mu_1 - \mu_2)}{\sigma \sqrt{\dfrac{1}{n_1} + \dfrac{1}{n_2}}} \sim N(0, 1) \qquad (4-44)$$

可得

$$t = \frac{\bar{x}_1 - \bar{x}_2 - (\mu_1 - \mu_2)}{s_p \sqrt{\dfrac{1}{n_1} + \dfrac{1}{n_2}}} \sim t_{n_1+n_2-2} \qquad (4-45)$$

接下来只需将 $\mu_1 - \mu_2$ 替换为 Δ_0，得到的检验统计量 t 就在双侧和单侧选择的关键区域位置与单样本情况下的关键区域位置相似，并且具有自由度的 t 分布，该过程通常被称为**混合 t 检验**，总结如表 4-3 所示。

表 4-3 双均值(方差未知且 $\sigma_1^2 = \sigma_2^2 = \sigma^2$)假设检验法

备择假设	拒绝域	P 值
$H_1: \mu_1 - \mu_2 \neq \Delta_0$	$t_0 > t_{\alpha/2,\, n_1+n_2-2}$ 或 $t_0 < -t_{\alpha/2,\, n_1+n_2-2}$	P 大于和小于 t_0 概率分布
$H_1: \mu_1 - \mu_2 > \Delta_0$	$t_0 > t_{\alpha/2,\, n_1+n_2-2}$	P 大于 t_0 概率分布
$H_1: \mu_1 - \mu_2 < \Delta_0$	$t_0 < -t_{\alpha/2,\, n_1+n_2-2}$	P 小于 t_0 概率分布

对 $\mu_1 - \mu_2$ 估计的 $100(1-\alpha)\%$ 双边置信区间为

$$\bar{x}_1 - \bar{x}_2 - t_{\frac{\alpha}{2},\, n_1+n_2-2} s_p \sqrt{\frac{1}{n_1} + \frac{1}{n_2}} \leqslant \mu_1 - \mu_2 \leqslant \bar{x}_1 - \bar{x}_2 + t_{\frac{\alpha}{2},\, n_1+n_2-2} s_p \sqrt{\frac{1}{n_1} + \frac{1}{n_2}}$$

$$(4-46)$$

式中，$s_p = \sqrt{[(n_1-1)s_1^2 + (n_2-1)s_2^2]/(n_1+n_2-2)}$。

2) 第二种情况：$\sigma_1^2 \neq \sigma_2^2$

在某些情况下，假设未知方差 σ_1^2 和 σ_2^2 相等并不合理，进而导致没有确切的 t 统计量可用于检验。此时，如果 $H_0: \mu_1 - \mu_2 = \Delta_0$ 为真，则统计量：

$$t_0^* = \frac{\bar{x}_1 - \bar{x}_2 - \Delta_0}{\sqrt{\dfrac{s_1^2}{n_1} + \dfrac{s_2^2}{n_2}}} \qquad (4-47)$$

近似服从带有如下 v 个自由度的 t 分布：

$$v = \frac{\left(\dfrac{s_1^2}{n_1} + \dfrac{s_2^2}{n_2}\right)^2}{\left(\dfrac{s_1^2}{n_1}\right)^2/(n_1-1) + \left(\dfrac{s_2^2}{n_2}\right)^2/(n_2-1)} - 2 \qquad (4-48)$$

因此，在 $\sigma_1^2 \neq \sigma_2^2$ 情况下对两个正态分布的均值差异的假设进行检验，就像在方差相等的情况下一样，只是 t_0^* 被用作检验统计量，并用 v 代替 $(n_1 + n_2 - 2)$ 以确定检验的自由度。对 $\mu_1 - \mu_2$ 估计量的 $100(1-\alpha)\%$ 双边置信区间为

$$\bar{x}_1 - \bar{x}_2 - t_{\frac{\alpha}{2}, v}\sqrt{\frac{s_1^2}{n_1} + \frac{s_2^2}{n_2}} \leqslant \mu_1 - \mu_2 \leqslant \bar{x}_1 - \bar{x}_2 + t_{\frac{\alpha}{2}, v}\sqrt{\frac{s_1^2}{n_1} + \frac{s_2^2}{n_2}} \tag{4-49}$$

式中：$t_{\alpha/2, v}$ 为具有 v 个自由度的 t 分布的上 $\alpha/2$ 分位数。

4.4 方差假设检验

均值检验对正态性假设不敏感，但方差检验对正态性假设非常敏感，数据不服从正态分布可能导致误导。因此，方差检验前需验证数据正态性。存在未知方差情况时，单样本方差用卡方检验，双样本方差比较用 F 检验。

4.4.1 单样本方差假设检验

考虑检验正态分布的方差是否等于常数，则提出以下假设：

$$\begin{aligned} H_0 &: \sigma^2 = \sigma_0^2 \\ H_1 &: \sigma^2 \neq \sigma_0^2 \end{aligned} \tag{4-50}$$

针对该假设，检验统计量为

$$\chi_0^2 = \frac{(n-1)s^2}{\sigma_0^2} \tag{4-51}$$

式中，s^2 为由 n 个观测值的随机样本计算的样本方差。对于选定的显著性水平检验，如果 $\chi_0^2 > \chi_{\alpha/2, n-1}^2$ 或 $\chi_0^2 < \chi_{1-\alpha/2, n-1}^2$，则拒绝零假设。其中，$\chi_{\alpha/2, n-1}^2$ 和 $\chi_{\alpha/2, n-1}^2$ 分别为具有 $(n-1)$ 个自由度的卡方分布的上 $\alpha/2$ 和下 $(1-\alpha/2)$ 分位数。

这种检验在质量改进中非常有用。例如，对于一个均值为 μ、方差为 σ^2 的正态随机变量，如果方差 σ^2 不超过某个特定值 σ_0^2，则过程变异性符合设计要求，生产几乎都会合格。然而，如果方差超过 σ_0^2，变异性将超出规范限制，导致不合格品增多。换言之，过程能力与变异性直接相关。式(4-50)和式(4-51)用于分析类似情况，并构成监控过程变异性的基础。

设 x 是均值 μ 和方差 σ^2 都未知的正态随机变量，取 n 个观测值的随机样本，计算样本方差 s^2，则方差 σ^2 的双侧 $100(1-\alpha)\%$ 置信区间为

$$\frac{(n-1)s^2}{\chi_{\frac{\alpha}{2}, n-1}^2} \leqslant \sigma^2 \leqslant \frac{(n-1)s^2}{\chi_{1-\frac{\alpha}{2}, n-1}^2} \tag{4-52}$$

式中，$\chi_{\alpha/2, n-1}^2$ 为卡方分布的上 $\alpha/2$ 分位数，即 $P\{\chi_{n-1}^2 \geqslant \chi_{\alpha/2, n-1}^2\} = \alpha/2$。

4.4.2 双样本方差假设检验

考虑检验两个独立正态分布总体的方差相等，提出以下假设：

$$H_0: \sigma_1^2 = \sigma_2^2$$
$$H_1: \sigma_1^2 \neq \sigma_2^2 \tag{4-53}$$

若大小为 n_1 和 n_2 的随机样本分别来自总体 1 和总体 2,则检验统计量为两个样本方差之比:

$$F_0 = \frac{s_1^2}{s_2^2} \tag{4-54}$$

当 $F_0 > F_{\alpha/2, n_1-1, n_2-1}$ 或 $F_0 < F_{1-(\alpha/2), n_1-1, n_2-1}$ 时,拒绝零假设,其中 $F_{\alpha/2, n_1-1, n_2-1}$ 和 $F_{1-(\alpha/2), n_1-1, n_2-1}$ 分别为具有 (n_1-1) 和 (n_2-1) 个自由度的 F 分布的上 $\alpha/2$ 分位数与下 $(1-\alpha/2)$ 分位数。对 σ_1^2/σ_2^2 估计量的 $100(1-\alpha)\%$ 双边置信区间为

$$\frac{s_1^2}{s_2^2} F_{1-\frac{\alpha}{2}, n_1-1, n_2-1} \leqslant \frac{\sigma_1^2}{\sigma_2^2} \leqslant \frac{s_1^2}{s_2^2} F_{\frac{\alpha}{2}, n_1-1, n_2-1} \tag{4-55}$$

式中,$F_{\alpha/2, u, v}$ 为具有 u 和 v 自由度的 F 分布的上 $\alpha/2$ 分位数。

4.5　比例假设检验

比例假设检验用于评估样本中某事件的发生比例与假设比例之间的显著差异。当样本量 n 足够大时,二项分布可近似为正态分布,因此可以使用标准化的检验统计量简化计算并提高检验效率。接下来,将介绍单比例假设检验和双比例假设检验,并解释它们在不同情境下的应用。

4.5.1　单比例假设检验

考虑检验一个基于二项正态近似的总体的比例 p 是否等于一个标准值,从总体中随机抽取 n 个观测值作为一组随机样本,其中有 x 个观测值属于与 p 相关的类别,提出以下假设:

$$H_0: p = p_0$$
$$H_1: p \neq p_0 \tag{4-56}$$

采用以下统计量:

$$Z_0 = \begin{cases} \dfrac{(x+0.5) - np_0}{\sqrt{np_0(1-p_0)}}, & x < np_0 \\[3mm] \dfrac{(x-0.5) - np_0}{\sqrt{np_0(1-p_0)}}, & x > np_0 \end{cases} \tag{4-57}$$

对于选定的显著性水平检验,如果对于单边检验,被类似地处理,则零假设被拒绝。由于这是一个 Z 检验,所以 P 值的计算与均值的 Z 检验一样,总结如表 4-4 所示。

表 4-4 单比例假设检验法

备择假设	拒绝域	P 值
$H_1: p \neq p_0$	$Z_0 > Z_{\alpha/2}$ 或 $Z_0 < -Z_{\alpha/2}$	$P = 2[1 - \Phi(\|Z_0\|)]$
$H_1: p_1 > p_0$	$Z_0 > Z_{\alpha}$	$P = 1 - \Phi(Z_0)$
$H_1: p_1 < p_0$	$Z_0 < -Z_{\alpha}$	$P = \Phi(Z_0)$

假设 p 是二项分布的一个参数,而另一个参数 n 是已知的。如果从总体中随机抽取 n 个观测值,并且在该样本中发现 x 个"不一致"观测值,则 p 的无偏点估计量为 $\hat{p} = x/n$。

如果 n 很大并且 $p \geqslant 0.1$,则可以使用二项的正态近似,从而得到置信区间:

$$\hat{p} - Z_{\frac{\alpha}{2}} \sqrt{\frac{\hat{p}(1-\hat{p})}{n}} \leqslant p \leqslant \hat{p} + Z_{\frac{\alpha}{2}} \sqrt{\frac{\hat{p}(1-\hat{p})}{n}} \tag{4-58}$$

如果 n 很小,则应使用二项分布来建立 p 上的置信区间;如果 n 很大但 p 很小,则应使用二项的泊松近似。

4.5.2 双比例假设检验

考虑有 2 个二项分布参数 p_1 和 p_2。假设 2 个大小分别为 n_1 和 n_2 的独立随机样本分别取自这 2 个二项分布总体。进一步,假设两总体均满足近似正态假设,因此总体比例 $\hat{p}_1 = x_1/n_1$ 和 $\hat{p}_2 = x_2/n_2$ 服从近似的正态分布,提出以下假设:

$$\begin{aligned} H_0: p_1 = p_2 \\ H_1: p_1 \neq p_2 \end{aligned} \tag{4-59}$$

显然,统计量

$$Z = \frac{\hat{p}_1 - \hat{p}_2 - (p_1 - p_2)}{\sqrt{\dfrac{p_1(1-p_1)}{n_1} + \dfrac{p_2(1-p_2)}{n_2}}} \tag{4-60}$$

近似服从标准正态分布。当零假设 $H_0: p_1 = p_2$ 成立时,则带入条件 $p_1 = p_2 = p$ 可得

$$Z = \frac{\hat{p}_1 - \hat{p}_2}{\sqrt{p(1-p)\left(\dfrac{1}{n_1} + \dfrac{1}{n_2}\right)}} \sim N(0, 1) \tag{4-61}$$

p 的估计值计算如下:

$$\hat{p} = \frac{x_1 + x_2}{n_1 + n_2} \tag{4-62}$$

对于 $H_0: p_1 = p_2$ 的检验统计量为

$$Z_0 = \frac{\hat{p}_1 - \hat{p}_2}{\sqrt{\hat{p}(1-\hat{p})\left(\dfrac{1}{n_1} + \dfrac{1}{n_2}\right)}} \tag{4-63}$$

表 4 - 5 总结了双比例假设检验流程。

表 4 - 5　双比例假设检验法

备择假设	拒绝域	P 值
$H_1: p_1 \neq p_2$	$Z_0 > Z_{\alpha/2}$ 或 $Z_0 < -Z_{\alpha/2}$	$P = 2[1 - \Phi(\|Z_0\|)]$
$H_1: p_1 > p_2$	$Z_0 > Z_\alpha$	$P = 1 - \Phi(Z_0)$
$H_1: p_1 < p_2$	$Z_0 < -Z_\alpha$	$P = \Phi(Z_0)$

对 $p_1 - p_2$ 估计量的 $100(1-\alpha)\%$ 双边置信区间为

$$\hat{p}_1 - \hat{p}_2 - Z_{\frac{\alpha}{2}} \sqrt{\frac{\hat{p}_1(1-\hat{p}_1)}{n_1} + \frac{\hat{p}_2(1-\hat{p}_2)}{n_2}}$$
$$\leqslant p_1 - p_2$$
$$\leqslant \hat{p}_1 - \hat{p}_2 + Z_{\frac{\alpha}{2}} \sqrt{\frac{\hat{p}_1(1-\hat{p}_1)}{n_1} + \frac{\hat{p}_2(1-\hat{p}_2)}{n_2}} \tag{4-64}$$

4.6　方差分析

如本章所述,实验和测试构成了工程分析过程的基石,并频繁应用于质量控制和改进工作中。假设工程师正在评估不同热处理工艺对钢产品平均硬度性能的影响。实验程序涉及对每种工艺进行多次测试,并对每个测试样本进行硬度测量。这些实验数据能够帮助工程师确定哪种热处理工艺能提供最高平均硬度。如果有两种工艺特别引人注目,那么在方差分析中将这些工艺视为某**因素**的不同**水平**。方差分析是一项统计技术,它使用实验数据来检验和评估不同因素对实验结果潜在影响的显著性。

4.6.1　完全随机实验

本节关注单因素方差分析,即只有一个因素在实验中改变,其他条件保持不变。许多单因素实验涉及两个以上的水平,例如,工程师可能研究 5 种不同的热处理方法。本节将展示如何使用方差分析比较单个因素在多个水平下的均值。假设观测数据如表 4 - 6 所示,其中,y_{ij} 表示水平 i 下的第 j 个观测值。

表 4 - 6　单因素多水平观测数据

水平	观测值				样本总和	样本平均值	总体均值
1	y_{11}	y_{12}	$\cdots$	y_{1n}	y_1	$\bar{y}_1$	μ_1
2	y_{21}	y_{22}	$\cdots$	y_{2n}	y_2	$\bar{y}_2$	μ_2
$\cdots$	$\cdots$	$\cdots$	$\cdots$	$\cdots$	$\cdots$	$\cdots$	$\cdots$
a	y_{a1}	y_{a2}	$\cdots$	y_{an}	y_a	$\bar{y}_a$	μ_a

首先讨论在每种水平有相同数量 n 个观测值的情况下。可以用线性统计模型来描述表 4-6 中的观测结果：

$$y_{ij}=\mu+\tau_i+\varepsilon_{ij}, i=1, 2, \cdots, a; j=1, 2, \cdots, n \qquad (4-65)$$

式中，y_{ij} 为第 (i, j) 个观测值的随机变量；μ 为所有水平共有的参数，称为总均值；τ_i 为与第 i 个水平相关的参数，称为第 i 个水平效应；ε_{ij} 为随机误差分量。因此，该模型可写为

$$y_{ij}=\mu_i+\varepsilon_{ij}, i=1, 2, \cdots, a; j=1, 2, \cdots, n \qquad (4-66)$$

式中，$\mu_i=\mu+\tau_i$ 为第 i 次水平的均值。在这种形式的模型中，每个水平都定义了一个总体，其均值由总均值 μ 加上由于该特定水平而产生的效应 τ_i 组成。假设误差 ε_{ij} 服从正态独立分布，均值为 0，方差为 σ^2。式(4-66)是单因素实验的基础模型。此外，由于要求以随机顺序进行观察，并且使用水平的环境(通常称为实验单元)尽可能均匀，因此这种实验称为**完全随机实验设计**。

4.6.2 总体均值相等性假设

下面介绍检验总体均值相等性的方差分析，即**固定效应模型方差分析**。水平效应 τ_i 通常被定义为与总体平均值的偏差，有

$$\sum_{i=1}^{a}\tau_i=0 \qquad (4-67)$$

令 $y_{i.}$ 表示第 i 次水平下观测值的总和，$\bar{y}_{i.}$ 表示第 i 次水平下观测值的平均值。同样，令 $y_{..}$ 表示所有观测值的总和，$\bar{y}_{..}$ 表示所有观测值的总体均值，即

$$y_{i.}=\sum_{j=1}^{n} y_{ij}, \bar{y}_{i.}=y_{i.}/n, i=1, 2, \cdots, a$$
$$y_{..}=\sum_{i=1}^{a}\sum_{j=1}^{n} y_{ij}, \bar{y}_{..}=y_{..}/N \qquad (4-68)$$

式中，$N=an$ 为所有观测值的总数。因此，"点"下标符号意味着对它所替换的下标求和。

根据式(4-67)，针对检验 a 个水平的均值是否相等提出以下假设：

$$H_0: \tau_1=\tau_2=\cdots=\tau_a=0$$
$$H_1: \tau_1, \tau_2, \cdots, \tau_a \text{ 至少一个不为 0} \qquad (4-69)$$

若零假设成立，则每个观测值都由总体均值 μ 加上随机误差分量 ε_{ij} 组成，即所有 N 个观测值都取自具有均值 μ 和方差 σ^2 的正态分布。因此，若零假设成立，则改变因子的水平对平均响应没有影响。

1. 平方和的分解

在方差分析中，数据的误差是用平方和来表示的。样本数据中的总误差可划分为两个组成部分。全部数据的总误差用**总平方和**来描述，记为 SS_T：

$$SS_T=\sum_{i=1}^{a}\sum_{j=1}^{n}(y_{ij}-\bar{y}_{..})^2 \qquad (4-70)$$

总平方和的基本方差分析可划分如下：

$$\sum_{i=1}^{a}\sum_{j=1}^{n}(y_{ij}-\bar{y}_{..})^2=n\sum_{i=1}^{a}(\bar{y}_{i.}-\bar{y}_{..})^2+\sum_{i=1}^{a}\sum_{j=1}^{n}(y_{ij}-\bar{y}_{i.})^2 \tag{4-71}$$

由于 $\sum_{j=1}^{n}(y_{ij}-\bar{y}_{i.})=y_{i.}-n\bar{y}_{i.}=y_{i.}-n(y_{i.}/n)=0$，因此得

$$\sum_{i=1}^{a}\sum_{j=1}^{n}(y_{ij}-\bar{y}_{..})^2=\sum_{i=1}^{a}\sum_{j=1}^{n}\left[(\bar{y}_{i.}-\bar{y}_{..})+(y_{ij}-\bar{y}_{i.})\right]^2 \tag{4-72}$$

$$\sum_{i=1}^{a}\sum_{j=1}^{n}(y_{ij}-\bar{y}_{..})^2=n\sum_{i=1}^{a}(\bar{y}_{i.}-\bar{y}_{..})^2+\sum_{i=1}^{a}\sum_{j=1}^{n}(y_{ij}-\bar{y}_{i.})^2+2\sum_{i=1}^{a}\sum_{j=1}^{n}(\bar{y}_{i.}-\bar{y}_{..})(y_{ij}-\bar{y}_{i.})$$
$$\tag{4-73}$$

式(4-71)表明总平方和可以分解为反映组内误差和组间误差的平方和，即**组内平方和** SS_E 及**组间平方和** SS_A。需要注意的是组间平方和衡量了水平之间的差异，而组内平方和只能由随机误差引起。因此，可以将式(4-71)写为

$$SS_T=SS_E+SS_A \tag{4-74}$$

其中，

$$SS_T=\sum_{i=1}^{a}\sum_{j=1}^{n}(y_{ij}-\bar{y}_{..})^2$$
$$SS_A=n\sum_{i=1}^{a}(\bar{y}_{i.}-\bar{y}_{..})^2 \tag{4-75}$$
$$SS_E=\sum_{i=1}^{a}\sum_{j=1}^{n}(y_{ij}-\bar{y}_{j.})^2$$

2. SS_A 和 SS_E 的统计特性

基于式(4-71)，已知 y_{ij} 相互独立，由 χ^2 分布的可加性可知：

$$\frac{SS_E}{\sigma^2}\sim\chi^2(an-a) \tag{4-76}$$

此外还可以证明，误差平方和的期望值为 $E(SS_E)=a(n-1)\sigma^2$，因此，无论 H_0 是否为真，**组内均方** $MS_E=SS_E/[a(n-1)]$ 都是 σ^2 的无偏估计量。

对于 SS_A，可以证明：

$$E(SS_A)=(a-1)\sigma^2+n\sum_{i=1}^{a}\tau_i^2 \tag{4-77}$$

若式(4-69)中的零假设成立，则每个 τ_i 均为 0，并且

$$E\left(\frac{SS_A}{a-1}\right)=\sigma^2 \tag{4-78}$$

而若备择假设成立，那么

$$E\left(\frac{SS_A}{a-1}\right)=\sigma^2+\frac{n\sum_{i=1}^{a}\tau_i^2}{a-1}>\sigma^2 \tag{4-79}$$

式中，$MS_A=\dfrac{SS_A}{a-1}$ 为**组间均方**。若 H_0 为真，则 MS_A 是一个 σ^2 的无偏估计量；若 H_1 为真，则 MS_A 是 σ^2 加上一个正项的无偏估计量，该项包含由于水平方法的系统差异而引起的变化。

进一步可以证明 SS_E 与 SS_A 独立，且当 H_0 为真时，

$$\frac{SS_A}{\sigma^2}\sim\chi^2(a-1)。 \tag{4-80}$$

3. 检验拒绝域

对于 $an=N$ 个观测值，SS_T 有 $(an-1)$ 个自由度；又因为有 a 个水平效应，所以 SS_A 有 $(a-1)$ 个自由度；任何水平中的 n 个重复实验提供了 $(n-a)$ 个用来估计 SS_E 的自由度。根据式（4-76）、式（4-80），以及 SS_E 与 SS_A 的独立性，可知：

$$F=\frac{\dfrac{SS_A}{a-1}}{\dfrac{SS_E}{n-a}}=\frac{MS_A}{MS_E}\sim F(a-1,\ n-a) \tag{4-81}$$

若 H_0 成立，则无系统误差，组间均方 MS_A 与组内均方 MS_E 比值相近；若组间均方明显大于组内均方，则差异源于系统误差。因此，用比较 F 值与 F_α 来判定：若 $F>F_\alpha$，则拒绝零假设，表明 μ_i 之间的差异是显著的；若 $F<F_\alpha$，则接受零假设，表明没有证据证明 μ_i 之间有显著差异。方差分析表总结了上述分析结果，如表 4-7 所示。

表 4-7 方差分析表

方差来源	平方和	自由度	均　方	F
回归	SS_R	k	MS_R	MS_R/MS_E
误差（残差）	SS_E	$n-k-1$	MS_E	—
总和	SS_T	$n-1$	—	—

4.7　线性回归模型

在许多问题中，两个或多个变量是相关的，对这种关系进行建模和探索是很有意义的。例如，在化学过程中，产品的产量与操作温度有关，因此可能希望建立一个产率与温度相关的模型，然后使用该模型进行预测、工艺优化或工艺控制。

假设有一个单独的**因变量**或**响应** y 依赖于 k 个独立变量 $x_1,x_2,\cdots,x_k$，则这些变量

之间的关系用一个称为**回归模型**的数学模型来表征。回归模型适用于一组样本数据。在某些情况下,实验者知道 y 和 x_1,x_2,$\cdots$,x_k 之间的函数关系的确切形式,然而,在大多数情况下,这样的函数关系是未知的,需要选择一个合适的函数来近似真实模型。假设希望建立一个关于房价与房间数量和房间环境指标的经验模型,描述这种关系的一个模型是

$$y = \beta_0 + \beta_1 x_1 + \beta_2 x_2 + \varepsilon \tag{4-82}$$

在这个多元线性回归模型中,y 为房价,x_1 为房间数量,x_2 为房间环境指标。通常称自变量为**预测变量**或**回归变量**。使用"线性"一词,是因为式(4-82)是未知参数 β_0、β_1、β_2 的线性函数,而模型描述的是二维空间中的一个平面。参数 β_0 定义了平面的**截距**,称 β_1 和 β_2 为**部分回归系数**,因为 β_1 表示的是当 x_2 保持不变时,y 随 x_1 变化的影响;β_2 表示的是当 x_1 保持不变时,y 随 x_2 变化的影响。

一般情况下,响应变量 y 可能与 k 个回归变量相关,即

$$y = y = \beta_0 + \beta_1 x_1 + \beta_2 x_2 + \cdots + \beta_k x_k + \varepsilon \tag{4-83}$$

称为有 k 个回归变量的多元线性回归模型,其描述了回归变量在 k 维空间中的超平面。参数 β_j,$j = 0, 1, \cdots, k$ 表示当所有剩余的自变量 $x_i (i \neq j)$ 保持不变时,响应 y 随 x_j 变化的期望变化。在本节中,将介绍估计多元线性回归模型参数的方法(通常称为**模型拟合**)、构建这些模型涉及的检验假设和置信区间的方法,以及检查模型拟合充分性的方法。

4.7.1 线性回归模型参数的估计

在多元线性回归模型中,通常使用最小二乘法来估计回归系数。假设有 $n > k$ 个响应变量的观测值是可用的,记作 y_1,y_2,$\cdots$,y_n。同时对各回归变量进行观测,并令 x_{ij} 表示变量 x_j 的第 i 个观测值,如表 4-8 所示。

表 4-8　多元线性回归观测数据

y	x_1	x_2	$\cdots$	x_k
y_1	x_{11}	x_{12}	$\cdots$	x_{1k}
y_2	x_{21}	x_{22}	$\cdots$	x_{2k}
$\vdots$	$\vdots$	$\vdots$	$\vdots$	$\vdots$
y_n	x_{n1}	x_{n2}	$\cdots$	x_{nk}

假设模型中的误差项 ε 满足 $E(\varepsilon) = 0$,$V(\varepsilon) = \sigma^2$,并且 $\{\varepsilon_i\}$ 互不相关,则模型方程式(4-83)也可写作:

$$\begin{aligned} y &= \beta_0 + \beta_1 x_{i1} + \beta_2 x_{i2} + \cdots + \beta_k x_{ik} + \varepsilon_i \\ &= \beta_0 + \sum_{j=1}^{k} \beta_j x_{ij},\ i = 1, 2, \cdots, n \end{aligned} \tag{4-84}$$

最小二乘法用于确定使误差平方和最小的 β_j,则最小二乘方程为

$$L = \sum_{i=1}^{n} \varepsilon_i^2 = \sum_{i=1}^{n} \left(y_i - \beta_0 - \sum_{j=1}^{k} \beta_j x_{ij} \right)^2 \qquad (4-85)$$

1. 最小二乘估计

使方程 L 达到最小值的估计量 $\hat{\beta}_0$，$\hat{\beta}_1$，$\cdots$，$\hat{\beta}_k$ 称为**最小二乘估计量**，它们须满足：

$$\begin{cases} \left. \dfrac{\partial L}{\partial \beta_0} \right|_{\hat{\beta}_0, \hat{\beta}_1, \cdots, \hat{\beta}_k} = -2 \sum_{i=1}^{n} \left(y_i - \hat{\beta}_0 - \sum_{j=1}^{k} \hat{\beta}_j x_{ij} \right) = 0 \\ \left. \dfrac{\partial L}{\partial \beta_j} \right|_{\hat{\beta}_0, \hat{\beta}_1, \cdots, \hat{\beta}_k} = -2 \sum_{i=1}^{n} \left(y_i - \hat{\beta}_0 - \sum_{j=1}^{k} \hat{\beta}_j x_{ij} \right) x_{ij} = 0 \end{cases}, \ j = 1, 2, \cdots, k \qquad (4-86)$$

简化式(4 - 86)可得

$$n\hat{\beta}_0 + \hat{\beta}_i \sum_{i=1}^{n} x_{i1} + \hat{\beta}_2 \sum_{i=1}^{n} x_{i2} + \cdots + \hat{\beta}_k \sum_{i=1}^{n} x_{ik} = \sum_{i=1}^{n} y_i$$

$$\hat{\beta}_0 \sum_{i=1}^{n} x_{i1} + \hat{\beta}_1 \sum_{i=1}^{n} x_{i1}^2 + \hat{\beta}_2 \sum_{i=1}^{n} x_{i1} x_{i2} + \cdots + \hat{\beta}_k \sum_{i=1}^{n} x_{i1} x_{ik} = \sum_{i=1}^{n} x_{i1} y_i$$

$$\vdots \qquad (4-87)$$

$$\hat{\beta}_0 \sum_{i=1}^{n} x_{ik} + \hat{\beta}_1 \sum_{i=1}^{n} x_{ik} x_{i1} + \hat{\beta}_2 \sum_{i=1}^{n} x_{ik} x_{i2} + \cdots + \hat{\beta}_k \sum_{i=1}^{n} x_{ik}^2 = \sum_{i=1}^{n} x_{ik} y_i$$

这些方程称为**最小二乘正规方程**。在 $p = k + 1$ 个正规方程中，每个未知回归系数对应一个正规方程。正规方程的解即为回归系数的最小二乘估计 $\hat{\beta}_0$，$\hat{\beta}_1$，$\cdots$，$\hat{\beta}_k$。

为求解方便，考虑用矩阵表示，回归模型可表示为

$$\boldsymbol{y} = \boldsymbol{X}\boldsymbol{\beta} + \boldsymbol{\varepsilon} \qquad (4-88)$$

其中，

$$\boldsymbol{y} = \begin{bmatrix} y_1 \\ y_2 \\ \vdots \\ y_n \end{bmatrix}, \ \boldsymbol{X} = \begin{bmatrix} 1 & x_{11} & x_{12} & \cdots & x_{1k} \\ 1 & x_{21} & x_{22} & \cdots & x_{2k} \\ \vdots & \vdots & \vdots & & \vdots \\ 1 & x_{n1} & x_{n2} & \cdots & x_{nk} \end{bmatrix}, \ \boldsymbol{\beta} = \begin{bmatrix} \beta_0 \\ \beta_1 \\ \vdots \\ \beta_k \end{bmatrix}, \ \boldsymbol{\varepsilon} = \begin{bmatrix} \varepsilon_1 \\ \varepsilon_2 \\ \vdots \\ \varepsilon_n \end{bmatrix} \qquad (4-89)$$

最小二乘方程矩阵形式为

$$\boldsymbol{L} = \sum_{i=1}^{n} \varepsilon_i^2 = \boldsymbol{\varepsilon}^{\mathrm{T}} \boldsymbol{\varepsilon} = (\boldsymbol{y} - \boldsymbol{X}\boldsymbol{\beta})^{\mathrm{T}} (\boldsymbol{y} - \boldsymbol{X}\boldsymbol{\beta}) \qquad (4-90)$$

注意到该式可写为

$$\begin{aligned} \boldsymbol{L} &= \boldsymbol{y}^{\mathrm{T}} \boldsymbol{y} - \boldsymbol{\beta}^{\mathrm{T}} \boldsymbol{X}^{\mathrm{T}} \boldsymbol{y} - \boldsymbol{y}^{\mathrm{T}} \boldsymbol{X}\boldsymbol{\beta} + \boldsymbol{\beta}^{\mathrm{T}} \boldsymbol{X}^{\mathrm{T}} \boldsymbol{X}\boldsymbol{\beta} \\ &= \boldsymbol{y}^{\mathrm{T}} \boldsymbol{y} - 2\boldsymbol{\beta}^{\mathrm{T}} \boldsymbol{X}^{\mathrm{T}} \boldsymbol{y} + \boldsymbol{\beta}^{\mathrm{T}} \boldsymbol{X}^{\mathrm{T}} \boldsymbol{X}\boldsymbol{\beta} \end{aligned} \qquad (4-91)$$

由于 $\boldsymbol{\beta}^{\mathrm{T}} \boldsymbol{X}^{\mathrm{T}} \boldsymbol{y}$ 为 1×1 矩阵，其转置 $(\boldsymbol{\beta}^{\mathrm{T}} \boldsymbol{X}^{\mathrm{T}} \boldsymbol{y})^{\mathrm{T}} = \boldsymbol{y}^{\mathrm{T}} \boldsymbol{\beta}^{\mathrm{T}} \boldsymbol{X}$ 亦为 1×1 矩阵，则最小二乘估计应满足：

$$\left. \frac{\partial \boldsymbol{L}}{\partial \boldsymbol{\beta}} \right|_{\hat{\boldsymbol{\beta}}} = -2\boldsymbol{X}^{\mathrm{T}} \boldsymbol{y} + 2\boldsymbol{X}^{\mathrm{T}} \boldsymbol{X}\hat{\boldsymbol{\beta}} = \boldsymbol{0} \qquad (4-92)$$

可简写为

$$\boldsymbol{X}^{\mathrm{T}}\boldsymbol{X}\hat{\boldsymbol{\beta}} = \boldsymbol{X}^{\mathrm{T}}\boldsymbol{y} \tag{4-93}$$

是最小二乘正规方程的矩阵形式。它与式 (4-87) 相同。为求解正规方程,在式 (4-93) 两边同时乘以 $\boldsymbol{X}^{\mathrm{T}}\boldsymbol{X}$ 的逆,最小二乘估计量 $\hat{\boldsymbol{\beta}}$ 为

$$\hat{\boldsymbol{\beta}} = (\boldsymbol{X}^{\mathrm{T}}\boldsymbol{X})^{-1}\boldsymbol{X}^{\mathrm{T}}\boldsymbol{y} \tag{4-94}$$

注意到正规方程的矩阵形式与标量形式是相同的,式 (4-93) 的展开形式如下:

$$
\begin{bmatrix}
n & \sum_{i=1}^{n} x_{i1} & \sum_{i=1}^{n} x_{i2} & \cdots & \sum_{i=1}^{n} x_{ik} \\
\sum_{i=1}^{n} x_{i1} & \sum_{i=1}^{n} x_{i1}^{2} & \sum_{i=1}^{n} x_{i1} x_{i2} & \cdots & \sum_{i=1}^{n} x_{i1} x_{ik} \\
\vdots & \vdots & \vdots & & \vdots \\
\sum_{i=1}^{n} x_{ik} & \sum_{i=1}^{n} x_{ik} x_{i1} & \sum_{i=1}^{n} x_{ik} x_{i2} & \cdots & \sum_{i=1}^{n} x_{ik}^{2}
\end{bmatrix}
\begin{bmatrix}
\hat{\beta}_0 \\ \hat{\beta}_1 \\ \vdots \\ \hat{\beta}_k
\end{bmatrix}
=
\begin{bmatrix}
\sum_{i=1}^{n} y_i \\ \sum_{i=1}^{n} x_{i1} y_i \\ \vdots \\ \sum_{i=1}^{n} x_{ik} y_i
\end{bmatrix}
\tag{4-95}
$$

在该形式下,很容易看出 $\boldsymbol{X}^{\mathrm{T}}\boldsymbol{X}$ 为 $p \times p$ 的对称矩阵且 $\boldsymbol{X}^{\mathrm{T}}\boldsymbol{y}$ 为 $p \times 1$ 的列向量,其中,$\boldsymbol{X}^{\mathrm{T}}\boldsymbol{X}$ 的对角线元素是 $\boldsymbol{X}$ 列中元素的平方和,非对角线元素是 $\boldsymbol{X}$ 列中元素的交叉乘积和。此外,$\boldsymbol{X}^{\mathrm{T}}\boldsymbol{y}$ 的元素是 $\boldsymbol{X}$ 列与观测值 $\{y_i\}$ 的交叉乘积和。

因此可得拟合方程为

$$
\begin{aligned}
\hat{\boldsymbol{y}} &= \boldsymbol{X}\hat{\boldsymbol{\beta}} \\
&= \boldsymbol{X}(\boldsymbol{X}^{\mathrm{T}}\boldsymbol{X})^{-1}\boldsymbol{X}^{\mathrm{T}}\boldsymbol{y} \\
&= \boldsymbol{H}\boldsymbol{y}
\end{aligned}
\tag{4-96}
$$

其中,$\boldsymbol{X}(\boldsymbol{X}^{\mathrm{T}}\boldsymbol{X})^{-1}\boldsymbol{X}^{\mathrm{T}}$ 为 $n \times n$ 矩阵,它把观测值的向量映射成拟合值的向量,因此称为**帽子矩阵**。帽子矩阵及其性质在回归分析中起着核心作用。

实际观测值 y_i 与相应的拟合值 $\hat{y}_i$ 的差为**残差**,记为 $e_i = y_i - \hat{y}_i$,残差向量表示为

$$\boldsymbol{e} = \boldsymbol{y} - \hat{\boldsymbol{y}} \tag{4-97}$$

2. σ^2 的估计

为了得到 σ^2 的估计量,考虑残差的平方和,记为

$$SS_E = \sum_{i=1}^{n}(y_i - \hat{y}_i)^2 = \sum_{i=1}^{n} e_i^2 = \boldsymbol{e}^{\mathrm{T}}\boldsymbol{e} \tag{4-98}$$

将 $\boldsymbol{e} = \boldsymbol{y} - \hat{\boldsymbol{y}} = \boldsymbol{y} - \boldsymbol{X}\hat{\boldsymbol{\beta}}$ 代入可得

$$
\begin{aligned}
SS_E &= (\boldsymbol{y} - \boldsymbol{X}\hat{\boldsymbol{\beta}})^{\mathrm{T}}(\boldsymbol{y} - \boldsymbol{X}\hat{\boldsymbol{\beta}}) \\
&= \boldsymbol{y}^{\mathrm{T}}\boldsymbol{y} - \hat{\boldsymbol{\beta}}^{\mathrm{T}}\boldsymbol{X}^{\mathrm{T}}\boldsymbol{y} - \boldsymbol{y}^{\mathrm{T}}\boldsymbol{X}\hat{\boldsymbol{\beta}} + \hat{\boldsymbol{\beta}}^{\mathrm{T}}\boldsymbol{X}^{\mathrm{T}}\boldsymbol{X}\hat{\boldsymbol{\beta}} \\
&= \boldsymbol{y}^{\mathrm{T}}\boldsymbol{y} - 2\hat{\boldsymbol{\beta}}^{\mathrm{T}}\boldsymbol{X}^{\mathrm{T}}\boldsymbol{y} + \hat{\boldsymbol{\beta}}^{\mathrm{T}}\boldsymbol{X}^{\mathrm{T}}\boldsymbol{X}\hat{\boldsymbol{\beta}}
\end{aligned}
\tag{4-99}
$$

由 $\boldsymbol{X}^{\mathrm{T}}\boldsymbol{X}\hat{\boldsymbol{\beta}} = \boldsymbol{X}^{\mathrm{T}}\boldsymbol{y}$ 可得

$$SS_E = \boldsymbol{y}^{\mathrm{T}}\boldsymbol{y} - \hat{\boldsymbol{\beta}}^{\mathrm{T}}\boldsymbol{X}^{\mathrm{T}}\boldsymbol{y} \tag{4-100}$$

称为**误差**或**残差平方和**。残差平方和与 σ^2 有 $(n-p)$ 个相关自由度,即

$$E(\mathrm{SS_E}) = \sigma^2(n-p) \tag{4-101}$$

因此,σ^2 的无偏估计可写为

$$\sigma^2 = \frac{\mathrm{SS_E}}{n-p} \tag{4-102}$$

3. 最小二乘估计量的性质

用最小二乘法能够为线性回归模型的参数 $\boldsymbol{\beta}$ 提供无偏估计,易证:

$$\begin{aligned} E(\hat{\boldsymbol{\beta}}) &= E[(\boldsymbol{X}^{\mathrm{T}}\boldsymbol{X})^{-1}\boldsymbol{X}^{\mathrm{T}}\boldsymbol{y}] = E[(\boldsymbol{X}^{\mathrm{T}}\boldsymbol{X})^{-1}\boldsymbol{X}^{\mathrm{T}}(\boldsymbol{X}\boldsymbol{\beta}+\boldsymbol{\varepsilon})] \\ &= E[(\boldsymbol{X}^{\mathrm{T}}\boldsymbol{X})^{-1}\boldsymbol{X}^{\mathrm{T}}\boldsymbol{X}\boldsymbol{\beta} + (\boldsymbol{X}^{\mathrm{T}}\boldsymbol{X})^{-1}\boldsymbol{X}^{\mathrm{T}}\boldsymbol{\varepsilon}] = \boldsymbol{\beta} \end{aligned} \tag{4-103}$$

其中 $E(\boldsymbol{\varepsilon}) = 0$ 且 $(\boldsymbol{X}^{\mathrm{T}}\boldsymbol{X})^{-1}\boldsymbol{X}^{\mathrm{T}}\boldsymbol{X} = \boldsymbol{I}$。 因此,$\hat{\boldsymbol{\beta}}$ 是 $\boldsymbol{\beta}$ 的无偏估计。

$\hat{\boldsymbol{\beta}}$ 的方差性质用**协方差矩阵**表示为

$$\mathrm{Cov}(\hat{\boldsymbol{\beta}}) \equiv E\{[\hat{\boldsymbol{\beta}} - E(\hat{\boldsymbol{\beta}})][\hat{\boldsymbol{\beta}} - E(\hat{\boldsymbol{\beta}})]^{\mathrm{T}}\} \tag{4-104}$$

作为一个对称矩阵,其第 i 个主对角元素是单个回归系数 $\hat{\beta}_i$ 的方差,且第 (i,j) 个元素是 $\hat{\beta}_i$ 和 $\hat{\beta}_j$ 的协方差,易得:$\mathrm{Cov}(\hat{\boldsymbol{\beta}}) = \sigma^2(\boldsymbol{X}^{\mathrm{T}}\boldsymbol{X})^{-1}$。

4.7.2 多元回归的假设检验

在多元线性回归中,对模型参数的假设检验有助于评估模型的有效性。本节将介绍几种重要的假设检验程序,假设误差 ε_i 是正态和独立分布,均值为零且方差为 σ^2。 在此假设下,观测值 $\{y_i\}$ 相互独立且服从均值为 $\beta_0 + \sum\limits_{j=1}^{k} \beta_j x_{ij}$,方差为 σ^2 的正态分布。

1. 回归显著性检验

回归显著性检验是为确定响应变量 y 与回归变量子集 $x_1, x_2, \cdots, x_k$ 之间是否存在线性关系的检验。所提假设为

$$\begin{aligned} &H_0: \beta_1 = \beta_2 = \cdots = \beta_k = 0 \\ &H_1: \beta_1, \beta_2, \cdots, \beta_k \text{ 至少有一个不等于 0} \end{aligned} \tag{4-105}$$

拒绝式(4-105)意味着至少有一个回归变量 $x_1, x_2, \cdots, x_k$ 对模型有显著贡献。测试过程涉及对方差的分析,将总平方和划分为由模型(或回归)产生的平方和与由残差(或误差)产生的平方和,记为

$$\mathrm{SS_T} = \mathrm{SS_R} + \mathrm{SS_E} \tag{4-106}$$

如果零假设 $H_0: \beta_1 = \beta_2 = \cdots = \beta_k = 0$ 成立,那么 $\mathrm{SS_R}/\sigma^2$ 服从卡方分布 χ_k^2,其自由度等于模型中回归变量的个数。同样,易证 $\mathrm{SS_E}/\sigma^2$ 服从卡方分布 χ_{n-k-1}^2,且 $\mathrm{SS_E}$ 和 $\mathrm{SS_R}$ 相互独立。因此,对于 $H_0: \beta_1 = \beta_2 = \cdots = \beta_k = 0$ 的检验为

$$F_0 = \frac{\dfrac{\mathrm{SS_R}}{k}}{\dfrac{\mathrm{SS_E}}{n-k-1}} = \frac{\mathrm{MS_R}}{\mathrm{MS_E}} \tag{4-107}$$

若 $F_0 > F_{a,k,n-k-1}$，则拒绝 H_0。或者可以使用 p 值方法进行假设检验，即若统计量 F_0 的 p 值小于 α，则拒绝 H_0。

由于 $\mathrm{SS_T} = \sum_{i=1}^{n} y_i^2 - \dfrac{\left(\sum_{i=1}^{n} y_i\right)^2}{n} = \boldsymbol{y}^{\mathrm{T}} \boldsymbol{y} - \dfrac{\left(\sum_{i=1}^{n} y_i\right)^2}{n}$，$\mathrm{SS_E}$ 的计算公式可重写为

$$\mathrm{SS_E} = \boldsymbol{y}^{\mathrm{T}} \boldsymbol{y} - \frac{\left(\sum_{i=1}^{n} y_i\right)^2}{n} - \left[\hat{\boldsymbol{\beta}}^{\mathrm{T}} \boldsymbol{X}^{\mathrm{T}} \boldsymbol{y} - \frac{\left(\sum_{i=1}^{n} y_i\right)^2}{n}\right] \tag{4-108}$$

因此，回归平方和为

$$\mathrm{SS_R} = \hat{\boldsymbol{\beta}}^{\mathrm{T}} \boldsymbol{X}^{\mathrm{T}} \boldsymbol{y} - \frac{\left(\sum_{i=1}^{n} y_i\right)^2}{n} \tag{4-109}$$

误差平方和为

$$\mathrm{SS_E} = \boldsymbol{y}^{\mathrm{T}} \boldsymbol{y} - \hat{\boldsymbol{\beta}}^{\mathrm{T}} \boldsymbol{X}^{\mathrm{T}} \boldsymbol{y} \tag{4-110}$$

总平方和为

$$\mathrm{SS_T} = \boldsymbol{y}^{\mathrm{T}} \boldsymbol{y} - \frac{\left(\sum_{i=1}^{n} y_i\right)^2}{n} \tag{4-111}$$

另一种衡量回归模型对观测数据的拟合程度的指标为**多重判定系数统计量** R^2，它表示自变量对因变量总变异的解释比例，取值范围在 $0 \sim 1$ 之间，值越大表示模型对数据的解释能力越强，定义为

$$R^2 = \frac{\mathrm{SS_R}}{\mathrm{SS_T}} = 1 - \frac{\mathrm{SS_E}}{\mathrm{SS_T}} \tag{4-112}$$

但较大的 R^2 值并不一定意味着回归模型好。添加变量时，R^2 总是增加的，无论变量是否显著。因此，R^2 较大的模型可能对新观测或平均响应的预测较差。由于 R^2 总是随着变量增加而提高，调整 R^2 更适合于实际应用，其定义为

$$R_a^2 = 1 - \frac{\dfrac{\mathrm{SS_E}}{n-p}}{\dfrac{\mathrm{SS_T}}{n-1}} = 1 - \left(\frac{n-1}{n-p}\right)(1 - R^2) \tag{4-113}$$

一般来说，调整后的 R_a^2 统计量并不总是随着向模型中添加变量而增加。事实上，如果增加不必要的变量，其值往往会降低。

2. 单回归系数和系数组的检验

由于添加或删除变量可能改善模型效果，因此单回归系数的假设检验有助于评估每个变量的影响。引入新变量会增加回归平方和、减少误差平方和。需权衡增加的回归平方和是否足以显著提升模型贡献。此外，添加不重要的变量可能增加误差平方和，降低模型有效性。检验任意单回归系数 β_j 的显著性假设为

$$H_0: \beta_j = 0$$
$$H_1: \beta_j \neq 0 \tag{4-114}$$

若零假设 $H_0: \beta_j = 0$ 没有被拒绝,则表示 x_j 可以从模型中删除,检验统计量为

$$t_0 = \frac{\hat{\beta}_j}{\sqrt{\hat{\sigma}^2 C_{jj}}} \tag{4-115}$$

式中,C_{jj} 为 $(\boldsymbol{X}^\mathrm{T}\boldsymbol{X})^{-1}$ 对应 $\hat{\beta}_j$ 的对角线元素,当 $|t_0| > t_{\alpha/2, n-k-1}$ 时,零假设被拒绝。

实际上,这是局部检验,因为回归系数 $\hat{\beta}_j$ 取决于模型中所有其他回归变量 $x_i (i \neq j)$。式(4-115)的分母 $\sqrt{\hat{\sigma}^2 C_{jj}}$ 称为回归系数 $\hat{\beta}_j$ 的**标准误差**(standard error),即

$$\mathrm{SE}(\hat{\beta}_j) = \sqrt{\hat{\sigma}^2 C_{jj}} \tag{4-116}$$

另一方面,假设其他变量 $x_i (i \neq j)$ 包含在模型中,直接检查特定变量 x_j 对回归平方和的贡献。该过程是一般回归显著性检验,或者通常称为**额外平方和方法**,可以用来研究回归变量子集对模型的贡献。考虑有 k 个回归变量的回归模型:

$$\boldsymbol{y} = \boldsymbol{X}\boldsymbol{\beta} + \boldsymbol{\varepsilon} \tag{4-117}$$

式中,$\boldsymbol{y}$ 为 $n \times 1$ 向量;$\boldsymbol{X}$ 为 $n \times p$ 矩阵;$\boldsymbol{\beta}$ 为 $p \times 1$ 向量;$\boldsymbol{\varepsilon}$ 为 $n \times 1$ 向量;$P = k+1$。为确定回归变量的子集 $x_1, x_2, \cdots, x_r (r < k)$ 是否对回归模型有显著贡献,将回归系数向量划分为

$$\boldsymbol{\beta} = \begin{bmatrix} \boldsymbol{\beta}_1 \\ \boldsymbol{\beta}_2 \end{bmatrix} \tag{4-118}$$

式中,$\boldsymbol{\beta}_1$ 为 $r \times 1$ 向量;$\boldsymbol{\beta}_2$ 为 $(p-r) \times 1$ 向量。提出如下假设:

$$H_0: \boldsymbol{\beta}_1 = 0$$
$$H_1: \boldsymbol{\beta}_1 \neq 0 \tag{4-119}$$

回归模型可写为

$$\boldsymbol{y} = \boldsymbol{X}\boldsymbol{\beta} + \boldsymbol{\varepsilon} = \boldsymbol{X}_1\boldsymbol{\beta}_1 + \boldsymbol{X}_2\boldsymbol{\beta}_2 + \boldsymbol{\varepsilon} \tag{4-120}$$

式中,$\boldsymbol{X}_1$ 为与 $\boldsymbol{\beta}_1$ 相关的 $\boldsymbol{X}$ 的列向量;$\boldsymbol{X}_2$ 为与 $\boldsymbol{\beta}_2$ 相关的 $\boldsymbol{X}$ 的列向量。

对于完整模型(包括 $\boldsymbol{\beta}_1$ 和 $\boldsymbol{\beta}_2$),已知 $\hat{\boldsymbol{\beta}} = (\boldsymbol{X}^\mathrm{T}\boldsymbol{X})^{-1}\boldsymbol{X}^\mathrm{T}\boldsymbol{y}$,此外,包括截距在内的所有变量的平方回归误差和均方误差为

$$\mathrm{SS}_\mathrm{R}(\boldsymbol{\beta}) = \hat{\boldsymbol{\beta}}^\mathrm{T}\boldsymbol{X}^\mathrm{T}\boldsymbol{y} \tag{4-121}$$

$$\mathrm{MS}_\mathrm{E} = \frac{\boldsymbol{y}^\mathrm{T}\boldsymbol{y} - \hat{\boldsymbol{\beta}}\boldsymbol{X}^\mathrm{T}\boldsymbol{y}}{n-p} \tag{4-122}$$

则 $\mathrm{SS}_\mathrm{R}(\boldsymbol{\beta})$ 称为 $\boldsymbol{\beta}$ 的回归平方和。为量化对回归的贡献,假设零假设 $H_0: \boldsymbol{\beta}_1 = 0$ 为真,则简化模型为

$$\boldsymbol{y} = \boldsymbol{X}_2\boldsymbol{\beta}_2 + \boldsymbol{\varepsilon} \tag{4-123}$$

$\boldsymbol{\beta}_2$ 的最小二乘估计为 $\hat{\boldsymbol{\beta}}_2 = (\boldsymbol{X}_2^\mathrm{T}\boldsymbol{X}_2)^{-1}\boldsymbol{X}_2^\mathrm{T}\boldsymbol{y}$,且 $\mathrm{SS}_\mathrm{R}(\boldsymbol{\beta}_2) = \hat{\boldsymbol{\beta}}_2^\mathrm{T}\boldsymbol{X}_2^\mathrm{T}\boldsymbol{y}$,因此在给定 $\boldsymbol{\beta}_2$ 情况下,$\boldsymbol{\beta}_1$ 的回归平方和为 $\mathrm{SS}_\mathrm{R}(\boldsymbol{\beta}_1 | \boldsymbol{\beta}_2) = \mathrm{SS}_\mathrm{R}(\boldsymbol{\beta}) - \mathrm{SS}_\mathrm{R}(\boldsymbol{\beta}_2)$。 该平方和有 r 个自由度。它是 $\boldsymbol{\beta}_1$ 的额

外平方和。$SS_R(\boldsymbol{\beta}_1 \mid \boldsymbol{\beta}_2)$ 表示由于模型包含变量 x_1，x_2，$\cdots$，x_r 而增加的回归平方和。

由于 $SS_R(\boldsymbol{\beta}_1 \mid \boldsymbol{\beta}_2)$ 独立于 MS_E，以下统计量可用于零假设 $H_0: \boldsymbol{\beta}_1 = 0$ 的检验：

$$F_0 = \frac{SS_R(\boldsymbol{\beta}_1 \mid \boldsymbol{\beta}_2)/r}{MS_E} \tag{4-124}$$

若 $F_0 > F_{\alpha, r, n-p}$，则拒绝 H_0，即 $\boldsymbol{\beta}_1$ 中至少有一个参数不为零，因此，$\boldsymbol{X}_1$ 中的 x_1，x_2，$\cdots$，x_r 至少有一个对回归模型有显著贡献。该过程称为**部分 F 检验**，$SS_R(\beta_j \mid \beta_0, \beta_1, \cdots, \beta_{j-1}, \beta_{j+1}, \cdots, \beta_k)$ 表示在已包含变量 x_1，$\cdots$，x_{j-1}，x_{j+1}，$\cdots$，x_k 的模型中，因加入了 x_j 而增加的回归平方和。

4.7.3　多元回归的置信区间

通常有必要为回归系数和回归模型中其他感兴趣的量构造置信区间估计。获得这些置信区间的前提要求是假设误差为正态和独立分布，平均值为零，方差为 σ^2，与 4.7.2 节中假设一致。

1. 单回归系数的置信区间

由于最小二乘估计量 $\hat{\boldsymbol{\beta}}$ 是观测值的线性组合，因此它服从均值为 $\boldsymbol{\beta}$、协方差矩阵为 $\sigma^2(\boldsymbol{X}^T\boldsymbol{X})^{-1}$ 的正态分布，统计量为

$$\frac{\hat{\beta}_j - \beta_j}{\sqrt{\hat{\sigma}^2 C_{jj}}}, \ j = 0, 1, \cdots, k \tag{4-125}$$

服从自由度为 $(n-p)$ 的 t 分布，其中 C_{jj} 为矩阵 $(\boldsymbol{X}^T\boldsymbol{X})^{-1}$ 的第 (j, j) 个元素，$\hat{\sigma}^2$ 为由式（4-102）得到的误差方差的估计。因此，回归系数 β_j 的置信度为 α 的置信区间为

$$\hat{\beta}_j - t_{\frac{\alpha}{2}, n-p}\sqrt{\hat{\sigma}^2 C_{ij}} \leqslant \beta_j \leqslant \hat{\beta}_j + t_{\frac{\alpha}{2}, n-p}\sqrt{\hat{\sigma}^2 C_{jj}}, \ j = 0, 1, \cdots, k \tag{4-126}$$

由于 $SE(\beta_j) = \sqrt{\hat{\sigma}^2 C_{ij}}$，式（4-126）也可写为

$$\hat{\beta}_j - t_{\frac{\alpha}{2}, n-p} SE(\hat{\beta}_j) \leqslant \beta_j \leqslant \hat{\beta}_j + t_{\frac{\alpha}{2}, n-p} SE(\hat{\beta}_j) \tag{4-127}$$

2. 平均响应的置信区间

同样在特定点上可以得到平均响应的置信区间，首先定义向量：

$$x_0 = \begin{bmatrix} 1 \\ x_{01} \\ x_{02} \\ \vdots \\ x_{0k} \end{bmatrix} \tag{4-128}$$

该点的平均响应为

$$\mu_{y|\boldsymbol{x}_0} = \beta_0 + \beta_1 x_{01} + \beta_2 x_{02} + \cdots + \beta_k x_{0k} = \boldsymbol{x}_0^T \boldsymbol{\beta} \tag{4-129}$$

则该点的平均响应的估计量为 $\hat{y}(\boldsymbol{x}_0) = \boldsymbol{x}_0^T \hat{\boldsymbol{\beta}}$。由于 $E[\hat{y}(\boldsymbol{x}_0)] = E(\boldsymbol{x}_0^T \boldsymbol{\beta}) = \boldsymbol{x}_0^T \boldsymbol{\beta} = \mu_{y|\boldsymbol{x}_0}$，故该估计为无偏估计，且其方差 $V[\hat{y}(x_0)] = \sigma^2 \boldsymbol{x}_0^T (\boldsymbol{X}^T\boldsymbol{X})^{-1} \boldsymbol{x}_0$。

因此,在点 x_{01}, x_{02}, $\cdots$, x_{0k} 处,置信度为 α 的置信区间为

$$\hat{y}(\boldsymbol{x}_0) - t_{\frac{\alpha}{2}, n-p} \sqrt{\hat{\sigma}^2 \boldsymbol{x}_0^{\mathrm{T}} (\boldsymbol{X}^{\mathrm{T}} \boldsymbol{X})^{-1} \boldsymbol{x}_0} \leqslant \mu_{y|x_0} \leqslant \hat{y}(\boldsymbol{x}_0) + t_{\frac{\alpha}{2}, n-p} \sqrt{\hat{\sigma}^2 \boldsymbol{x}_0^{\mathrm{T}} (\boldsymbol{X}^{\mathrm{T}} \boldsymbol{X})^{-1} \boldsymbol{x}_0}$$

$$(4-130)$$

平均响应置信区间的长度不仅取决于指定的置信水平和 $\hat{\sigma}^2$,还取决于兴趣点的位置。随着点离预测变量区域中心距离的增加,置信区间的长度也随之增加。

4.7.4 新观测值的预测

回归模型可以用来预测与回归变量特定值 x_{01}, x_{02}, $\cdots$, x_{0k} 有关的未来观测值。若 $\boldsymbol{x}_0^{\mathrm{T}} = [1, x_{01}, x_{02}, \cdots, x_{0k}]$,已知该点处的未来观测值 y_0 的点估计为 $\hat{y}(\boldsymbol{x}_0) = \boldsymbol{x}_0^{\mathrm{T}} \hat{\boldsymbol{\beta}}$,则该未来观测值的置信度为 α 的预测区间为

$$\hat{y}(\boldsymbol{x}_0) - t_{\frac{\alpha}{2}, n-p} \sqrt{\hat{\sigma}^2 [1 + \boldsymbol{x}_0^{\mathrm{T}} (\boldsymbol{X}^{\mathrm{T}} \boldsymbol{X})^{-1} \boldsymbol{x}_0]} \leqslant y_0 \leqslant \hat{y}(\boldsymbol{x}_0) + t_{\frac{\alpha}{2}, n-p} \sqrt{\hat{\sigma}^2 [1 + \boldsymbol{x}_0^{\mathrm{T}} (\boldsymbol{X}^{\mathrm{T}} \boldsymbol{X})^{-1} \boldsymbol{x}_0]}$$

$$(4-131)$$

在预测新给定点 1, x_{01}, x_{02}, $\cdots$, x_{0k} 的平均响应时,必须小心不要超出原始观测值的区域,因为在原始数据区域内适合的模型很可能在该区域外不再适合。

4.7.5 回归模型诊断

实际应用中,回归模型的拟合质量和有效性需通过多种方法检验。残差图是验证模型适用性的重要工具,它确保模型真实反映数据关系并符合回归假设。不合适的模型可能产生误导性结果,因此进行充分的模型检验至关重要。

1. 预测残差平方和

预测残差平方和是常用的残差度量标准。首先,选择一个观测值 i,利用剩余的 $(n-1)$ 个观测值拟合回归模型,并使用这个方程来预测保留的该观测值 y_i,预测值记为 $\hat{y}_{(i)}$,则点 i 的预测误差为 $e_{(i)} = y_i - \hat{y}_{(i)}$,称为第 i 个预测残差。对每个观测值重复此过程,产生一组 n 个预测残差 $e_{(1)}$, $e_{(2)}$, $\cdots$, $e_{(n)}$。**预测残差平方和统计量**(predicted residual error sum of square,PRESS)可定义为 n 个预测残差的平方和:

$$\mathrm{PRESS} = \sum_{i=1}^{n} e_{(i)}^2 = \sum_{i=1}^{n} [y_i - \hat{y}_{(i)}]^2$$

$$(4-132)$$

因此,PRESS 使用每个包含 $(n-1)$ 个观测值的子集作为估计数据集,而每个观测值又被用来形成预测数据集。

计算 PRESS 需要拟合 n 个不同的回归模型。实际上,也可以通过对所有 n 个观测值进行单个最小二乘拟合的结果来计算 PRESS,则第 i 个预测残差是

$$e_{(i)} = \frac{e_i}{1 - h_{ii}}$$

$$(4-133)$$

又由于 PRESS 只是所有预测残差的平方和,则

$$\mathrm{PRESS} = \sum_{i=1}^{n} \left(\frac{e_i}{1 - h_{ii}} \right)^2$$

$$(4-134)$$

式中，h_{ii} 为 $\boldsymbol{H}$ 的第 i 个对角线元素。从式(4-134)中很容易看出，PRESS 残差就是根据帽子矩阵对角元素 h_{ii} 加权的普通残差，即 h_{ii} 越大，PRESS 就越大，该观测值通常会对拟合结果产生显著影响。此外，PRESS 还可以用来计算预测的 R^2 近似值，反映回归模型的预测能力：

$$R_{\text{Pre}}^2 = 1 - \frac{\text{PRESS}}{\text{SS}_{\text{T}}} \tag{4-135}$$

2. 缩放残差

缩放残差是指对普通最小二乘残差进行调整或标准化，以便使其具有更好的解释性和可比性。这种调整通常涉及将残差除以某种估计的标准误差，从而消除其与预测变量的单位和尺度的依赖关系，它通常比普通残差传达更多的信息。

1) 标准化残差

标准化残差是缩放残差中的一种，它将每个残差除以其估计的标准误差。这使得残差具有相同的方差，从而更易识别异常值或评估模型的拟合程度，定义为

$$d_i = \frac{e_i}{\hat{\sigma}}, \; i = 1, 2, \cdots, n \tag{4-136}$$

在计算中通常使用 $\hat{\sigma} = \sqrt{\text{MS}_{\text{E}}}$。这些标准化残差的均值为零，近似为单位方差，因此，它们在寻找异常值时很有用。大多数标准化残差满足 $-3 \leqslant d_i \leqslant 3$，任何标准化残差在此区间外的观测值都是异常值，需要仔细检查。这些异常值可能是数据记录错误，也可能指示回归模型在某些区域拟合不佳。

2) 学生化残差

由于在一些数据集中，标准化残差可能相差很大，因此提出对其进行缩放。已知拟合模型的残差可用矩阵表示为 $\boldsymbol{e} = \boldsymbol{y} - \hat{\boldsymbol{y}}$，则残差的协方差矩阵为

$$\text{Cov}(\boldsymbol{e}) = \sigma^2 (\boldsymbol{I} - \boldsymbol{H}) \tag{4-137}$$

式中，$\boldsymbol{H}$ 为帽子矩阵；$(\boldsymbol{I} - \boldsymbol{H})$ 通常不是对角矩阵。因此残差具有不同的方差，且它们是相关的。第 i 个残差的方差为

$$V(e_i) = \sigma^2 (1 - h_{ii}) \tag{4-138}$$

式中，h_{ii} 为 $\boldsymbol{H}$ 的第 i 个对角线元素。由于 $0 \leqslant h_{ii} \leqslant 1$，残差均方 MS_{E} 实际上大于残差真实的方差 $V(e_i)$，而且由于 h_{ii} 是对 x 空间中第 i 个点的位置的度量，故 e_i 的方差取决于点 $\boldsymbol{x}_i$ 所在的位置。

一般来说，x 空间中心附近的残差比其他位置的残差方差更大。因此，建议在对残差进行缩放时考虑这种方差不平等，定义以下**学生化残差**：

$$r_i = \frac{e_i}{\sqrt{\hat{\sigma}^2 (1 - h_{ii})}}, \; i = 1, 2, \cdots, n \tag{4-139}$$

其中，采用 $\hat{\sigma}^2 = \text{MS}_{\text{E}}$ 代替 e_i 或 d_i。当模型形式正确时，无论 $\boldsymbol{x}_i$ 点在何处，学生化残差都具有恒定的方差 $V(r_i) = 1$。在许多情况下，特别是对于大数据集，残差的方差趋于稳定。这时标准化残差和学生化残差可能传达等效的信息。然而，由于任何具有较大残差和较大 h_{ii} 的

点都可能对最小二乘拟合产生显著影响,因此通常建议检查学生化残差,以便更准确地识别这些关键点。

3) 外部学生化残差

之前讨论的学生化残差 r_i 通常用于异常值诊断。在计算 r_i 的过程中采用 MS_E 作为 σ^2 的估计,由于 MS_E 是将模型拟合到所有 n 个观测值过程中内部生成的 σ^2 估计,故该过程称为残差的内部缩放。另一种方法是基于除去第 i 个观测值的数据集的 σ^2 估计,记为 $S_{(i)}^2$,可以证明:

$$S_{(i)}^2 = \frac{(n-p)MS_E - \frac{e_i^2}{(1-h_{ii})}}{n-p-1} \qquad (4-140)$$

采用 $S_{(i)}^2$ 作为 σ^2 的估计,得到**外部学生化残差**:

$$t_i = \frac{e_i}{\sqrt{S_{(i)}^2(1-h_{ii})}}, \ i=1,2,\cdots,n \qquad (4-141)$$

在许多情况下,t_i 与学生化残差 r_i 相差不大。然而,如果第 i 次观测值有显著影响,则 $S_{(i)}^2$ 可能与 MS_E 相差很大,因此外部学生化残差会对这一点更敏感。

习题

1. 长期以来某线材厂的一批金属丝的抗断强度 X 服从 $N(30,1.2)$(单位:N/cm^2),今从该厂生产的一批金属丝中随机抽取 6 根,测得抗断强度分别如下:

$$32.56,29.66,31.64,30.00,31.87,31.03$$

如果总体方差不变,这批金属丝的抗断强度是否同以往生产的金属丝的抗断强度有差异?($\alpha=0.05$)

2. 要求一种元件平均使用寿命不得低于 1 000 h。生产者从一批这种元件中随机抽取 25 件,测得其寿命的平均值为 950 h。已知该种元件寿命服从标准差为 $\sigma=100$ h 的正态分布,尝试在显著性水平 $\alpha=0.05$ 下判断这批元件是否合格?设总体均值为 μ,μ 未知,需检验假设 $H_0:\mu \geqslant 1\,000$,$H_1:\mu < 1\,000$。

3. 某药厂生产一种新的止痛片,厂方希望验证服用新药片后至开始起作用时的时间间隔较原有止痛片至少缩短一半,因此厂方提出需检验假设:

$$H_0:\mu_1 \leqslant 2\mu_2, \ H_1:\mu_1 > 2\mu_2$$

此处 μ_1 和 μ_2 分别为服用原有止痛片和服用新止痛片后至起作用时的时间间隔的总体均值,设两总体均为正态且方差分别为已知值 σ_1^2 和 σ_2^2。现分别在两总体中取一样本 X_1,X_2,$\cdots$,X_{n_1} 和 Y_1,Y_2,$\cdots$,Y_{n_2},设两个样本独立,试给出上述假设 H_0 的拒绝域,取显著性水平为 α。

4. 某超市进了一批货物,合同规定货物外包装的破损率不得超过 0.05%。现从中随机抽查

80 件,发现有 6 件商品的外包装破损。问:应不应该接受这批货物($\alpha = 0.05$)?

5. 有两台机器生产金属部件,在两台机器所生产的部件中各取容量为 $n_1 = 60$, $n_2 = 40$ 的样本,测得部件质量(单位: kg)的样本方差分别为 $s_1^2 = 15.46$, $s_2^2 = 9.66$。设两样本相互独立,两总体分别服从 $N(\mu_1, \sigma_1^2)$、$N(\mu_2, \sigma_2^2)$ 分布,其中 μ_i 和 $\sigma_i^2 (i = 1, 2)$ 均未知。试在显著性水平 $\alpha = 0.05$ 下检验假设:

$$H_0: \sigma_1^2 \leqslant \sigma_2^2,\ H_1: \sigma_1^2 > \sigma_2^2$$

6. 今有 3 批某种型号的电池,它们分别是 A、B、C 3 个工厂生产的。为评比其质量,各厂随机抽取 5 只电池作为样品,经实验得其寿命如下:

工　厂	寿命/h				
A	40	42	48	45	38
B	26	28	34	32	30
C	39	50	50	40	43

尝试在显著性水平 $\alpha = 0.05$ 下检验电池的平均寿命有无显著的差异。若差异是显著的,试求均值差 $\mu_A - \mu_B$、$\mu_A - \mu_C$ 和 $\mu_B - \mu_C$ 的置信水平为 95% 的置信区间。

7. 在钢线碳含量对于电阻的效应的研究中,得到以下数据:

碳含量 x/%	0.10	0.30	0.40	0.55	0.70	0.80	0.95
20℃时的电阻 y/$\mu\Omega$	15	18	19	21	22.6	23.8	26

(1) 画出散点图;
(2) 求线性回归方程 $\hat{y} = \hat{a} + \hat{b}x$;
(3) 求 ε 的方差 σ^2 的无偏估计;
(4) 检验假设 $H_0: b = 0$, $H_1: b \neq 0$;
(5) 如果回归效果显著,求 b 的置信水平为 0.95 的置信区间;
(6) 求 $x = 0.50$ 处 $\mu(x)$ 的置信水平为 0.95 的置信区间;
(7) 求 $x = 0.50$ 处观察值 Y 的置信水平为 0.95 的预测区间。

参考文献

[1] MONTGOMERY D C, PECK E A, VINING G G. Introduction to linear regression analysis [M]. 4th ed. Hoboken: John Wiley & Sons, Inc., 2006.

第 3 篇

测量阶段（M）

朝辞白帝彩云间，千里江陵一日还。

两岸猿声啼不住，轻舟已过万重山。

——李白《早发白帝城》

唐代李白在《早发白帝城》中，以豪迈的笔触，勾勒出一幅令人心旷神怡的自然画卷。这诗中不仅有对空间与时间的深刻思考，更体现了对速度与距离的生动刻画与描绘。在质量管理的领域，这种对观测的重视同样至关重要。

在定义了待解决的关键问题之后，首要任务是对现状进行深入的了解和测量，而非急于改善或控制。对现状没有量化的理解，即缺乏事实与数据的支持，就仿佛在没有指南针的情况下航行，很容易迷失方向。在不确定现状优劣时贸然改变现状，是非常危险的事。自以为是地过度调整往往会适得其反，令现状进一步恶化。因此，这一章强调在着手解决具体问题前，首先要深入探索和收集与关键问题相关的数据，这是整个问题解决过程中至关重要的步骤。

同时，本章还将深入探讨测量系统的构建与评估，以确保数据收集方式的科学性和数据质量的可靠性，明确当前质量水平的真实面貌。只有在扎实的数据支持下，后续的决策与行动才能有坚实的基础，进而推动真正有效的质量改善。

第 5 章　测量系统分析

由于质量管理中的许多工具依赖数据分析,因此数据的准确性至关重要。一个精确可靠的测量系统能够在长时间内持续提供正确且可信的数据。理想的测量系统在每次使用时,应当只产生"正确"的测量结果,即每次测量的结果都应与真实值相等。这样的测量系统应当具备零方差和零偏差的统计特性。然而,现实中不存在绝对完美的测量系统,所有的测量系统都会存在一定的偏差。

要判断一个测量系统的可靠性,就需要对其测量值的变化进行分析,以确定由测量系统导致的误差是否在可接受的范围内。如果测量误差超出可接受范围,则需采取相应的改进措施。

本章的学习目标:

(1) 测量系统的定义与分类;

(2) 测量系统中可变性的组成部分;

(3) 测量系统的无偏性分析;

(4) 测量系统的稳定性分析;

(5) 测量系统的线性分析;

(6) 测量系统的重复性和再现性分析;

(7) 测量系统的能力分析与评估。

5.1　测量系统概述

精准测量对保障产品质量与安全、优化生产效率和保障基础设施安全至关重要。精准测量是确保产品质量和安全的基础。无论是零部件的尺寸、材料的硬度,还是产品的性能参数,都需要通过精准测量来确保符合设计和规范要求。任何微小的测量误差都可能导致产品质量下降,甚至引发安全事故。例如,在化学制品的生产过程中,对反应温度的控制至关重要。如果温度测量错误导致温度过高或过低,可能会引发爆炸、火灾或化学反应失控等严重后果。同样,在建筑和制造领域,角度测量的准确性直接关系设备安装的精度和建筑结构的安全性,严重的测量错误甚至可能导致建筑坍塌事故。此外,通过对生产过程中的各个环节进行精准测量,企业可以及时发现生产中的问题和瓶颈,从而采取相应的措施加以改进。这不仅能减少生产过程中的浪费和损失,还能提高生产效率,降低生产成本。

在科学研究和技术创新领域,精准测量是获取准确数据、验证理论假设和推动技术进步的关键。无论是物理学、化学、生物学还是工程学等领域,都需要通过精准测量来获取实验数据,验证理论模型,从而推动学科发展和技术进步。在医疗健康领域,精准的医疗化验检测结果更是生命安全的重要保障。

测量系统(measurement systems)是一个综合体系,用于对被测特性进行定量测量或定性评价,它包括多个组成部分。

(1)量具:用来获得测量结果的装置,如测量尺、卡尺、千分尺、显微镜、测力计、温度计、电子秤等。

(2)样本:被测量的物质。样本的选择直接影响测量结果的代表性和准确性。

(3)测量人员:负责操作量具、读取数据及进行初步的数据处理。测量人员的技能水平、经验和工作态度对测量结果的准确性有重要影响。

(4)测量方法和程序:测量的步骤、顺序、技巧及数据处理方法等。正确的方法和程序能够确保测量结果的准确性、一致性和可重复性。

(5)环境因素:影响测量结果的外部环境条件,如温度、湿度、振动、电磁干扰等。环境因素的控制对保证测量结果的准确性至关重要。

(6)数据处理和分析软件:用于对测量数据进行处理、分析、存储和传输。高效的软件能够提高测量效率、减少人为误差并优化数据质量。

(7)校准和验证设备:用于确保量具和测量系统准确性的设备或系统。定期的校准和验证是保持测量系统准确性和可靠性的关键。

(8)记录和报告系统:记录测量数据、结果,以及相关的测量条件和环境信息,并生成报告。记录和报告系统对于确保测量结果的可追溯性和符合性至关重要。

这些组成部分共同影响了测量结果的准确性、一致性和可靠性。

从测量的定义和构成可以看出,测量过程不仅涉及具体事物,还包括量具、合格的操作者、规定操作程序,以及相关设备和软件。这些要素组合在一起完成赋值功能,获得测量数据。这样的测量过程可以视为一个数据制造过程,其输出就是测量数据。测量系统是被测特性定量测量或定性评价的仪器、量具、标准、操作、夹具、软件、人员、环境和假设的集合。

测量系统根据其测量方式和特性,可以大致分为定量型测量系统和定性型测量系统。定量型测量系统能够对被测对象的物理量或特性进行具体数值测量,提供精确、可重复的测量结果,通常以数值形式表示,便于记录、分析和处理。例如,电气测量中的电压表、电阻表、光学测量仪和各种传感器信号等。定性型测量系统则主要关注被测对象的性质、状态或类别,而不是具体的数值。这类系统通常用于对物体的性质进行分类、识别或判断。例如,判断材料的物理或化学性质是否符合特定要求或标准。定量型测量系统和定性型测量系统各有其特点和应用场景,需要根据具体的测量需求和被测对象的特性来选择合适的测量系统。

测量系统还可根据其测量过程中是否会对被测对象造成破坏,分为破坏性测量系统(destructive measurement system)和非破坏性测量系统(non-destructive measurement system)(见图 5-1)。由于破坏性测量系统在测量时会导致被测对象的物理特性或结构发生改变,使其无法保留原状,因此无法进行重复测量。例如,子弹、炸药等武器测试,煤质分析中的灰分和热量测量,某些材料测试中的拉伸试验、冲击试验等。非破坏性测量系统在测量过程中不会改变被测对象的物理特性或结构,可以进行多次重复测量。例如,用于检测材料内部缺陷和结构的超声波检测等。破坏性测量系统虽然会对被测对象造成破坏,但能够获取较为深入的物理特性或结构信息;而非破坏性测量系统则可以在不破坏被测对象的前提下进行多次重复测量。在实际应用中,需要根据具体的测量需求和被测对象的特性来选择合适的测量系统。

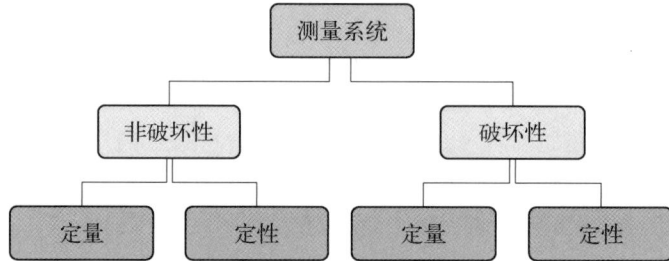

图 5-1 测量系统的分类

5.2 测量系统分析概述

测量系统分析(measurement systems analysis,MSA)通过统计分析手段,对构成测量系统的各个影响因子进行变差分析和研究,以判断测量系统是否准确可靠。在影响产品质量特征值变异的 6 个基本质量因素(人、机器、材料、操作方法、测量和环境,简称人、机、料、法、测、环)中,测量是其中之一。与其他 5 个基本质量因素不同,测量因素对工序质量特征值的影响独立于其他因素综合作用的工序加工过程,这使得单独对测量系统的研究成为可能。正确的测量是质量改进的第一步。没有科学的测量系统评价方法和对测量系统的有效控制,质量改进就失去了基本前提。因此,进行测量系统分析成了企业实现连续质量改进的必经之路。如今,测量系统分析已逐渐成为企业质量改进中的一项重要工作,得到了企业界和学术界的高度重视。测量系统分析不仅是美国三大汽车公司质量体系 QS9000 的要素之一,也是六西格玛质量改善的重要内容之一。

从统计分析的角度来看,测量系统分析本质上属于变异分析的范畴,即分析测量系统所带来的变异占工序过程总变异的比例,以确保工序过程的主要变异源自工序本身,而非测量系统,并且测量系统的能力可以满足工序的要求。测量系统分析关注的是整个测量系统的稳定性和准确性。以下是测量系统分析中术语的定义。

真值(true value):即真实值,是在一定条件下被测量客观存在的实际值。真值是指在一定的时间和空间条件下,被测量所体现的真实数值。真值是一个理想的概念,一般是无法直接获得的。在存在计算误差时,通常用约定真值或相对真值来代替。约定真值是指在实际测量中,通过足够多次重复测量所得到的平均值。该值在排除系统误差的情况下,被认为是一个接近真值的值,其与真值之间的差异可以忽略不计。相对真值则是指在测量过程中,将高一级标准器的测量值作为下一等级测量值的参考标准,用于校准或比对。

误差(error):测量值与真值之间的差异称为误差。

分辨率(resolution):测量装置能够测量到的最小可检出的单位。这种测量的能力通常是测量仪器上最小刻度的值。在选择测量仪器时,需要对比测定对象的公差与进行测定的仪器的精度。一个通用的比例规则是,测量设备的分辨率至少要等于被测量精度的 1/10。例如,为了保证加工精度为 ±0.01 mm,应使用精度为 ±0.001 mm 的测量仪器进行测量。在加工设备精度很高且尺寸稳定的情况下,可适当放宽要求,例如使用具有相当于加工公差 5 倍测量精度(5∶1)的测量仪器。

精密度(precision)和准确度(accuracy)是测量系统的重要性能指标。精密度描述了测量结果的一致性,即测量系统重复测量同一个对象时,所得结果之间的一致程度。换句话说,它衡量的是测量结果的离散程度或可重复性。准确度描述了测量值与实际值之间的接近程度,即测量结果的正确性。例如,如果用一个高精密度的测量系统多次测量同一个物体的长度,每次得到的结果应该非常接近,即测量结果具有很高的精密度。而用一个高准确度的测量系统测量一个物体的长度,得到的结果应该非常接近该物体的实际长度。在实际应用中,通常需要同时考虑精密度和准确度两个指标来评估测量系统的性能。

精密度指的是测量结果的一致程度,与真值无关。高的精密度不一定能保证高的准确度。良好的精密度是保证获得良好准确度的先决条件。一般而言,测量精密度不好,就不可能有良好的准确度。而测量精密度好,准确度也不一定好。如图 5-2 所示,靶心代表真实值的位置,×号表示测量值。可以看出,图 5-2(a)和(d)的测量值相差很小,非常集中,说明精密度很好。其中,图 5-2(d)的测量系统准确度也好,测量值的均值基本落在真值位置。而图 5-2(a)中的测量系统准确度不佳,测量值的均值距离真值较远。在图 5-2(b)和(c)中的测量值散布程度大,精密度不佳。尤其是图 5-2(c)中的准确度也难以令人满意,测量值的均值距离真值很远。

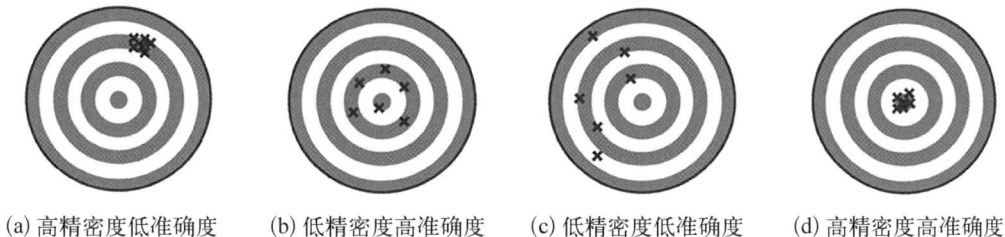

(a) 高精密度低准确度　　(b) 低精密度高准确度　　(c) 低精密度低准确度　　(d) 高精密度高准确度

图 5-2　测量系统的精密度和准确度

在评估测量系统的准确度时,主要研究同一个测量对象的测量观测值与基准值之间的差值是否足够小。具体来说,可以从偏倚、线性和稳定性 3 个方面进行分析。

偏倚(bias):指同一测量对象测量结果的平均值与基准值之间的差值。基准值即被测对象的真值,但在实践中,测量误差的存在使这个真值通常是未知的。此时,通常采用约定真值来代替真值使用。偏倚反映了测量结果与真实值之间的系统误差。如果偏倚值较大,说明测量系统存在较大的系统误差,需要进行校准或调整。

线性:测量系统的线性是指在测量系统预期的工作量程内,在不同量程段上所得到的偏倚值的差异。或者说,线性是多个独立的偏倚值在测量设备的整个量程范围内的相关性。线性良好的测量系统能够在不同的测量范围内提供准确的测量结果,这对于需要跨量程测量的应用场景尤为重要。当测量系统在整个量程范围内都能保持较低的偏倚值时,可以认为该测量系统具有较好的线性。

稳定性:指在一定时间内,测量系统对同一被测对象进行多次测量时,其测量结果保持一致性的能力。稳定性反映了测量系统在时间维度上的性能表现,是评估测量系统可靠性的重要指标之一。如果测量系统在不同时间对同一个物体进行测量时,结果之间的差异很小,则说明该测量系统具有较高的稳定性。具有高稳定性的测量系统能够确保在不同时间点获得一致的测量结果,这对于需要长期监测或追踪的应用场景尤为重要。

偏倚、线性和稳定性是评估测量系统性能的重要指标。偏倚描述了测量结果与真实值之间的系统误差;线性衡量了测量系统在不同量程范围内的准确性;稳定性反映了测量系统的时间稳定性和一致性。

精密度是指测量系统在重复测量同一对象时,所得结果之间的一致程度。主要从重复性和再现性(repeatability & reproducibility,R&R)两个角度进行分析。

重复性:指在尽可能相同的测量条件下,由同一测量员使用同一测量仪器,对同一被测对象进行多次测量时,所得结果之间的一致性。它反映了测量系统本身的波动或随机误差。重复性好的测量系统,其多次测量结果之间的差异会较小。

再现性:指在不同的测量条件下,由不同的测量员使用相同的测量仪器,对同一被测对象进行测量时,所得结果之间的一致性。它反映了测量系统在不同条件下和不同测量员之间的测量结果的一致性。再现性好的测量系统,其不同测量员在不同条件下得到的测量结果之间的差异会较小。

总结来说,定量型非破坏测量系统分析的内容如图 5-3 所示。

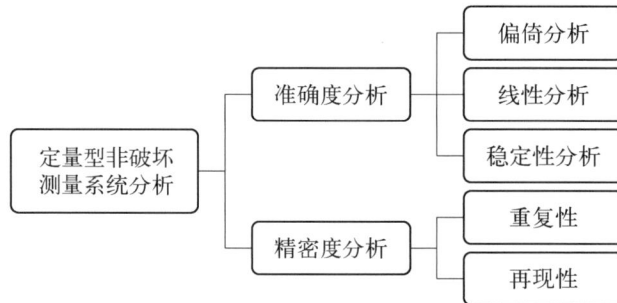

图 5-3　定量型非破坏测量系统分析的内容

对于定性型测量系统,通常利用假设检验分析法(如二维频数表)来进行判定。这些方法可以帮助分析测量系统的可靠性和一致性,确保在定性测量中也能获得准确和一致的结果。由于篇幅有限,本章仅介绍定量型非破坏测量系统分析。

5.3　测量系统分析模型

定义定量型非破坏测量系统的第 j 个测量员第 k 次测量第 i 个样品的测量值为 $y_{ijk}(i=1,\cdots,P;j=1,\cdots,O;k=1,\cdots,K)$,则 y_{ijk} 可以表示为

$$y_{ijk}=\mu_i+\varepsilon_{ijk},\ \varepsilon_{ijk}\overset{\text{iid}}{\sim}N(\mu_\varepsilon,\sigma_\varepsilon^2) \tag{5-1}$$

式中,μ_i 为第 i 个样品的真值;ε_{ijk} 为真值和测量值之间的误差。假设误差独立同服从正态分布 $N(\mu_\varepsilon,\sigma_\varepsilon^2)$,则测量值的期望为

$$E(y_{ijk}) = \mu_i + E(\varepsilon_{ijk}) = \mu_i + \mu_\varepsilon \qquad (5-2)$$

测量值的方差为(假设真值和测量误差相互独立):

$$\mathrm{Var}(y_{ijk}) = \mathrm{Var}(\mu_i) + \mathrm{Var}(\varepsilon_{ijk}) = \sigma_p^2 + \sigma_\varepsilon^2 \qquad (5-3)$$

一个定量型非破坏测量系统的准确度要求 $\mu_\varepsilon = 0$,精密度要求 σ_ε 足够小。

5.4 准确度分析

5.4.1 偏倚

偏倚是指同一测量对象测量结果的平均值与基准值之间的差值(见图 5-4)。一个准确度优秀的测量系统,其偏倚的均值应该接近于零。

具体来说,偏倚反映了测量结果与真实值之间的系统误差。在实际应用中,由于真值通常是未知的,通常使用约定真值来代替。约定真值可以通过高精度的测量设备多次测量同一零件后取平均值来获得。如果测量系统的偏倚值较大,说明该系统存在较大的系统误差,需要进行校准或调整,以减小系统误差,提高测量结果的准确性。

偏倚的评估通常通过比较测量系统的观测平均值与约定真值之间的差异来完成。如果偏倚的均值接近于零,则表明测量系统具有较高的准确度,测量系统的系统误差得到了有效控制。

图 5-4 偏倚示意图

例如,假设有一台测量设备用来测量某个零件的长度。为了确定该设备的偏倚,可以使用更高精度的测量设备对该零件进行多次测量,并取平均值作为基准值。然后,使用待评估的测量设备对该零件的长度进行多次测量,并计算这些测量值的平均值。如果这个平均值与基准值之间的差异接近于零,那么可以认为该测量设备具有良好的准确度。

测量系统评估偏倚的基本流程可以归纳为以下几个步骤。

(1) 确定评估目标。明确需要评估的测量系统,包括使用的测量工具、设备和人员。确定评估偏倚的具体目标,例如单点测量位置的偏倚或整个测量范围的偏倚。

(2) 选择标准件和参考值。选择一个标准件作为评估的基础。确保标准件的状态良好,没有损坏或磨损,得出一个可追溯到相关标准的参考值 μ。如果不可能,选择一件落在生产测量范围中间的生产件,指定其为偏倚分析的标准样本。在工具室测量这个零件 $N(\geqslant 10)$ 次,并计算出 N 次读数的平均值;把这个平均值作为基准值。

(3) 收集测量数据。选择一个或多个测量员,让一个评价人以工作状态下通常的方法测量这个样件 $m(m \geqslant 10)$ 次。记录每次测量的数据 $x_1, x_2, \cdots, x_m$。确保数据的准确性和完整性。可以考虑使用电子表格软件或专业的统计软件来记录和管理数据。

(4) 计算偏倚。对每个测量员的多次测量数据进行汇总,计算其平均值。将每个测量员的平均值与标准件的参考值进行比较,计算偏倚,偏倚等于测量值减参考值,即

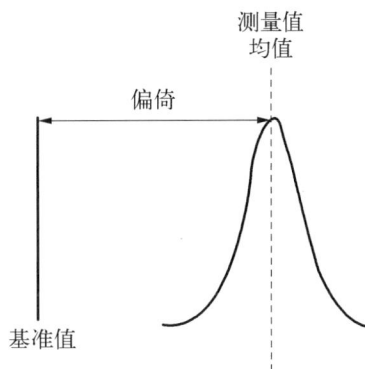

$$e_t = x_t - \mu, \ t = 1, 2, \cdots, m \tag{5-4}$$

（5）分析偏倚 e_t 的分布。绘制偏倚值的直方图或箱线图，以了解偏倚的分布情况。观察偏倚是否集中在某个特定数值附近，或是否存在较大的离群值。

（6）计算偏倚 e_t 的度量指标。计算偏倚平均值和偏倚标准差：

$$\bar{e} = \sum_{t=1}^{m} e_t \Big/ m \tag{5-5}$$

$$s_e^2 = \frac{\sum_{t=1}^{m}(e_t - \bar{e})^2}{m-1} \tag{5-6}$$

（7）确定偏倚的可接受性。对偏倚进行单样本均值假设检验，检验偏倚平均值是否等于零。

$$e_1, \cdots, e_m \sim N(\mu_e, \sigma_e^2), \sigma \text{ 未知}$$

$$H_0: \mu_e = 0, H_1: \mu_e \neq 0$$

检验统计量为

$$t = \frac{\sqrt{m}\,\bar{e}}{s_e} \tag{5-7}$$

当零假设 $H_0: \mu_e = 0$ 成立时，$t \sim t_{m-1}$。如果在显著水平 α 下

$$|t| > t_{\frac{\alpha}{2}, m-1} \tag{5-8}$$

则这个测量系统的偏倚显著不为零。

（8）制定改进措施。如果测量系统的偏倚不可接受，就需要分析偏倚产生的原因，并制订相应的改进措施。可能的改进措施包括重新校准测量工具、调整测量方法、提高测量员的技能水平等。

（9）重新评估。在实施改进措施后，重新对测量系统进行评估，以验证改进措施的有效性。如果偏倚仍然不可接受，就需要继续分析原因并采取相应的措施。

（10）编写评估报告。将评估过程、结果和改进措施记录在评估报告中，以便后续参考和追溯。评估报告应清晰、准确地反映测量系统的偏倚情况，并提出具体的改进建议。

通过以上步骤，可以系统地评估测量系统的偏倚情况，为改进测量系统提供依据和指导。

例 5-1 一个制造工程师评价了一个用来监视生产过程的新的测量系统。他在这个测量系统操作范围内选取了一个零件；通过对该零件进行全尺寸测量确定了它的参考值为 6 cm，然后由主要操作者测量该零件 15 次，数据如表 5-1 所示。

表 5-1 零件测量数据

次数	测量值/cm	偏倚值/cm	次数	测量值/cm	偏倚值/cm
1	5.8	−0.2	3	5.9	−0.1
2	5.7	−0.3	4	5.9	−0.1

次数	测量值/cm	偏倚值/cm	次数	测量值/cm	偏倚值/cm
5	6.0	0.0	11	6.0	0.0
6	6.1	0.1	12	6.1	0.1
7	6.0	0.0	13	6.2	0.2
8	6.1	0.1	14	5.6	−0.4
9	6.4	0.4	15	6.0	0.0
10	6.3	0.3			

按照分析步骤,计算偏倚,如表 5-1 第二列所示。图 5-5 显示了偏倚的直方图与箱线图。可以看出偏倚基本符合正态分布,均值基本为零。

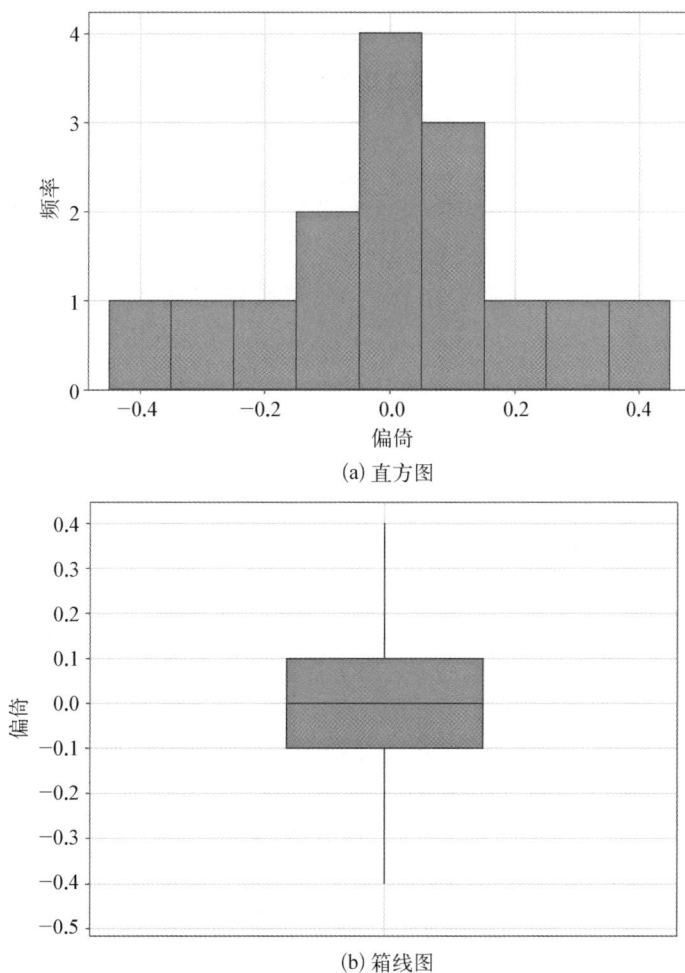

(a) 直方图

(b) 箱线图

图 5-5　零件测量数据偏倚

按照步骤计算偏倚均值和偏倚标准差等统计量,如表 5 - 2 所示。

表 5 - 2　零件测量数据偏倚统计量

变量	总计数	均值	均值标准误差	标准差	偏倚	峰度
偏倚	15	0.006 7	0.054 7	0.212 0	−0.10	0.10

计算检验统计量:

$$t = \frac{\sqrt{15} \times 0.006\ 7}{0.212\ 0} = 0.12$$

设 α 为常用的 0.05。由于 $t_{\frac{0.05}{2},14} = 2.145$,因此 $|t| < t_{\frac{\alpha}{2},m-1}$ 成立,此测量系统的偏倚可以视为零。

导致测量系统偏倚不佳的原因有很多,如设备、环境、操作与设置、基准与校准、测量方法与特性,以及其他应用误差等。设备损坏,仪器需要校准或调整,量具尺寸不对或磨损都会导致偏倚不为零。环境因素包括温度、气压、湿度、振动、清洁度等,也会影响测量偏倚。操作与设置问题、工装夹具、操作者技能与疲劳,以及操作者的技能水平、经验和疲劳程度都可能影响测量的偏倚。

5.4.2　线性

线性分析是评估测量系统在不同量程段上偏倚值差异的一种方法。线性分析是确保测量系统准确性和可靠性的关键步骤之一。

线性是指在测量系统预期的工作量程内,随着测量值的变化,偏倚值的变化情况,如图 5 - 6 所示。线性是在测量能力的工作范围内,其准确度是否因量程的变化而变化的一种测量性能。分析线性是为了评估测量系统在整个量程范围内是否有稳定的偏倚,识别可能存在的系统误差,如仪器的校准问题、磨损等。

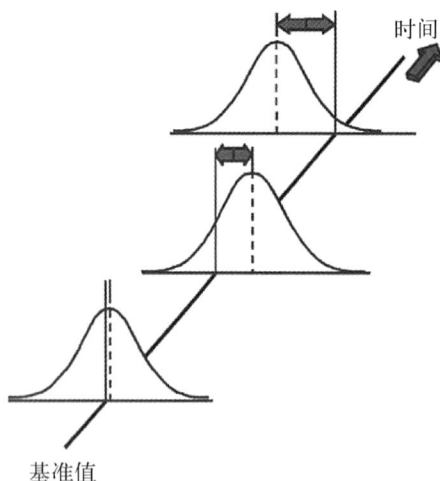

图 5 - 6　测量系统线性

线性分析的步骤如下。

(1) 选择 $g > 5$ 个零件,使这测量值涵盖量具的整个工作量程。

(2) 对每个零件进行全尺寸检验测量,以确定其基准值,并且涵盖了该量具的工作量程。

(3) 让经常使用该量具的操作者测量每个零件,且 $m > 10$ 次。

(4) 计算零件每次测量的偏倚,以及每个零件的偏倚均值。

(5) 在图上画出相对于参考值的每个偏倚和偏倚平均值。

(6) 拟合偏倚均值和基准值的线性模型,以及该线的置信区间。

(7) 画出"偏倚＝0"线。如果"偏倚＝0"的整个直线都位于置信度区间以内,则称该测量系统的线性是可接受的。

例 5-2　工厂领班选择了 5 个代表预期测量范围的零件。首先,对每个零件进行全尺寸检验测量,以确定其基准值。然后,安排一名操作员随机测量每个零件 12 次,数据如表 5-3 所示。

表 5-3　测量系统线性数据

工件编号	真　值	测量值	偏倚值	工件编号	真　值	测量值	偏倚值
1	2	2.7	0.7	2	4	3.8	−0.2
1	2	2.5	0.5	3	6	5.8	−0.2
1	2	2.4	0.4	3	6	5.7	−0.3
1	2	2.5	0.5	3	6	5.9	−0.1
1	2	2.7	0.7	3	6	5.9	−0.1
1	2	2.3	0.3	3	6	6.0	0.0
1	2	2.5	0.5	3	6	6.1	0.1
1	2	2.5	0.5	3	6	6.0	0.0
1	2	2.4	0.4	3	6	6.1	0.1
1	2	2.4	0.4	3	6	6.4	0.4
1	2	2.6	0.6	3	6	6.3	0.3
1	2	2.4	0.4	3	6	6.0	0.0
2	4	5.1	1.1	3	6	6.1	0.1
2	4	3.9	−0.1	4	8	7.6	−0.4
2	4	4.2	0.2	4	8	7.7	−0.3
2	4	5.0	1.0	4	8	7.8	−0.2
2	4	3.8	−0.2	4	8	7.7	−0.3
2	4	3.9	−0.1	4	8	7.8	−0.2
2	4	3.9	−0.1	4	8	7.8	−0.2
2	4	3.9	−0.1	4	8	7.8	−0.2
2	4	3.9	−0.1	4	8	7.7	−0.3
2	4	4.0	0.0	4	8	7.8	−0.2
2	4	4.1	0.1	4	8	7.5	−0.5

工件编号	真　值	测量值	偏倚值	工件编号	真　值	测量值	偏倚值
4	8	7.6	−0.4	5	10	9.5	−0.5
4	8	7.7	−0.3	5	10	9.5	−0.5
5	10	9.1	−0.9	5	10	9.5	−0.5
5	10	9.3	−0.7	5	10	9.6	−0.4
5	10	9.5	−0.5	5	10	9.2	−0.8
5	10	9.3	−0.7	5	10	9.3	−0.7
5	10	9.4	−0.6	5	10	9.4	−0.6

　　每个零件每次测量的偏倚值如表 5-3 第三列所示。表 5-3 和图 5-7 说明了相对于参考值的每个偏倚和偏倚平均值。

表 5-4　参考值和偏倚平均值

真　值	2	4	6	8	10
偏倚平均值	0.491 7	0.125 0	0.025 0	−0.291 7	−0.616 7

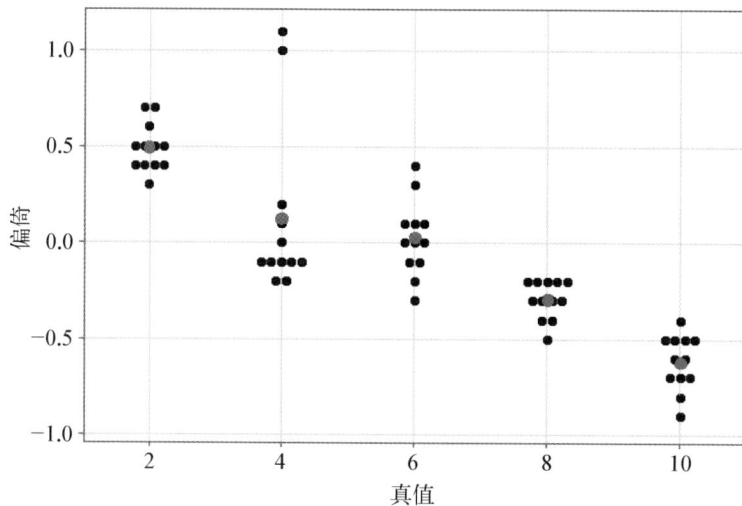

图 5-7　参考值与偏倚(黑色)和偏倚平均值(灰色)

　　通过最小二乘法可以拟合偏倚平均值和基准值的线性回归模型:

$$偏倚 = 0.736\ 7 - 0.131\ 7 \times 真值$$

　　表 5-5 包含了该回归模型参数估计和显著性检验结果。可见回归模型的截距和斜率

都是显著非零的。该回归模型的置信区间如图 5 - 8 所示。画出"偏倚＝0"线。由于"偏倚＝0"的整个直线都位于置信度区间以外,则该测量系统的线性是不可接受的。

表 5 - 5　回归模型参数估计和显著性检验

	系数	系数标准误差	T 值	P 值
截距	0.736 7	0.072 5	10.16	0
斜率	−0.131 7	0.010 9	−12.04	0

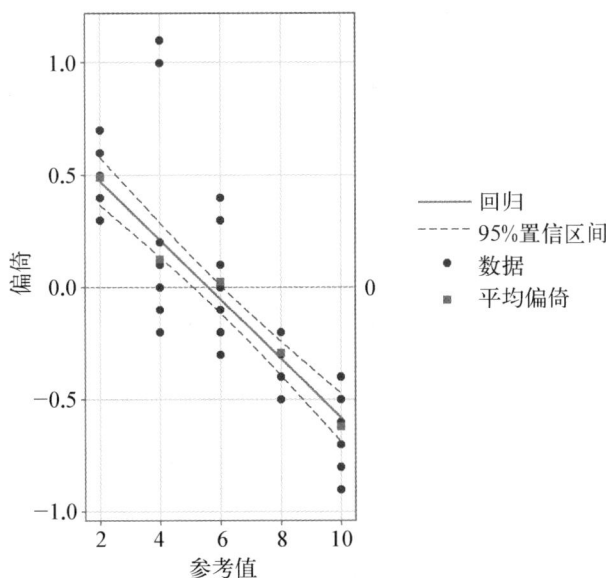

图 5 - 8　参考值和偏倚平均值的回归模型

　　测量系统线性的原因很多。例如,仪器需要校准或调整,维护不当,仪器或夹紧装置的磨损,磨损或损坏的基准件,不同的测量方法、设置、安装、夹紧技术,量具随零件尺寸变化的变形,环境变化等。此外,还有其他应用误差,如夹紧位置不当、操作者技能不足、观察错误等。

5.4.3　稳定性

　　测量系统的稳定性是指经过一段时间后,使用相同的测量系统对同一基准或零件的同一特性进行测量时,所得结果的变异程度,也就是偏倚随时间的变化(见图 5 - 9)。

　　测量设备可能影响测量系统稳定性,测量设备需要定期校准或调整,以确保其准确性和可靠性。如果设备未经校准或校准周期过长,可能会导致测量结果的偏差。基准件的维护不当或过度磨损也可能影响测量结果的准确性。因此,需要定期检查和更换基准件。测量环境的不稳定,如温度、湿度、振动等因素的变化,都可能对测量结果产生影响。因此,需要严格控制测量环境,确保其在稳定的条件下进行。操作者的技能、夹紧装置的位置和观察错误等应用误差也可能影响测量结果的稳定性。

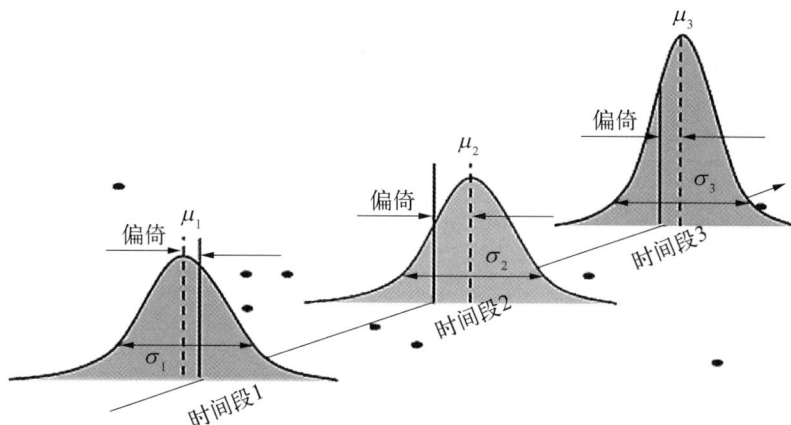

图 5-9 测量系统偏倚的稳定性

稳定性分析的步骤如下。

(1) 建立样本和基准值。选取一个或多个样品,并确定其参考值或基准值。这通常通过多次($n \geqslant 10$)测量取平均值作为基准值或真值。

(2) 安排定期测量。确定测量的频率和周期,如每天、每周等,并在不同时间段内进行测量(考虑环境因素)。例如每次测量样品 3~5 次,形成一个数据子组。

(3) 数据收集和记录。记录每次测量的数据,包括时间、测量值等。保持数据的准确性和完整性,避免错误或遗漏。

(4) 绘制控制图。根据收集的数据,绘制均值极差图($X-R$ 图)或均值标准差图($X-S$ 图)(见 14.3 和 14.4 节的内容)。均值控制图绘制的是每个抽样点的样本均值,极差控制图绘制的是每个抽样点的样本极差,标准差控制图绘制的是每个抽样点的样本标准差。计算每个控制图的中心线(center line)、上控制限(upper control limit,UCL)和下控制限(lower control limit,LCL)。

(5) 控制图分析。检查控制图,判断测量过程是否处于统计受控状态。如果控制图处于失控状态,则稳定性不佳。根据控制图的分析结果,解读测量系统的稳定性情况。

(6) 编写稳定性报告,包括测量数据、图表和分析结果。

(7) 持续改进。如果发现测量系统存在不稳定性问题,需要识别原因并采取相应的措施进行改进。

例 5-3 某企业在 2019 年 2 月 3—22 日的 9:00 到 16:00(测量系统的实际使用时间)之间抽取 5 个样品进行测量,数据如表 5-6 所示。

表 5-6 测量系统稳定性评估

日　　期	稳　定　性				
	样品 1	样品 2	样品 3	样品 4	样品 5
2019-2-3	41.22	41.18	41.24	41.21	41.18
2019-2-4	41.22	41.25	41.19	41.23	41.24

日　期	稳　定　性				
	样品 1	样品 2	样品 3	样品 4	样品 5
2019 - 2 - 5	41.15	41.24	41.22	41.21	41.22
2019 - 2 - 6	41.24	41.19	41.18	41.19	41.15
2019 - 2 - 7	41.20	41.19	41.18	41.16	41.15
2019 - 2 - 8	41.23	41.19	41.18	41.19	41.17
2019 - 2 - 9	41.18	41.16	41.15	41.15	41.24
2019 - 2 - 10	41.22	41.23	41.21	41.20	41.17
2019 - 2 - 11	41.16	41.25	41.22	41.25	41.22
2019 - 2 - 12	41.22	41.19	41.23	41.17	41.18
2019 - 2 - 13	41.21	41.16	41.21	41.19	41.24
2019 - 2 - 14	41.16	41.25	41.24	41.21	41.16
2019 - 2 - 15	41.15	41.15	41.22	41.17	41.23
2019 - 2 - 16	41.16	41.15	41.18	41.25	41.21
2019 - 2 - 17	41.19	41.23	41.15	41.23	41.24
2019 - 2 - 18	41.18	41.22	41.17	41.24	41.25
2019 - 2 - 19	41.23	41.24	41.24	41.18	41.22
2019 - 2 - 20	41.15	41.22	41.19	41.19	41.21
2019 - 2 - 21	41.25	41.21	41.20	41.22	41.17
2019 - 2 - 22	41.17	41.16	41.23	41.21	41.22

根据均值控制图公式：

$$\text{UCL} = \bar{\bar{x}} + \frac{3}{\sqrt{n}} \cdot \frac{\bar{R}}{d_2}$$

$$\text{CL} = \bar{\bar{x}}$$

$$\text{LCL} = \bar{\bar{x}} - \frac{3}{\sqrt{n}} \cdot \frac{\bar{R}}{d_2}$$

极差控制图公式：

$$\text{UCL} = (d_2 + 3d_3) \frac{\bar{R}}{d_2} = \bar{R}\left(1 + 3\frac{d_3}{d_2}\right)$$

$$\mathrm{CL} = \bar{R}$$

$$\mathrm{LCL} = (d_2 - 3d_3)\frac{\bar{R}}{d_2} = \bar{R}\left(1 - 3\frac{d_3}{d_2}\right)$$

计算出控制限。其中, n 为每个抽样点的抽样大小,此处为 5; $\bar{R}$ 为抽样点的 n 个数据的极差的均值; $\bar{\bar{x}}$ 为所有数据的均值。详细的控制图建立和解释方法介绍见 14.3 节。图 5-10 为测量系统的均值控制图和极差控制图。由图可见,没有任何点超出上下控制限。因此,此测量系统具有稳定性。如果控制图中有点落到控制限以外或者变化规律不随机,则称测量系统不稳定。

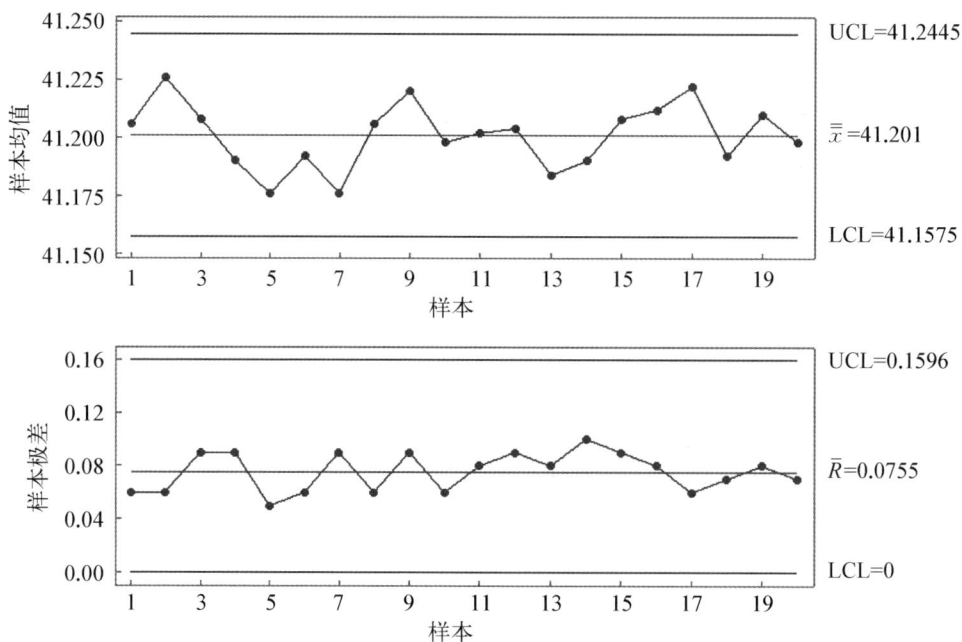

图 5-10 测量系统的均值控制图和极差控制图

5.5 精密度分析

精密度分析包含重复性和再现性分析两部分。重复性是指在相同测量条件下(由同一操作者使用同一设备、在同一环境中短时间内完成),对同一测量对象的同一特性进行多次测量时,测量结果之间的波动。其核心是反映测量设备本身的固有变差,例如仪器精度、机械磨损或电子元件稳定性等因素导致的误差。这一指标的特点是仅关注设备自身能力,通过严格限定操作者、环境等外部条件,排除人为差异对结果的影响。通常情况下,重复性变差越小,表明设备的稳定性越强,测量结果的可靠性越高。再现性是指在不同测量条件下,对同一测量对象的同一特性进行多次测量时,各次测量结果平均值之间的变差。其核心是评估测量系统对外部因素(尤其是不同操作者)的敏感程度。再现性主要关注操作者差异带来的影响,例如操作手法、读数习惯或技能水平导致的偏差。若再现性变差较大,则表明测量结果过度依赖操作者的个体能力或方法,需通过标准化操作流程或加强培训来改善。此外,再现性分析还可能涉及环境、设备校准状态等长期因素,但其主要聚焦于"人"这一变量对测量系统一致性的影响。

重复性和再现性的评估方法有 3 种。

(1)极差法:可以快速地评价一个测量系统的重复性和再现性,但由于测量数据较少,可能影响其分析结果的效果。

(2)均值极差法:其优点是可以把测量系统的重复性和再现性分开。

(3)方差分析法:用于分析测量系统误差和其他的变差来源。这种方法首先会考虑评价人与零件间的交互作用是否存在,因此它适合所有实验分析,且比均值极差法更能精确地估计出各种变差。

5.5.1　随机效应模型的方差分析

方差分析方法可以扩展应用于量具 R&R 实验的数据分析,并估计测量系统的各个变异成分。本章仅对这个过程做简单介绍,详情请参阅 Montgomery 和 Runger 于 1993 年发表的两篇文献,以及 Burdick、Borror 和 Montgomery 于 2005 年发表的文献。

在进行测量系统的重复性和再现性分析(Gage R&R)时,通常需要随机选取 O 个测量员和 P 个零件,并让每个测量员对每个零件重复测量 n 次,以收集足够的数据来评估测量系统的性能。由于所选的 P 个零件和 O 个测量员是从多个产品和多个测量员中随机抽取的,因此必须采用随机效应模型进行分析。在随机效应模型中,观测值的总变异可以分解为组间变异(由不同处理或组别造成的差异,如零件间的差异或测量员间的差异)和组内变异(由随机误差或个体差异造成的差异,如测量员的操作波动)。为了量化重复性和再现性的误差大小,需要使用方差分析法,将总方差分解到各个来源(如工件、测量员、工件与测量员的交互作用,以及随机误差)上,从而评估测量系统的稳定性和可靠性。

假设 y_{ijk} 是第 j 个测量员对第 i 个工件的第 k 次测量值,则

$$y_{ijk} = \mu P_i + O_j + (PO)_{ij} + \epsilon_{ijk}(i=1, \cdots, P; j=1, \cdots, O; k=1, \cdots, K) \quad (5-9)$$

$$P_i \sim N(0, \sigma_P^2)$$

$$O_i \sim N(0, \sigma_O^2)$$

$$(PO)_{ij} \sim N(0, \sigma_{OP}^2)$$

$$\epsilon_{ijk} \sim N(0, \sigma^2)$$

可以推导出:

$$y_{ijk} \sim N(\mu, \sigma_P^2 + \sigma_O^2 + \sigma_{OP}^2 + \sigma^2) \quad (5-10)$$

可以通过方差分解,将测量值的总方差分解到工件、测量员、测量员与工件的交互效应及噪声项上。

$$\sum_{i=1}^{P}\sum_{j=1}^{O}\sum_{k=1}^{K}(y_{ijk} - \bar{y}_{...})^2$$

$$= \sum_{i=1}^{P}\sum_{j=1}^{O}\sum_{k=1}^{K}[(\bar{y}_{i..} - \bar{y}_{...}) + (\bar{y}_{.j.} - \bar{y}_{...}) + (\bar{y}_{ij.} - \bar{y}_{i..} - \bar{y}_{.j.} + \bar{y}_{...}) + (y_{ijk} - \bar{y}_{ij.})]^2$$

$$=OK \sum_{i=1}^{P}(y_{i..} - \bar{y}_{...})^2 + PK \sum_{j=1}^{O}(y_{.j.} - \bar{y}_{...})^2$$

$$+ PO \sum_{k=1}^{K}(\bar{y}_{ij.} - \bar{y}_{i..} - \bar{y}_{.j.} + \bar{y}_{...})^2 + \sum_{i=1}^{P}\sum_{j=1}^{O}\sum_{k=1}^{K}(y_{ijk} - \bar{y}_{ij.})^2$$

$$(5-11)$$

式中，$\bar{y}_{...}$ 为数据的总均值；$\bar{y}_{i..}$ 为第 i 个工件的所有测量值的均值；$\bar{y}_{.j.}$ 为第 j 个测量员的所有测量值的均值；$\bar{y}_{ij.}$ 为第 j 个测量员对第 i 个工件的 n 个测量值的均值。令

$$SS_T = \sum_{i=1}^{P}\sum_{j=1}^{O}\sum_{k=1}^{K}(y_{ijk} - \bar{y}_{...})^2 \qquad (5-12)$$

$$SS_P = OK \sum_{i=1}^{P}(y_{i..} - \bar{y}_{...})^2 \qquad (5-13)$$

$$SS_O = PK \sum_{i=1}^{P}(y_{.j.} - \bar{y}_{...})^2 \qquad (5-14)$$

$$SS_{OP} = PO \sum_{k=1}^{K}(\bar{y}_{ij.} - \bar{y}_{i..} - \bar{y}_{.j.} + \bar{y}_{...})^2 \qquad (5-15)$$

$$SS_E = \sum_{i=1}^{P}\sum_{j=1}^{O}\sum_{k=1}^{K}(y_{ijk} - \bar{y}_{ij.})^2 \qquad (5-16)$$

则

$$SS_T = SS_P + SS_O + SS_{OP} + SS_E \qquad (5-17)$$

令

$$MS_P = \frac{SS_P}{P-1} = OK \sum_{i=1}^{P}\frac{(y_{i..} - \bar{y}_{...})^2}{P-1} \qquad (5-18)$$

$$MS_O = \frac{SS_O}{O-1} = OK \sum_{i=1}^{P}\frac{(y_{.j.} - \bar{y}_{...})^2}{O-1} \qquad (5-19)$$

$$MS_{OP} = \frac{MS_{OP}}{(P-1)(O-1)} = PO \sum_{k=1}^{K}\frac{(\bar{y}_{ij.} - \bar{y}_{i..} - \bar{y}_{.j.} + \bar{y}_{...})^2}{(P-1)(O-1)} \qquad (5-20)$$

$$MS_E = \frac{MS_E}{PO(K-1)} = \frac{\sum_{i=1}^{P}\sum_{j=1}^{O}\sum_{k=1}^{K}(y_{ijk} - \bar{y}_{ij.})^2}{PO(K-1)} \qquad (5-21)$$

推导可得

$$E(MS_P) = \sigma^2 + n\sigma_{OP}^2 + OK\sigma_P^2 \qquad (5-22)$$

$$E(MS_O) = \sigma^2 + n\sigma_{OP}^2 + PK\sigma_O^2 \qquad (5-23)$$

$$E(MS_{OP}) = \sigma^2 + K\sigma_{OP}^2 \qquad (5-24)$$

$$E(MS_E) = \sigma^2 \qquad (5-25)$$

则

$$\hat{\sigma}_{P}^{2}=\frac{MS_P - MS_{OP}}{OK} \tag{5-26}$$

$$\hat{\sigma}_{O}^{2}=\frac{MS_O - MS_{OP}}{PK} \tag{5-27}$$

$$\hat{\sigma}_{OP}^{2}=\frac{MS_{OP} - MS_E}{PO} \tag{5-28}$$

$$\hat{\sigma}^{2}=MS_E \tag{5-29}$$

重复性主要聚焦于"人"这一变量对测量系统一致性的影响,因此,

$$\sigma_{\text{Reproducibility}}^{2}=\sigma_O^2 + \sigma_{OP}^2 \tag{5-30}$$

重复性指的是对同一测量对象的同一特性进行多次测量时,测量结果之间的波动,因此,

$$\sigma_{\text{Repeatability}}^{2}=\sigma^2 \tag{5-31}$$

测量系统的精密度包含重复性和再现性两部分,因此,

$$\sigma_{\text{Gauge}}^{2}=\sigma_{\text{Reproducibility}}^{2}+\sigma_{\text{Repeatability}}^{2}=\hat{\sigma}_O^2 + \hat{\sigma}_{OP}^2 + \hat{\sigma}^2 \tag{5-32}$$

如果交互作用不明显,则可用不包含交互作用的方差分析方法。

$$y_{ijk}=\mu P_i + O_j + \epsilon_{ijk}(i=1,\cdots,P;j=1,\cdots,O;k=1,\cdots,K) \tag{5-33}$$

$$P_i \sim N(0,\sigma_P^2)$$
$$O_i \sim N(0,\sigma_O^2)$$
$$\epsilon_{ijk} \sim N(0,\sigma^2)$$

可以推导出:

$$y_{ijk} \sim N(\mu,\sigma_P^2 + \sigma_O^2 + \sigma^2) \tag{5-34}$$

可以通过方差分解,将测量值的总方差分解到工件、测量员及噪声项上。

$$\sum_{i=1}^{P}\sum_{j=1}^{O}\sum_{k=1}^{K}(y_{ijk}-\bar{y}_{...})^2$$
$$=\sum_{i=1}^{P}\sum_{j=1}^{O}\sum_{k=1}^{K}[(\bar{y}_{i..}-\bar{y}_{...})+(\bar{y}_{j..}-\bar{y}_{...})+(y_{ijk}-\bar{y}_{i..}-\bar{y}_{.j.}+\bar{y}_{...})]^2$$
$$=OK\sum_{i=1}^{P}(y_{i..}-\bar{y}_{...})^2+PK\sum_{j=1}^{O}(y_{.j.}-\bar{y}_{...})^2+\sum_{i=1}^{P}\sum_{j=1}^{O}\sum_{k=1}^{K}(y_{ijk}-\bar{y}_{i..}-\bar{y}_{.j.}+\bar{y}_{...})^2 \tag{5-35}$$

令

$$SS_T=\sum_{i=1}^{P}\sum_{j=1}^{O}\sum_{k=1}^{K}(y_{ijk}-\bar{y}_{...})^2 \tag{5-36}$$

$$SS_P=OK\sum_{i=1}^{P}(y_{i..}-\bar{y}_{...})^2 \tag{5-37}$$

$$SS_O = PK \sum_{i=1}^{P} (\bar{y}_{.j.} - \bar{y}_{...})^2 \tag{5-38}$$

$$SS_E = \sum_{i=1}^{P} \sum_{j=1}^{O} \sum_{k=1}^{K} (y_{ijk} - \bar{y}_{i..} - \bar{y}_{.j.} + \bar{y}_{...})^2 \tag{5-39}$$

则

$$SS_T = SS_P + SS_O + SS_E \tag{5-40}$$

令

$$MS_P = \frac{SS_P}{P-1} = OK \sum_{i=1}^{P} \frac{(\bar{y}_{i..} - \bar{y}_{...})^2}{P-1} \tag{5-41}$$

$$MS_O = \frac{SS_O}{O-1} = OK \sum_{i=1}^{P} \frac{(\bar{y}_{.j.} - \bar{y}_{...})^2}{O-1} \tag{5-42}$$

$$MS_E = \frac{SS_E}{POK-(P-1)-(O-1)-1} = \frac{\sum_{i=1}^{P} \sum_{j=1}^{O} \sum_{k=1}^{K} (y_{ijk} - \bar{y}_{i..} - \bar{y}_{.j.} + \bar{y}_{...})^2}{POK-(P-1)-(O-1)-1} \tag{5-43}$$

推导可得

$$E(MS_P) = \sigma^2 + OK\sigma_P^2 \tag{5-44}$$

$$E(MS_O) = \sigma^2 + PK\sigma_O^2 \tag{5-45}$$

$$E(MS_E) = \sigma^2 \tag{5-46}$$

则

$$\hat{\sigma}_P^2 = \frac{MS_P - MS_E}{OK} \tag{5-47}$$

$$\hat{\sigma}_O^2 = \frac{MS_O - MS_E}{PK} \tag{5-48}$$

$$\hat{\sigma}^2 = MS_E \tag{5-49}$$

则

$$\sigma_{\text{Reproducibility}}^2 = \sigma_O^2 \tag{5-50}$$

$$\sigma_{\text{Repeatability}}^2 = \sigma^2 \tag{5-51}$$

$$\sigma_{\text{Gauge}}^2 = \sigma_{\text{Reproducibility}}^2 + \sigma_{\text{Repeatability}}^2 = \hat{\sigma}_O^2 + \hat{\sigma}^2 \tag{5-52}$$

$$\sigma_T^2 = \sigma_P^2 + \sigma_{\text{Gauge}}^2 \tag{5-53}$$

将量规能力的估计值与被测零件的规格宽度或公差带（USL−LSL）进行比较是一种相当常见的做法。与总公差带的比通常称为精密度与公差比（precision-to-tolerance，PTT）：

$$PTT = \frac{k\sigma_{\text{Gauge}}}{USL - LSL} \tag{5-54}$$

$k=5.15$ 对应于包含至少 99％的正常总体的 95％公差区间的边界之间的标准偏差数量极限。而 $k=6$ 则对应于正常总体的通常自然公差极限（即 $\pm 3\sigma$ 范围）之间的标准偏差数量,此时覆盖了约 99.73％的正常总体。当 PTT 的值超过 10％时,判定测量系统造成的方差过大,测量值不再可靠。

还有一些类似 PTT 的衡量指标,其中之一是过程（部分）可变性与总可变性的比：

$$\rho_{\text{P}} = \frac{\hat{\sigma}_{\text{P}}^2}{\hat{\sigma}_{\text{T}}^2} \tag{5-55}$$

另一个是测量系统可变性与总可变性的比：

$$\rho_{\text{M}} = \frac{\hat{\sigma}_{\text{Gauge}}^2}{\hat{\sigma}_{\text{T}}^2}$$

测量系统充分性的另一个衡量标准来自 AIAG（2002）手册。定义信噪比（signal-to-noise ratio,SNR）为

$$\text{SNR} = \sqrt{\frac{2\rho_{\text{P}}}{1 - \rho_{\text{P}}}} \tag{5-56}$$

AIAG 将 SNR 定义为可以从测量中可靠获得的不同级别或类别的数量。建议值为 5 或更大,小于 2 表示仪表能力不足。

衡量仪表能力的另一个指标是辨别率（discrimination ratio,DR）：

$$\text{DR} = \frac{1 + \rho_{\text{P}}}{1 - \rho_{\text{P}}} \tag{5-57}$$

一些研究者建议,DR 必须超过 4 才能认为仪表具有足够的测量能力。

5.5.2　分析案例

假设某测量过程的 3 个测量员各测量了 10 个工件 2 次,数据如表 5-7 所示。此时 $O=3$, $P=10$, $K=2$。

表 5-7　测量系统分析数据

工件号	测量值					
	测量员 1		测量员 2		测量员 3	
1	21	20	20	20	19	21
2	24	23	24	24	23	24
3	20	21	19	21	20	22
4	27	27	28	26	27	28
5	19	18	19	18	18	21

续　表

工件号	测量值					
	测量员 1		测量员 2		测量员 3	
6	23	21	24	21	23	22
7	22	21	22	24	22	20
8	19	17	18	20	19	18
9	24	23	25	23	24	24
10	25	23	26	25	24	25

通过 Minitab→统计→质量工具→量具研究→量具运行图,得到图 5-11。可以看到,10 个工件测量值的均值差异较明显。同一个测量员测量同一个工件的测量值基本没有差异,也就是重复性较好。不同的测量员测量同一个工件的测量值差异上不明显。

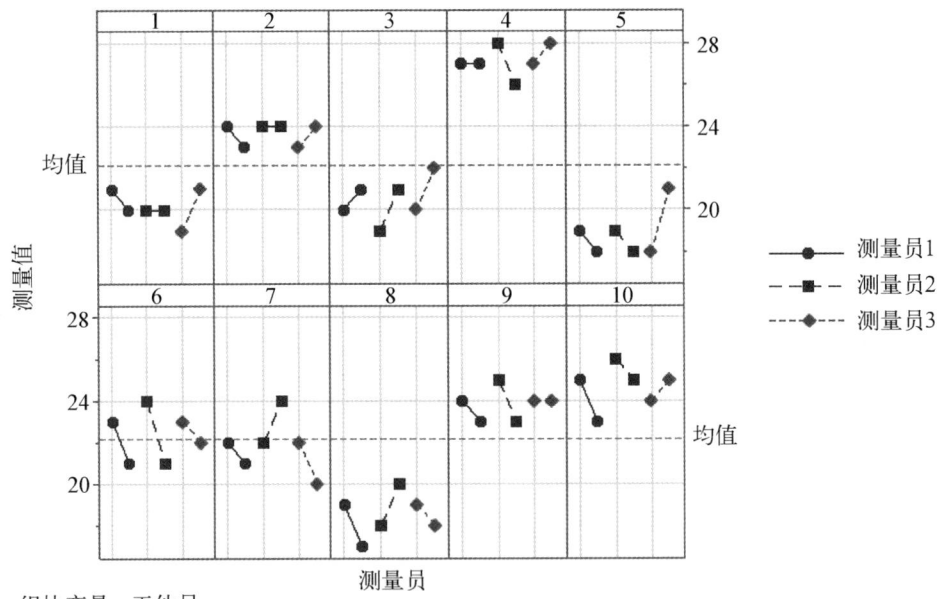

图 5-11　测量数据运行图

首先考虑包含交互作用的双因子方差分析,通过 Minitab→统计→质量工具→量具研究→量具 R&R 研究(交叉),分析结果如表 5-8 所示。其中,工件的自由度为总工件数减 1;测量员的自由度为总测量员数减 1;工件×测量员指两者的交互作用,其自由度为工件的自由度乘以测量员的自由度;总自由度为所有测量值的数量减 1;重复性的自由度为总自由度减去工件的自由度、测量员的自由度和交互作用的自由度。工件的 F 值为 $\text{MS}_P/\text{MS}_{OP}$,测量员的 F 值为 $\text{MS}_O/\text{MS}_{OP}$,工件和测量员交互作用的 F 值为 $\text{MS}_{OP}/\text{MS}_E$。

表 5‑8　包含交互作用的双因子方差分析表

来　源	自由度	SS	MS	F	P
工　件	9	406.483	45.164 8	84.979 1	0.000
测量员	2	2.100	1.050 0	1.975 6	0.168
工件×测量员	18	9.567	0.531 5	0.425 2	0.970
重复性	30	37.500	1.250 0		
合　计	59	455.650			

从表 5‑8 可以看出,交互作用项的 P 值较大,说明交互作用不明显。因此做方差分析需要使用不包含交互作用的方差分析表,如表 5‑9 所示。

表 5‑9　不包含交互作用的双因子方差分析表

来　源	自由度	SS	MS	F	P
工　件	9	406.483	45.164 8	46.060 4	0.000
测量员	2	2.100	1.050 0	1.070 8	0.351
重复性	48	47.067	0.980 6		
合　计	59	455.650			

工件的 F 值为 MS_P/MS_E,测量员的 F 值为 MS_O/MS_E,根据式(5‑47)~式(5‑53),得

$$\hat{\sigma}_P^2 = \frac{MS_P - MS_E}{OK} = \frac{45.164\ 8 - 0.980\ 6}{3 \times 2} = 7.364\ 04$$

$$\hat{\sigma}_O^2 = \frac{MS_O - MS_E}{PK} = \frac{1.05 - 0.980\ 6}{10 \times 2} = 0.003\ 47$$

$$\hat{\sigma}^2 = MS_E = 0.980\ 6$$

$$\sigma_{\text{Reproducibility}}^2 = \sigma_O^2 = 0.003\ 47$$

$$\sigma_{\text{Repeatability}}^2 = \sigma^2 = 0.980\ 6$$

$$\sigma_{\text{Gauge}}^2 = \sigma_{\text{Reproducibility}}^2 + \sigma_{\text{Repeatability}}^2 = \hat{\sigma}_O^2 + \hat{\sigma}^2 = 0.984\ 03$$

因此,可以得到表 5‑10。

表 5 - 10　方 差 分 量 表

来　源	方差分量	方差分量贡献率
合计量具 R&R	0.984 03	11.79%
重复性	0.980 56	11.75%
再现性	0.003 47	0.04%
测量员	0.003 47	0.04%
部件之间	7.364 04	88.21%
合计变异	8.348 07	100.00%

利用 Minitab→统计→质量工具→量具研究→量具 R&R 研究(交叉),分析结果如图 5-12 所示。6 张图的解释与分析如下。

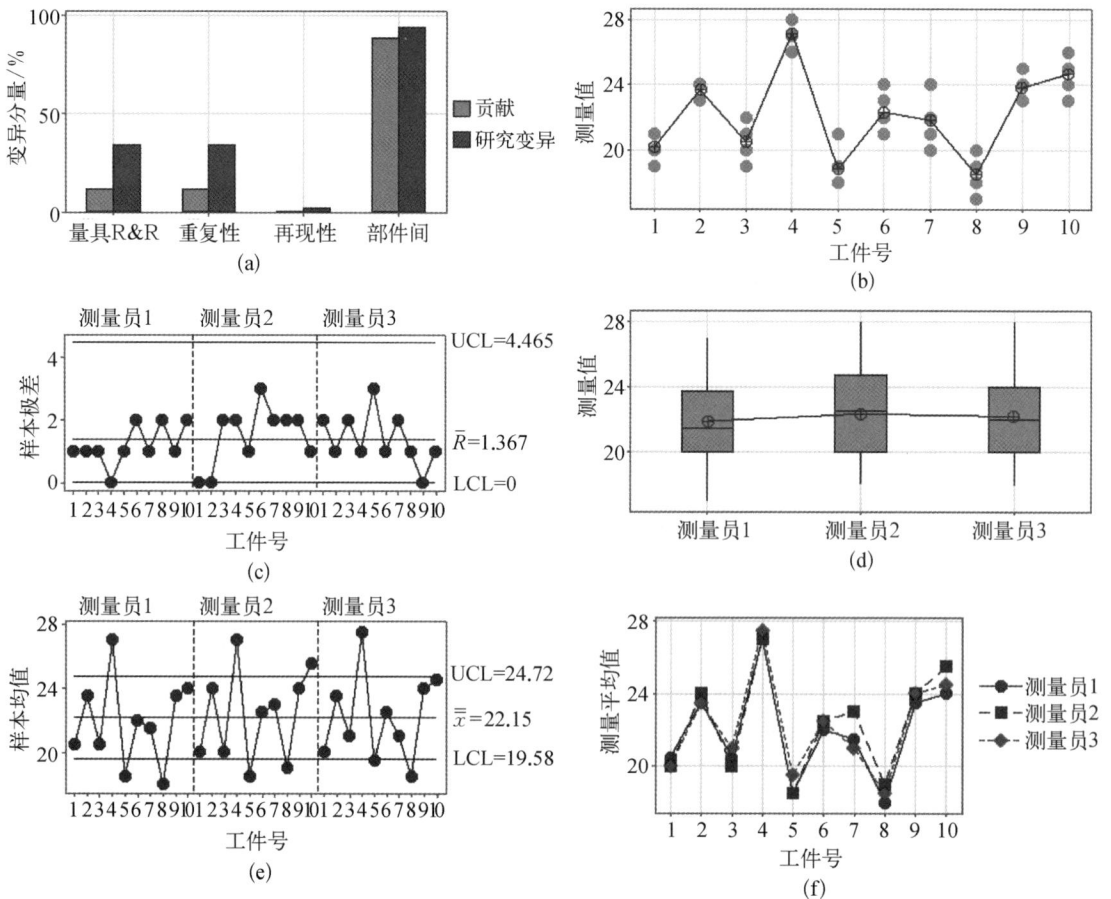

图 5 - 12　测量系统分析图

（1）图 5 - 12(a)表现了不同分项的方差占总方差的比例。

（2）图 5 - 12(b)显示了不同产品的测量均值差异显著,产品之间的差异很大。

（3）图 5 - 12(c)上的每个点都是同一测量员对同一零件进行的所有测量的极差。所有点都应在控制范围内,这意味着重复性得到了很好的控制。

（4）从图 5 - 12(d)中可以看出不同测量员的测量值之间差异不显著。

（5）图 5 - 12(e)上的每一点都是同一测量员对同一零件进行测量的平均值,控制图的控制限为

$$\text{UCL} = \frac{\bar{\bar{y}} + 3\sigma_{\text{Gauge}}}{\sqrt{K}}$$

$$\text{LCL} = \frac{\bar{\bar{y}} - 3\sigma_{\text{Gauge}}}{\sqrt{K}}$$

一个好的测量系统,σ_{Gauge} 应该很小。 如果 σ_{Gauge} 非常小,那么控制限将非常窄,大多数点应该在控制范围之外,这意味着产品之间的差异非常大。

（6）图 5 - 12(f)显示 3 条曲线基本平行,即测量员和产品之间的交互作用较弱。

假设该工件的公差限为[20, 24],则

$$\text{PTT} = \frac{6\sigma_{\text{Gauge}}}{\text{USL} - \text{LSL}} = \frac{6 \times \sqrt{0.984\,03}}{24 - 20} = 1.488$$

$$\rho_{\text{P}} = \frac{\hat{\sigma}_{\text{P}}^2}{\hat{\sigma}_{\text{T}}^2} = \frac{7.364\,04}{8.348\,07} = 0.882$$

$$\text{SNR} = \sqrt{\frac{2\rho_{\text{P}}}{1 - \rho_{\text{P}}}} = \sqrt{\frac{2 \times 0.882}{1 - 0.882}} = 3.866$$

$$\text{DR} = \frac{1 + \rho_{\text{P}}}{1 - \rho_{\text{P}}} = \frac{1 + 0.882}{1 - 0.882} = 15.949$$

5.6 测量系统分析小实验

实验背景:某公司生产矿泉水,水的高度是一个关键的质量特征。假设水高目标值是 10 cm,规格限为[9.8 cm, 10.2 cm]。公司想知道目前的测量系统是否能提供可靠的测量结果。

实验器材和人员:

（1）5 个同款一次性透明杯,给每个杯子编号,贴上编号标签;

（2）给每个杯子装水,令水高接近目标值 10 cm(测量对象);

（3）1 把带毫米刻度的直尺(量具);

（4）3 名测量员;

（5）1 名负责组织实验秩序的人员。

实验步骤：

（1）利用 Minitab→统计→质量工具→量具研究→创建量具 R&R 工作表，编制测量计划（见图 5-13）。

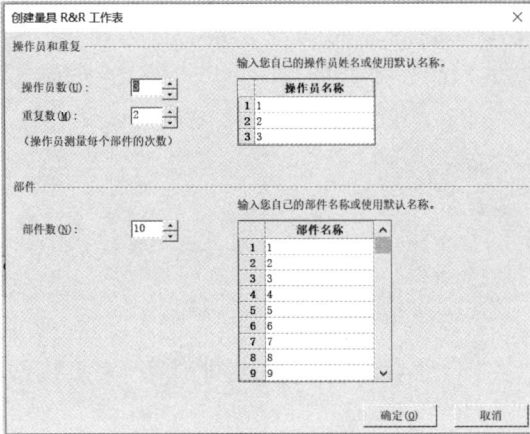

图 5-13 Minitab 软件编制测量计划

（2）制定测量水高的操作指导书。

（3）按照测量计划将装水的杯子递给测量员（注意：要严格按照运行顺序进行测量）。每个测量员按照测量操作指导书测量杯中水的高度。确保测量员不知道其量的是几号杯子（单盲）。负责记录数据的人员在测量员完成测量后记录数据。

（4）利用 Minitab 软件分析所测量数据。观察量具运行图中测量值的重复性和再现性（见图 5-14）。结合 Minitab 的方差分析结果，详细分析测量系统的重复性和再现性。

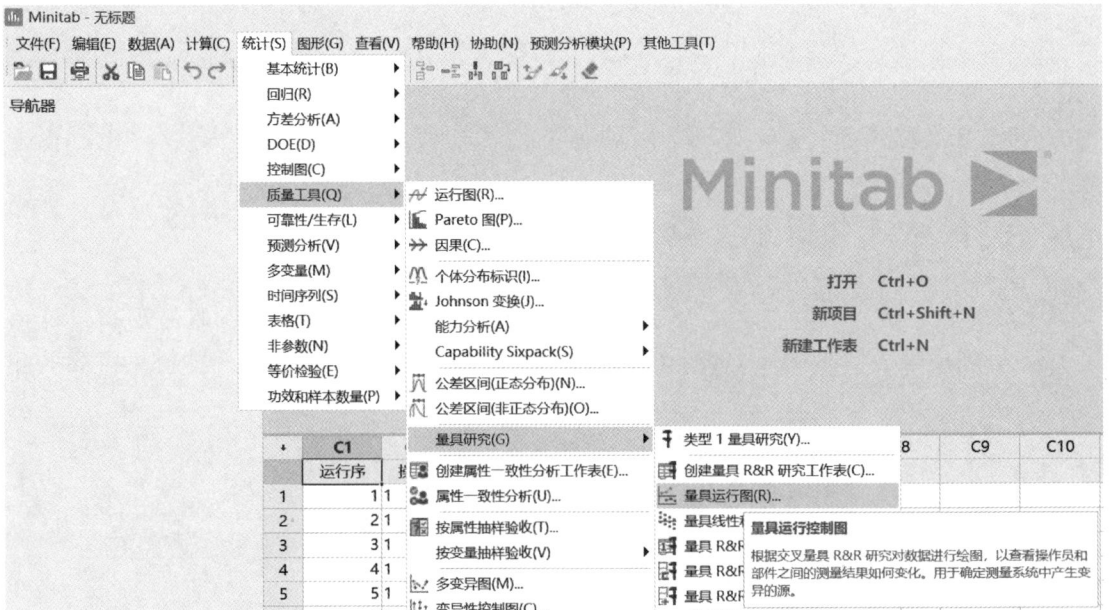

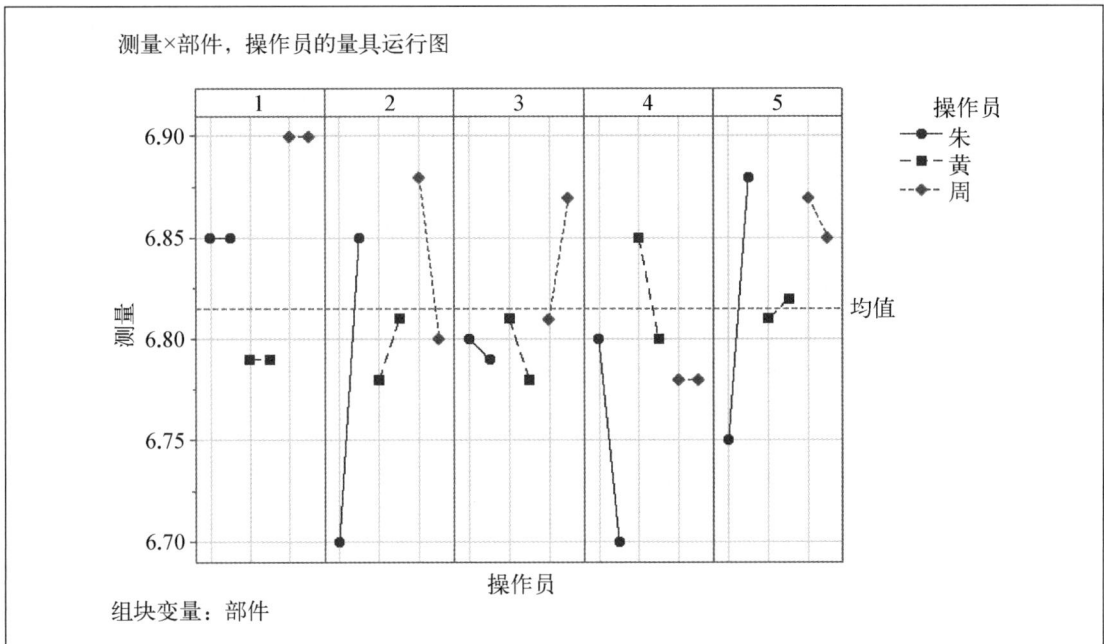

图 5-14 Minitab 软件绘制量具运行图

习题

1. 一个测量系统对某个零件进行了 10 次测量，测量结果如下：

10.02 mm，10.03 mm，10.04 mm，10.01 mm，10.02 mm，10.03 mm，10.04 mm，10.02 mm，10.03 mm，10.04 mm

假设该零件的真实长度为 10.00 mm。计算该测量系统的偏倚值，并分析其准确度。

2. 一个测量系统在 3 个不同的量程段上对同一对象进行了多次测量。测量结果如下：

量程段 1（0～10 mm）：平均值＝5.01 mm，标准差＝0.02 mm；

量程段 2（10～20 mm）：平均值＝15.03 mm，标准差＝0.03 mm；

量程段 3（20～30 mm）：平均值＝25.05 mm，标准差＝0.04 mm。

假设真值分别为 5.00 mm、15.00 mm 和 25.00 mm。计算每个量程段的偏倚值，并分析该测量系统的线性。

3. 某工程师选择了 10 个代表过程变异预期极差的部件。3 名操作员按照随机顺序测量 10 个部件，每个部件测量 3 次。工程师执行交叉量具 R&R 研究来评估因测量系统导致的测量值的变异。

(1) 填补表 5-11 和表 5-12 中的 5 个缺失值；

(2) 逐个分析图 5-15 中的 6 个子图，并评价此测量系统；

(3) 计算此测量系统的方差（σ_{Gauge}^2）。

表 5‑11 包含交互作用的双因子方差分析表

来　源	自由度	SS	MS	F	P
部件		86.36		（3）	0
操作员		3.16			0
部件×操作员		0.36	（2）		0.974
重复性	（1）				
合　计		91.82			

表 5‑12 不包含交互作用的双因子方差分析表

来　源	自由度	SS	MS	F	P
部件		86.36			0
操作员		3.16		（5）	0
重复性	（4）				
合　计		91.82			

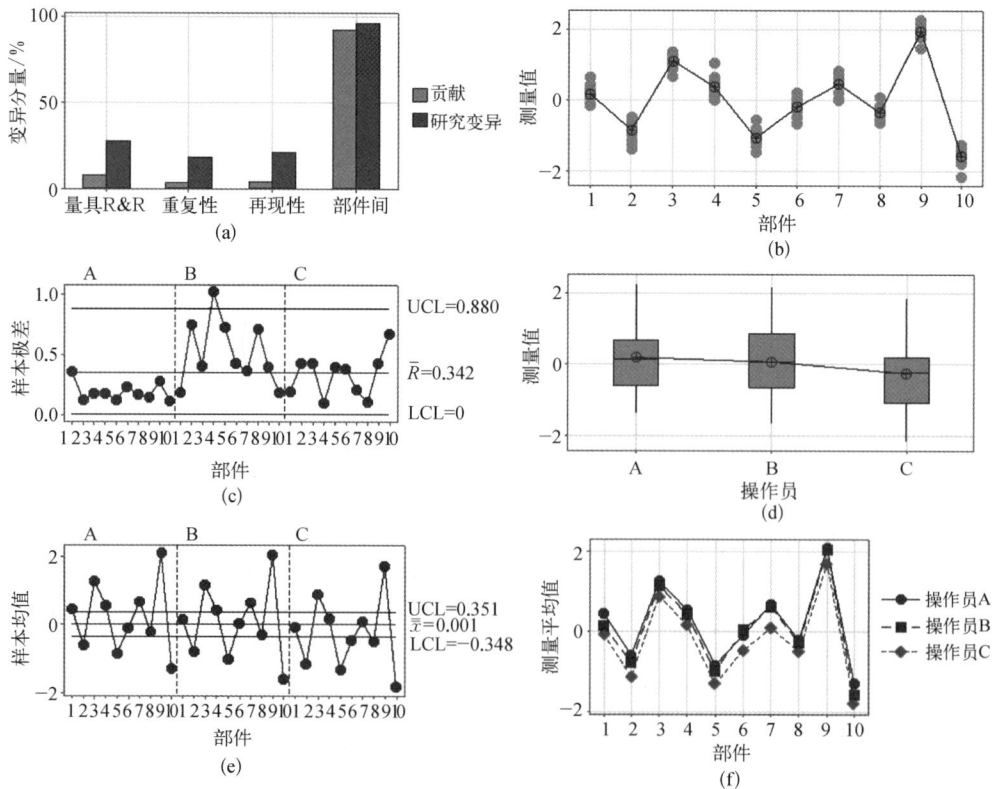

图 5‑15 测量系统分析图

4. 假设需要测量一个零件的尺寸,该零件的设计公差为 ± 0.01 mm。现有两种测量设备可供选择:

(1) 设备 A 的分辨率是 ± 0.001 mm;

(2) 设备 B 的分辨率是 ± 0.01 mm。

请问哪一种设备更适合用于测量该零件? 为什么?

假设另一个零件的设计公差为 ± 0.05 mm,现有两种测量设备可供选择:

(1) 设备 C 的分辨率是 ± 0.005 mm;

(2) 设备 D 的分辨率是 ± 0.025 mm。

请问哪一种设备更适合用于测量该零件? 为什么?

5. 解释方差分析中随机效应模型和固定效应模型的区别。

参考文献

[1] BISSELL A F. Measurement systems analysis [J]. Quality Progress, 1990, 23(1): 65 - 71.

[2] BORROR C M, MONTGOMERY D C, RUNGER G C. Confidence intervals for variance components from gauge capability studies [J]. Quality and Reliability Engineering International, 1997, 13(6): 361 - 369.

[3] BURDICK R K, LARSEN G A. Confidence intervals on measures of variability in R&R studies [J]. Journal of Quality Technology, 1997, 29(3): 261 - 273.

[4] BURDICK R K, BORROR C M, MONTGOMERY D C. Measurement systems analysis: a comprehensive review [J]. Journal of Quality Technology, 2005, 37(3): 205 - 225.

[5] BURDICK R K, BORROR C M, MONTGOMERY D C. A review of methods for measurement systems capability analysis [J]. Journal of Quality Technology, 2003, 35(4): 342 - 354.

[6] BURDICK R K, PARK Y J, MONTGOMERY D C, et al. Confidence intervals for misclassification rates in a gauge R&R study [J]. Journal of Quality Technology, 2005, 37(4): 294 - 303.

[7] CHRYSLER GROUP LLC, FORD MOTOR COMPANY, GENERAL MOTORS CORPORATION. Measurement systems analysis reference manual [M]. 4th ed. Southfield: Automotive Industry Action Group, 2010.

[8] MONTGOMERY D C, RUNGER G C. Gauge capability and designed experiments. Part Ⅰ: basic methods [J]. Quality Engineering, 1993, 6(1): 115 - 135.

[9] MONTGOMERY D C, RUNGER G C. Gauge capability analysis and designed experiments. Part Ⅱ: experimental design models and variance component estimation [J]. Quality Engineering, 1993, 6(2): 289 - 305.

第6章　过程能力分析

工序能力指数是一个用来评估工序性能和可控程度的指标。它主要衡量工序在一定时间内处于控制状态(稳定状态)下的实际加工能力,或者说是工序保证质量的能力。工序能力指数反映了工序的固有能力满足标准与规范的程度,是描述过程固有能力的重要指标。

在评价过程能力之前,需要确认该过程质量指标的测量系统是否可靠(包括偏倚、线性、稳定性、重复性和再现性),并且确认该过程处于稳定状态。只有当测量系统提供的数据可靠且过程稳定时,才能准确地测算工序能力指数。

废品率是衡量一个生产过程生产能力的常用指标。然而,第1章中索尼电视机色彩浓度的例子证明,废品率并不能全面衡量过程能力的高低。因此,需要更恰当且全面的工序能力指数来评估过程的质量表现。

本章的学习目标:

(1) 计算和分析能力指数 C_p、C_{pk} 和 C_{pm};

(2) 计算和分析能力指数 P_p 和 P_{pk}。

6.1　短期过程能力指数

6.1.1　正态分布数据的能力指数 C_p

C_p 是最简单的工序能力指数。它的计算方法非常简单:

$$C_p = \frac{\text{USL} - \text{LSL}}{6\sigma_{st}} \qquad (6-1)$$

式中,USL 为产品质量规格上限;LSL 为产品质量规格下限;σ_{st} 为短期内产品质量指标的标准差。可见,规格限越宽,过程能力越高;短期质量标准差越小,过程能力越高。

假设短期内收集的可控过程的质量指标数据为 $x_j(j = 1, \cdots, n)$,可以估计 C_p 的值,即:

$$\hat{C}_p = \frac{\text{USL} - \text{LSL}}{6\hat{\sigma}_{st}} \qquad (6-2)$$

式中,$\hat{\sigma}_{st}$ 为 n 个数据的样本标准差,$\hat{\sigma}_{st} = \frac{1}{n-1}\sum_{j=1}^{n}(x_j - \hat{\mu})^2$,$\hat{\mu} = \frac{1}{n}\sum_{j=1}^{n}x_j$。

C_p 的置信区间为

$$\hat{C}_{\mathrm{p}}\sqrt{\frac{\chi^2_{1-\frac{\alpha}{2},n-1}}{n-1}} \leqslant C_{\mathrm{p}} \leqslant \hat{C}_{\mathrm{p}}\sqrt{\frac{\chi^2_{\frac{\alpha}{2},n-1}}{n-1}} \qquad (6-3)$$

式中，$\chi^2_{1-\frac{\alpha}{2},n-1}$ 和 $\chi^2_{\frac{\alpha}{2},n-1}$ 分别为自由度为 $n-1$ 的卡方分布的 $1-\frac{\alpha}{2}$ 和 $\frac{\alpha}{2}$ 分位数。

假设某产品稳定生产过程的质量指标的规格上限为 62，规格下限为 58。从稳定的过程中抽取 20 个样品，并测量质量指标的值。假设抽取的这 20 个数据的标准差是 1.75，且这 20 个产品是从一个相当短的时间内抽取的，在这个短时间内数据的分布不变。基于这些数据，就可以计算这个生产过程的短期过程能力指数。此时样本数 $n=20$，$\sigma_{\mathrm{st}}=1.75$，USL$=62$，LSL$=58$，则 C_{p} 的估计为

$$\hat{C}_{\mathrm{p}}=\frac{\mathrm{USL-LSL}}{6\sigma_{\mathrm{st}}}=\frac{62-58}{6\times1.75}=0.381$$

设 $\alpha=0.05$，则 95% 的置信区间为

$$0.381\sqrt{\frac{\chi^2_{1-\frac{\alpha}{2},20-1}}{20-1}} \leqslant C_{\mathrm{p}} \leqslant 0.381\sqrt{\frac{\chi^2_{\frac{\alpha}{2},20-1}}{20-1}}$$

$$0.261 \leqslant C_{\mathrm{p}} \leqslant 0.501$$

图 6-1(a) 展示了均值居中，上下规格限距离均值 6 倍标准差的时候，过程对应的 $C_{\mathrm{p}}=\frac{12\sigma}{6\sigma}=2$，合格率为 99.999 999 8%，即平均生产 10 亿个产品才有 2 个不合格品。图 6-1(b) 展示了均值居中，上下规格限距离均值 5 倍标准差的时候，过程对应的 $C_{\mathrm{p}}=\frac{10\sigma}{6\sigma}=1.67$，合格率为 99.999 943%，即平均生产 1 000 万个产品有 5.7 个不合格品。图 6-1(c) 展示了均值居中，上下规格限距离均值 4 倍标准差的时候，过程对应的 $C_{\mathrm{p}}=\frac{8\sigma}{6\sigma}=1.33$，合格率为 99.993 7%，即平均生产 10 万个产品有 6.3 个不合格品。

不同过程对工序能力指数 C_{p} 的要求因生产需求、产品质量标准以及行业特性等因素而异。传统的工业生产通常认为，工序能力指数 C_{p} 在 1～1.67 范围内是满足要求的。这意味着工艺成品率在 99.73%～99.999 971% 之间。如果 C_{p} 值大于 1.67，传统观念认为这是一种能力的过剩，可能导致资源的浪费。而现代工业生产，特别是现代电子元器件的生产，对工序能力指数的要求更为严格。要求工序能力指数 C_{p} 不低于 2.0。这种高要求是为了保证产品的高质量和高可靠性，使不合格品率降至百万分之几的水平。

当 $C_{\mathrm{p}}>1.33$ 时，表明工序能力充分，这时需要控制工序的稳定性，以保持工序能力不发生显著变化。当 $1.0<C_{\mathrm{p}}\leqslant1.33$ 时，表明工序能力满足要求，但不充分，应采取措施加强对工序的控制。当 $0.67<C_{\mathrm{p}}\leqslant1.0$ 时，表明工序能力不足，不能满足标准的需要，应采取改进措施。当 $C_{\mathrm{p}}\leqslant0.67$ 时，表明工序能力严重不足，必要时要停工整顿。

对于新开发的产品且对安全性、强度等关键质量指标要求比较高的产线，工序能力需要达到 1.67。对于新产线或者安全性、强度等关键质量指标要求比较高的成熟产线，工序能力可以降低到 1.50。

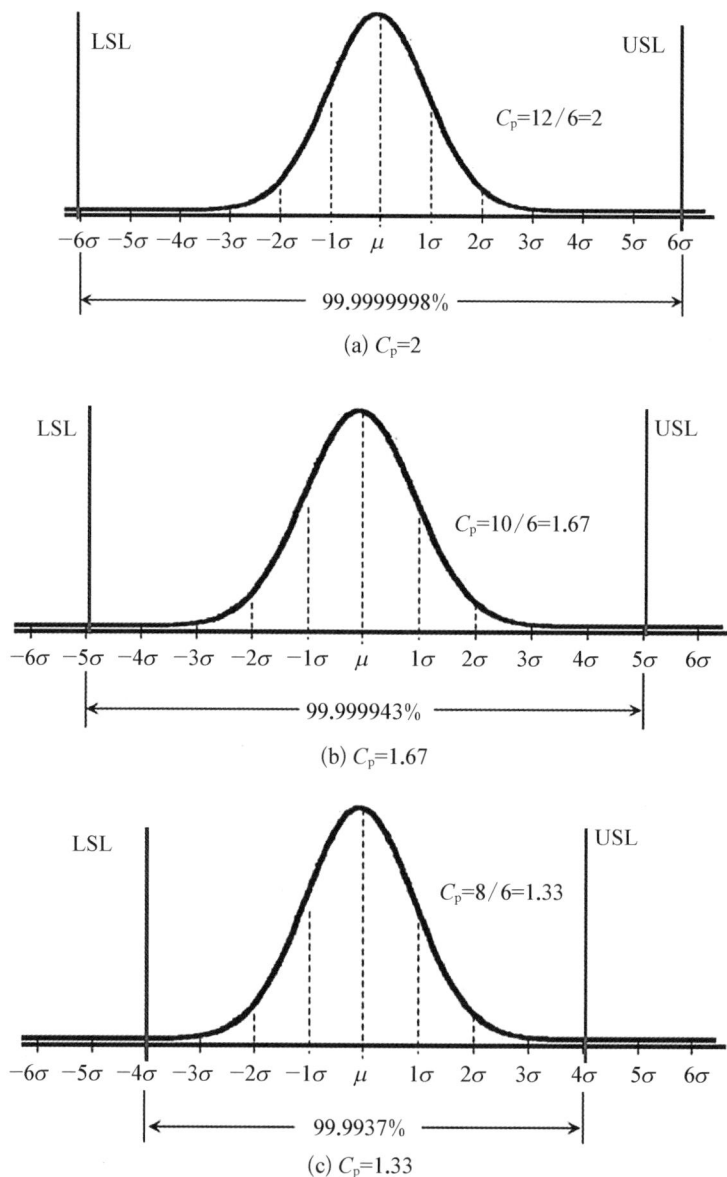

(a) $C_p=2$

(b) $C_p=1.67$

(c) $C_p=1.33$

图 6-1　均值居中时不同过程对应的合格率

　　综上所述,不同过程对工序能力指数的要求因生产需求、产品质量标准及行业特性而异。在实际生产中,需要根据具体情况来设定和调整工序能力指数的要求,以确保产品的质量和生产效率。

　　C_p 常被用于考察供应商能力。通常,企业要求供应商提供抽样产品,测量其质量指标,计算产品的能力指数。那么抽多少个样本就成了一个待解决的问题。

　　下面用一个算例来展示不同的抽样数量对 C_p 估计值的影响。假设供应商的生产过程质量指标服从正态分布 $N(600,3)$,上下规格限为 598 和 602。那么此过程的工序能力指数的理论值 $C_p = \dfrac{602-598}{6 \times 3} = 0.222$。如果从生产过程中抽取 n 个样本,计算样本标准差,可以估计其工序能力指数 $\hat{C}_p$。令 $n=10$，30，50，70，100，重复 1 万次蒙特卡模拟，抽样 n 个样本，得到 10 000 个 $\hat{C}_p$ 值的直方图，如图 6-2 所示。由图中 6 个图形的对比可见，抽样样本数越多，$\hat{C}_p$ 的 95% 的置信区间越窄，也就是 $\hat{C}_p$ 估计得越准确。当 $n=10$ 时，$\hat{C}_p$ 的估计可能与真实的 C_p 相差甚远。

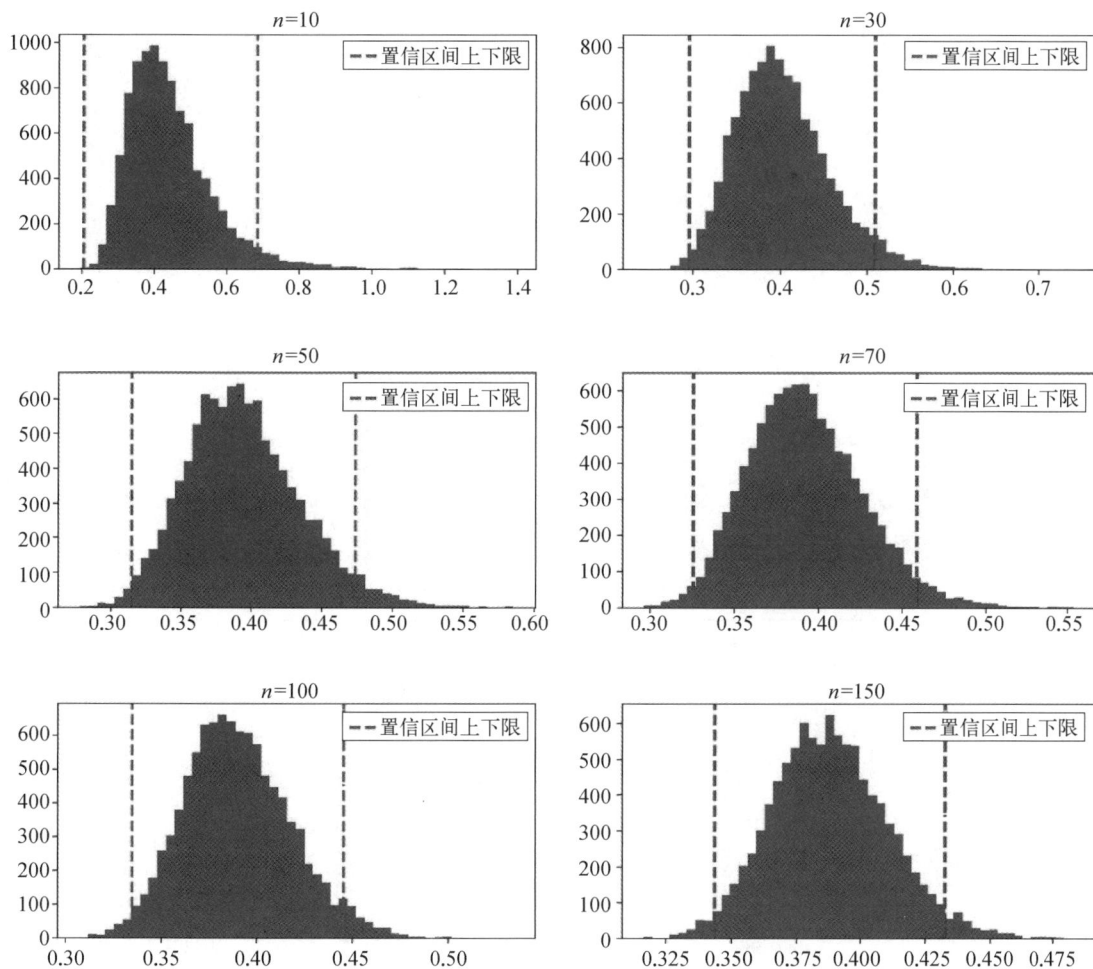

图 6-2　抽样大小对 C_p 估计值的影响

Kane 提供了一个抽样样本大小的参考（见表 6-1）。如果 A 公司需要证明 B 供应商提供产品的关键质量指标的能力指数 $C_p > 1.33$，则需要对抽样产品的工序能力指数进行计算。A 公司希望：如果 $C_p < 1.33$，以 90% 的概率拒绝零假设（$1-\alpha=90\%$）；如果 $C_p > 1.66$，以 90% 的概率接受零假设（$1-\beta=90\%$）。 参照表 6-1，由于 $\dfrac{C_p(\text{High})}{C_p(\text{Low})}=\dfrac{1.66}{1.33}=1.25$，因此需要抽取至少 70 个样本。

从 C_p 的公式上可以看出，C_p 仅与过程的标准差有关，而过程的均值对 C_p 无影响。从图 6-3 可以看出，5 种情况下质量分布标准差相等，但是均值各不相同。C_p 值却都是 $(62-38)/(2\times6)=2$。

表 6-1 过程能力指数检验的样本量和功效

样本量 n	$\alpha = \beta = 0.10$		$\alpha = \beta = 0.05$	
	$\dfrac{C_p(\text{High})}{C_p(\text{Low})}$	$\dfrac{C_p}{C_p(\text{Low})}$	$\dfrac{C_p(\text{High})}{C_p(\text{Low})}$	$\dfrac{C_p}{C_p(\text{Low})}$
10	1.88	1.27	2.26	1.37
20	1.53	1.20	1.73	1.26
30	1.41	1.16	1.55	1.21
40	1.34	1.14	1.46	1.18
50	1.30	1.13	1.40	1.16
60	1.27	1.11	1.36	1.15
70	1.25	1.10	1.33	1.14
80	1.23	1.10	1.30	1.13
90	1.21	1.10	1.28	1.12
100	1.20	1.09	1.26	1.11

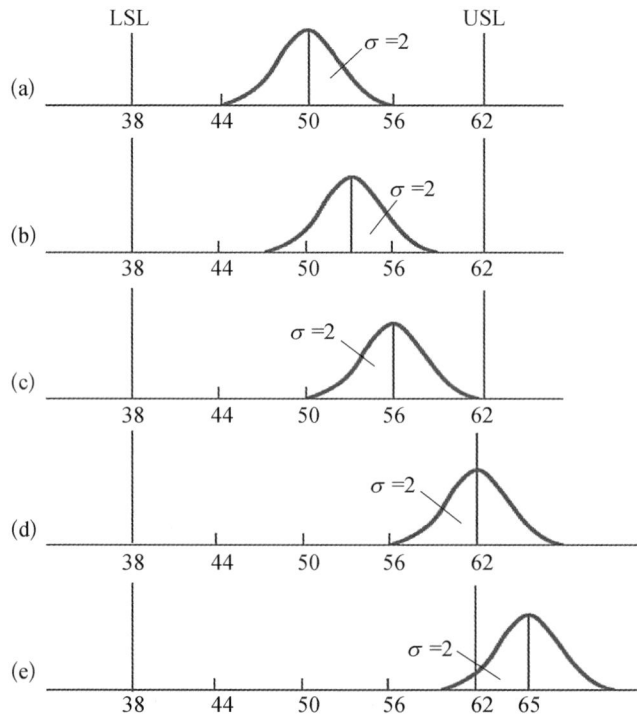

图 6-3 同样规格限下的不同生产过程

通过计算可以发现,工序能力指数 C_p 有一个严重缺陷。虽然 5 个过程的 C_p 值一样,但产品合格率却大相径庭。C_p 无法反映实际生产过程的均值是否居中,导致仅依赖 C_p 值可能会错误高估了生产过程的能力。使用 C_p 的另外一个缺陷是必须使用两侧的规格限。如果某个生产过程只有单侧的规格限,则 C_p 值无法计算。

6.1.2 正态分布数据的能力指数 C_{pk}

另一个能力指数 C_{pk} 弥补了 C_p 的缺陷。C_{pk} 的计算公式:

$$C_{pk} = \min\left(\frac{\text{USL} - \mu}{3\sigma_{st}}, \frac{\mu - \text{LSL}}{3\sigma_{st}}\right) \tag{6-4}$$

式中,USL 为产品质量规格上限;LSL 为产品质量规格下限;μ 为产品质量指标的均值;σ_{st} 为短期内产品质量指标的标准差。如果实际生产过程的均值 μ 正好与规格上限和规格下限的中心点重合,则 $C_p = C_{pk}$。

C_{pk} 同时考虑了均值偏移和标准差,而且适用于单侧规格。规格限越宽,过程能力越高;短期质量标准差越小,过程能力越高;μ 越居中,过程能力越高。

由于 C_{pk} 同时考虑了过程均值和标准差,因此,其对过程能力的评估更加全面。图 6-3 中的 5 个过程的 C_{pk} 值分别是 2,1.5,1,0,-0.5。

假设短期内收集的可控过程的质量指标数据为 $x_j (j = 1, \cdots, n)$,则 C_{pk} 的估计值:

$$\hat{C}_{pk} = \min\left(\frac{\text{USL} - \hat{\mu}}{3\hat{\sigma}_{st}}, \frac{\hat{\mu} - \text{LSL}}{3\hat{\sigma}_{st}}\right) \tag{6-5}$$

式中,$\hat{\mu}$ 为样本均值;$\hat{\sigma}_{st}$ 为 n 个数据的样本标准差。

C_{pk} 的置信区间公式:

$$\hat{C}_{pk}\left[1 - Z_{\frac{\alpha}{2}}\sqrt{\frac{1}{9n\hat{C}_{pk}^2} + \frac{1}{2(n-1)}}\right] \leqslant C_{pk} \leqslant \hat{C}_{pk}\left[1 + Z_{\frac{\alpha}{2}}\sqrt{\frac{1}{9n\hat{C}_{pk}^2} + \frac{1}{2(n-1)}}\right] \tag{6-6}$$

式中,$Z_{\frac{\alpha}{2}}$ 为正态分布的 $\frac{\alpha}{2}$ 分位数。

假设一个稳定的正态过程的规格限为 USL = 62 和 LSL = 38。来自该过程的 $n = 20$ 的样本表明,过程平均值大约为 52,样本标准偏差 $s = 1.75$。则其短期能力指数 C_{pk} 为

$$\hat{C}_{pk} = \min\left(\frac{62 - 52}{3 \times 1.75}, \frac{52 - 38}{3 \times 1.75}\right) = 1.905$$

其 95% 置信区间为

$$\hat{C}_{pk}\left[1 - Z_{\frac{0.05}{2}}\sqrt{\frac{1}{9 \times 20\hat{C}_{pk}^2} + \frac{1}{2 \times (20-1)}}\right] \leqslant C_{pk} \leqslant \hat{C}_{pk}\left[1 + Z_{\frac{0.05}{2}}\sqrt{\frac{1}{9 \times 20\hat{C}_{pk}^2} + \frac{1}{2 \times (20-1)}}\right]$$

$$1.282 \leqslant C_{pk} \leqslant 2.528$$

一般来说,工序能力指数的评级标准为

(1) A++级:$C_{pk} \geqslant 2.0$,特优,可考虑成本的降低;

(2) A+级:$1.67 \leqslant C_{pk} < 2.0$,优,应当保持;

（3）A级：$1.33 \leqslant C_{pk} < 1.67$，良，能力良好，状态稳定，但应尽力提升为 A+级；

（4）B级：$1.0 \leqslant C_{pk} < 1.33$，一般，制程因素稍有变异，应利用各种资源及方法将其提升为 A 级；

（5）C级：$0.67 \leqslant C_{pk} < 1.0$，差，制程不良较多，必须提升其能力；

（6）D级：$0 \leqslant C_{pk} < 0.67$，不可接受，其能力太差，应考虑重新整改设计制程。

除此之外，还可以利用以下两种过程能力指数衡量一个非正态过程的能力。

6.1.3 正态分布数据的能力指数 C_{pm}

日本的质量大师田口玄一（Genichi Taguchi）提出的质量损失函数曲线认为产品质量偏离目标值而浪费的成本呈抛物线形状。若产品的质量特性为 y，目标值为 T，质量损失函数 $L(y)$ 定义为

$$L(y) = K(y - T)^2 \tag{6-7}$$

式中，K 为质量损失函数的比例常数。可见当 $y = T$ 时，$L(y)$ 达到最小且为零。因此质量指标越接近目标值，质量损失越小。根据这个理念，田口设计了过程能力指数：

$$C_{pm} = \frac{\text{USL} - \text{LSL}}{6\sqrt{\sigma^2 + (\mu - T)^2}} \tag{6-8}$$

式中，$T = \dfrac{\text{USL} + \text{LSL}}{2}$；$\mu$ 和 σ^2 分别为过程的真实均值和方差，在计算过程中，μ 和 σ^2 可以利用样本均值和样本方差代替。

如果过程均值正好等于目标值，则 C_{pm} 与 C_p、C_{pk} 相等。但是，当过程均值偏离目标值时，C_{pm} 指数将小于 C_{pk}，随着偏离的增大，C_{pm} 指标将迅速恶化。

6.1.4 非正态分布数据的短期过程能力指数

使用 C_p 和 C_{pk} 衡量过程能力的前提假设是过程输出的质量数据服从正态分布。然而，在许多情况下，质量数据并不一定服从正态分布。如果数据的分布不是正态分布，那么利用 C_p 和 C_{pk} 衡量的过程能力可能是错误的。

处理这种情况的一种方法是数据变换法。这种方法通过使用非线性函数将原始质量数据转换成正态或近似正态的数据，然后再计算 C_p 和 C_{pk}。常用的正态性变换包括 Box-Cox 变换和 Johnson 变换。

Box-Cox 变换是由 Box 和 Cox 在 1964 年提出的一种广义幂变换方法，常用于统计建模中处理连续响应变量不满足正态分布的情况。通过 Box-Cox 变换，可以一定程度上减小不可观测的误差和预测变量的相关性。Box-Cox 变换的主要特点是引入一个参数 λ，通过数据本身估计该参数来确定应采取的数据变换形式。Box-Cox 变换可以显著改善数据的正态性、对称性和方差相等性，在许多实际应用中都非常有效。

Box-Cox 变换的一般形式为

$$y^{(\lambda)} = \begin{cases} \dfrac{y^\lambda - 1}{\lambda}, & \lambda \neq 0 \\ \ln y, & \lambda \neq 0 \end{cases} \tag{6-9}$$

式中，$y^{(\lambda)}$ 为经 Box-Cox 变换后得到的新变量；y 为原始连续因变量；λ 为变换参数。以上变换要求原始变量 y 取值为正。取值为负时，可先对所有原始数据同加一个常数 a，使 $y+a$ 为正值，然后再进行以上的变换。在 $\lambda=0$ 时，Box-Cox 变换为对数变换；$\lambda=-1$ 时为倒数变换；而 $\lambda=0.5$ 时为平方根变换。确定 Box-Cox 变换中 λ 的最优值有两种方法：① 最大似然估计；② Bayes 方法。最佳的 λ 可以使变换后的数据尽可能接近正态分布。

Johnson 变换是由响应变量的累积分布函数变换而来的一种数据转换方法，能够处理多种类型的非正态分布数据，包括包含 0 和负值的样本。它能够从 3 种不同的分布族（S_B、S_L 和 S_U）中选择一个最优的函数，将数据转换为标准正态分布。其中，S_B、S_L 和 S_U 分别代表有界变换、对数正态变换和无界变换。这种转换方法对数据的要求并不是很高，且转换后的数据更便于进行方差分析、回归分析、统计推断及数据建模等。具体变换公式如表 6-2 所示。

表 6-2　Johnson 变换

Johnson 系统	Johnson 分布	正态变换	参数约束	y 约束
S_B	$k_1 = \ln\left(\dfrac{y-\epsilon}{\lambda+\epsilon-y}\right)$	$z = \gamma + \eta\ln\left(\dfrac{y-\epsilon}{\lambda+\epsilon-x}\right)$	$\eta,\lambda > 0,$ $-\infty < \mu < \infty,$ $-\infty < \epsilon < \infty,$	$\epsilon > y > \epsilon+\gamma$
S_L	$k_2 = \ln(y-\epsilon)$	$z = \gamma + \eta\ln(y-\epsilon)$	$\eta > 0,$ $-\infty < \gamma < \infty,$ $-\infty < \epsilon < \infty,$	$y > \epsilon$
S_U	$k_3 = \sinh^{-1}\left(\dfrac{y-\epsilon}{\lambda}\right)$	$z = \gamma + \eta\sinh^{-1}\left(\dfrac{y-\epsilon}{\lambda}\right)$	$\eta,\lambda > 0,$ $-\infty < \gamma < \infty,$ $-\infty < \epsilon < \infty,$	$-\infty > y > \infty$

表 6-2 中 sinh 为双曲正弦函数，而 $\sinh^{-1} = \text{arcsinh}$ 则为反双曲正弦函数。使用 Johnson 变换有两个问题需要解决，一是在 3 个分布族中选择哪个，二是如何计算变换的参数。在现代统计软件和编程语言中，如 Minitab、R、Python 等，Johnson 变换都有相应的实现函数或程序包，可以选择最优的分布族和参数。此种变换方法在统计学、经济学、生物医学等多个领域都有广泛的应用。

除了 Box-Cox 变换和 Johnson 变换外，还有其他一些用于改善数据正态性的变换方法，如 Yeo-Johnson 变换。Yeo-Johnson 变换是 Box-Cox 变换在实数域上的推广，能够处理包含 0 和负值的数据。这些方法各有优缺点，用户应根据实际情况选择最适合的变换方法。

6.1.5　二项分布和泊松分布数据的能力指数

当需评估的质量指标为废品数量或者缺陷个数时，产品质量数据不服从正态分布，这时的短期能力指数计算方式如下。

假设某个产品的废品率为 p，n 个产品中的废品个数 x_i 服从二项分布 $B(n,p)$，则

$$\mu = E(x) = np,\ \sigma^2 = np(1-p)$$

假设顾客对 n 个产品中的废品个数只有规格上限 USL,则

$$C_{pk} = \frac{USL - \mu}{3\sigma}, \quad \mu = np, \quad \sigma^2 = np(1-p) \tag{6-10}$$

若从生产线的每个抽样点抽取 n 个产品,每个抽样点的 n 个产品中废品个数为 $x_i(i=1, 2, \cdots, m)$ 个,则

$$\hat{C}_{pk} = \frac{USL - \hat{\mu}}{3\hat{\sigma}}, \quad \hat{\mu} = n\hat{p}, \quad \sigma^2 = n\hat{p}(1-\hat{p}) \tag{6-11}$$

式中, $\hat{p} = \dfrac{\sum\limits_{i=1}^{m} x_i}{nm}$ 。

假设工程师从生产线上抽取了 20 组产品,每组 100 个产品,每组产品的废品个数如下: 1,3,5,2,4,0,4,8,5,4,6,4,5,4,3,4,5,7,0,5。客户要求每 100 个产品的废品 个数必须小于或等于 10,则此过程满足客户要求的能力指数为

$$\hat{p} = \frac{\sum\limits_{i=1}^{m} x_i}{n_1 + \cdots + n_m} = \frac{1 + 3 + \cdots + 5}{100 \times 20} = \frac{79}{2\,000} = 0.039\,5$$

$$C_{pk} = \frac{USL - \mu}{3\sigma} = \frac{10 - 100 \times \hat{p}}{3\sqrt{n\hat{p}(1-\hat{p})}} = \frac{10 - 100 \times 0.039\,5}{3\sqrt{100 \times 0.039\,5 \times (1 - 0.039\,5)}} = 1.035$$

假设单位产品的缺陷个数 x_i 服从泊松分布 $P(\lambda)$,则

$$\mu = E(x) = \lambda, \quad \sigma^2 = \lambda$$

假设顾客对 n 个产品中的缺陷个数只有规格上限 USL,则

$$C_{pk} = \frac{USL - \lambda}{3\sqrt{\lambda}} \tag{6-12}$$

若从生产线的每个抽样点抽取了 n 个产品,每个抽样点的 n 个产品的瑕疵点个数为 $x_i(i= 1, 2, \cdots, m)$,则

$$\hat{C}_{pk} = \frac{USL - \hat{\lambda}}{3\sqrt{\hat{\lambda}}} \tag{6-13}$$

式中, $\hat{\lambda} = \sum\limits_{i=1}^{m} x_i / m$ 。

假设工程师从生产线上抽取了 20 组产品,每组 50 个产品,每组产品上的瑕疵点个数如 下:1,2,0,3,2,4,1,0,3,1,2,2,1,6,3,5,1,3,2,0。客户要求每 50 个产品上的 瑕疵点个数必须小于等于 6,此过程的能力指数为

$$\lambda = \frac{1 + 2 + \cdots + 2}{20} = \frac{42}{20} = 2.1$$

$$C_{pk} = \frac{6 - \lambda}{3\sqrt{\lambda}} = \frac{6 - 0.85}{3\sqrt{0.85}} = 0.897$$

6.2 合格率与工序能力指数的关系

假设某个过程的质量指标 y 的规格上下限分别为 USL 和 LSL,目标值 $T = ($USL $+ LSL)/2$。μ 为产品质量指标的均值,σ 为短期内产品质量指标的标准差。不失一般性,设 $\mu > T$,令 $\epsilon = \mu - T$, $K = 2\epsilon/T$,Φ 为标准正态分布的累积密度函数。则可以推导出:

$$
\begin{aligned}
& P(\text{LSL} \leqslant y \leqslant \text{USL}) \\
= & P\left(\frac{\text{LSL} - \mu}{\sigma} \leqslant \frac{y - \mu}{\sigma} \leqslant \frac{\text{USL} - \mu}{\sigma}\right) \\
= & \Phi\left(\frac{\text{USL} - \mu}{\sigma}\right) - \Phi\left(\frac{\text{LSL} - \mu}{\sigma}\right) \\
= & \Phi\left(\frac{\text{USL} - T + T - \mu}{\sigma}\right) - \Phi\left(\frac{\text{LSL} - T + T - \mu}{\sigma}\right) \\
= & \Phi\left(\frac{\text{USL} - T}{\sigma} - \frac{\mu - T}{\sigma}\right) - \Phi\left(\frac{\text{LSL} - T}{\sigma} - \frac{\mu - T}{\sigma}\right) \\
= & \Phi\left(\frac{\text{USL} - \text{LSL}}{2\sigma} - \frac{\mu - T}{\sigma}\right) - \Phi\left(-\frac{\text{USL} - \text{LSL}}{2\sigma} - \frac{\mu - T}{\sigma}\right) \\
= & \Phi\left(3C_{\text{p}} - \frac{\mu - T}{\sigma}\right) - \Phi\left(-3C_{\text{p}} - \frac{\mu - T}{\sigma}\right) \\
= & \Phi\left(3C_{\text{p}} - \frac{\epsilon}{\sigma}\right) - \Phi\left(-3C_{\text{p}} - \frac{\epsilon}{\sigma}\right) \\
= & \Phi(3C_{\text{p}} - 3KC_{\text{p}}) - \Phi(-3C_{\text{p}} - 3KC_{\text{p}}) \\
= & \Phi[3C_{\text{p}}(1 - K)] - \Phi[-3C_{\text{p}}(1 + K)] \\
= & \Phi(3C_{\text{pk}}) - \Phi[-3C_{\text{p}}(1 + K)]
\end{aligned}
\tag{6-14}
$$

6.3 过程绩效指数

1991 年,汽车工业行动小组(AIAG)成立,由"三巨头"(福特、通用汽车和克莱斯勒)和美国质量控制学会(现为美国质量学会)的代表组成。他们的目标之一是规范供应商和整个行业的报告要求。AIAG 建议在评估短期过程能力时使用过程能力指数 C_{p} 和 C_{pk},过程标准偏差由极差法估算。在长期过程能力评估方面,AIAG 建议使用过程绩效指数(process performance index)P_{p} 和 P_{pk}。过程能力指数反映的是短期内过程输出满足产品质量要求的程度,而过程绩效指数则是从过程长期的总波动来考虑过程输出满足质量要求的程度。

一个生产过程的长期质量数据不可避免地会受到人、机、料、法、环等因素的影响,导致数据均值发生波动。下面的例子就体现了这一点。

一位工程师想要评估某个生产螺母的过程中螺母质量的能力。这位工程师每个月收集 15 个连续加工的螺母的质量,连续收集了 5 个月。螺母的质量公差为(155±3)g,数据如表 6-3 所示,分布如图 6-4 和图 6-5 所示。可以看出,螺母质量的月均值上下波动,并不稳定,且月度方差比长期方差要小。

表 6-3　连续 5 个月的螺母质量抽样数据

螺母质量/g				
1 月	2 月	3 月	4 月	5 月
155.3	154.9	155.3	153.5	155.4
155.2	155.2	154.8	154.6	154.4
155.4	154.9	154.7	154.0	154.6
154.5	155.5	153.5	154.5	155.0
155.3	155.8	152.9	154.5	155.3
154.4	155.0	153.4	155.0	155.8
154.3	154.8	154.3	154.4	155.7
154.1	154.9	153.8	154.5	154.9
154.5	154.5	153.5	155.5	154.3
154.5	155.5	154.4	153.6	154.5
155.5	156.8	155.1	154.8	154.6
154.8	156.2	154.1	154.9	154.7
152.7	156.6	155.4	155.9	156.5
152.7	155.8	154.7	155.7	157.2
153.5	155.8	155.7	155.9	156.9

过程的长期绩效指数 P_k 和 P_{pk} 的计算公式为

$$P_p = \frac{\text{USL} - \text{LSL}}{3\sigma_{lt}} \tag{6-15}$$

$$P_{pk} = \min\left(\frac{\text{USL} - \mu}{3\sigma_{lt}}, \frac{\mu - \text{LSL}}{3\sigma_{lt}}\right) \tag{6-16}$$

式中,USL 为产品质量规格上限;LSL 为产品质量规格下限;σ_{lt} 为长期过程标准差。

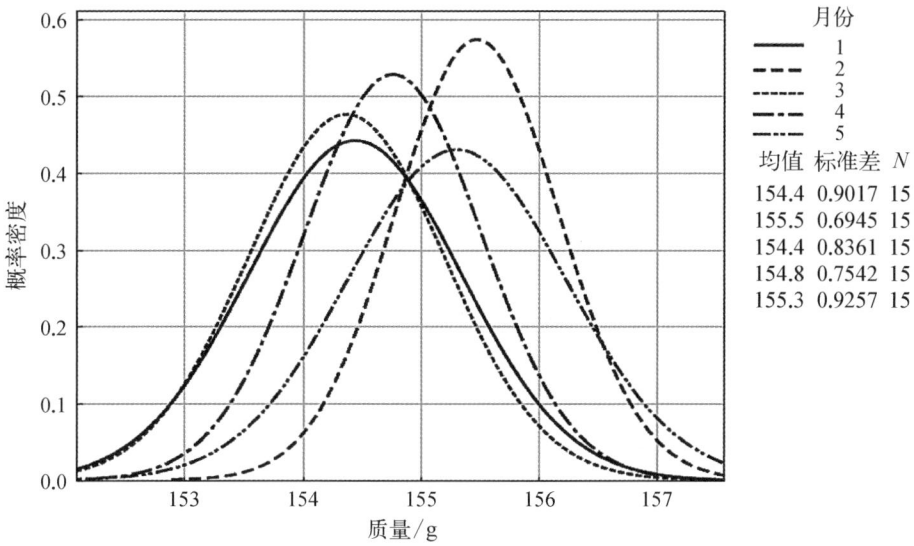

图 6-4　连续 5 个月的螺母质量月度数据分布

月份		均值	标准差	N
1		154.4	0.9017	15
2		155.5	0.6945	15
3		154.4	0.8361	15
4		154.8	0.7542	15
5		155.3	0.9257	15

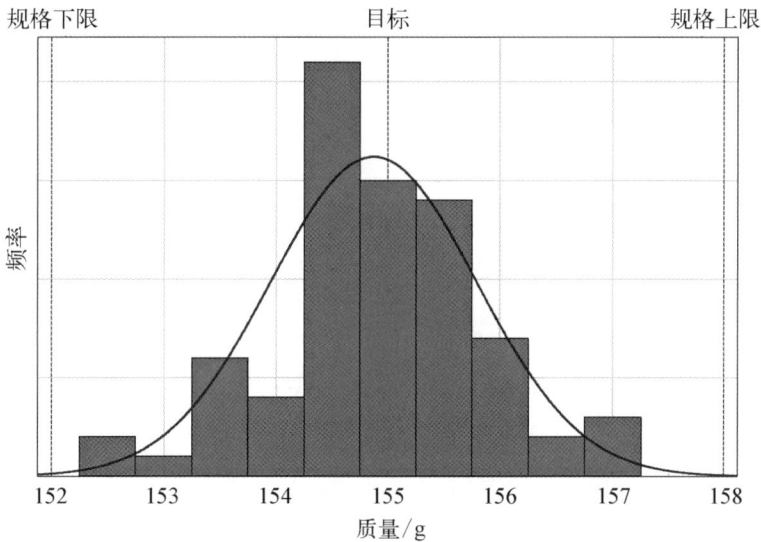

图 6-5　连续 5 个月的螺母质量分布

假设第 i 个时段收集的数据为 $x_{ij}(j=1,2,\cdots,n_i;i=1,2,\cdots,m)$，则

$$\hat{P}_{\mathrm{p}}=\frac{\mathrm{USL}-\mathrm{LSL}}{3\hat{\sigma}_{\mathrm{lt}}} \tag{6-17}$$

$$\hat{P}_{\mathrm{pk}}=\min\left(\frac{\mathrm{USL}-\hat{\mu}}{3\hat{\sigma}_{\mathrm{lt}}},\frac{\hat{\mu}-\mathrm{LSL}}{3\hat{\sigma}_{\mathrm{lt}}}\right) \tag{6-18}$$

式中，$\hat{\mu}=\dfrac{1}{\sum\limits_{i=1}^{m}n_i}\sum\limits_{i=1}^{m}\sum\limits_{j=1}^{n_i}x_{ij}$，$\hat{\sigma}_{\mathrm{lt}}=\dfrac{1}{\sum\limits_{i=1}^{m}n_i-1}\sum\limits_{i=1}^{m}\sum\limits_{j=1}^{n_i}(x_{ij}-\hat{\mu})^2$。

由于长期波动一般比短期波动要大，因此从理论上讲，过程绩效指数要比相应的过程能力指数小。

表 6-3 的数据经过 Anderson-Darling 检验,验证符合正态分布,如图 6-6 所示。

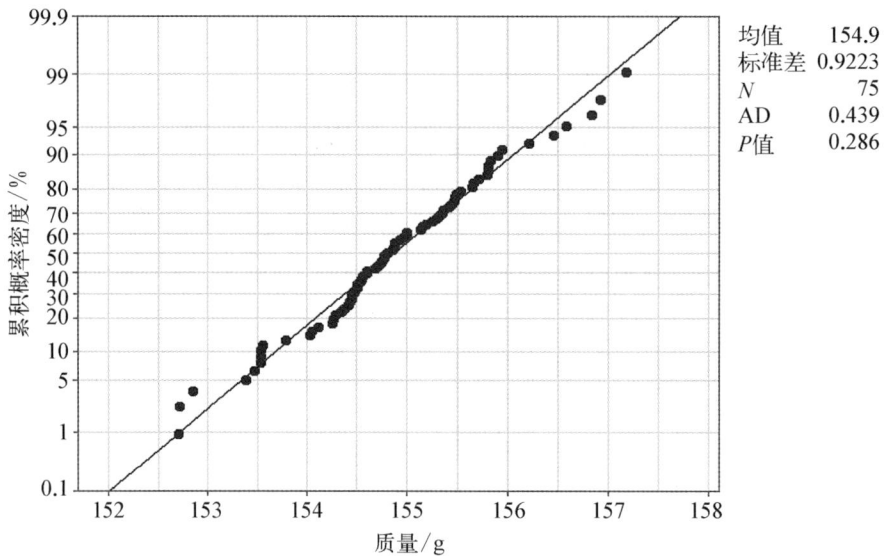

均值	154.9
标准差	0.9223
N	75
AD	0.439
P 值	0.286

图 6-6 连续 5 个月的螺母质量数据正态性检验

该过程的工序能力指数为

$$\hat{\mu} = \frac{1}{75} \sum_{i=1}^{5} \sum_{j=1}^{15} x_{ij} = 154.875$$

$$\hat{\sigma}_{\text{lt}} = \frac{1}{75-1} \sum_{i=1}^{5} \sum_{j=1}^{15} (x_{ij} - 154.875)^2 = 0.921$$

$$\hat{P}_{\text{p}} = \frac{\text{USL} - \text{LSL}}{3\hat{\sigma}_{\text{lt}}} = \frac{158 - 152}{3 \times 0.922} = 2.172$$

$$\hat{P}_{\text{pk}} = \min\left(\frac{158 - 154.875}{3 \times 0.921}, \frac{154.875 - 152}{3 \times 0.921}\right) = 1.041$$

本章学习了短期过程能力指数 C_{p} 和 C_{pk},以及过程绩效指数 P_{p} 和 P_{pk}。如果一个过程的 C_{p} 较小,则可判定此过程的标准差相对于容差过大,企业需要对过程进行改进,缩小标准差。通过比较 C_{p} 和 C_{pk} 的差异,可以推断一个过程的均值是否居中。若 C_{p} 远大于 C_{pk},则说明过程均值不居中,企业需要调整过程均值到目标值。比较 P_{p} 和 P_{pk} 的差异,也可以得出类似结论。如果短期工序能力指数 C_{pk} 较高,而长期的 P_{pk} 比较低,说明长期情况下,过程的均值波动过大,导致长期过程标准差比短期过程标准差大很多,企业需要稳定生产均值。

习题

1. 检验某个质量指标的抽样数据是否服从正态分布的统计检验方法有哪些?

2. 将一维的非正态分布数据转变成正态分布的方法有哪些?
3. 某工序生产的零件尺寸服从正态分布,均值为 100 mm,标准差为 2 mm。产品规格要求为
   [98,102](单位:mm)。
   (1) 计算该工序的短期工序能力指数,评估该过程的短期能力,并给出改善建议;
   (2) 计算不合格品率;
   (3) 如果经过工艺优化,标准差降到 1,评估该过程的短期能力,给出改善建议。

参考文献

[1] KANE V E. Process capability indices [J]. Journal of Quality Technology, 1986,
       18(1): 41 - 52.
[2] KOTZ S, LOVELACE C R. Process capability indices in theory and practice [M].
       London: Arnold, 1998.
[3] BOX G E P, COX D R. An analysis of transformations [J]. Journal of the Royal
       Statistical Society Series B: Statistical Methodology, 1964, 26(2): 211 - 243.
[4] JOHNSON N L. Systems of frequency curves generated by methods of translation
       [J]. Biometrika, 1949, 36(1/2): 149 - 176.
[5] YEO I K, JOHNSON R A. A new family of power transformations to improve
       normality or symmetry [J]. Biometrika, 2000, 87(4): 954 - 959.
[6] BICKEL P J, DOKSUM K A. An analysis of transformations revisited [J]. Journal of
       the American Statistical Association, 1981, 76(374): 296 - 311.

第 4 篇

分析阶段(A)

江畔何人初见月？江月何年初照人？
人生代代无穷已,江月年年望相似。

——张若虚《春江花月夜》

唐代诗人张若虚的经典诗作《春江花月夜》中的诗句,不仅描绘了一幅宁静的江月夜景,更是对时间和人生的深刻分析思考,展现了分析的深度和广度。在质量管理的领域,这种深度分析的能力同样至关重要。

在数据收集完成之后,分析便成为下一个关键步骤。统计推断、回归分析、统计学习以及机器学习等方法,都是现代数据分析中不可或缺的重要工具,帮助识别数据中的规律与趋势。

分析阶段的核心任务是识别那些最可能影响前面定义的质量问题的关键因素或关键变量。在质量管理中,关键因素往往是少数,但它们的影响却是决定性的。如果大部分因素都被认为是关键的,那么"关键"一词也就失去了意义。因此,如何识别并专注于这些真正重要的因素,是分析工作的核心所在。

除了传统的统计分析工具,非统计的分析工具在质量管理中也占有重要地位。本章将介绍新旧 7 个质量工具,或称 7 大问题解决手法,这些工具是长期产业实践中总结出的最有效的决策分析辅助工具。它们通常操作简单,直观明了,适合在数据分析的初期阶段应用。

在正式使用计算机与统计分析工具之前,建议先运用这 7 个质量工具进行初步分析。人类智能在结合实际状况与专业知识进行综合分析判断时,仍具有不可替代的优势,尤其是当这些判断以事实和数据为支撑时,往往能够获得宝贵的洞察。

第7章　常用质量管理分析工具

了解常用的质量管理分析工具，包括流程图、检查表、直方图、因果图、帕累托图、缺陷浓度图、散点图和控制图。

本章的学习目标：

（1）理解流程图的基本概念和作用，能够绘制简单的流程图，用于描述和分析流程中的各个环节；

（2）掌握检查表的用途和设计方法，能够根据具体需求创建和使用检查表，收集和记录数据；

（3）理解直方图的构造和解读方法，能够使用直方图分析数据的分布情况，识别异常和趋势；

（4）掌握因果图的基本结构和绘制步骤，能够使用因果图分析问题的根本原因，识别主要影响因素；

（5）理解帕累托图的原理和应用场景，能够使用帕累托图识别和优先处理主要问题，遵循"80/20法则"；

（6）了解缺陷浓度图的作用和绘制方法，能够使用缺陷浓度图识别问题的高发区域，集中资源进行改进；

（7）掌握散点图的构造和解读方法，能够使用散点图分析两个变量之间的关系，识别相关性；

（8）理解控制图的基本概念和类型，能够使用控制图监控过程的稳定性，识别异常波动并采取纠正措施。

7.1　概述

常用的质量管理工具，包括流程图、检查表、直方图、因果图、帕累托图、缺陷浓度图、散点图和控制图等，由贝尔实验室的沃尔特·休哈特和日本质量管理领域的著名专家石川馨（Kaoru Ishikawa）提出。

这些工具的基本作用是帮助组织系统地收集和分析数据，从而识别和解决质量问题。它们对企业界产生了深远影响，被广泛应用于各种生产和服务过程中，以提高产品和服务的质量。通过这些工具，企业能够更好地理解过程变异性，监控生产过程，预测质量趋势，并采取预防措施来避免缺陷和浪费。随着时间的推移，这些基础工具已经成为现代质量管理体系的核心组成部分,为持续改进和全面质量管理奠定了坚实的基础。这些工具至今仍广泛应用于质量管理和改进中。

（1）流程图(flowchart)：通过图形化的方式,将输入转化为输出的相互群或相互作用的活动。其展示了一个业务流程的全貌,有助于理解工作的流程和顺序。

（2）检查表(check sheets)：一种用于收集和分析数据的简单工具。通过检查表,可以系统地收集关于过程或产品的数据,以便进行进一步的分析。数据是分析质量问题和纠正质量问题的基础。

（3）直方图(histograms)：用于展示数据的分布情况,通过图形化的方式,可以直观地了解数据的集中趋势和分散程度。

（4）因果图(又称鱼骨图,fishbone diagram)：分析问题根本原因的有效工具,它通过图形化的方式,帮助分析和识别问题的潜在原因。因果图特别适用于解决复杂的质量问题,因为它可以系统地列出所有可能的因素,并进一步探究这些因素与问题之间的关联。

（5）帕累托图(pareto charts)：又称排列图,基于帕累托原则,即"80/20"规则,用于识别和优先处理问题的主要原因。通过帕累托图,可以将问题的原因按照重要性进行排序,从而集中精力解决主要问题。

（6）缺陷浓度图(defect concentration diagram)：一种直观的用图或者地图显示所分析的事件中所有缺陷的可视化方法。

（7）散点图(scatter diagrams)：用于研究两个变量之间的关系。它通过在坐标系中标记数据点,帮助分析两个变量是否存在相关关系。散布图是研究变量间关系的重要工具,有助于找出过程中的关键影响因素。

（8）控制图(control charts)：用于监控过程的稳定性和变异性。通过绘制过程数据,可以及时发现过程中的异常波动,从而采取措施进行修正。控制图是实现过程控制和预防问题发生的重要工具。

综上所述,这些质量工具为质量管理领域提供了一套系统的分析和改进工具,这些工具不仅易于理解和应用,而且可以有效地解决实际中的质量问题。这些方法的提出,不仅促进了质量管理理论的发展,也为全球质量管理实践的提升做出了重要贡献。

7.2　流程图

流程图即流程以图的形式表示出来。ISO9000 系列国际标准中将流程定义为一组将输入转化为输出的相互群或相互作用的活动。流程由 6 个要素构成,分别是流程的输入资源、流程中的若干活动、活动的相互作用、输出结果、顾客、最终流程创造的价值。一个流程会将这 6 个要素有序串联起来,而流程图则是承载上述程序的图形载体。

根据流程图"流动"信息的不同,又可以细分为产品流程图、数据流程图、程序流程图等,如页面流程图呈现的是页面跳转顺序、数据流程图用于表达数据的流转。

流程图是表示算法、工作流或过程的图形表示方法,它使用不同的符号来表示流程中的各种步骤和决策点。最常用的流程图符号、名称和用途如表 7-1 所示。

表 7 - 1 流程图符号、名称和用途

符号	名称	用途
椭圆形	起始/结束符号	表示流程的开始和结束,通常出现在流程图的开头和结尾,说明流程的起点和终点
矩形 /	处理步骤符号	用于表示一个操作或过程步骤,通常包含对该步骤的简要描述,告诉执行者需要做什么
菱形	决策符号	用于表示流程中的决策点,通常有一个问题需要回答,并且根据答案的不同有不同的流向
箭头连接线	流程方向符号	用于指示流程的顺序和方向,可连接各个符号,显示步骤之间的关系和流向
平行四边形	数据输入/输出符号	用于表示数据的输入或输出,可以包括数据的读取或写入
梯形	文档或报告符号	用于表示需要生成的文档或报告,或者需要参考的文件
六边形或正多边形	预定义过程	用于表示预定义的过程或已由另一个流程图详细描述的过程
圆圈内带叉的符号	多方向流动符号	用于表示流程的结束,但并不意味着是一个正常的结束,通常用于指示错误的结束或异常终止
圆角矩形	子流程符号	用于表示子流程的开始和结束,通常连接到另一个流程图,该图详细描述了子流程的细节

画流程图的步骤通常包括:首先,明确流程的起点和终点;其次,确定流程中的各个环节及它们之间的顺序和逻辑关系;再次,选择合适的图形符号来表示各个环节;最后,将所有环节按照正确的顺序连接起来,形成完整的流程图。

流程图可以用于质量改善。它可以清晰地展示一个复杂业务流程的全貌,帮助团队成员更好地理解工作的流程和顺序,从而提高工作效率和协同性;能够用于识别流程中的瓶颈环节和潜在问题,以便针对性地进行改进和优化;在质量管理中,通过流程图可以直观地分析质量问题产生的环节和原因,为制订解决措施提供依据;还能帮助企业进行流程标准化,确保各项工作按照既定的规范和标准执行。例如,在制造业中,可以用流程图描绘产品生产的各个工序,发现可能影响质量的环节并加以改进;在服务业中,可以用它来展示服务提供的全过程,以提升服务质量和客户满意度。

　　图 7-1 是某个码头的进出货流程图。项目团队发现卡车司机从货物提取到交付到码头的总服务时间过长,为了提高港口吞吐量,从而最大限度地提高码头的容量,项目团队仔细审视流程图(见图 7-1),发现当航空公司办公室的 SRF 生成时,可以通过为卡车在控制办公室、停车场和航站楼的注册提供"直接确认"来简化进口货物的收集程序,卡车司机不需要去卡车控制办公室。因此将流程改为图 7-2,通过同步确认步骤,码头中的操作员还可以提前准备货物的合并,以便在卡车司机到达卡车码头时准备好收集货物。这些程序并行执行可以减少总体服务时间。

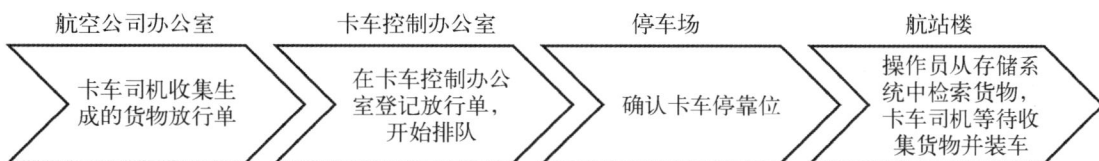

航空公司办公室	卡车控制办公室	停车场	航站楼
卡车司机收集生成的货物放行单	在卡车控制办公室登记放行单,开始排队	确认卡车停靠位	操作员从存储系统中检索货物,卡车司机等待收集货物并装车

图 7-1　某个码头进出货老流程图

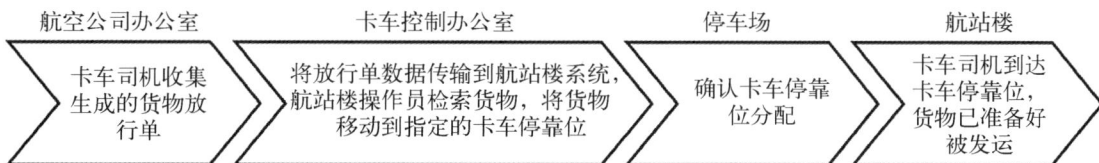

航空公司办公室	卡车控制办公室	停车场	航站楼
卡车司机收集生成的货物放行单	将放行单数据传输到航站楼系统,航站楼操作员检索货物,将货物移动到指定的卡车停靠位	确认卡车停靠位分配	卡车司机到达卡车停靠位,货物已准备好被发运

图 7-2　某个码头进出货新流程图

7.3　检查表

　　检查表,又称调查、核对表或统计分析表,是用以收集和整理信息资料的一种事先设计好的表格。检查表是一种简单且高效的表格,质量管理人员只需根据实际情况在表格中填入检查记录,再加以统计汇总,就可以为后续的质量改善提供数据基础。收集的数据越准确、越全面、越恰当,后续的数据分析形成的推论就越可靠。

　　一般而言,根据检查用途和形式,检查表可以分为两类:

　　记录用检查表:主要用于根据收集的数据调查不良项目、不良原因、工序分布、缺陷位置等情形。通常将数据分类成数个项目,以符号(如○、×、△等记号)、数字记录,并为分析问题、掌握事实及改善提供依据。例如,表 7-2 为某工厂的月度产品缺陷检查表。

表 7-2　记录用检查表

缺陷类型	缺　陷　数												
	1月	2月	3月	4月	5月	6月	7月	8月	9月	10月	11月	12月	总计
零件损坏		1		3	1	2		1		10	3		21
加工问题			3	3				1	8		3		18

续 表

缺陷类型	缺陷数												
	1月	2月	3月	4月	5月	6月	7月	8月	9月	10月	11月	12月	总计
供应商零件生锈			1	1		2	9						13
遮蔽不足		3	6	4	3	1							17
焊接错位	2												2
工序混乱	2												2
错误零件发放		1											1
整流罩未完成			3										3
粘接失效				1							1		2
粉末状阿洛丁涂层					1								1
油漆超限						1							1
蚀刻损坏油漆			1										1
零件表面覆膜						3		1	1				5
底漆罐损坏								1					1
铸件气孔									1	1			2
复合材料分层										2			2
尺寸错误											13	7	13
测试程序不当										1			1
总计	4	5	14	12	5	9	9	4	10	14	20	7	106

点检用检查表：主要用于确认作业实施、机械整备的情况，预防不良事件或事故的发生，确保安全时使用。这种检查表可以防止遗漏，确保各项作业和安全措施得到切实执行。例如，表7-3为某地消防器材检查表。

表7-3 点检用检查表

消防器材检查表		
部门： 检查人： 检查日期：		
检 查 内 容	是/否	备 注
1. 灭火器铭牌是否朝外，且铭牌清晰？		
2. 灭火器铅封是否完好？		

续　表

检　查　内　容	是/否	备　注
3. 灭火器压力表是否在绿色区域内?		
4. 灭火器是否在年检期限内使用?		
5. 灭火器喷嘴是否有开裂、损伤等形变?		
6. 灭火器的压把、壳体是否严重损伤、变形、锈蚀?		
7. 灭火器瓶身是否清洁无尘、无锈蚀?		
8. 灭火器是否在指定位置放置,且数量相符?		
9. 消防器材前方通道是否被阻挡?		
10. 消防水带、枪头是否在消防箱内?		
11. 消防水带、枪头是否完好?		
12. 消防水带是否盘卷正确?		
13. 消防水带是否腐烂、破损?		
14. 消防栓开启是否灵活?		
15. 消防栓内是否有水?		
16. 消防栓阀门关闭后是否漏水?		
17. 消防栓开启是否灵活?		
18. 消防箱是否变形破损,玻璃是否破碎?		
19. 消防箱内是否有积水、杂物?		
检查要求:(1) 消防器材检查于每月 5 日前进行检查; (2) 禁止任意移动使用消防器材; (3) √:良好,×:异常。		

　　检查表的编制步骤可以根据不同的应用场景和目的有所差异,但通常可以遵循以下一般性步骤。

　　(1) 确定被检查对象与目的:首先,需要明确检查表所针对的具体对象或系统,以及检查的目的和重点。这有助于确保检查表的内容与需求紧密相关。

　　(2) 收集相关资料:收集与检查对象相关的法律法规、行业标准、安全管理制度等资料,了解国家、地区或行业的安全检查要求和常见的安全隐患。这些资料将为制定检查内容提供重要依据。

　　(3) 制定检查内容:根据收集到的资料,结合工作场所的实际情况,制订具体的检查内容。可以将检查内容分为多个模块,涵盖场所环境、设施设备、作业操作、应急措施等方面。

（4）确定检查方法和标准：针对每个检查项目，确定相应的检查方法和评价标准，可以包括现场巡检、台账查阅、询问员工等方式，以及制订具体的评价标准和判定依据。

（5）编制检查表格：将检查内容、方法和标准整理成表格形式，并按照模块进行分类。检查表应简洁明了，便于使用和记录。

（6）试行与修改：编制完成后，对检查表进行试行检查，并根据实际情况进行必要的修改和完善。这有助于确保检查表的实用性和有效性。

（7）培训与使用：对使用检查表的人员进行培训，确保他们熟悉检查表的内容和使用方法。在日常工作中，按照检查表的要求进行检查，并记录检查结果。

具体的检查表编制步骤可能因行业、领域或具体需求而有所不同。在实际操作中，应根据具体情况进行调整和完善。

7.4　直方图

直方图是频数直方图的简称，是一种统计报告图，由一系列高度不等的纵向条纹或柱子，表示一组数据的分布情况，一般用横轴表示数据类型，纵轴表示分布的情况。它由统计学家卡尔·皮尔逊提出。

直方图的绘制步骤主要包括以下几步。

（1）收集数据：收集需要进行分析的数据，确保数据具有一定的规模和代表性。

（2）确定数据的极差：数据最大值减去最小值，求得数据的极差。

（3）确定组距：根据数据的取值范围和分布特点，选择合适的组距。组距是将数据按照一定的范围进行分组的单位大小，可以有效地展示数据的分布情况。

（4）确定各组的界限值：为避免数据值与组界限值重合造成频数据计算困难，组的界限值单位应取最小测量单位的 1/2。分组时应把数据表中最大值和最小值包括在内。

（5）编制频数分布表：统计每个组内数据的个数或频率，即该组的频数或频率。

（6）绘制坐标轴：确定坐标轴的范围和刻度，以便合理地显示数据的频次和数值。横坐标表示数据的范围，纵坐标表示频数或频率。

（7）绘制柱状图：根据每个组的频数或频率，绘制直方图的柱状图部分。柱状图的高度表示每个分组中数据的频次，宽度表示组距。

（8）添加辅助线和标签：为了更好地阐明数据的含义，可以在直方图中添加辅助线和标签，如均值线、中位数线以及每个柱状图的频次数值等。

（9）美化图表：为了使直方图更加美观和易读，可以添加背景色、调整颜色搭配、调整字体样式等。

完成以上步骤后，就可以得到一个完整且易于理解的直方图了。直方图在数据分析中具有重要的作用，可以帮助人们更直观地了解数据的分布情况，进而进行统计分析。

Sturges 在 1926 年的一篇论文中提出经验公式：组数等于 $1+\lg n/\lg 2$，这里 n 是数据量大小。组数的确定要适当，组数太少会引起较大计算误差，组数太多会影响数据分组规律的明显性，且计算工作量加大。在实际应用中，可以根据数据量大小、数据特点以及分析的目的，参考这个公式，灵活确定组数。

直方图在质量管理中的应用,主要分以下两个步骤。

(1)形状分析。形状分析通过观察直方图的形状,判断形状正常与否。如果形状异常,则要分析异常的原因,并加以处理。判断方法有如下两种。

图形法:观察质量指标的直方图的形状,判断形状正常与否(正态)。如果异常,分析原因,加以处理。

统计检验:利用正态概率纸或者 Kolmogorov‑Smirnov 检验等正态分布检验方法。

(2)比较分析。如果形状分析没有问题,还需要将直方图同规格线,也就是产品的公差线,进行比较,以分析判断该工序是否满足公差的需求。

7.4.1　形状分析

一般来说,一个严格控制、质量优良的生产线的质量数据,会呈现出正态分布的形状,均值和中位数高度重叠,单峰两侧对称,而且数据分布在中心线两侧指数下降(见图 7‑3)。

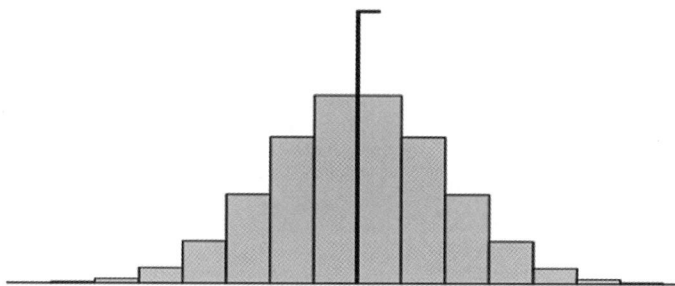

图 7‑3　正态分布直方图

在实际情况下,有时直方图会有其他的形状。由于某种原因使数据的上限和下限受到限制时,直方图容易发生偏态(见图 7‑4)。直方图中如果出现了两个峰,大多是由于两个分布数据混合到了一起。例如,将两种有一定差别的原料所生产的产品混合在一起,或者将两种产品混合在一起。这个时候应当对数据进行拆分,分别画图。多峰型产生的原因与此类似。当直方图没有突出的顶峰,为平顶型时,形成原因一般有 3 种:第一,与双峰图类似,多个总体的分布的数据混合在一起;第二,工具的磨损、操作者的疲劳等;第三,质量指标可能在某个区间就是均匀变化的。

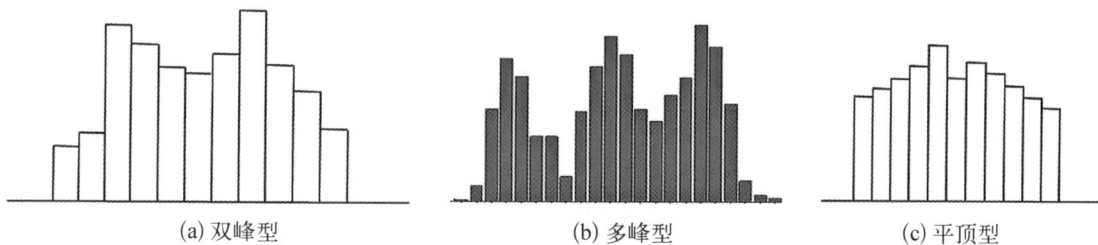

(a)双峰型　　　　　　　　(b)多峰型　　　　　　　　(c)平顶型

图 7‑4　异常直方图 1

如图 7‑5 所示,当直方图旁边出现孤立的小岛,一般是由于原材料发生变化、不熟练的新工人替人加班、测量有误等,应及时查明原因,采取措施。缺齿型直方图高度不一,如犬牙交错,作图时有可能由于分组太多,或仪器误差过大,或观测数据不准确等,这时应该重新收集数据和整理数据。当直方图像高山的陡壁向一侧倾斜时,大多数原因是剔除了不合格品的产品数据。这是一种非自然的形态,也需加以纠正。

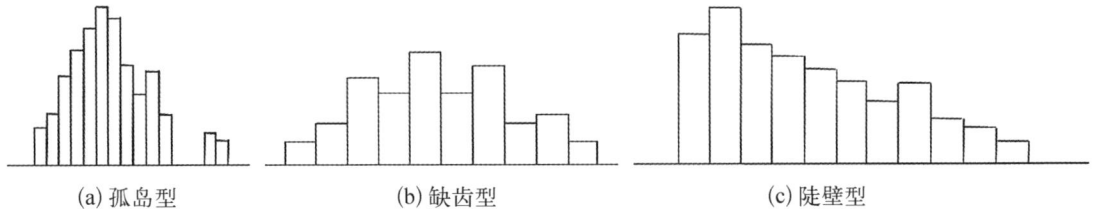

| (a) 孤岛型 | (b) 缺齿型 | (c) 陡壁型 |

图 7-5　异常直方图 2

除了图形方法外,Q-Q 图和 Kolmogorov-Smirnov 检验是应用最广泛的分布检验方法,用于检验数据是否符合某种连续分布。关于正态分布假设检验的方法可以查阅文献[3]。Minitab 软件可以实现这些检验的计算(见图 7-6)。

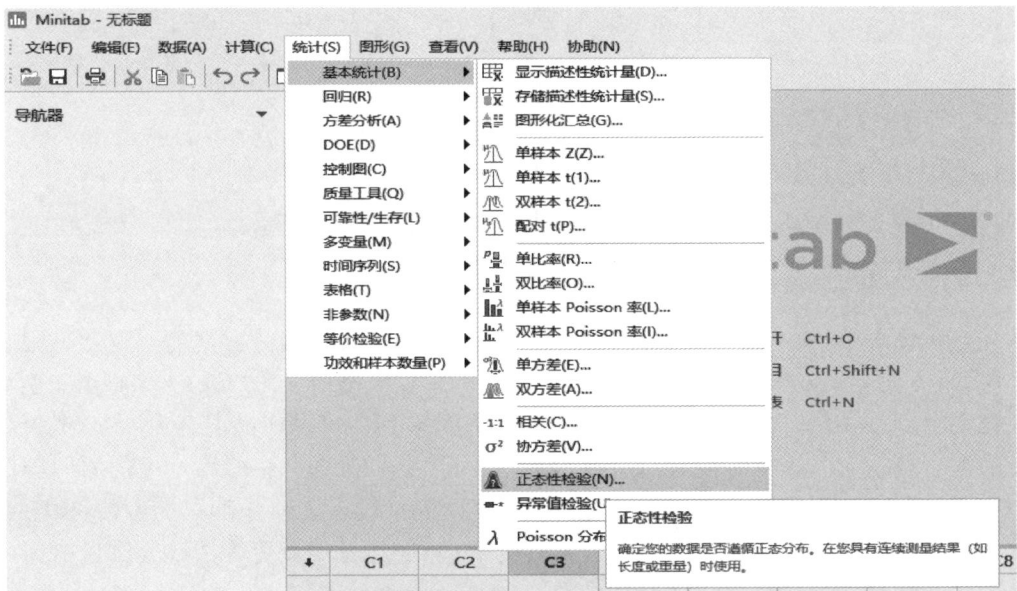

图 7-6　Minitab 软件正态性检验

以下是一个例子,数据来自 Minitab 软件提供的 Camshaft.mtw 数据集。质量指标为一家汽车发动机装配厂的一个零件(凸轮轴)的长度,长度的目标值和公差范围是(600±2)mm。两家供应商各提供了 100 个凸轮轴样品,分别测量长度并做假设检验。

零件长度的直方图如图 7-7 所示。可以看出右图的数据点更贴近直线,且假设检验的 P 值大于常用的显著性水平 0.05,可以判定该组数据来自一个正态分布。

7.4.2　比较分析

当直方图形状正常时,还需要将直方图与产品的质量规格上限(U)和规格下限(L)相比较,以评估过程生产能力的高低。

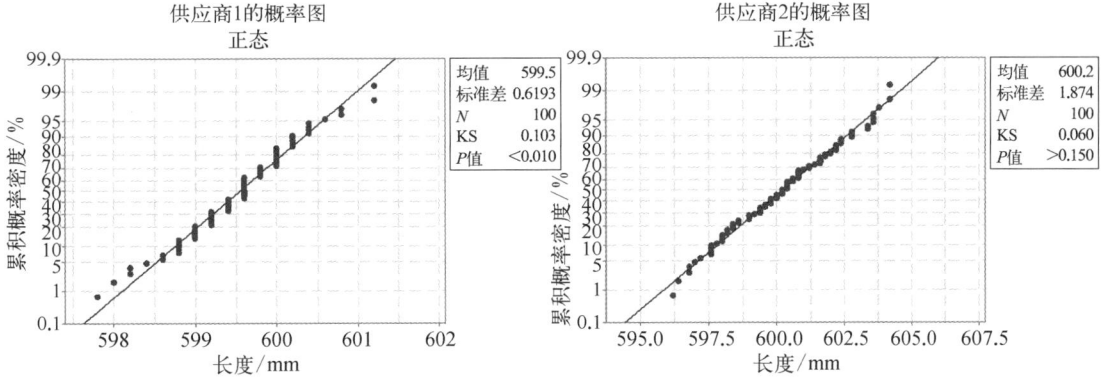

图 7-7　凸轮轴数据的 Minitab 软件正态性检验结果

图 7-8 展现了某个产品质量指标可能出现的质量分布。从图 7-8(a)中可以看出,制程的能力在规格限以里,且规格中心与过程均值完全一致,制程稍微变大或者变小,分布向左偏或者向右偏,都不会超过规格限,这是一种非常理想的直方图,表示制品良好,能力足够。在图 7-8(b)中,制品的最大值和最小值都在规格限以内,其中心线和规格中心值吻合,没有不良品的发生,但如果制程稍微变动,就立刻会有不良品的发生,这时候要设法提高制品的精度,也就是要缩小标准差。在图 7-8(c)和(d)中,制品偏向一边,而另一边还有富余,若制程再变大或者再变小,就有可能有不良品发生了,在这个时候必须设法使制程的中心值,与规格限中心吻合。在图 7-8(e)中,实际的制程在规格限以里,但分布两端距离规格限还非常远。这个时候产品的品质一致性高,变异非常小。如果这是通过增加大量成本而得到的,对于公司而言,并不是一个好的现象。可以考虑缩小规格界限,或者放松品质控制,为企业节约成本。在图 7-8(f)中,直方图左偏或者右偏,平均值偏向规格限,甚至拓展到规格限以外,产生了不合格品,这个时候,需要从此制程的固定设备、机器和原材料等方向纠察原因,消除废品。在图 7-8(g)中,直方图分布过大,实际的制品最大值和最小值均超过了规格限,有不良品产生,表示标准差太大,制程能力不足,应该从变动的人员、方法、设备等方向去追查,设法使产品的变异缩小,或者是规格制定得太严格,应该放松规格限。在图 7-8(h)中,直方图完全在规格限以外,表示制品的生产完全没有参照规格,或者是规格制定得不合理,当前的制程完全达不到规格限。

图 7-7 中的两个供应商的凸轮轴长度数据分布如图 7-9。可以看出供应商 2 的产品虽然服从正态分布,但是超出规格限过多,产品次品率较高。应该采取措施缩减标准差,提高产品一致性。供应商 1 虽然数据不服从正态分布,但是合格率相对较高,应该采取改善措施,将其中心线移动到目标值,进一步提升合格率。

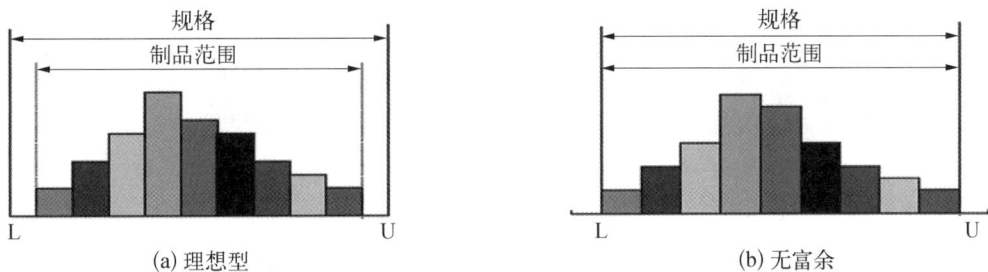

(a) 理想型　　　(b) 无富余

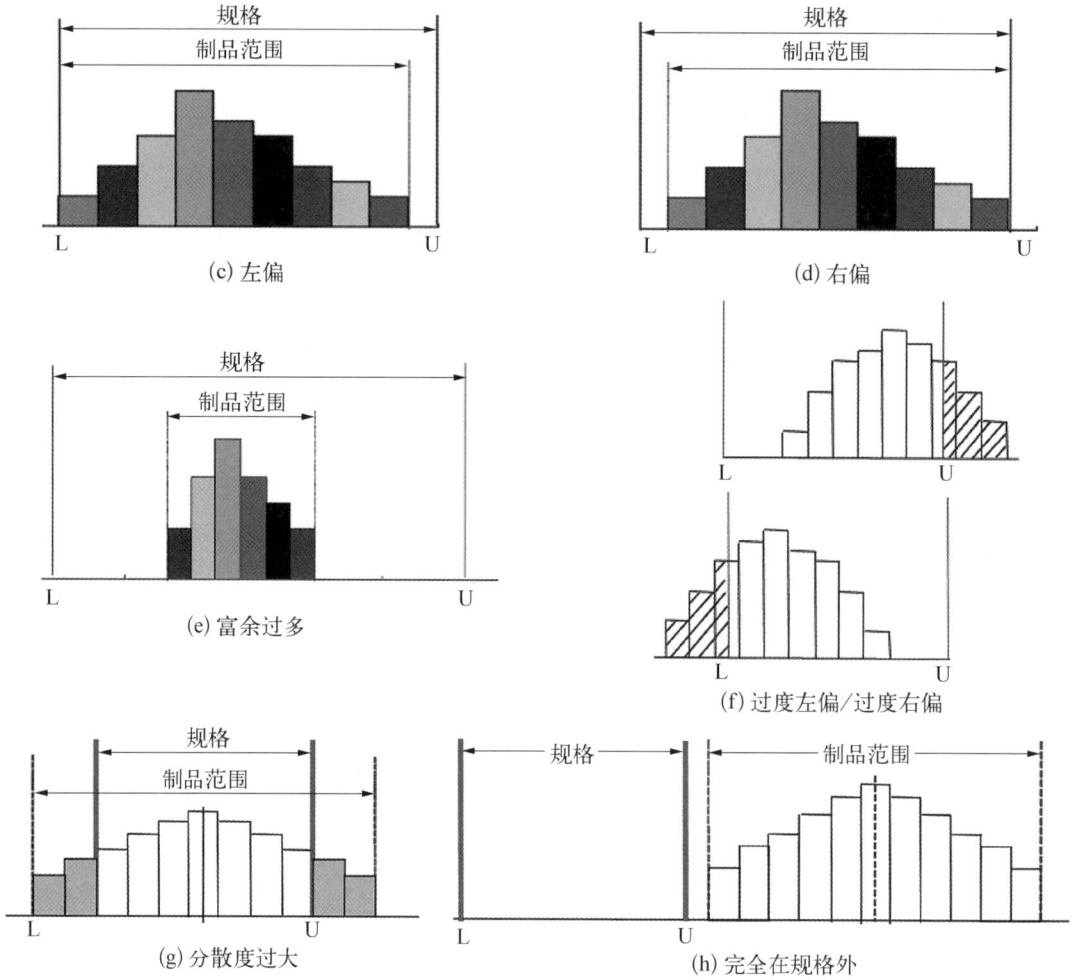

(c) 左偏

(d) 右偏

(e) 富余过多

(f) 过度左偏/过度右偏

(g) 分散度过大

(h) 完全在规格外

图 7-8　直方图与规格限比较

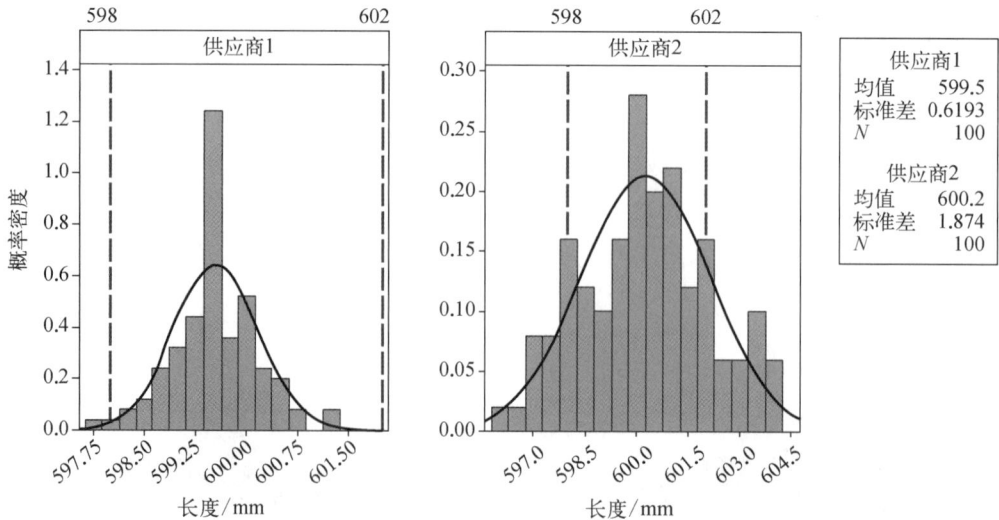

	供应商1	
均值	599.5	
标准差	0.6193	
N	100	

	供应商2	
均值	600.2	
标准差	1.874	
N	100	

图 7-9　凸轮轴数据的直方图与规格限比较

7.5　因果图

由于因果图由日本质量管理大师石川馨先生提出,因此又名石川图。因为该图看上去有些像鱼骨,所以又称鱼骨图。

因果图,顾名思义,是一种呈现原因和结果关系的图。这个图简洁实用,深入直观。一般来说,因果图可以作为解决问题的第一步,通过脑力激荡等技术,穷举所有可能导致某种问题发生的原因。

绘制鱼骨图通常包括以下几个步骤。

(1) 确定问题:首先,需要明确需要解决的问题或目标。这是鱼骨图分析的起点,所有的分析都将围绕这个问题展开。

(2) 画出鱼头和主骨:在画布上画出一个鱼头,这通常代表需要解决的问题。在鱼头下方画出一个主骨,表示问题的主要流向。

(3) 列出大骨:在主骨上,从鱼头开始,按照问题的主要方面或类别,画出大骨。这些大骨代表导致问题的主要因素或类别。

(4) 填充中骨和小骨:在每个大骨上,进一步细化问题的原因,画出中骨和小骨。这些中骨和小骨是对大骨中问题的进一步分解和具体化。

(5) 标注问题原因:在每个骨架上,用文字标出具体的问题原因或因素。确保每个原因都清晰明确,并与上一级骨架有明确的对应关系。

(6) 优化和整理:完成所有原因的标注后,检查整个鱼骨图,确保所有信息都准确、完整,且逻辑清晰。如有需要,可以对鱼骨图进行适当的调整和优化。

通常,画制造业中质量问题的鱼骨图,会从“人、机、料、法、环、测”几个角度着手分析;行政管理和服务业中质量问题的要因分析一般从“人、事、时、地、物”层别进行分析。

五问(5 why)分析法是一种不断细化,最终找到导致问题发生的根本原因的方法。通过对一个问题连续问 5 次“为什么”来追究其根本原因。虽然通常提问 5 次,但实际上不限定只做 5 次探讨,关键是必须找到根本原因为止。这种方法在丰田汽车公司得到了广泛应用,并成为其生产系统的一部分。大野耐一作为丰田生产系统的设计师之一,曾经描述五问分析法为“丰田科学方法的基础”。他通过实际案例展示了五问分析法的应用,例如在生产线上遇到机器频繁停止工作的问题时,大野耐一通过连续询问 5 次“为什么”,最终发现了产生问题的真正原因,并在油泵轴上安装过滤器解决了这个问题。

大野耐一见到生产线上的机器总是停转,虽然修过多次但仍不见好转,便询问现场的工作人员:

一问:“为什么机器停止工作了?”答:“因为电路过载,保险丝烧断了。”

二问:“为什么电路会过载?”答:“因为轴承润滑不足,导致摩擦增加,电机负荷过大。”

三问:“为什么轴承润滑不足?”答:“因为润滑泵没有正常工作。”

四问:“为什么润滑泵没有正常工作?”答:“因为泵的轴磨损严重,导致泵无法正常运转。”

五问:“为什么泵的轴会磨损严重?”答:“因为润滑泵的过滤网破损,导致杂质进入泵内,加速了轴的磨损。”

经过连续 5 次不停地问"为什么",找到问题的真正原因是润滑泵的过滤网破损,导致杂质进入泵内,加速了轴的磨损,最终导致机器停止工作。大野耐一给出了针对性的解决方案:① 更换润滑泵的过滤网;② 定期检查润滑泵和过滤网的状态;③ 建立预防性维护计划,确保设备正常运行。由现象推其本质,找到永久性解决问题的方案,这就是五问分析法。通过五问分析法,从表面问题(机器停止工作)逐步深入,最终找到了根本原因(过滤网破损)。这种方法不仅解决了当前问题,还能改进维护流程,预防类似问题再次发生。这正是大野耐一和丰田生产系统所倡导的持续改进理念的核心。

此外,为了确保分析的准确性和有效性,还需要注意以下几点:在分析过程中,要保持客观和公正的态度,避免个人偏见或主观臆断;对于每个"为什么"的答案,都需要进行仔细的思考和验证,确保其真实可靠;如果在分析过程中发现新的信息或线索,需要及时将其纳入分析范围,并重新调整提问的方向;在找到问题的根本原因后,需要制订相应的解决方案,并确保其可行性和有效性。

图 7 - 10 是一个鱼骨图的例子。某锌合金装饰件成品率较低,改善小组召集压铸技术、

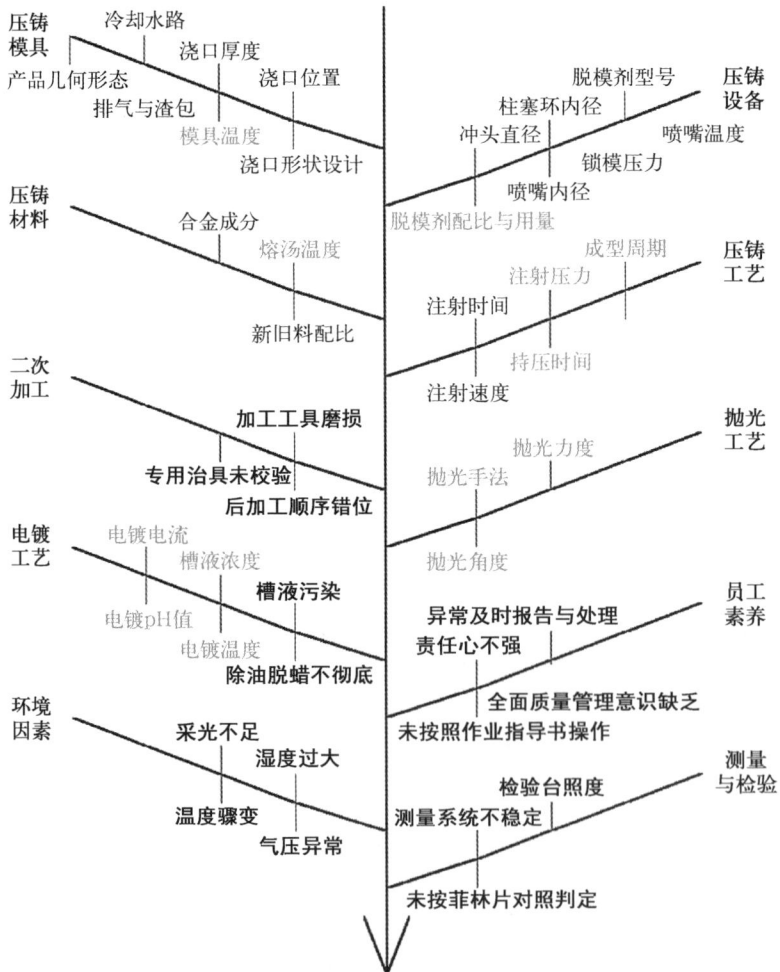

图 7 - 10 鱼骨图示例

模具技术、表面处理技术的专家针对产品的模具结构、生产工艺,结合问题部位、对象、程度,具体讨论不良的成因。形成的鱼骨图中,专家们还用颜色区分了原因是否可调整:粗黑色为自然条件或不可抗力影响的因素,细黑色表示调整困难型,灰色表示可被调整型。

在画鱼骨图的时候,有几点需要注意。

(1) 建立一个跨功能的团队,可以获得更多更全面更深入的可能原因。

(2) 鼓励全员发言,营造畅所欲言的环境。

(3) 原因分析越细越好,没有小骨的鱼骨图是不合格的。使用五问分析法有助于建立小骨。

(4) 鱼骨图的最终目的是解决问题,重点在于最终解决方案的提出。

(5) 在绘制鱼骨图的过程中,需要保持客观、全面的态度,确保所有可能的原因都被考虑在内。同时,也要注意保持鱼骨图的美观和整洁,以便于理解和分析。通过鱼骨图,可以清晰地看到问题的各个方面和原因,从而更好地理解问题,并找到解决问题的有效方法。

7.6 帕累托图

维尔弗雷多·帕累托是 19 世纪末至 20 世纪初的意大利经济学家,他在研究社会经济现象时发现,少数因素往往造成大部分的影响,这种现象后来被称为"帕累托原则"或"80/20法则"。帕累托原则的核心思想是,在许多情况下,大约 80% 的效果是由 20% 的原因造成的。这个原则不仅适用于经济学领域,还可以应用于质量管理、工程学、市场营销等多个领域。

20 世纪中叶,质量大师朱兰将帕累托原则应用到了质量管理领域。他注意到,质量缺陷的频率分布与帕累托提出的财富分配曲线有相似之处。基于这个发现,朱兰博士提出了"关键的少数(vital few)与有用的多数(trivial many)"的概念,强调在众多影响质量的因素中,只有少数几个因素占据了主导地位。这个理念指导质量管理人员专注于那些对产品质量影响最大的因素,从而实现更加高效的质量管理。

帕累托图是一种按事件发生频率大小顺序绘制的条形图,用于表示已确认类型或范畴的因素所造成某种结果的数量。通过排列这些因素,可以直观地看出哪些因素是造成问题的主要因素。

在制作帕累托图之前,通常需要收集与问题相关的数据,这些数据可以是质量问题、生产数据或销售数据等。在帕累托图中,左侧纵坐标分别表示结果的频数和频率,横坐标表示导致结果发生的各项因素,并按影响程度的大小(结果出现的频数)从左到右排列。右侧纵坐标代表累积比例。这样一来,就能很清晰地区分"微不足道的大多数"和"至关重要的极少数",从而方便人们关注于更重要的因素。

制作帕累托图的具体步骤包括以下几步。

(1) 确定要解决的质量问题,定义数据表的格式,收集并统计数据和资料;

(2) 统计各类因素和质量问题发生次数的交叉表;

(3) 画帕累托图横纵坐标轴;

(4) 以质量问题发生的频率排序,画出帕累托图的柱子;

(5) 绘制累积比例曲线;

(6) 加上图例,分析主要因素。

　　某快递公司的售后服务部最近收到的顾客投诉激增,为了确定顾客主要投诉项目和质量改善的重点,质量工作人员决定画一个帕累托图。投诉数据如表7-4所示。

表7-4　某快递公司售后服务部门收到的客户投诉数据

投 诉 原 因	投诉数量	累积比例/%
服务代码错误	32	43.8
时间错误	20	71.2
地址错误	8	82.2
格式混乱	6	90.4
计费错误	4	95.9
付款未记录	3	100

　　基于表7-3作帕累托图如图7-11所示,可见前3种投诉占全部投诉的82.2%,应该把这3种问题作为重要问题,加以改善。

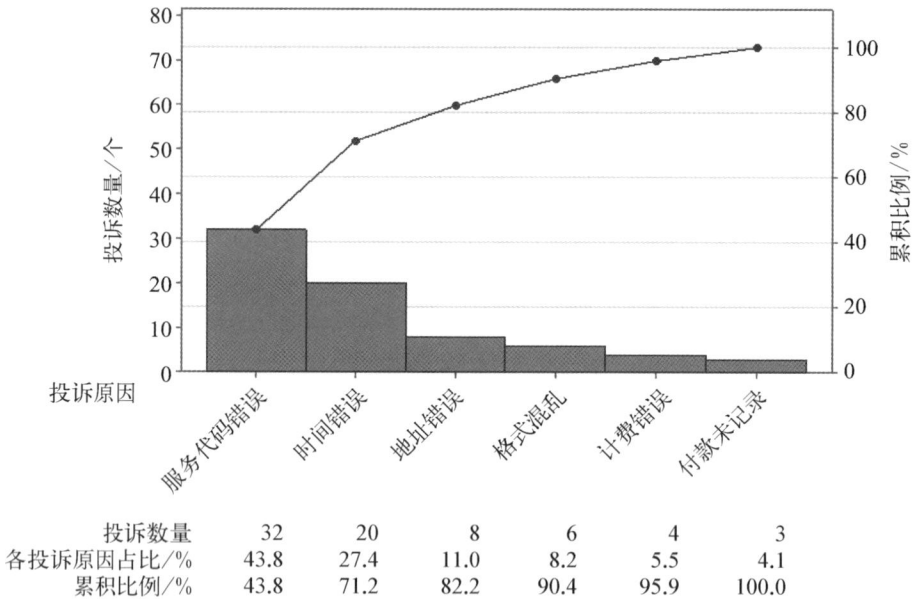

投诉数量	32	20	8	6	4	3
各投诉原因占比/%	43.8	27.4	11.0	8.2	5.5	4.1
累积比例/%	43.8	71.2	82.2	90.4	95.9	100.0

图7-11　帕累托图示例

　　帕累托图的有效性在于它能够快速识别出"至关重要的极少数",这通常对应图中最左侧的几个频数最高的柱子。但是,当数据分布较为均匀或存在多个中等频率的因素时,单一的帕累托图可能不足以清晰区分出这些关键因素。这种情况下,图中右侧的"长尾"现象就变得比较明显,这就是"尴尬区域"。在这个区域内,尽管每个单独的因素可能都不占很大的比例,但它们累积起来的影响却是不可忽视的。

　　解决尴尬区域的问题可以采取几种方法:一种是对数据进行更细致的分类和分析,确保每个因素都被准确记录和分析;另一种是结合其他质量控制工具,比如因果图、散点图等,以获取更全面的质量影响因素。还可以使用多级帕累托图,它能将数据按照不同的维度进行多次排序和分析,从而提供更清晰的视图。

当导致某种问题的原因非常多的时候,柱状图的尾部会非常长。在这个时候,通常会设置一个“其他”项,将少数的尾部的一些原因归并为一类,称为“其他”。一般“其他”项的比例不应该超过总数的 5%,而且必须放在这个图的最右端,作为最后一个项目。

除了在质量管理领域的应用,帕累托图也在生产工程、市场营销等方面有着广泛的应用。例如,在生产工程中,帕累托图可以帮助找出影响生产效率的主要因素;在市场营销中,帕累托图可以揭示客户购买行为的规律,从而制订更有针对性的营销策略。随着大数据和人工智能技术的发展,帕累托图的应用场景将更加广泛,为解决更多领域的问题提供支持。

7.7　缺陷浓度图

缺陷浓度图,是一种直观的用图或者地图显示所分析的事件中所有缺陷的可视化方法。通过这张图,管理者可以找出缺陷发生的模式和趋势等规律。通过缺陷浓度图,产线的质量管理人员可以确定各类缺陷集中发生的区域和规律,进而挖掘各种缺陷产生的根本原因,进行改善。

1854 年,伦敦暴发了严重的霍乱疫情。英国流行病学家约翰·斯诺决定找出疫情的源头。他在一张地图上标出了所有霍乱死者的居住地(见图 7 - 12),图中的每一个点代表了一位死者曾经居住过的地方。通过这种缺陷浓度图,斯诺发现许多受害者都居住在宽街附近的水泵周围。进一步调查证实,该水泵抽取的水源受到了污染。于是,斯诺立即移除了水泵的手柄,禁止居民继续使用此水源。这一举措迅速遏制了疫情的蔓延。为了防止类似情况

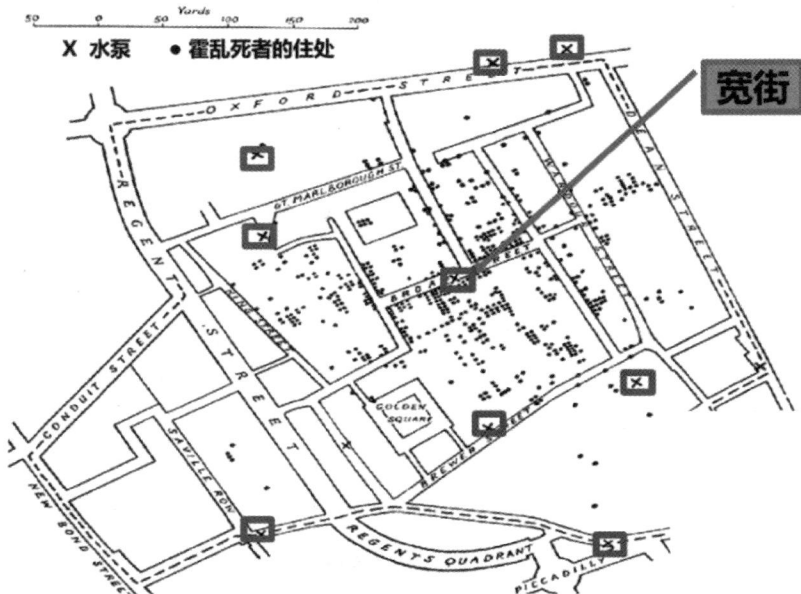

图 7 - 12　1854 年伦敦霍乱死亡人数地点的缺陷浓度示意(约翰·斯诺)

再次发生,斯诺建议所有饮用水源都应经过检测,并要求自来水公司确保水质安全。最终,霍乱得以有效控制。在这个案例中,缺陷浓度图帮助斯诺精准地定位了问题所在。

第二次世界大战期间,英、德两国在空战中均遭受了重大损失。英军面临的一个紧迫问题是,如何在不影响飞机性能的前提下,通过增加装甲来提高轰炸机的防护能力。鉴于装甲材料会增加飞机重量,不可能对整架飞机进行全面加固,因此需要确定飞机最容易受攻击的部分进行装甲加厚。研究人员对从欧洲大陆空战中返回的轰炸机进行了检查,统计了弹孔的数量和位置,并将其绘制在图上。图 7-13 显示,弹孔主要集中于机身中部、两侧机翼和尾翼,而少数部位几乎没有弹痕。统计学家亚伯拉罕·瓦尔德提出了一项反直觉的建议:应在那些没有密集弹孔的位置安装装甲。他认为,这些满是弹孔但仍能返航的飞机证明了这些部位并非致命弱点。真正需要保护的是那些未能返航飞机的脆弱部分。瓦尔德的建议最终被采纳,极大提高了飞机的生存率,拯救了许多飞行员的生命。这个案例体现了著名的"幸存者偏差"现象:当数据来源仅限于幸存者时,就会产生偏差。因此,在分析质量数据时,务必警惕此类偏差,确保数据的全面性和客观性。

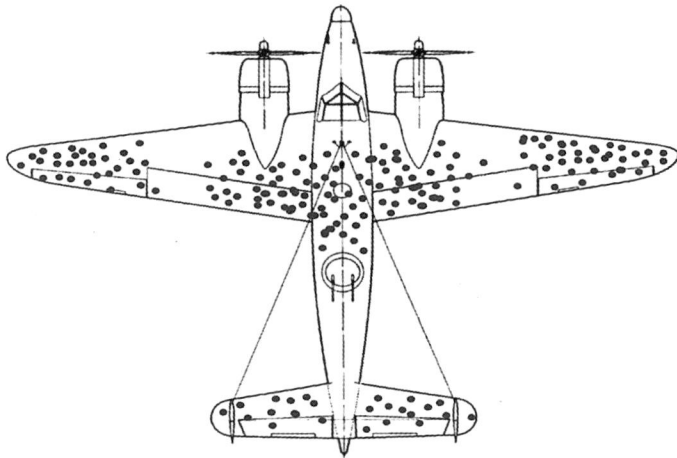

图 7-13 轰炸机中弹位置

7.8 散点图

散点图能够揭示看似杂乱无章的数据背后的关联性和逻辑结构。作为一种强大的可视化工具,散点图主要用于观察两个变量之间的成对数据,以揭示它们之间的趋势、集群模式及相关性。

在散点图中,一个变量被标记在 x 轴上,另一个变量则被标记在 y 轴上,每一对观测值都以一个点的形式展示在这两个坐标轴的交会处。通过分析这些点的分布情况,可以解答以下几个关键问题。

(1)两个变量之间是否存在某种形式的相关性?

(2)如果存在相关性,这种相关性是线性的还是非线性的?

(3)在散点图中是否出现了显著的异常值(离群点),以及这些异常值可能由哪些因素引起?

　　这些问题的研究能够更深入地显示和理解数据中变量间的关系,从而为进一步的数据分析和建模打下坚实的基础。目前,诸如 Excel、Minitab、Tableau 这样的商业软件,以及 R、Python、Matlab 等编程语言均提供了绘制散点图的功能。

　　散点图是一种直观展示两个变量之间关系的有效方式。根据变量间的关联性质,散点图通常可以表现出 6 种典型的趋势(见图 7-14)。正相关指的是随着一个变量的增加,另一个变量也随之增加;如果这种同步上升的趋势十分显著,则称之为强正相关,不显著则是弱正相关。负相关则与正相关相反,表现为一个变量增加时,另一个变量减少。而当变量之间没有显示出明显的协同变化时,则定义为不相关。此外,还有一种非线性相关的情况,即两个变量之间的关系并不遵循直线模式,而是呈现出某种曲线关系。

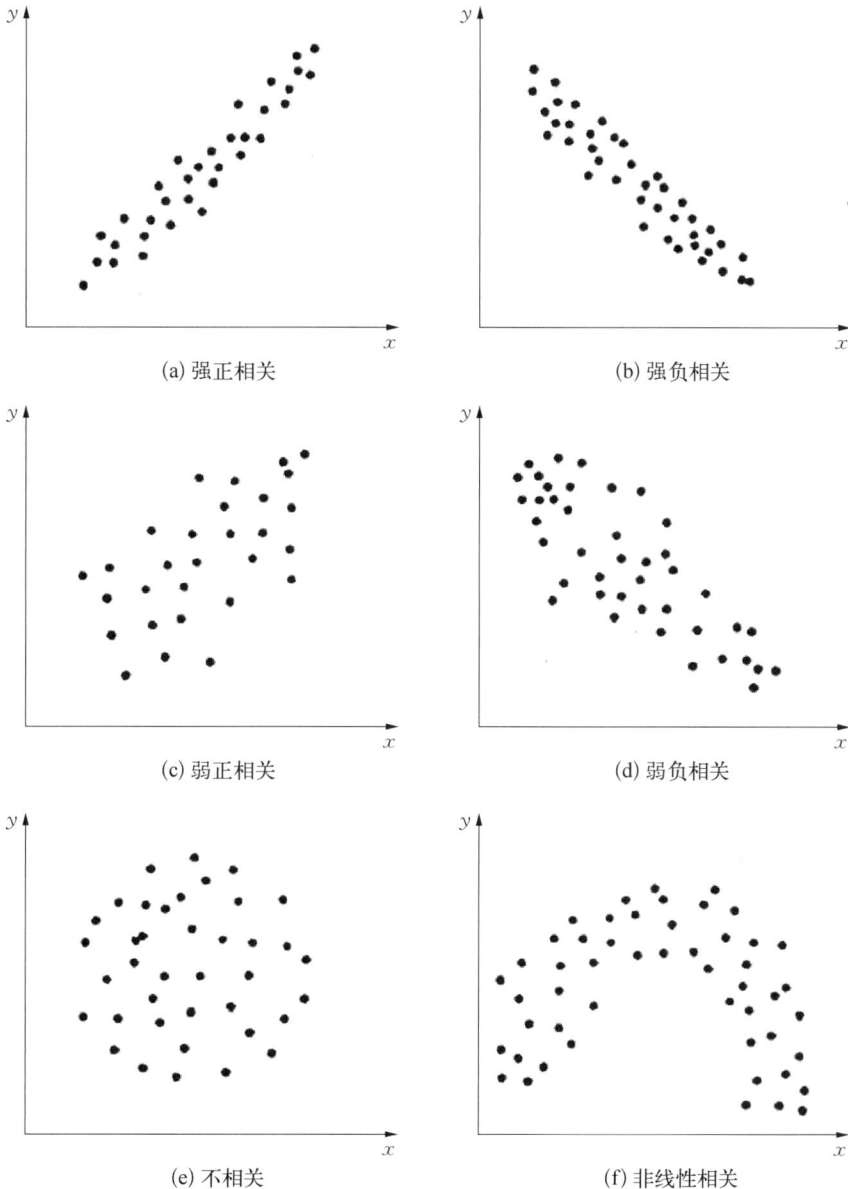

(a) 强正相关	(b) 强负相关
(c) 弱正相关	(d) 弱负相关
(e) 不相关	(f) 非线性相关

图 7-14　常见的几种相关性

Karl Pearson 是英国著名的数学家和生物统计学家,被认为是数理统计学的奠基人之一和现代统计科学的开创者。为了探索父亲与其成年儿子身高之间的关系,Pearson 进行了一个具有里程碑意义的研究。他收集并测量了 1 078 对父子的身高数据,并将这些数据点绘制成散点图,其中 x 轴表示父亲的身高,而 y 轴则表示儿子的身高(见图 7 - 15)。此散点图展示了父亲和儿子身高之间的相关性。父亲和儿子的身高数据点倾向于聚集在一条线附近,这表明两者之间存在线性的正相关性,意味着父亲身高较高时,儿子的身高也倾向于较高;反之亦然。散点图中存在一些离群点,如图 7 - 15 中方框圈出的数据,这些离群点产生的原因,还需要调查其他可能影响身高的因素。此外,还可以观察到,虽然特别高个子的父亲倾向于有较高个子的儿子,但是这些儿子的身高不太可能比他们的父亲还要高。也就是说,如果父亲特别高,那么他的儿子的身高虽然也可能高于平均水平,但通常不会像父亲那样极端高大。而特别矮个子的父亲的儿子,大概率会比其父亲的身高高一些。

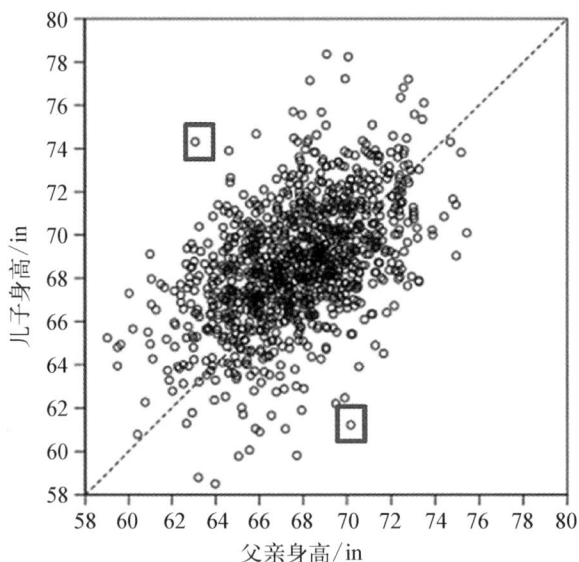

图 7 - 15   1 078 对父亲和成年儿子身高的散点图(1 in＝2.54 cm)

另一个著名的散点图例子是赫罗图(Hertzsprung-Russell diagram,HR 图),如图 7 - 16 所示。1905 年,丹麦天文学家埃杰特・赫茨普龙(Ejnar Hertzsprung)开始记录一些恒星的绝对亮度及其颜色,并且注意到这两者之间可能存在某种关联。随后,在 1911 年和 1913 年,赫茨普龙与美国天文学家亨利・诺里斯・罗素(Henry Norris Russell)分别独立地将这些数据以散点图的形式进行了可视化展示,揭示了恒星的温度与光度之间的关系。这个发现极大地改变了人们对宇宙的理解,并最终形成了著名的赫罗图。赫罗图如今已成为天文学家研究恒星演化历程的重要工具。在这个散点图中,横轴通常代表恒星的表面温度(或光谱类型),而纵轴则表示恒星的绝对光度。通过观察这些点的分布,不仅能够看出恒星的绝对光度与温度(颜色)之间的变化趋势,还能识别出不同类型的恒星集群,例如白矮星集群、红巨星集群和主序星集群。不同集群中的恒星,在光度和光谱类型方面的相关性也有所不同,这为科学家们提供了宝贵的信息,帮助他们更好地理解恒星的生命周期和演化过程。

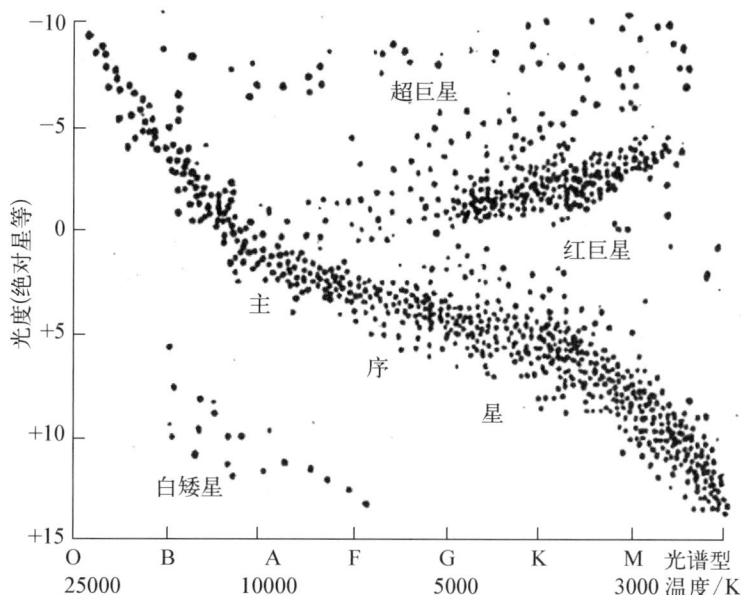

图 7-16　赫罗图

　　散点图作为质量管理学中的经典工具之一,属于传统的 7 种质量工具,它能帮助质量管理人员通过分析质量数据,识别可能导致质量问题的根本原因。

　　图 7-17 展示了一家制造型企业所遇到的实际案例。频繁的客户售后服务电话已经使企业的售后支持团队承受了巨大的压力。为了减轻这种负担并提升客户满意度,企业亟须减少售后服务电话的次数。为了解决这个问题,企业收集了一系列与质量相关的数据,目标是通过数据分析找出引发售后服务电话数量激增的根本原因。

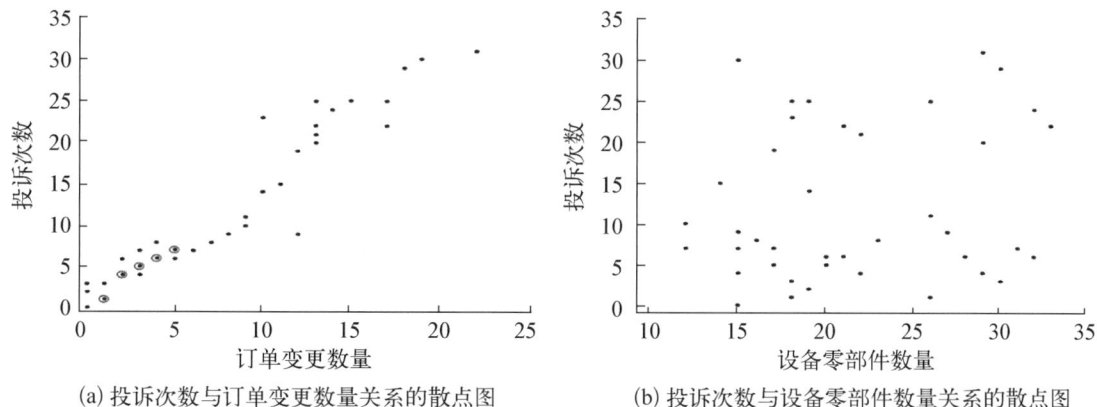

(a) 投诉次数与订单变更数量关系的散点图　　　　(b) 投诉次数与设备零部件数量关系的散点图

图 7-17　投诉次数与订单变更数量和设备零部件数量的散点图

　　图 7-17 中的每一个点代表了一台已售出的设备。图 7-17(a) 的横坐标表示该设备在生产制造过程中经历的客户订单变更次数,而纵坐标则表示该设备售出后企业接收到的客户售后服务电话的总数。可以清晰地看到一个显著的趋势:在设备制造过程中发生的订单变更次数越多,相应的售后服务电话数量也随之增加。这意味着,过多的设计或制造变更可

能会直接导致售后服务问题的增多。图7-17(b)则展示了设备复杂度(以零部件数量衡量)与售后服务电话数量之间的关系。横坐标表示设备包含的零部件数量,而纵坐标同样代表售后服务电话的总数。观察发现,设备复杂度与售后服务电话数量之间并没有表现出明显的相关性,也就是说,设备含有更多零部件并不必然意味着会带来更多的售后服务电话。结合这两张图表的数据及其他相关分析,企业确定了其改进方向。对于客户订单中的任何修改,企业引入了更为严格且详尽的客户需求确认和变更管理流程,以此来减少不必要的设计更改,并防止因变更而可能引发的后续问题。这样的措施有助于提高产品质量和客户满意度,同时减少了售后服务的压力。

散点图虽然画起来很简单,但实际操作起来,有以下3点问题需要注意。

(1)数据要有合适的取值范围,避免盲人摸象。

从图7-15的父子身高图可以看到,如果父亲的身高限制在72~75 in,那么儿子的身高和父亲的身高就看不出明显的正相关性。

(2)画散点图和计算皮尔逊(Pearson)相关系数同样重要。

"安斯科姆四重奏"(Anscombe's quartet)是统计学家弗朗西斯·安斯科姆(Francis Anscombe)于1973年构造的一个数据集,它由4个数据集组成(见表7-5),每个数据集都包含了11对x和y的值。尽管这些数据集的统计特性——包括平均值、方差和皮尔逊相关系数——都几乎相同,但它们的散点图却显示出完全不同的分布模式(见图7-18)。这个案例提醒我们,在数据分析中,除了依赖数值统计量之外,还应当通过图形化的方式进行数据可视化,一张图胜过千言万语,图形可以更好地展现数据结构、模式或异常值。

表7-5 安斯科姆四重奏数据

I		II		III		IV	
x	y	x	y	x	y	x	y
10.0	8.04	10.0	9.14	10.0	7.46	8.0	6.58
8.0	6.95	8.0	8.14	8.0	6.77	8.0	5.76
13.0	7.58	13.0	8.74	13.0	12.74	8.0	7.71
9.0	8.81	9.0	8.77	9.0	7.11	8.0	8.84
11.0	8.33	11.0	9.26	11.0	7.81	8.0	8.47
14.0	9.96	14.0	8.10	14.0	8.84	8.0	7.04
6.0	7.24	6.0	6.13	6.0	6.08	8.0	5.25
4.0	4.26	4.0	3.10	4.0	5.39	19.0	12.50
12.0	10.84	12.0	9.13	12.0	8.15	8.0	5.56
7.0	4.82	7.0	7.26	7.0	6.42	8.0	7.91
5.0	5.68	5.0	4.74	5.0	5.73	8.0	6.89

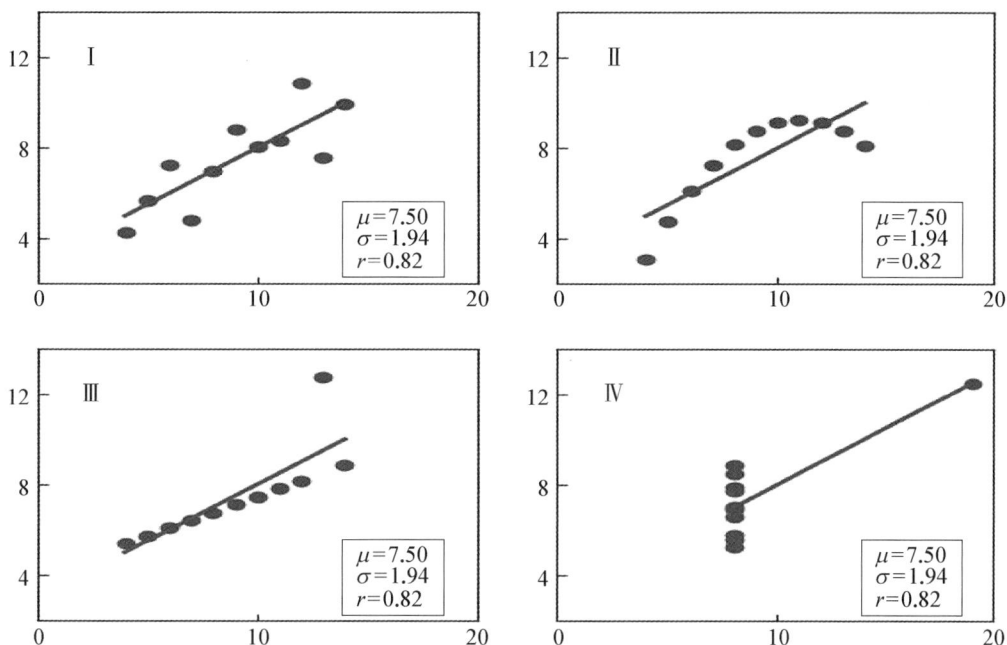

图 7 - 18　安斯科姆四重奏散点图

第一组数据呈现出明显的线性关系,整体紧凑,没有明显的离群点。第二组数据呈现出了明显的非线性相关性。第三组数据虽然也是线性关系,但有一个明显的异常值点。第四组数据的 x 和 y 虽然并无明显的线性相关性,但是统计特性与前三组极其相似。安斯科姆四重奏是统计学和数据分析教育中的一个重要案例,它强调不要仅依赖汇总统计量来理解数据,而应该结合图形表示进行综合分析。由于异常值可能会对统计特性产生显著影响,因此在进行数据分析时需要仔细检查和处理异常值。数据之间的关系可能不是简单的线性关系,而是更复杂的模式,这需要通过图形表示来揭示。

（3）相关性不等于因果性。

图 7 - 19 展示了 1949 年美国冰激凌销量与小儿麻痹症患者数量之间的关系。数据显示,两者几乎同步增减,呈现出极强的正相关性。这个发现曾促使当时的公共卫生专家建议公众停止食用冰激凌,作为预防小儿麻痹症的一种措施。然而,幸运的是,最终人们认识到这种相关性实际上是由另一个潜在变量——气温导致的。夏季较高的温度不仅使更多人倾向于购买冰激凌解暑,同时也增加了人们外出游泳的机会,而后者则可能增加了小儿麻痹症传播的风险。这个例子说明,当两个变量显示出相关性时,并不一定意味着其中一个变量是另一个变量的原因。事实上,可能存在第三个变量（在本例中即为气温）同时影响了这两个变量,从而导致了表面上的相关性。此外,有时观察到的相关性可能仅仅是巧合的结果。即使相关性确实存在并且与因果关系有关,也需要谨慎地考察和论证究竟哪一个变量是原因,哪一个变量是结果。

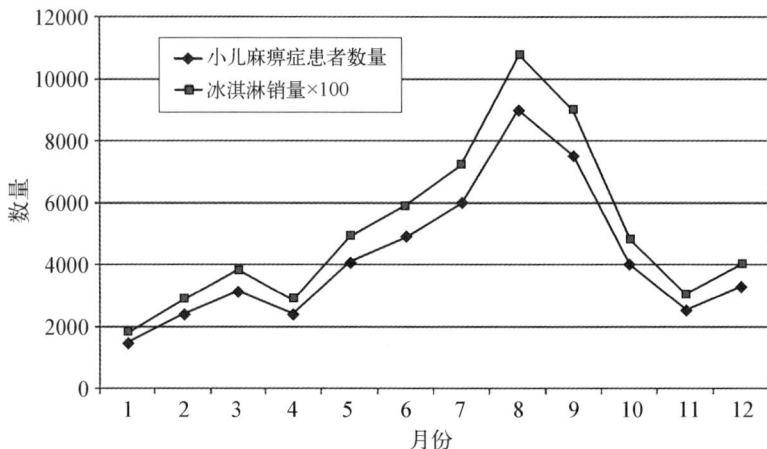

图 7-19　1949 年美国的冰激凌销量和小儿麻痹症患者数量的关系

7.9　控制图

7.9.1　偶然因素与非偶然因素

19 世纪 20 年代左右,现代质量管理的奠基者,统计质量控制之父 Walter A. Shewhart 完成了《质量控制中的统计方法》一书。休哈特认为,在生产过程中,产品质量受到诸多因素的影响。这些因素可以分为偶然因素和非偶然因素。

偶然因素是影响产品质量水平且影响程度较小的一类因素。偶然因素造成的变异由大量微小的偶然因素叠加而成。比如原材料成分的微小变化,周围环境的微小变化,工人操作的微小变化等。这些波动无法避免,也无法消除,却对过程产生了影响。当一个生产过程仅受到偶然因素的影响时,产品质量会形成一个稳定的分布,称为过程处于"统计可控状态"。

非偶然因素是可辨识的、作用性明显的因素,会导致产品质量的异常波动。例如未遵照操作标准引发的变异、操作的标准不完善引发的变异、机器设备故障引发的变异、操作人员误操作引发的变异、原材料的腐败变质引发的变异、量具的不完备造成的变异,等等。当一个生产过程受到非偶然因素的影响,产品质量的分布通常会发生变化,称为过程处于"统计失控状态"。此类因素应采取适当的措施加以发现,且排除。

为了判断质量水平的波动是由偶然因素还是非偶然因素造成的,休哈特发明了统计过程控制图。统计过程控制图又称管制图,其根据假设检验的原理,在直角坐标系中,以横坐标表示区组编号、以纵坐标表示质量特性或其统计量,包含中心线和上下控制限。中心线通常是质量特性或统计量的均值,上下控制限通常为中心线加减数倍的统计量的标准差。将质量特性或统计量以点的形式,按区组次序标注在图上。若控制图中的描点落在控制上限和控制下限之外或者描点在控制限之间的排列不是随机的,那就表明过程异常,存在非偶然因素导致的质量波动。反之,则认为该质量过程可控。

使用控制图的时候一般有几个固定的步骤。第一是识别关键的过程。一个产品的品质的形成,需要许多工序,其中有些工序对产品品质的好坏起到了至关重要的作用,这些过程就称为关键过程。统计过程控制图应该首先用于这些关键过程和关键变量的监控。第二步,针对关键过程的关键变量建立恰当的控制图。第三步,制订过程的控制计划和规格标准。本书第 13 章到第 16 章会详细讲解如何建立恰当的控制图。第四步,过程数据的收集和整理。第五步,利用分析用控制图,分析过程是否受控和稳定。如果发现不受控或者有变差的特殊原因,应当采取诊断与改进措施,及时分析导致失控的根本原因,采取措施使过程恢复正常。当过程是稳定的受控,则可以持续抽样,并利用过程能力分析方法,评估过程生产可控产品的能力的高低。

　　常规的控制图一般包括用于监控单个质量指标的计量型控制图(均值极差控制图、均值标准差控制图、单值移动极差控制图等,在本书第 13 章介绍)、计数型控制图(C 图、U 图、P 图和 NP 图等,在本书第 14 章介绍)、时间累积控制图(移动平均控制图、CUSUM 控制图、EWMA 控制图等,在本书第 15 章介绍),以及监控多个质量指标的多元控制图(Hotelling T^2 控制图、MEWMA 控制图等,在本书第 16 章介绍)。

　　控制图已经成为分析和判断过程是否处于稳定状态的重要工具,是质量管理中最常用的统计工具之一。在第二次世界大战期间,控制图成为军方挑选供应商的标准之一,如今它仍然是 ISO9001、QS9000 和 TS16949 等标准中不可或缺的一部分。ISO7870 族标准是专门为控制图制定的标准,它为企业实施质量控制图提供了标准化的依据。

7.9.2　红珠实验

　　红珠实验(red bead experiment)是著名质量学家戴明设计的两个实验之一(另一个是漏斗实验),此实验说明了尽管生产程序是一样的严格,但是还会无可避免地出现各种变异,即质量缺陷问题。

　　1. 器材(见图 7 - 20)

　　(1) 4 000 粒珠子,其中 800 粒为红色(代表缺陷产品),3 200 粒为白色(代表正常产品);

　　(2) 一个有 50 个凹洞的勺子,每 5 个凹洞 1 排,共 10 排,凹洞尺寸与木珠相当,一次可盛起 50 粒珠子(代表每天的工作量);

　　(3) 一个容器,大小恰好能够让一把勺子在里面捞珠子。

图 7 - 20　红珠实验器材

2. 人员（每个团队 10 人）

（1）6 名愿意工作的工人（用勺子装珠子）；

（2）2 名检验员（清点红色珠子的数量）；

（3）1 名记录员（记录红色珠子的数量）；

（4）1 个老板（控制整个过程，表扬那些得到较少红珠子的工人，责备那些得到较多红珠子的工人）。

3. 实验准备

（1）人员安排：工人、记录员、检验员、老板就位。

（2）实验说明：① 告知工人，他们的任务是"产出"白珠子，即尽量通过勺子捞出白色珠子，避免红色珠子；② 明确说明程序，并告知所有人必须严格遵照程序操作，不允许中途改变或辞职。

4. 实验操作

（1）工人使用勺子从装有红、白混合珠子的容器中捞出 50 粒珠子（代表一天的工作量）。

（2）检验员检查勺子中的珠子，记录员记录结果（红珠和白珠的数量）。

（3）如果工人对这次操作不确认，可以倒回盒子里再重新捞一勺。

（4）老板批评红色珠子多的工人，口头或者物质奖励红色珠子少的工人。

（5）工人将把一天的工作成果倒回箱子里。

（6）6 名工人执行此操作 4 次，代表完成 4 天的工作。

（7）将结果记录在表 7 - 6 中。

表 7 - 6　红珠实验记录

工　人	第 1 次	第 2 次	第 3 次	第 4 次	总　计
1					
2					
3					
4					
5					
6					
总　计					

5. 结论

通过这个实验可以得出如下结论。

（1）实验本身是一个稳定的系统。在系统维持不变的情况下，工厂的产出水平及其变异是可预测的；事实上，成本也是可预测的。

（2）所有的变异，包含工人之间产出红珠数量的差异，以及每位工人每日产出红珠数量的变异，均完全来自过程本身。没有任何证据显示哪一位工人比其他工人更高明。

（3）工人的产出显示为统计管制状态，也就是稳定状态。工人们已经全力以赴，在现有状况之下,不可能有更好的表现。

(4) 在考绩制度或员工评价中,将人员、团队、销售人员、工厂、部门排优劣顺序是一种错误的做法,特别是它对员工的斗志是一种打击。因为员工的表现完全与努力与否无关。

(5) 简单以绩效决定报酬是完全没有意义的。工人的绩效如此低落,以至失去工作,完全是被工作过程所左右。

(6) 工头给工人加薪或处罚,当作是对他们的表现进行奖励与惩罚。实际上它奖励与惩罚的是生产系统的表现,而不是工人的表现。

7.9.3　漏斗实验

漏斗实验是戴明所做的另一个实验。

漏斗实验由一个漏斗、一个放置漏斗的可移动架子、放在桌面上的一个靶子,以及若干个玻璃球组成。漏斗的出口距离桌面有一定高度,漏斗尽可能对准靶心,以任意方式把弹球扔进漏斗,测量并记录落点距离靶心的距离(见图 7-21)。

为了尽可能让降落点贴近靶心,戴明设计了 4 种漏斗位置的调整规则。

规则 1:漏斗保持固定,并瞄准目标。目标位于坐标(0,0)处。

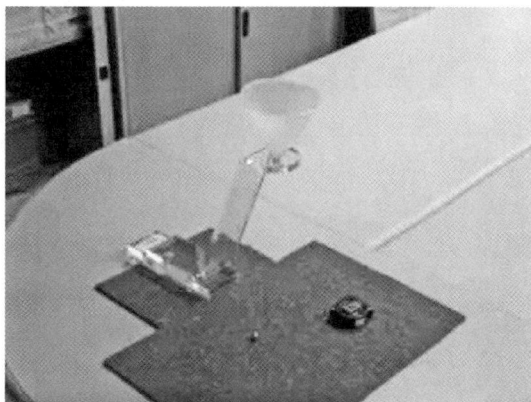

图 7-21　漏斗实验

规则 2:将漏斗以相反方向从其先前位置移动当前误差距离(目标与下落位置的距离)。

规则 3:将漏斗移到与最后一次弹球下落的位置相对的位置(相对于目标)。

规则 4:将漏斗移到最后一次弹球下落的位置。

第一次实验:规则为漏斗位置不变。首先在桌布上标出 1 个点作为目标,开始实验。将漏斗口瞄准目标点,保持这种状态,将弹珠由漏斗口落下 50 次,在弹珠每次落下的静止位置做标记。实验结果如图 7-22 所示,落点近似形成圆形。

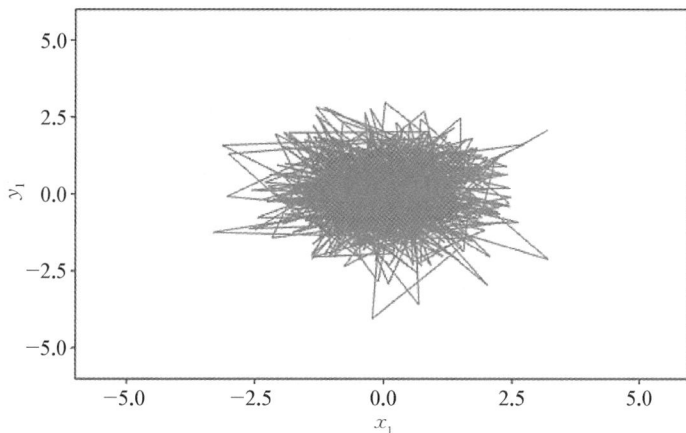

图 7-22　漏斗实验落点(规则 1)

第二次实验：规则为先将漏斗位置调回原位，然后允许每次弹珠落下后调整漏斗位置，但以目标点作为移动的参考点。即先让漏斗回归原位，然后按照落点与目标点的差距，把漏斗从原位调整到与目标点等距但相反方向的地方，以消除前次偏误。这次实验的结果如图 7 - 23 所示。弹珠的落点变得更不稳定，幅度越来越大，偶尔有几次是幅度渐减，其后幅度又变大。

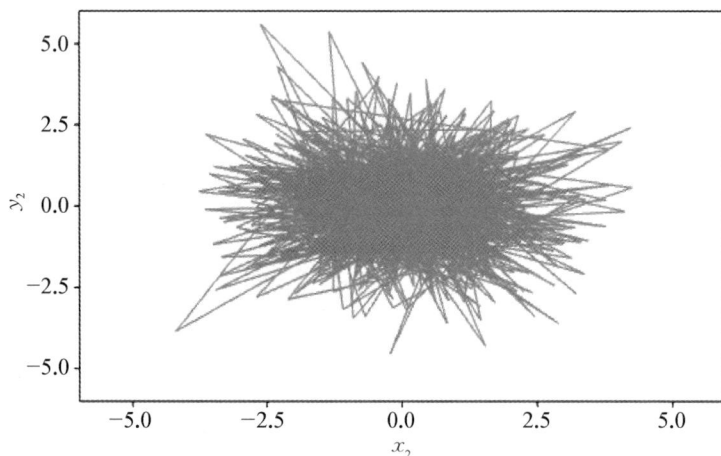

图 7 - 23　漏斗实验落点(规则 2)

第三次实验：规则为反向调正漏斗位置，在每次弹珠落下后，调整漏斗的位置，让下一次的结果靠近目标点。即根据每次弹珠落下的静止位置与目标位置的差距，调整漏斗的位置，以弥补前次的误差。比如弹珠停在目标点西南 10 cm 处，就将漏斗由现位置往东北移 10 cm，结果如图 7 - 24 所示。这次的结果比较糟糕，落点所形成的图形形成了明显的领结形。

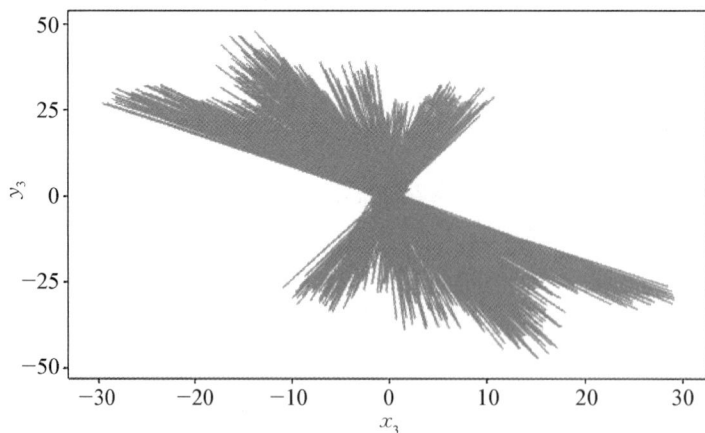

图 7 - 24　漏斗实验落点(规则 3)

第四次实验：规则为瞄准上次落点，在每次弹珠落下之后，就将漏斗移到该静止点之上，结果如图 7 - 25 所示。落点向一个方向扩散，距离目标点越来越远。

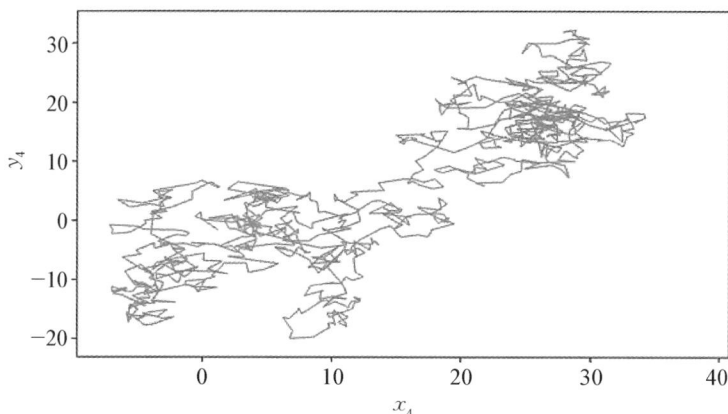

图 7‑25　漏斗实验落点(规则 4)

可以看出,由于对第一次规则的结果不满意,又进行了第二、第三、第四次改变规则的实验。规则改变的思路是消除落点误差,但结果却越来越差。从漏斗实验的实验规则和器具可以看出,漏斗的当前落点和历史落点没有相关性。根据历史落点调整漏斗位置没有科学依据。落点位置的变化都是偶然因素导致的,也就是系统处于统计可控状态。此时不要过度去调整或干预制程,画蛇添足地干预反而会适得其反。统计过程控制图是判断波动是由偶然因素还是非偶然因素导致的工具。当统计过程控制图未报警,无须对系统进行调整。如果控制图报警,则需要对系统进行改善性纠正。

习题

1. 结合实际数据,画出直方图、帕累托图、散点图和缺陷浓度图,给出每个图的结论。注意该工具的使用要点。可访问公开数据集: UCI Machine Learning Repository, Kaggle: Your Machine Learning and Data Science Community,工业大数据产业创新平台(industrial-bigdata.com)等。
2. 关于相关系数:
   (1) 皮尔逊相关系数的公式是什么? 适用范围是什么?
   (2) 通过两个变量的皮尔逊相关系数等于零,是否可以判定两个变量不相关? 为什么?
   (3) 除了皮尔逊相关系数,还有哪些统计量可以评估两变量的相关性? 给出公式、适用范围和数据案例。
3. 戴明通过红珠实验和漏斗实验要解释的管理学原理是什么?

参考文献

[1] WALD A. A reprint of "A method of estimating plane vulnerability based on damage of survivors" [M]. Rochester: Center for Naval Analyses, 1980.

［2］GRIFFITHS M. The seven basic tools of quality ［J］. Quality Progress，2000，33(7)：45 - 52.

［3］YAP B W，SIM C H. Comparisons of various types of normality tests ［J］. Journal of Statistical Computation and Simulation，2011，81(12)：2141 - 2155.

［4］STURGES H. The choice of a class-interval ［J］. Journal of the American Statistical Association，1926，21：65 - 66.

第8章 新7种质量管理分析工具

日本科学技术联盟的质量管理研究会,经过多年的研究和实践,提出了"质量管理新 7 种方法",简称"新 7 种工具"。其内容是① 亲和图法(KJ 法);② 关联图法;③ 树图法;④ 矩阵图法;⑤ 矩阵数据图法;⑥ 箭线图法;⑦ 过程决策程序图法(PDPC 法)。

质量管理"新 7 种工具"是把统计方法和思考过程结合起来,充分体现全面质量管理(total quality management,TQM)的全过程、全员参加和以预防为主的特点。建立了将思考型的 TQM 和"老 7 种工具"结合起来的方法,在作用上相互补充,相辅相成。可以说"老 7 种工具"偏重统计分析、工序质量控制,而"新 7 种工具"偏重思考分析过程。

"新 7 种工具"主要用于企业的方针目标管理、计划实施、质量设计、新产品开发、质量保证、成本管理、安全生产、质量改进、质量控制小组活动等方面。

本章的学习目标:

(1) 学会如何使用亲和图对质量管理问题进行分类和归纳;

(2) 理解关联图在分析质量管理问题相互关系中的作用;

(3) 掌握树图在构建质量管理决策框架中的应用;

(4) 学会运用矩阵图和矩阵数据图进行质量管理的定量分析;

(5) 理解箭线图在质量管理流程优化中的重要性;

(6) 掌握过程决策程序图在质量管理中的风险预测和预防策略。

8.1 亲和图(KJ 法)

亲和图法是由日本人类学家川喜田二郎(Kawakita Jiro)首创的一种方法,又名 KJ 法。川喜田二郎在研究人类文化、社会结构和思维方式的过程中,意识到了有效组织和分类信息对于解决问题和推动创新的重要性。因此,他设计出了亲和图这个工具,旨在帮助人们更好地理解和处理复杂的信息。

亲和图法将对未来的问题、未知的问题、无经验领域问题的大量混乱的事实、意见、构思等语言资料收集起来,利用其相互内在的思想联系(又称亲和性)加以整理归类,从复杂的现象中整理出思路,以便抓住实质,找出解决问题的方法。它被广泛应用于项目管理、产品开发、市场营销、质量管理等多个领域,成为一种强大的信息组织和分析工具。

制作亲和图的基本步骤包括以下几步。

(1) 确定主题。一般选择下列范围的题目。① 澄清事实。事物表象处于杂乱无章的状态,希望进行系统整理,了解其规律性。② 形成构思。思想处于混乱状态,希望理出头绪,明确思路。③ 变革现状。④ 创立新体系。⑤ 筹划组织方法的课题。⑥ 贯彻方针方面的课题等。

（2）收集关于主题的语言资料。一般需要成立一个了解关于主题的相关知识的五六人的团队。可以到现场获得第一手资料;也可以倾听别人的意见,阅读有关文献资料,取得第二手材料;还可以根据自己的思考提出新的设想,以及通过集体讨论、互相启发取得资料。

（3）语言资料卡片化。将团队收集到的语言资料用确切的词汇、短语扼要地制成卡片。注意一张卡片只写一个观点。

（4）汇合卡片。将所有卡片汇合在一起,成员将把内容相近的归在一类,按顺序排列并进行编号。

规则 1：每个成员独立完成卡片分类,不要自言自语或与其他成员交流,一个人完成分类后,换另外一个成员。重复这个过程,直到团队将所有想法分组。

规则 2：不要犹犹豫豫,快速按照直觉分类。

规则 3：如果后面的成员 B 不同意前面的成员 A 对某一张卡片的分类,请不要移动前面成员已经分类的卡片。正确的做法是成员 B 制作一张该卡片的副本,放到成员 B 认为该卡片应该属于的类别。

规则 4：理想情况下,所有的想法都可以分为相关的组。如果有一些"孤独者"不适合任何群体,不要强迫他们进入他们并不真正属于的群体。让他们独自成一组。

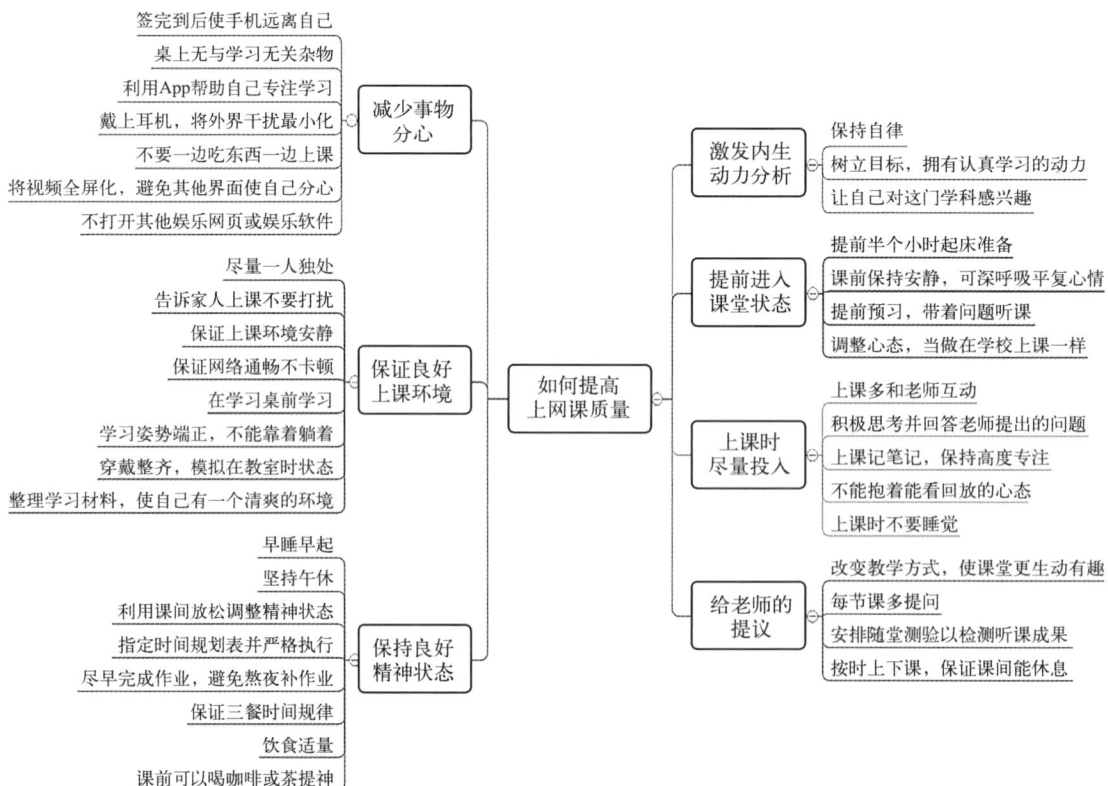

图 8-1 提高上网课质量的亲和图

（5）作标题卡。同一类卡片放在一起，经编号后集中。把该类的本质内容用简单语言归纳出来，并记录在一张卡片上，称标题卡。

（6）作图。把最终汇集好的卡片，按照比较容易寻找的相互位置进行展开排列，并按照既定的位置，把卡片贴在纸上，用适当的记号勾画出其相互关系。

图 8-1 是某一组大学生为提高上网课质量制作的亲和图。

8.2 关联图

为了揭示事物的本质联系，在逻辑上把产生质量问题的各因素之间的原因与结果、手段与目的的关系，用箭头连接起来，暴露和展开其各个侧面，最终从综合角度来处理问题的图表叫关联图。关联图不是浅显地分析问题的表面原因，而是穷根究底，探究原因的子原因，以抓住问题的实质，找到问题的根本要害。

关联图的形式比较灵活，大概可分为 4 种类型。

（1）中央集中型。把应解决的问题或重要项目安排在中央位置，从离它们最近的位置开始，把有关的各因素排列在它的周围，如图 8-2 所示。

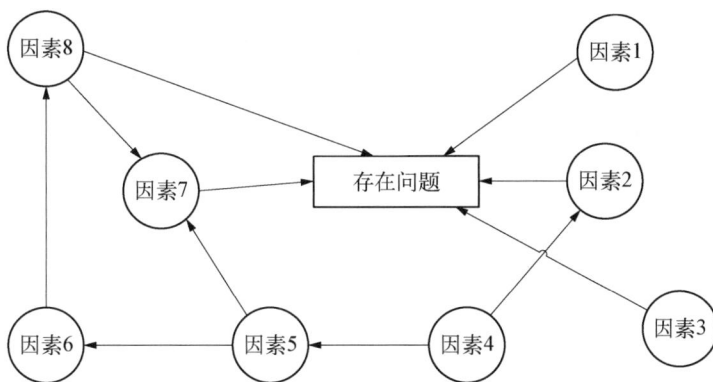

图 8-2 中央集中型关联图

（2）单向汇集型。把应解决的问题或重要项目安排在左（或右）一侧，按各因素的因果关系尽量从左向右（或从右向左）排列，如图 8-3 所示。

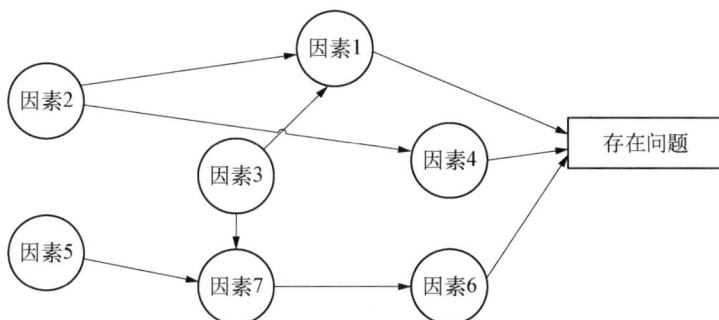

图 8-3 单向汇集型关联图

（3）关系表示型。用以表示项目之间或因素之间的因果关系，因此，在排列上比较自由灵活，如图 8-4 所示。

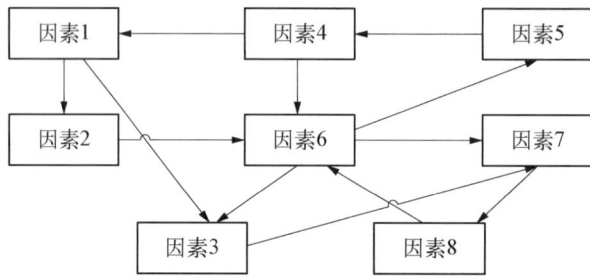

图 8-4 关系表示型关联图

（4）应用型。以上述 3 种类型关联图为基础进行综合利用的图称为应用型关联图。

制作因果图的基本步骤包括以下几步。

（1）选定要研究的主题，写在一张卡片上。

（2）以所要解决的质量问题为中心展开讨论，分析原因及其子原因，使用简明扼要的语言，确切地表达这些因素，将这些因素写在卡片上。一个卡片只写一个因素。原因分析要彻底，要捕捉比中间因素更基本的因素。

（3）用箭头连接卡片。注意箭头指向，即原因→结果，手段→目的。

（4）计算每个卡片的出入箭头数量。箭头只进不出是问题；箭头只出不进是主因；箭头有进有出是中间因素；出多于进的中间因素是关键中间因素。

图 8-5 是某企业主题为"接单目标为何无法达成"的关联图。关联图展示了企业在供应链管理和客户关系方面可能遇到的问题。图中的卡片代表了不同的问题点，如"无法取得采购情报""客户对服务不满意""竞争厂商产品的性能比较好"等。卡片之间的连线表示因果或逻辑关系。从图中可以看出，"价格比别的厂贵"是客户选择竞争者产品的根源之一，"客户对服务不满意"也是根源之一。

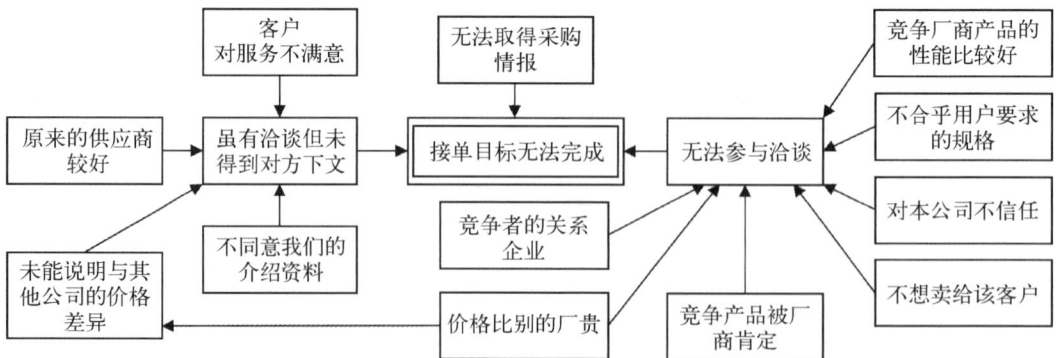

图 8-5 某企业主题为"接单目标为何无法达成"的关联图

图 8-6 是某企业"未来经营环境的动向"的关联图。关联图指出"国外厂商大量进入市场"与"市场占有率竞争激烈"之间的直接因果关系，可能导致"经营成本增加"和"财务风险加大"。同时，这种竞争也可能引起"专业人才不足"和"人才招收不足"，进而影响到企业的

"员工敬业精神"和"人员跳槽率"。关联图还显示"进入 WTO 国内市场大开放"对企业经营成本和市场占有率的双重影响，以及"折扣赠品大量出现"对利润率的潜在侵蚀。

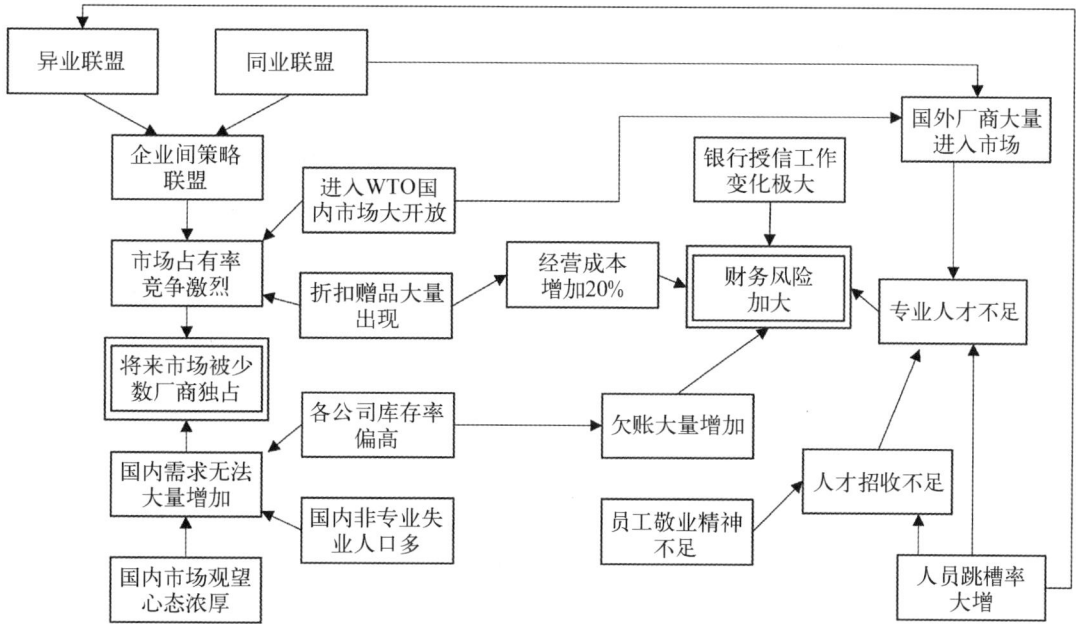

图 8-6　某企业"未来经营环境的动向"的关联图

图 8-7 是某企业的"模板工程品质瑕疵"单向汇集型关联图。图以问题点作为汇集点，从这个点向外延伸出多个分支，每个分支代表一个可能的原因或影响因素。可以看到"精度不良""板厚不足""使用次数过多"等都是导致"板材不良"问题的原因。这些问题点通过单向箭头指向中心问题，展示了它们与主要问题之间的因果关系。

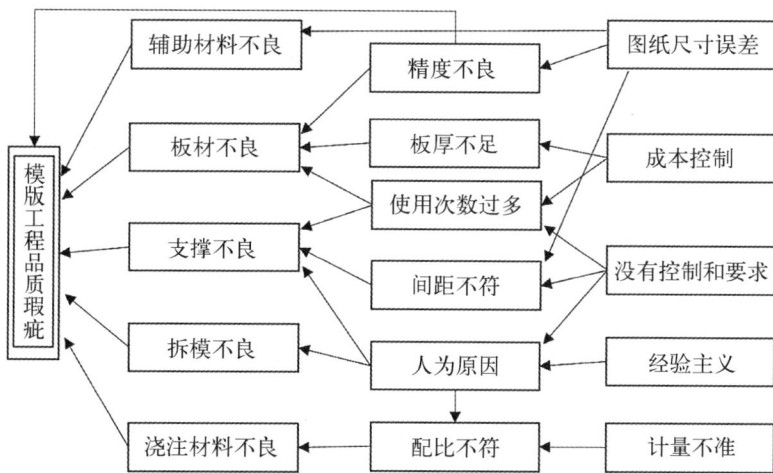

图 8-7　模板工程品质瑕疵关联图

通过使用关联图，企业能够系统地追踪问题源头，识别关键的影响因素，并制定针对性的改进措施。这种方法有助于提高分析问题的效率，确保解决方案能够针对根本原因，从而避免问题重复发生。

8.3 树图

为了达到某个目的,就要采取一些手段,而上一级的手段,又是下一级的目的。树图法是把为了达到目的、目标所必需的手段、措施系统地展开,并绘制成树图以便纵观全局、明确重点、寻求实现目的或目标的最佳手段和措施的方法。

树图可以系统地把某个质量问题分解成许多组成要素,用以显示出问题与要素、要素与要素之间的逻辑关系和顺序关系,如图 8-8 所示。

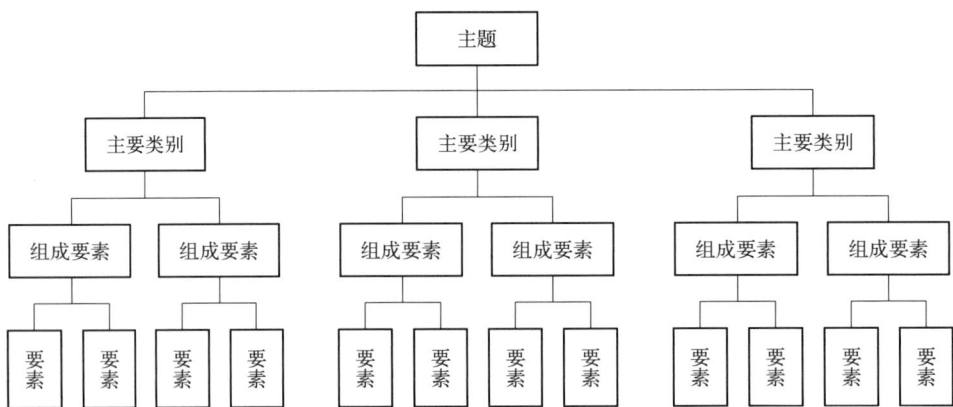

图 8-8 树图

制作树图的基本步骤包括以下几步。

(1)明确改进目的或目标。

(2)提出手段和措施。一般可通过 3 种方法进行:① 从所要达到的目的或目标开始,依次提出下一水平的手段和措施;② 从最基础、初级的手段和措施开始,逐级向上提出高一级的手段和措施,直至达到目的;③ 当分辨不清高级、初级手段和措施时,就针对具体目标进行分析思考,依靠集体智慧,提出手段和措施。

(3)手段和措施的评价。提出的手段和措施在实际应用中不一定可行。为了实用,应对其可行程度进行评价,去掉不可行的手段或措施。

(4)制作互相连接、顺序排列的树图。

(5)核查目的。逐级检查所用手段能否保证各级目的或目标实现,直至实现最终目的或目标。

(6)制订实施计划。针对树图中最末一级的手段逐项制订实施计划,确定其具体内容、日程进度、责任者等。

某制药厂生产膏药,进入夏季后,废片率猛增。为此,质量改善小组通过现状调查,找出了造成废片率高的症结是"膏面色泽不均匀"。针对"膏面色泽不均匀"这一问题用树图分析原因,如图 8-9 所示。

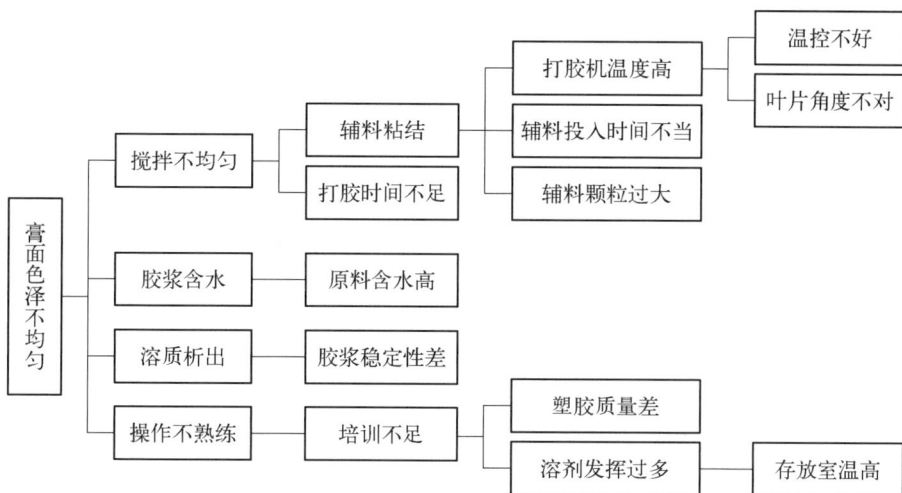

图 8-9　"膏面色泽不均匀"原因分析树图

8.4　矩阵图

矩阵图法是在复杂的质量问题中,找出成对的质量因素,分别排列成行和列,在其交点处表示其关系程度,据此找出存在哪些问题和问题的形态,从而找到解决问题的思路的方法。

矩阵图的类型包括以下几种。

(1) L 形矩阵图。即最基本的矩阵图,它把若干成对的事项(目的→手段,结果→原因)用行和列排列成二元表的形式,如图 8-10 所示。其中 A 因素和 B 因素都包含多个子因素。

(2) T 形矩阵图。由 A 因素和 B 因素,B 因素和 C 因素的两个 L 形矩阵图(A 因素共用)组合起来的矩阵图,如图 8-11 所示。其中 A 因素和 B 因素都包含多个子因素。

(3) Y 形矩阵图。由 A 因素和 B 因素、B 因素和 C 因素、C 因素和 A 因素 3 个 L 形矩阵图组成的矩阵图,如图 8-12 所示。其中,A 因素、B 因素和 C 因素都包含多个子因素。Y 形矩阵图可以体现 3 组因素任意两组之间的关系。

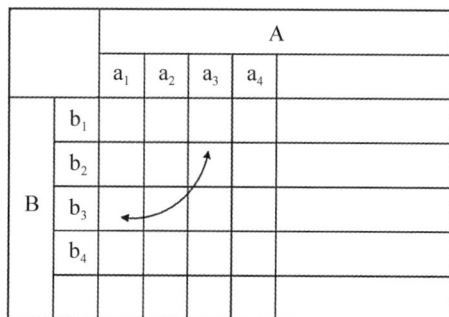

图 8-10　L 形矩阵图

(4) X 形矩阵图。是由 A 因素和 B 因素、B 因素和 D 因素、C 因素和 D 因素、A 因素和 C 因素 4 个 L 形矩阵图组合而成,如图 8-13 所示。

(5) C 形矩阵图。这是分别用 A、B、C 因素作为边的立方形矩阵图。它的特征是以 A、B、C 各因素规定的三元空间上的点作为着眼点。如图 8-14 所示。

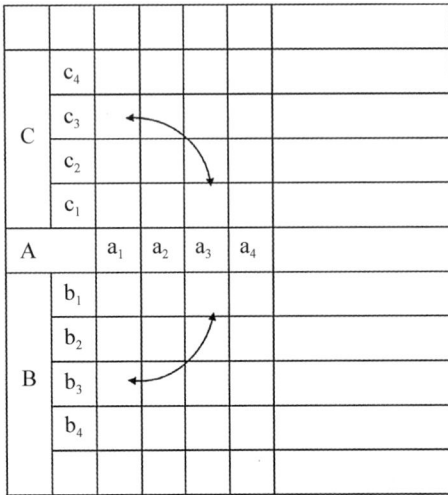

图 8-11 T 形矩阵图

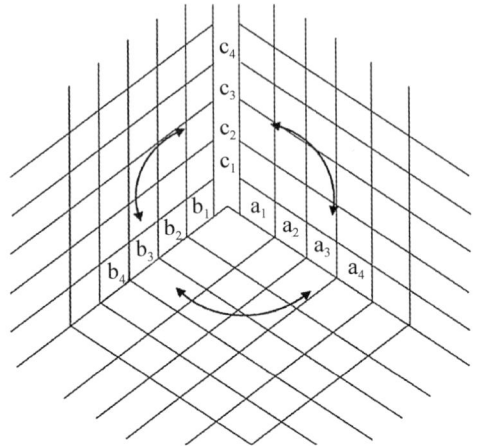

图 8-12 Y 形矩阵图

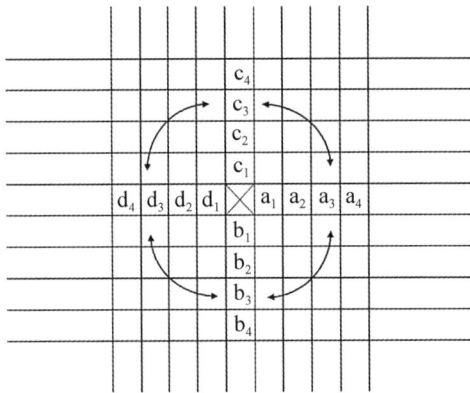

图 8-13 X 形矩阵图

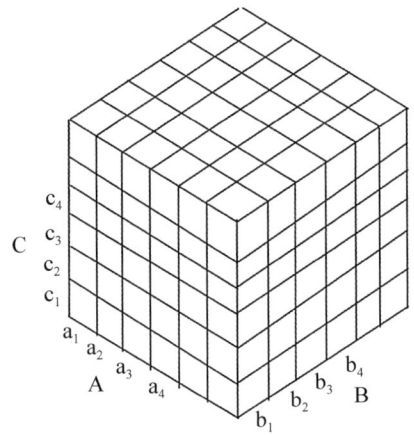

图 8-14 C 形矩阵图

这 5 种矩阵图组合起来可以进一步组合成多种矩阵图。

制作矩阵图的基本步骤包括以下几步。

(1) 列出质量因素。根据质量因素的组数和要展示的关系,选择合适的矩阵图类型。如果只有 2 组因素,可选择 L 形矩阵图。如果要展示 3 组因素两两之间的关系,则选择 Y 形矩阵图。

(2) 把每组因素的子因素排成行和列。

(3) 在成对子因素交点处表示其关系程度。一般由经验进行定性判断,可分 3 种:强相关、一般相关、弱相关(或可能有关系),并用不同符号表示出来。

(4) 根据关系程度,确定必须控制的重点因素。

(5) 针对重点因素作对策表。

表 8-1 为某工厂用于识别和量化某生产过程中各种输入变量对最终产品缺陷影响的矩阵表。该矩阵通过符号来表示每个工序的输入变量对特定缺陷(如焊接短路、少锡、板裂等)的潜在影响程度。表中●表示强相关,▲表示一般相关,○表示弱相关。例如,焊接少锡可能

与表面贴片过程中的印刷机调整、胶水密度、贴片速度、所用材料包装等因素强相关。通过矩阵图,企业可以确定关键的质量控制点,优化生产流程,减少缺陷发生,提高产品的整体质量和可靠性。

表 8 - 1　某工厂生产过程对产品缺陷影响的矩阵表

工　序	输入变量	组件	焊接短路	焊接少锡	功能测试	在线测试	板裂
胶水印刷	印刷机调整	○	○	▲			
	胶水密度	○		▲			
表面组装贴片	贴片速度	○	○	▲		▲	
	所用材料包装	○	▲	▲		○	
过焗炉	参数设置	○	▲	▲	○	▲	
半成品检查	检查员能力	○	▲	▲	○	○	
	生产速度	○	○	○	○	○	
插件	作业员能力	○	●	●	○	○	
	生产速度	○	○	○			
弯脚	弯脚工具	▲	●	●	○	○	
	作业员能力	▲	▲	▲	○	○	
过波峰炉	波峰炉参数	●	●	●	▲	▲	▲
	松香型号	○	▲	▲			
焊点检查	检查员能力	●	○	○			
执锡	烙铁参数	○	▲				
	执锡方法	○	▲		▲	▲	
在线测试	夹具设置	●				●	
功能测试	程序设置	●		●			
贴标签纸		○					
外观检查	检查员能力	○	○	○		●	
包装		○					

8.5　矩阵数据图

矩阵数据图是把矩阵图中多种质量因素或多个变量之间的对应关系定量地加以表达,

从而对数据进行预测、计算、整理分析的方法。矩阵数据图分析法可以应用于市场调查,预测新产品开发、规划、研究,以及工序分析等方面。

矩阵数据图分析法的作图程序与矩阵图类似,区别在于矩阵图一般用符号表示相关性,而矩阵数据图用数字。质量屋(house of quality)就是典型的矩阵数据图。

图 8-15 是一个餐厅的质量屋。质量屋左侧墙壁是顾客需求,以及需求的优先级别,数字越高,优先级越高。质量屋的房顶是目前餐厅采用的措施。措施之间的相关性见尖顶,其中,++表示措施高度相互促进,+表示措施相互促进,一表示措施相互制约。房间部分的数据为措施和需求之间的相关性,数字越大,表示越相关。右侧墙壁体现的是每个顾客的需求点被满足的程度,数字越大,表示需求被满足得越好[例如:294=7×(9+9+3+3+9+9),说明餐厅装饰的优雅程度非常重要]。地基部分体现的是措施的重要度:分数越高,措施越重要(例如:309=8×9+9×9+6×3+7×3+5×9+8×9,说明经常性的检查是保证服务质量很有效的措施)。图最右侧体现的是该餐厅和三家竞争对手,在满足顾客需求方面的对比。可见,该餐厅在桌布布料方面有优势,然而,布料的优雅程度不高,餐具摆放也欠佳,这些都是要改进的方向。

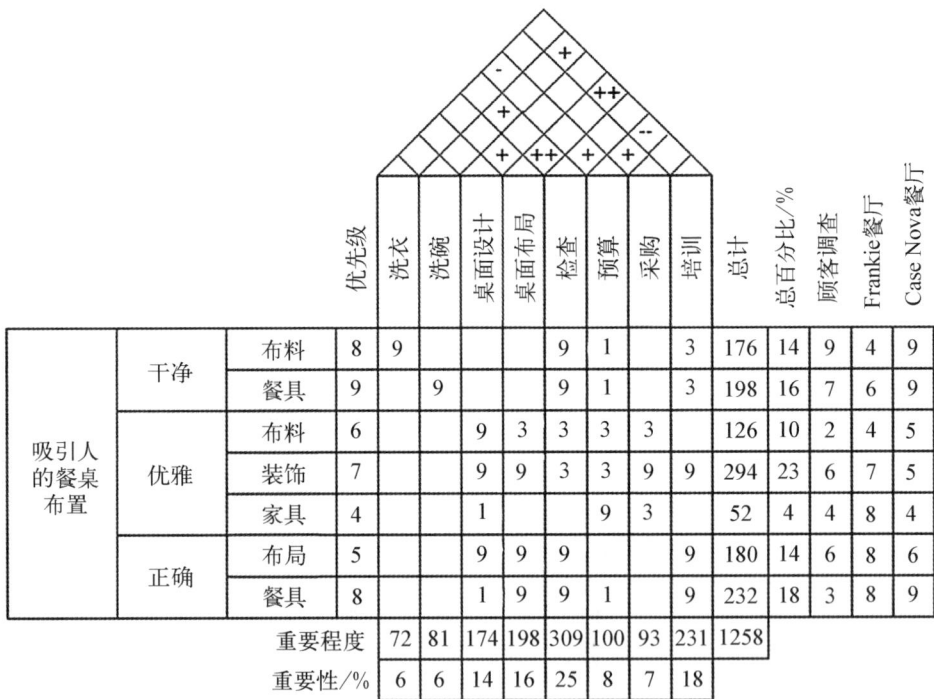

吸引人的餐桌布置			优先级	洗衣	洗碗	桌面设计	桌面布局	检查	预算	采购	培训	总计	总百分比/%	顾客调查	Frankie餐厅	Case Nova餐厅
	干净	布料	8	9				9	1		3	176	14	9	4	9
	干净	餐具	9		9			9	1		3	198	16	7	6	9
	优雅	布料	6			9	3	3	3	3		126	10	2	4	5
	优雅	装饰	7			9	9	3	3	9		294	23	6	7	5
	优雅	家具	4			1			9	3		52	4	4	8	4
	正确	布局	5			9	9				9	180	14	6	8	6
	正确	餐具	8			1	9	9	1		9	232	18	3	8	9
重要程度			72	81	174	198	309	100	93	231	1258					
重要性/%			6	6	14	16	25	8	7	18						

图 8-15 某餐厅的质量屋

8.6 箭线图

箭线图法是进度管理的一种常用手段,通过绘制并应用工序流程图,对生产、科研、技术改造等各类工程项目进行详尽的统筹规划与合理调度,目标是缩短项目工期,节约资源消耗,并确保项目按时完成。它将项目执行过程中所需的各种作业,依据它们之间的先后顺序关系,以网络图的形式直观展现出来,其基本原理与作图方法与网络技术分析相似。特别地,在项目管理领域,计划鉴定检查法(program evaluation review technique,PERT)和关键路线法(critical path method,CPM)是两种广泛应用的进度管理工具。这两种方法均利用"箭线图"来描绘项目的日程计划。箭线图不仅展示了各项任务的执行顺序,还清晰地标识了任务间的逻辑关系,为项目管理者提供了决策支持。

箭线图由作业(工序)、节点(事项)和路线 3 部分组成。

(1) 作业(工序)。作业是指一项有具体活动内容的、需要有人力物力参加的、经过一定时间后才能完成的活动过程。例如:设备的拆卸、清洗、检查,零件的修复,损坏零件的加工,部件装配,总装,调试等都是作业。有些过程虽然不消耗人力物力,但也需要时间才能完成,如铸件的时效等技术性工作,也应看作是作业。

此外,尚有一种虚设的作业,既不需要人力物力,又不需要时间,但它可以表明一项作业与另一项作业相互依存和相互制约的关系,是属于逻辑性的联系。这种虚设的作业称为虚作业,虚作业以虚线箭头(——➤)表示。

(2) 节点(事项)。在箭线图中,节点表示某一项作业、作业的开始或结束,又称事件或事项。一项工程、一项任务一般只有一个总开工事项和总完工事项。每一个作业只用两个事项来连接,并表明作业从开工到完工。

在箭线图中,节点可用 $\boxed{\begin{array}{c|c} 1 \\ \hline t_L & t_E \end{array}}$ 或 $\begin{array}{c} 1 \\ \hline t_L \mid t_E \end{array}$ 表示。节点不消耗资源,也不占用时间,只是时间的一个"交接点",其中 1(或者 2,3,…)表示节点编号,t_L,t_E 分别表示节点的最早开工时间和最晚完工时间。未标注开工时间和完工时间时,也可直接用带圆圈的阿拉伯数字表示。

除了总开工和总完工事项外,其他事项,既是开工事项又是完工事项。如图 8-16 所示,事项②对于作业 A 来说,是完工事项或称箭头事项,而对作业 B 来说,则是开工事项或箭尾事项。在箭线图中,总是以一条箭头线连接带编号的箭尾事项和箭头事项来表示一个确定的作业,如图 8-17 所示。

图 8-16　事项　　　　　　　　　　图 8-17　作业

(3) 路线。在箭线图中,路线是指从起点开始顺着箭头所指方向,连续不断地到达终点的一条通路。路线有路长,是这条路上各作业长度之和,如图 8-18 所示。

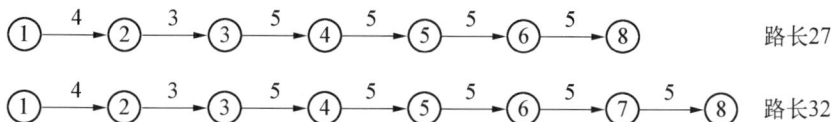

图 8-18　路线

箭线图的绘制方法如下。

(1) 工程或任务的剖析与分解。在对工程或任务的内容和要求有明确认识的基础上,根据需要与可行性分解成一定数量的作业。对于庞大的、复杂的工程或任务,常常编制总箭线图、分箭线图和作业箭线图。总箭线图主要反映工程主要组成部分之间的组织性联系,它由工程或任务的领导部门掌握;分箭线图是各独立的组成部分之间的工作过程和组织的联系,如厂区图、车间图等。作业箭线图是最具体、最详细的生产性箭线图,如工段生产线安排、设备维修程序、产品设计等。工程或任务经过剖析与分解后,可将分解出的作业名称和本作业与前后作业的关系汇编成表。

(2)绘制箭线图。有了作业名称和作业先后顺序的清单后,就可进行箭线图的绘制工作。绘制时从第一道作业开始,以一支箭头代表一个作业,依作业先后顺序,由左向右绘制,直到最后一道作业为止。在箭与箭的分界处画上圆圈,再在起始工作的箭尾处和终止作业的箭头处画上圆圈,就得到了一张箭线图。

绘制箭线图应遵守以下规定。

(1)箭线图中每一项作业都应有自己的节点编号,编号从小到大,不能重复。

(2)箭线图是有向的,从左至右排列,不应有回路程(死循环、闭环),即箭头不能从某一个节点出发,最后又回到该点上去。

(3)任何两个相关事项之间只能有一支箭头,即一个作业,不允许有重复的情况。

(4)箭线图只能有一个起始节点和一个终止节点。

(5)箭线图绘制时,不能有缺口,否则就会出现多起点或多终点的情况。

如图 8-19 所示为造房工程的箭线图,箭线图在造房工程中的应用提供了一个清晰的项目时间线和关键路径分析。例如,图中的节点编号 1~13 代表造房过程中的不同活动,如"打地基""造墙""屋顶修建"和"内部装修"。t_L,t_E 分别代表最早开工时间和最晚完工时间,这些时间界定了每个活动的开始和结束的灵活度。

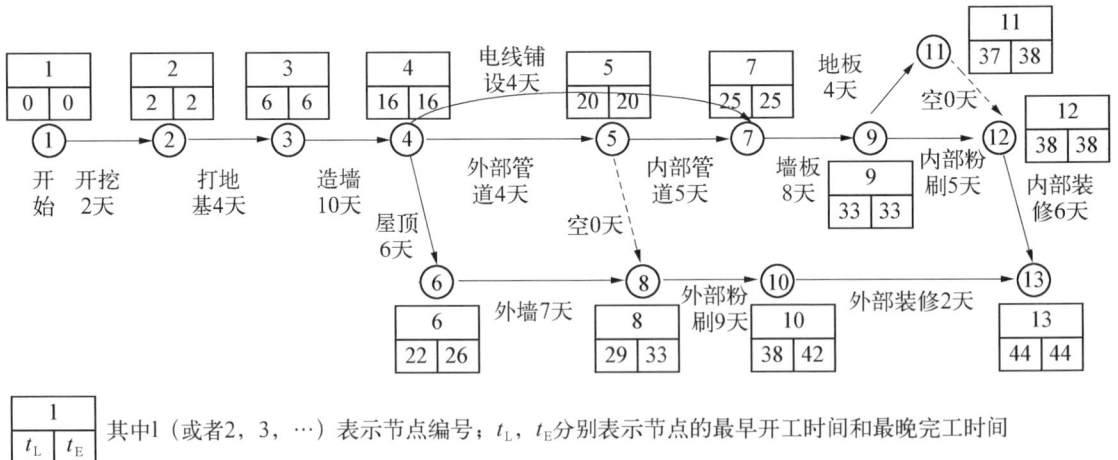

其中1(或者2,3,…)表示节点编号;t_L,t_E分别表示节点的最早开工时间和最晚完工时间

关键路径:延迟时间为零的活动所组成的途径。

图 8-19 造房工程的箭线图分析

1. 最早时间和最晚时间的计算步骤

(1)最早时间 t_L:从项目起点开始,沿着路径计算每个节点的最早时间。对于第一个节点(起始节点),最早时间通常为零或项目开始的特定日期。对于后续节点,最早时间等于其所有前置节点中最早完成时间的最大值。

开始节点的最早时间 t_{L_1} 为 0。

对于每个后继节点,其 t_L 为其所有前驱节点中 t_L 和该前驱节点的持续时间之和的最大值,即

$$t_{L_i} = \max(t_{L_j} + d_{j-i}),\ j < i$$

(2)最晚时间 t_E:从项目终点开始,沿着路径逆向计算每个节点的最晚时间。对于最后一个节点(结束节点),最晚时间是项目的截止日期或期望完成日期。对于逆向的每个节点,最晚时间等于其所有后续节点中最晚开始时间的最小值。

结束节点的最晚时间 t_E 等于其 t_L。

对于每个节点,其 t_E 为其所有后继节点中 t_E 减去该节点持续时间的最小值,即

$$t_{E_i} = \min(t_{E_j} - d_{i-j}),\ j > i$$

2. 关键路径确认

关键路径是那些其 t_L 等于 t_E 的路径。在这些路径上的活动,其总时间决定了项目的最短完成时间。

以某工程项目网络箭线图为例(见图 8-20),根据箭线图计算节点时间值,各作业的作业时间已标示在图中,求各节点最早开工时间和最晚开工时间。

(1)计算最早开工时间值。一个事项的最早开工时间等于从始点起到本事项止的最长路线上各道作业的工时之和。只有进入某一节点的全部作业全部完成后,从该节点出去的作业才能开工。始点事项的最早开工时间等于零,即 $t_{L_1} = 0$。

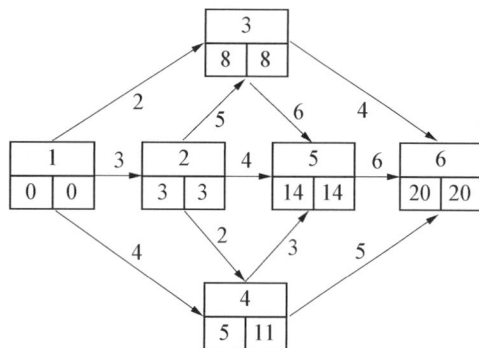

图 8-20　工程项目网络箭线图示例

如果同时有几支箭进入此节点,则选进入该节点的时间的最大值;否则,在此之前箭头事项是不可能开始的。

节点 1 从零开始,最早开工时间为 0,即 $t_{L_1} = 0$;

节点 2 的最早开工时间 $t_{L_2} = t_{L_1} + d_{1-2} = 0 + 3 = 3$;

节点 3 的最早开工时间 $t_{L_3} = \max(t_{L_1} + d_{1-3},\ t_{L_2} + d_{2-3}) = \max(8,\ 2) = 8$;

同理,可计算得到:$t_{L_4} = 5$;$t_{L_5} = 14$;$t_{L_6} = 20$。

(2)计算节点最迟完工时间。一个事项最迟完工时间是指在这个时间里事项若不完成,就要影响随后的各个作业的按时开工,这个时刻为事项最迟必须完工时间,从最后一个节点开始依次反向逐一计算。如果从此箭尾事项同时发出有几支箭,选计算出来的结果中的最小者。

节点 6 的最晚开工时间 $t_{L_6} = t_{E_6} = 20$;

节点 5 的最晚开工时间 $t_{E_5} = t_{E_6} - d_{5-6} = 20 - 6 = 14$;

节点 4 的最晚开工时间 $t_{E_4} = \min(t_{E_6} - d_{4-6},\ t_{E_5} - d_{4-5}) = \min(15,\ 11) = 11$;

同理,可计算得到:$t_{E_3} = 8$;$t_{E_2} = 3$;$t_{E_1} = 8$。

(3)关键路线的确定。总时差为零的作业是关键作业,从表 8-2 可以看出,关键作业为 A、D、G、K,因此关键路线为①→②→③→⑤→⑥。

表 8 - 2 　网络箭线图作业时间计算表

作业代号(1)	节点号(2)	作业时间(3)	最早开工时间(4)	最早完成时间(5)=(4)+(3)	最迟开工时间(6)=(7)-(3)	最迟完成时间(7)	总时差(8)=(6)-(4)
A	(1,2)	3	0	3	0	3	0
B	(1,3)	2	0	2	6	8	6
C	(1,4)	4	0	4	7	11	7
D	(2,3)	5	3	8	3	8	0
E	(2,4)	2	3	5	9	11	6
F	(2,5)	4	3	7	10	14	7
G	(3,5)	6	8	14	8	14	0
H	(4,5)	3	5	8	11	14	6
I	(3,6)	4	8	12	16	20	8
J	(4,6)	5	5	10	15	20	10
K	(5,6)	6	14	20	14	20	0

关键路线，又称主要矛盾线。它的长度代表完成整个工程的最短时间，称为总工期。一般用双线（或粗线）把关键路线标出。从时间因素这个角度来说，关键路线是完成整个工程的关键。

关键路线是网络图中一个极其重要的概念，其周期决定了整个作业进度的周期，关键路线上各个作业称为关键作业。关键作业在时间上没有回旋的余地。关键路线完工时间的提前或者推迟都直接影响整个工程或任务的总完工期。因此，要缩短工期，必须在关键路线上的薄弱环节采取措施、挖掘潜力，关键路线在网络箭线图中具有十分重要的意义，能使管理者对工程心中有数、明确重点。

8.7 　过程决策程序图

过程决策程序图（process decision program chart，PDPC）是一种用于规划和管理复杂项目的方法，尤其是在面对项目进行过程中的诸多不确定因素时，可预测不理想事态，并制订应对策略，尽可能把项目引向理想方向的方法。该图常用在对安全性和可靠性要求较高的项目和产品上。

PDPC 图的制作步骤如下。

（1）明确项目的起点 A_0 和最终目标 Z_0。

（2）识别从起点 A_0 到最终目标 Z_0 的关键步骤和活动。这些步骤应该按照时间顺序排列,展示整个过程的发展路径。

（3）预测整个过程中所有环节可能出现的问题：针对每个关键步骤,预测可能遇到的问题或障碍。这些问题可能是内部的(如资源短缺)、外部的(如市场变化)或其他不可预见的因素。

（4）制订应对策略：对于每个预测到的问题,制订相应的应对策略或备选方案。这包括如果某一个问题发生时,应该如何调整计划或采取何种行动来解决问题。

（5）绘制 PDPC 图：将上述信息绘制成 PDPC 图。图中通常包括目标、关键步骤、潜在问题及其应对策略。通过图表的形式,可以清晰地展示出整个过程的发展路径及遇到问题时的处理方法。

如图 8-21 所示,关键步骤 A_2 之后,可能由于某些因素,项目无法进行到 A_3 步骤。在这种情况下,项目组设计了备选方案 B_1 , …, B_s ,最终达到了项目最终目标 Z_0。 还可能从 A_0 出发后,由于某些原因,无法进行到 A_1 ,项目组设计了备选方案 C_1 , …, C_r ,最终也达到了项目最终目标 Z_0。 从图中可见,备选方案 C 中还包含了备选路径 D。

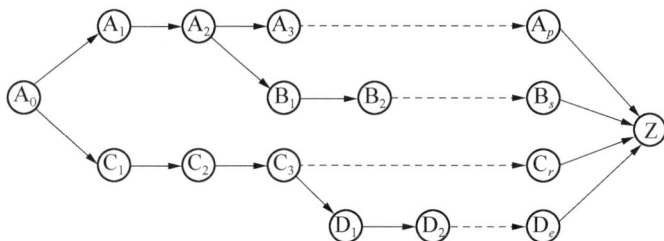

图 8-21　PDPC 法画法一

另外一种画法如图 8-22 所示。首先绘制流程起点到流程终点的流程图;之后针对可能出现风险的环节,列举出可能出现的风险;再针对每个风险,给出相应的一条或者多条对策。

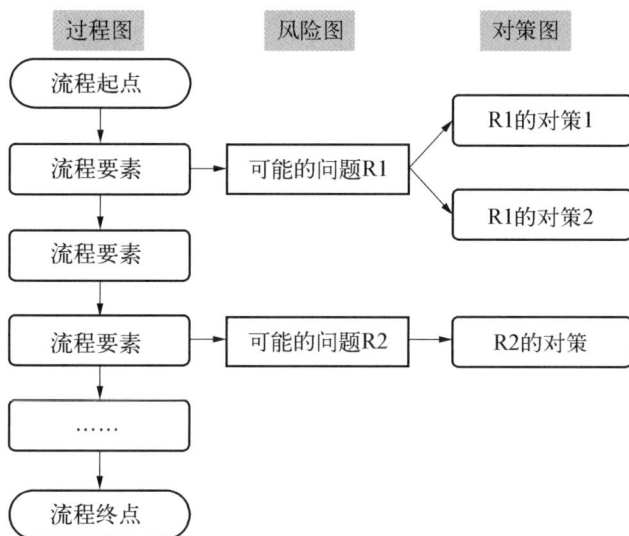

图 8-22　PDPC 法画法二

习题

1. 质量管理"新 7 种工具"是指哪 7 种,他们的作用归纳起来有哪几个方面?
2. 什么叫 KJ 法,它有什么用途?
3. 什么叫关联图,它有哪几种类型,主要在哪些范围中应用?
4. 什么叫树图法,有何用途?
5. 什么叫矩阵图法,它有哪些类型?
6. 什么叫 PDPC 法,它在哪些范围中应用?

参考文献

［1］泰戈.质量工具箱［M］.何桢,施亮星,译,2 版.北京:中国标准出版社,2006.
［2］侯西亭,赵明香.树图在质量改善中的应用(三)［J］.中国质量,2015(09):98－99＋106.

第 5 篇

改善阶段(I)

君子曰：学不可以已。

青，取之于蓝，而青于蓝；

冰，水为之，而寒于水。

——荀子《劝学》

战国时代的荀子在他的经典著作《劝学》中，强调了持续学习和不断提升的重要性。这种思想不仅适用于对学问的追求，更是质量管理中改善阶段的核心理念。正如蓝色从蓼蓝中提取却比蓼蓝更深，冰虽源自水却比水更加寒冷，这种超越与提升的过程，正是改善的精髓所在。

在详细分析之后，当人们对少数可能影响质量的关键因素与变量有所掌握时，便可以进入改善阶段。然而，改善的难度往往取决于实际问题的复杂性。在某些情况下，一旦找到了关键因素，问题便能基本解决；但有时，即使已经明确了关键因素，现状仍然难以改变。这种情况下，如何有效地推进改善，成了质量管理中的一大考验。

一般而言，改善步骤的本质在于揭示关键变量如何影响之前定义的质量问题。这个过程不仅是为了找出可能的关键质量问题，更是去深入探究这些质量问题背后的动因，并制订出针对性的改善措施。

本章将重点介绍实验设计法，这是一种能够找出关键质量 Y 与关键变量 X 之间具体关系并在此基础上建立模型的重要方法。

这种方法不仅可以帮助理解如何借由改变或控制关键变量 X 来改善关键质量 Y，更提供了一个系统化的框架，使改善工作更具科学性与可操作性。

第9章 实验设计概述

本章将介绍实验设计(design of experiments，DOE)的定义、历史、基本概念、基本原则及基本步骤。详细说明了响应、因素、水平、处理、一次实验测试和实验单元等基本概念，探讨实验设计的基本原则，包括重复、随机化和分组，最后介绍实验设计的基本步骤。

本章的学习目标：

(1) 了解实验设计的历史和主要方法；

(2) 掌握实验设计的基本概念；

(3) 掌握实验设计的步骤和原则。

9.1 实验设计的定义

实验设计是数理统计学的一个分支，是科学探究的组成部分，主要研究"如何更好地设计实验"。由于任何实验都可能受到外部环境的影响，因此实验设计的目标是通过合理的设计，最大限度地减少外部环境变化对实验结果的影响。实验设计方法广泛应用于自然科学、社会科学、医学等各领域，其主要目标是确定和量化不同因素对实验结果的影响，优化生产过程，并提高产品质量。

图 9-1 展示了一个过程系统的通用模型，包括输入、过程和输出，以及影响过程的可控因素和不可控因素。实验设计可以通过系统地量化各因素对过程的影响程度，从而识别关键因素。图中，可控因素(如 x_1，x_2，$\cdots$，x_p)和不可控因素(如 z_1，z_2，$\cdots$，z_q)对过程的输出结果有不同程度的影响。通过合理的实验设计，可以确定哪些因素对输出结果的影响最大，从而进行优化和改进。

实验设计的主要用途包括以下几方面。

(1) 确定关键因素。在复杂系统中，不同因素可能对结果产生不同程度的影响，实验设计可以量化各因素对结果的影响程度，从而识别出影响实验结果的关键因素。例如，在农业实验中，通过设计实验，可以确定哪些肥料成分和施肥量对农作物产量的影响最大。

(2) 优化系统性能。确定关键因素后，可以通过系统化的实验，找到最优的参数组合，从而实现系统效能的最大化。例如，在装配车间中，实验设计可以帮助确定影响生产线吞吐量的关键因素，如工人的工作速度、机器的设置和材料的流动速度。通过调整这些因素，可以显著提高车间的吞吐量。同样，在化工生产流程中，实验设计可以用于优化反应条件(如温度、压力、反应时间等)，从而提高产量和产品的纯度。

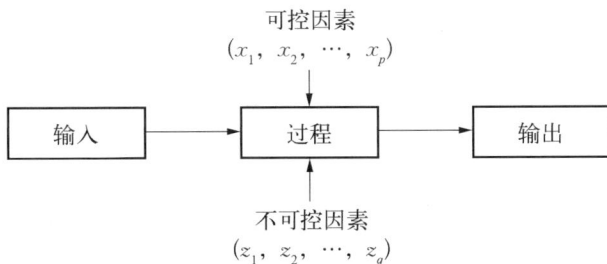

图 9-1　过程系统的基本模型

（3）提升系统稳健性。实验设计可以用于提高系统的抗干扰能力，使系统在面对噪声（不可控因素）变化时仍能保持稳健性。这通常通过选择使系统对噪声变化不敏感的控制因素水平组合来实现。例如，在电子产品的生产过程中，外部环境的温度和湿度变化可能会影响产品性能。通过实验设计，可以选择合适的元件材料和电路设计，使产品在不同环境条件下也能保持稳定的性能。具体来说，实验中可以系统地改变环境温度和湿度（作为噪声因素），并测试不同元件材料的性能，最终选择那些在噪声变化时方差小的材料组合。这种方法可以在外部条件不可控的情况下，提升系统的稳健性。

通过实验设计，研究人员和工程师能够系统地了解优化复杂系统，找到最佳解决方案。实验设计不仅提高了实验的效率，还为科学研究和工业实践提供了强有力的工具和方法。

9.2　实验设计的历史

实验设计的发展历程反映了科学方法在不同时代的演进和应用，从早期的简单实验到现代复杂的多因子实验设计，体现了科学家们在探索和优化自然及工业过程中的不断创新和贡献。

1. 爱迪生与"一次一个因素"的实验法

19 世纪末，美国发明家托马斯·爱迪生（Thomas Edison）在其发明过程中采用了一种简单但有效的实验方法，即"一次一个因素"的实验法。爱迪生在发明电灯的过程中，测试了数千种不同的材料以寻找最适合的灯丝材料。他通过一次只改变一个因素的方法，系统地记录每次实验的结果，最终找到了碳化竹纤维作为灯丝材料。这种方法虽然简单，但在早期科学探索中具有重要意义，因为它帮助科学家们系统地理解实验过程并优化实验结果。这是最早期的实验设计雏形。

2. 费希尔的因子设计与方差分析方法

实验设计的现代起源可以追溯到 20 世纪初，由英国统计学家罗纳德·艾尔默·费希尔（Ronald Aylmer Fisher）在农业领域进行的开创性工作。他在 1920 年代为罗斯柴尔德农场设计了田间实验，首次提出了因子设计和方差分析的概念。这些方法极大地提高了农业科学实验的效率和准确性。例如，通过系统化的实验设计，费希尔确定了最优的肥料配方和施肥量，从而显著提高了小麦的产量。费希尔的贡献不仅奠定了现代实验设计的基础，还在统计学和生物学领域产生了深远影响。

3. 博克斯和威尔逊的响应曲面法

进入 20 世纪中期,化学工程和工业过程中的复杂实验需求推动了实验设计的进一步发展。博克斯(G.E.P. Box)和威尔逊(K.B. Wilson)在 20 世纪 50 年代末至 60 年代提出了响应曲面法(response surface methodology,RSM)。这种方法通过数学模型描述因子水平与响应之间的关系,旨在找到最优的工艺参数组合,从而改进产品质量和生产效率。

G.E.P. Box 的名言"All models are wrong, some are useful"(所有模型都是错的,但有些是有用的)揭示了模型在实验设计中的核心思想。尽管任何模型都无法完全精确地描述现实世界的复杂性,但它们可以为理解和优化过程提供宝贵的指导。响应曲面法正是基于这个理念,通过构建近似的数学模型,帮助工程师和科学家在复杂系统中找到最佳条件。尽管这些模型可能存在偏差,但它们提供了一个有用的框架,使研究人员能够进行系统的实验和优化,从而大幅提高生产效率和产品质量。

4. 田口玄一的田口方法

在 20 世纪后期,日本的田口玄一(Genichi Taguchi)对实验设计在制造业的推广实践做出了重要贡献。他提出的田口方法(Taguchi methods)强调稳健性设计和信噪比分析,旨在提高产品和工艺的质量,同时减少变异和成本。田口方法聚焦于三阶段设计法:系统设计阶段、参数设计阶段和容差设计阶段。这个方法的核心是在产品设计阶段就进行质量控制,力求以最低的生产成本制造出满足顾客需求、对社会损害最小、质量高的产品。田口方法在全球范围内被广泛应用于产品设计和质量控制。

5. 现代实验设计的计算机化

进入 21 世纪,计算机技术的发展进一步推动了实验设计的复杂化和大规模化。现代实验设计(modern design of experiment,MDOE)以基于计算机的大规模实验为特色,广泛应用在制造业、互联网、医药研究等领域。

现代实验设计结合统计学、计算科学和工程优化的系统性方法,旨在通过高效的数据收集和模型驱动策略,显著减少实验成本,提升结果精度,并支持复杂系统的多学科优化。与传统实验设计方法相比,MDOE 更注重计算与物理实验的深度融合,以及动态自适应策略、高维空间探索等应用。

A/B 测试是一种常用的基于计算机的实验设计方法,用于比较两个或多个版本的产品、网页、广告或其他系统,目的是确定哪个版本在特定指标上表现得更好。A/B 测试通过随机将用户或样本分配到不同的版本,收集并分析数据,从而得出科学的结论。通过大规模 A/B测试,企业可以快速迭代产品,提升用户体验。

从爱迪生的"一次一个因素"的实验法,到费希尔的因子设计和方差分析,再到博克斯和威尔逊的响应曲面法、田口玄一的三阶段设计法,以及现代化的实验设计方法,实验设计经历了从简单到复杂、从经验到科学的演进过程。这些科学家的创新和贡献,使得实验设计成为现代科学研究和工业实践中不可或缺的方法与工具。

9.3 实验设计中的基本概念

实验设计中的基本概念是理解和应用这种方法论的基础。掌握这些概念有助于设计有效的实验,并从中获得有价值的结论。本小节以一个瓷砖工厂的实验为案例,详细介绍响应、因素、水平、处理、一次实验测试和实验单元的定义和应用。

日本某中型陶瓷企业新建 80 m 隧道窑,采用多层装载式移动平台台车进行连续烧制。生产数据显示:窑车外围瓷砖尺寸超差率很高,而内部产品合格率较高。经工艺分析,窑内温度场分布不均被锁定为关键诱因,但传统热工系统改造需投入几十万美元,经济性不足。这促使企业探索通过调整工艺配方,找到瓷砖原料的最佳组合,改进外层瓷砖的尺寸稳定性。

1. 响应(response)

响应变量是实验设计中需要改善的目标变量,也就是实验输出的结果。在实验设计中,响应变量是用来衡量实验效果的关键指标。

在瓷砖工厂的实验中,响应变量是瓷砖的尺寸。通过调整实验中的不同因素,工厂希望改善瓷砖尺寸的稳定性,确保外层瓷砖的尺寸符合规格。

2. 因素(factor)

因素是实验过程中可以变化的输入变量,又称因子。每个因素在实验中可以取不同的值,这些值会影响响应变量。因素可能是可控的,例如工艺参数,也可能是不可控的,例如环境条件。

在瓷砖工厂的实验中,选择了以下 7 个可控因素:石灰石含量、某添加物粗细度、蜡石含量、蜡石种类、原材料加料量、浪费料回收量与长石含量。这些因素的不同的组合影响瓷砖尺寸。

3. 水平(level)

水平是指实验中每个因素的不同设定值。每个因素可以有多个水平,表示该因素的不同状态。

在瓷砖工厂的实验中,石灰石含量(因素 A)有两个水平,分别是 5% 和 1%。同样,某添加物的粗细度(因素 B)也有两个水平,分别是细和粗。

4. 处理(treatment)

处理是指在多个因素的情况下,每个因素取一个特定的水平,这些特定水平的组合称为一个处理。在单个因素的情况下,每个水平就是一个处理。

在瓷砖工厂的实验中,组合可能是:石灰石含量 5%、某添加物粗细度为粗、蜡石含量 43%、蜡石种类为新、原材料加料量 1 300 kg、浪费料回收量 0%、长石含量 5%。这种特定的组合就是一个处理。

5. 一次实验测试(trail or run)

一次实验测试是指对一个实验单元应用一个处理。每次实验测试都是按照某一种处理进行的。

在瓷砖工厂的实验中,每个处理组合在生产线上进行一次实验测试,通过测量和记录该处理组合下生产的瓷砖尺寸数据来评估其效果。

6. 实验单元(experimental unit)

实验单元是接受处理的对象或实体。每个实验单元都是实验中的一个独立样本。

在瓷砖工厂的实验中,实验单元指的是生产线上的一批瓷砖。每批瓷砖在不同的处理组合下进行实验,以评估不同工艺参数对瓷砖尺寸的影响。

在实验设计中,响应、因素、水平、处理、一次实验测试和实验单元是一些基本且重要的概念。合理的实验设计可以有效降低实验成本和时间,提供可靠的数据支持,为优化工艺和提升产品质量提供科学依据。

9.4 实验设计的基本原则

在实验设计中,除了理解基本概念外,还需要遵循一些基本原则,这些原则有助于设计更加有效和可靠的实验。本节将介绍实验设计的基本原则,包括重复、随机化和分组,并结合具体案例说明它们的重要性和应用方法。

1. 重复(replication)

重复是指在相同的实验条件下,对同一个处理进行多次实验的过程。通过对每个处理进行多次重复,可以估计实验误差,计算组内变异,从而提高统计分析的可靠性。

在瓷砖工厂的实验中,为了确保数据的准确性和稳健性,每个处理组合都进行了多次重复实验。例如,对于石灰石含量为5%、某添加物粗细度为粗的组合,实验人员进行了多次测量并记录瓷砖的尺寸数据。这不仅提高了实验结果的统计精度,还可帮助识别并排除数据中的异常值。

2. 随机化(randomization)

随机化是指将处理组合随机分配到各个实验单元中,以避免系统性偏差。通过随机化,可以确保变量对实验结果的影响均匀分布,从而减少系统误差。

在瓷砖工厂的实验中,假设有3种不同的石灰石含量和两种不同的添加物粗细度需要测试。为了防止生产过程中出现的系统性因素(如设备状态的变化)对特定处理组合产生影响,实验人员将所有处理组合随机分配到不同的生产批次中,以确保每种处理组合在各种外部条件下都能得到公平的测试。

3. 分组(blocking)

分组是指根据已知的不可控因素(如时间、地点或生产设备)将实验单元进行划分,并在每个分组内进行随机化处理。通过分组,可以减少这些已知因素对实验结果的干扰,从而提高实验结果的准确性。

在瓷砖工厂的实验中,由于生产线分布在不同区域,每个区域的温度条件可能不同。为减少区域温度对实验结果的影响,可以将生产线分为多个区组,并在每个区组内进行随机化实验。例如,将生产线分为3个区组,每个区组内分别进行不同处理组合的测试,以确保每个处理组合的效果都在类似的条件下进行测试。

实验设计中的3个基本原则:重复、随机化和分组,是确保实验结果可靠性和有效性的关键。在瓷砖工厂的实验案例中,这些原则帮助实验者科学地设计和实施实验,减少误差,提高数据的可靠性。通过多次重复实验来确保数据的稳健性,通过随机化来减少系统性误差,通过分组来控制不可控因素的影响,这些方法共同确保了实验设计的科学性和结果的可信度,为优化工艺和保证系统稳健性提供了可靠的数据支持。

9.5 实验设计的基本步骤

实验设计是一项系统化的过程,通过一系列有序的步骤来规划和实施实验,以获取可靠的数据并得出相应的结论。本节将介绍实验设计的基本步骤，包括明确实验目的、选择响应变量、确定因素和水平、选择实验方案、实施实验及收集数据、分析实验数据以及得出结论和验证这 7 个步骤。

1. 明确实验目的

明确实验目的是实验设计的第一步。需要清楚地定义实验要解决的问题和希望达到的目标，确保所有参与者对实验目的有一致的理解。

在瓷砖工厂的实验中，实验的目的是找出影响瓷砖尺寸稳定性的关键因素，并通过调整工艺参数来改善外层瓷砖的尺寸合格率。

2. 选择响应变量

选择响应变量是指确定实验中要测量和分析的结果变量，它是衡量实验效果的关键指标。在选择响应变量时，需要考虑变量是否可测量、是否能够反映实验目标，以及是否具备足够的灵敏度和稳定性。实验中可能有多个响应变量。需要区分响应变量是计数型还是计量型，确认测量响应变量的测量系统可靠。

在瓷砖工厂的实验中，响应变量是瓷砖的尺寸。通过测量和分析瓷砖尺寸，可以评估不同工艺参数对产品质量的影响。

3. 确定因素和水平

确定因素和水平是指确定实验中要研究的输入变量及其不同的设定值。每个因素应具有多个水平，以便研究其对响应变量的影响。在这个步骤中，需要确定哪些因素可能会影响响应变量，并为每个因素设定适当的水平。因素的选择应基于对过程的理解和前期实验的结果，确保所选因素能够覆盖潜在的关键影响因素。

确定因素个数应邀请有经验的工程师、技术员、工人共同讨论决定。因素不宜选得太多，那样可能会造成实验规模过大，主次不分，"丢了西瓜，捡了芝麻"。因素也不宜选得太少，这样可能会遗漏重要的因素，或遗漏因素间的交互作用，使实验的结果达不到预期的目的。

确定每个因素水平数可以参考因素个数以及因素和响应变量之间的关系。当因素多时，建议每个因素用 2 个水平，避免实验规模大；当某因素对响应变量只有线性影响时，可以仅用 2 个水平；当因素和响应变量有非线性的函数关系时，建议用 3 个水平。

确定每个因素每个水平的具体设置时，需要注意所设置的水平不可脱离可能实现的范围（可以超出当前过程的范围）。如果实验在实验室进行，为保证显示出因素的影响，实验的范围可以尽可能大一点。如果实验在生产中进行，则实验范围不宜太大，以防产生过多次品，或发生危险。因素水平的范围太小，可能不易获得比已有条件有显著改善的结果。若因素水平的范围允许大一些，则每一因素的水平个数最好适当多一些。同时，因素水平的间隔大小和生产控制精度是密切相关的。假设某个因素是某个化学反应的温度，温度设置了 3 个水平，分别是 80℃、85℃、90℃。在实际生产过程中，可能由于设备控制温度的能力不足，实际温度将会在目标值±3℃。举例来说，反应炉温度设置在 85℃的时候，真实温度在 82～88℃之间波动。3 个温度水平的实际实验温度为 77～83℃、82～88℃、87～93℃。3 个温度水平之间有重叠，不符合实验设计要求。如果反应炉的温度控制的精度可达±1℃，则 3 个温度水平的实际实验温度为 79～81℃、84～86℃、89～91℃，没有相互重叠，设定 80℃、85℃、90℃这 3 个水平是合理的。

在瓷砖工厂的实验中，选择了以下 7 个可控因素，每个因素有 2 个水平，如表 9-1 所示。

表 9-1 瓷砖工厂实验中的可控因素及其水平

因　素	描　述	水　平
A	石灰石含量	5%,1%
B	某添加物粗细度	细,粗
C	蜡石含量	43%,53%
D	蜡石种类	新,旧
E	原材料加料量	1 300 kg,1 200 kg
F	浪费料回收量	0,4%
G	长石含量	0,5%

4. 选择实验方案

选择实验方案是指设计具体的实验计划,包括确定使用何种实验设计方法,如全因子设计、部分因子设计等。选择实验方案时,需要考虑实验的复杂性、时间和资源的限制,以及实验结果的可解释性。

结合因素数量、水平数量和实验目的等情况,可以选择不同的实验设计方案。一般来说,如果目标是在众多因子里筛选出重要因素,可以采用正交表设计。如果因素数在 10 个以下,可以采用正交表设计或者部分因素设计。如果因素数目在 5 个以下,可以采用全因子设计。如果因素数仅有两三个,且因素和响应之间存在非线性关系,可以采用响应曲面设计。

在瓷砖工厂的实验中,可以采用全因子实验设计,即所有 7 个因素的全部水平组合,共计 2^7 个处理。重复实验设计是基本原则之一,瓷砖实验的每个处理重复 2 次,总计需要做 2^8 次实验。

5. 实施实验及收集数据

实施实验及收集数据是指按照设计的实验方案进行实验,并系统地记录响应变量的数据。由于错误的数据会导致错误的结果,因此,数据的准确性至关重要。在实施实验之前,需要充分传达实验计划,训练数据收集者,有必要可以进行培训,确保严格按照实验计划执行,控制好每个因素的设定值,并准确记录每次实验的结果。数据收集需要尽可能详细和精确,以便后续的分析。实验需要秉持实验设计的实验顺序随机化和分组原则,尽可能减少未知变量对实验结果的影响。

在瓷砖工厂的实验中,每个处理进行了 2 次重复实验,并收集和记录了每次实验的瓷砖尺寸数据。

6. 分析实验数据

分析实验数据是指对收集到的数据进行统计分析,以确定因素与响应变量之间的关系,并评估实验结果的显著性。在这个步骤中,常用的方法包括假设检验、方差分析和回归分析等。分析的目的是找出哪些因素对响应变量有显著影响。

在瓷砖工厂的实验中,通过统计软件对实验数据进行方差分析和回归分析,确定了每个因素及其交互作用对瓷砖尺寸的影响。分析结果显示,推荐的最佳组合是石灰石含量

5%、某添加物粗细度为粗、蜡石含量 53%、蜡石种类为新、原材料加料量 1 200 kg、浪费料回收量 0%、长石含量 5%。

7. 得出结论和验证

得出结论并进行验证是实验设计的最后一步。根据数据分析的结果得出结论,并通过追加实验进行验证,以确保结论的可靠性。

在瓷砖工厂的实验中,通过验证性实验确认了调整后的最佳组合(石灰石含量 5%、某添加物粗细度为粗、蜡石含量 53%、蜡石种类为新、原材料加料量 1 200 kg、浪费料回收量 0%、长石含量 5%),显著改善了外层瓷砖的尺寸合格率。最终,工厂根据实验结果对生产工艺进行了优化,提高了产品质量。

这些实验设计的基本步骤可帮助实验者系统化地规划和实施实验,以获取可靠的数据并得出有意义的结论,从而帮助工厂优化生产工艺、提高产品质量。

习题

1. 什么是实验设计?并解释其在科学研究中的重要性。
2. 为什么随机化对于实验的有效性至关重要?请描述随机化的过程。
3. 研究者目标在某片试验田研究 4 种不同肥料对某种作物生长的影响,但知道土壤类型会影响作物的生长,如何设计实验来控制土壤类型对作物生长的影响?
4. 在分组设计中,如何实现随机化?为什么在每个组内随机分配处理是重要的?

参考文献

[1] MONTGOMERY D C. Design and analysis of experiments [M]. 8th ed. Hoboken: John Wiley & Sons, Inc., 2012.
[2] MONTGOMERY D C. Introduction to statistical quality control [M]. 8th ed. Hoboken: John Wiley & Sons, Inc., 2019.

第 10 章 全 因 子 设 计

本章将详细介绍单因素实验、双因素实验和 2 水平全因子实验的设计方法,以及对应的单因素方差分析、双因素方差分析和 2 水平全因子方差分析方法,并通过实例展示如何使用 Minitab 软件实现数据分析。

本章的学习目标:

(1) 掌握单因素实验、双因素实验和 2 水平全因子实验的设计方法;

(2) 掌握单因素方差分析、双因素方差分析和 2 水平全因子方差分析方法;

(3) 掌握使用 Minitab 软件设计实验,分析实验数据。

10.1　单因素实验

单因素方差分析是用于评估单一因素对响应变量影响的一种统计方法。本节将通过一个具体的例子来介绍这种方法。

某个工程师对阴极射线管的导电率感兴趣,研究了 5 种具有不同涂层的阴极射线管。5 种不同涂层阴极射线管的导电率如表 10 - 1 和图 10 - 1 所示。工程师希望确定不同涂层的阴极射线管导电率是否有显著不同,进而确定哪种涂层能够显著提高导电率,为实际应用提供科学依据和数据支持。

表 10 - 1　阴极射线管导电率实验数据

涂层类型	导电率/ks/cm			
1	143	141	150	146
2	152	149	137	143
3	134	133	132	127
4	129	127	132	129
5	147	148	144	142

在这个例子中,响应变量是导电率,唯一的因素是涂层类型,因素的不同状态称为水平,本例中唯一的因素有 5 个水平,分别对应 5 种不同的涂层。

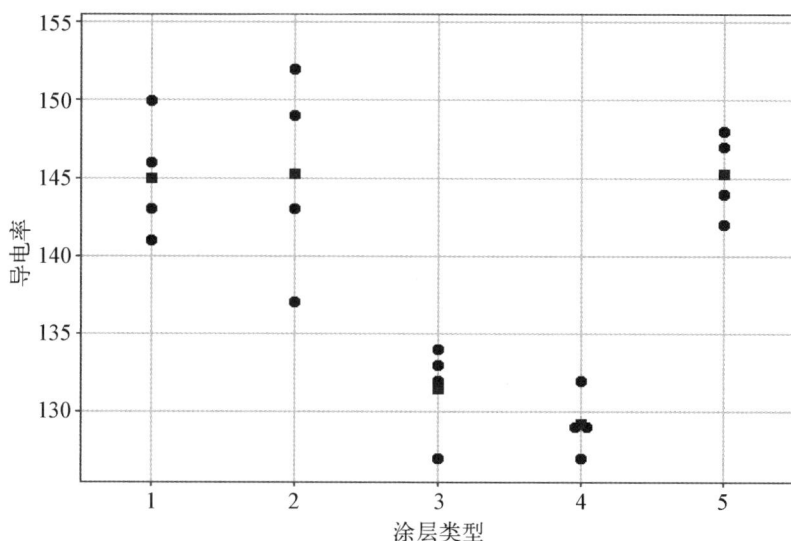

图 10‑1　阴极射线管导电率实验数据单值图(方块点为均值点)

　　不同涂层的阴极射线管导电率是否显著不同的问题是一个标准的单因素方差分析问题。其一般形式如表 10‑2 所示，y_{ij} 表示第 i 个水平的第 j 个观测值，$y_{i.}$ 表示第 i 个水平的总和，$\bar{y}_{i.}$ 表示第 i 个水平的均值，$y_{..}$ 表示所有观测值的总和，$\bar{y}_{..}$ 表示所有观测值的均值。本例中，每个水平均进行了相同次数的实验，即 $n_1 = n_2 = \cdots = n_a = n = 4$。

表 10‑2　单因素方差分析标准形式

水平	样　　本				总水平	平均水平
1	y_{11}	y_{21}	$\vdots$	y_{1n}	$y_{1.}$	$\bar{y}_1$
2	y_{12}	y_{22}	$\vdots$	y_{2n}	$y_{2.}$	$\bar{y}_2$
$\vdots$	$\cdots$	$\cdots$	$\vdots$	$\cdots$	$\vdots$	$\vdots$
a	y_{a1}	y_{a2}	$\vdots$	y_{an}	$y_{a.}$	$\bar{y}_a$
					$y_{..}$	$\bar{y}_{..}$

　　为了便于读者理解后续的理论介绍，本节以标准形式为准。读者可以将其推广到不同水平下实验重复次数不同的情况，或者使用 Minitab 软件直接完成其他形式的单因素方差分析。

　　如本书章节 4.6，在单因素方差分析中，假设各个水平的观察值服从正态分布，且方差相等。这些假设条件保证了可以通过计算组间平方和与组内平方和来进行方差分析，从而评估因素水平对响应变量的影响。具体的模型如下：

$$Y_{ij} = \mu_i + \varepsilon_{ij}, \ \varepsilon_{ij} \sim \mathcal{N}(0, \sigma^2) \tag{10-1}$$

式中，下标 $i = 1, \cdots, a$ 为第 i 个水平的处理；下标 $j = 1, \cdots, n$ 为第 j 个观测样本；μ_i 为第 i 个水平的总体均值；ε_{ij} 为第 i 个水平的第 j 个观测样本的随机误差，服从均值为 0、方差为

σ^2 的正态分布。

为深入理解这些参数,将 μ_i 进一步分解为总体均值 μ 和第 i 个水平的效应 τ_i,即

$$\mu_i = \mu + \tau_i \tag{10-2}$$

式中,τ_i 为第 i 个水平相对于总体均值的偏离。根据 τ_i 的特性,可以将模型分为固定效应模型和随机效应模型。当 τ_i 为固定值时,称为固定效应模型;当 τ_i 是随机变量时,称为随机效应模型。虽然两种模型在推导上的处理有所不同,但最终的检验过程是相似的。本章主要讲解固定效应模型。

零假设 H_0 为假设所有因素水平对响应的影响是没有显著区别的,即

$$H_0: \tau_1 = \cdots = \tau_a = 0 \tag{10-3}$$

可检验各个水平的均值是否相等。备选假设为 τ_i 中至少有一项不等于零。

在固定效应模型下,可以通过计算组间平方和与组内平方和来进行方差分析。这些平方和反映了因素水平间的变异与水平内部的随机误差,可以用来评估因素的影响。具体而言,定义组内平方和 SS_E 为

$$SS_E = \sum_{i=1}^{a} \sum_{j=1}^{n} e_{ij}^2 = \sum_{i=1}^{a} \sum_{j=1}^{n} (y_{ij} - \bar{y}_{i.})^2 \tag{10-4}$$

式中,$e_{ij} = y_{ij} - \bar{y}_{i.}$ 为第 i 个水平的第 j 个观测样本与该水平的均值之间的差异。组内平方和度量了各个样本相对于其组均值的离差之和,反映了组内的随机误差或不可控变异。定义总平方和 SS_T 为

$$SS_T = \sum_{i=1}^{a} \sum_{j=1}^{n} (y_{ij} - \bar{y}_{..})^2 \tag{10-5}$$

总平方和表示所有观测值相对于总体均值的离差之和,反映了数据的总体变异程度。定义组间平方和 $SS_{Treatments}$ 为

$$SS_{Treatments} = \sum_{i=1}^{a} \sum_{j=1}^{n} (\bar{y}_{i.} - \bar{y}_{..})^2 \tag{10-6}$$

组间平方和度量了各个水平的均值相对于总体均值的离差之和,反映了因素水平之间的变异,即因素效应。

这些平方和之间满足平方和恒等式:

$$SS_T = SS_{Treatments} + SS_E \tag{10-7}$$

利用概率统计知识,不难得到平方和的期望为

$$E[SS_{Treatments}] = (a-1)\sigma^2 + n\sum_{i=1}^{a} \tau_i^2$$
$$E[SS_E] = a(n-1)\sigma^2 \tag{10-8}$$
$$E[SS_T] = (an-1)\sigma^2 + n\sum_{i=1}^{a} \tau_i^2$$

若固定效应模型的零假设成立,则组内均方 MS_E 与组间均方 $MS_{Treatments}$ 的期望应该相等:

$$\frac{E[\mathrm{SS_{Treatments}}]}{a-1} = \frac{E[\mathrm{SS_E}]}{a(n-1)} \Rightarrow \frac{\mathrm{SS_{Treatments}}/(a-1)}{\mathrm{SS_E}/[a(n-1)]} \approx 1 \qquad (10-9)$$

由此可以构造 F 统计量：

$$F = \frac{\mathrm{SS_{Treatments}}/(a-1)}{\mathrm{SS_E}/[a(n-1)]} = \frac{\mathrm{MS_{Treatments}}}{\mathrm{MS_E}} \qquad (10-10)$$

式中，

$$\mathrm{MS_{Treatments}} = \frac{\mathrm{SS_{Treatments}}}{a-1}, \quad \mathrm{MS_E} = \frac{\mathrm{SS_E}}{a(n-1)} \qquad (10-11)$$

可以证明 $F \sim F(a-1, a(n-1))$，由此可以完成假设检验。如果计算出的 F 值大于临界值，将拒绝零假设，认为不同因素水平对响应变量的影响是显著的。

单因素方差分析表如表 10-3 所示。

表 10-3　单因素方差分析表

方差来源	平方和	自由度	均　方	F_0
因　素	$\mathrm{SS_{Treatment}}$	$a-1$	$\mathrm{MS_{Treatments}} = \dfrac{\mathrm{SS_{Treatment}}}{a-1}$	$F_0 = \dfrac{\mathrm{MS_{Treatments}}}{\mathrm{MS_E}}$
误　差	$\mathrm{SS_E}$	$a(n-1)$	$\mathrm{MS_E} = \dfrac{\mathrm{SS_E}}{a(n-1)}$	
总　和	$\mathrm{SS_T}$	$an-1$		

此外，还可以利用 t 分布建立组内均值置信区间和组间均值差异的置信区间：

$$\mu_i \in \left[\bar{y}_{i.} - t_{\alpha/2,\, a(n-1)} \sqrt{\frac{\mathrm{MS_E}}{n}}, \ \bar{y}_{i.} + t_{\alpha/2,\, a(n-1)} \sqrt{\frac{\mathrm{MS_E}}{n}} \right]$$

$$\mu_i - \mu_j \in \left[\bar{y}_{i.} - \bar{y}_{j.} - t_{\alpha/2,\, a(n-1)} \sqrt{\frac{2\mathrm{MS_E}}{n}}, \ \bar{y}_{i.} - \bar{y}_{j.} + t_{\alpha/2,\, a(n-1)} \sqrt{\frac{2\mathrm{MS_E}}{n}} \right]$$

$$(10-12)$$

这些置信区间提供了关于因素水平均值及其差异的统计推断，有助于更好地理解数据的分布和因素效应的显著性。

阴极射线管导电率实验数据的单因素方差分析结果如表 10-4 所示。

表 10-4　阴极射线管导电率实验数据的单因素方差分析结果

方差来源	平方和	自由度	均　方	F_0
涂层类别	1 060.5	4	265.13	0.000 024
误　差	243.2	15	16.22	
总　和	1 303.8	19		

通过 F 统计量,可以得到 $p < 0.05$,可以拒绝零假设,即不同涂层的阴极射线管的导电率显著不同。

根据式(10-12),可以计算出图 10-2 中各种涂层导电率的 95% 均值置信区间。可以看出第一、第二、第五种涂层的阴极射线管导电率较高;第三、第四种涂层的阴极射线管导电率较低。

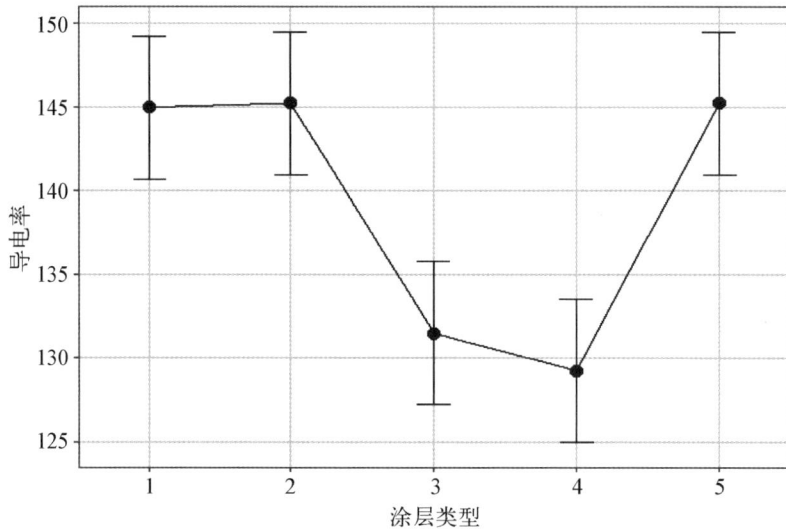

图 10-2　阴极射线管导电率的实验数据均值区间图

10.2　双因素实验

在很多情况下,需要同时考虑 2 个因素对实验结果的影响,此时需要进行双因素方差分析。

某工程师认为金属零部件的表面抛光受使用的油漆类型和烘干时间影响。他选择了 3 种烘干时间(20 min、25 min 和 30 min)和 2 种类型的油漆,并用油漆类型和烘干时间的各组合对 3 个零件进行检验,得到了如表 10-5 所示的数据。工程师通过双因素方差分析来研究油漆类型和烘干时间对金属零部件表面抛光度的影响。

表 10-5　金属零部件抛光实验数据

油漆类型	表面抛光度/μm		
	烘干时间 20 min	烘干时间 25 min	烘干时间 30 min
1	74, 64, 50	73, 61, 44	78, 85, 92
2	92, 86, 68	98, 73, 88	66, 45, 85

双因素方差分析的数据一般形如表 10-6 所示。其中,y_{ijk} 表示因素 A 第 i 个水平、因素 B 第 j 个水平的第 k 个观测值,$y_{i.}$ 表示因素 A 第 i 个水平样本观测值的总和,$\bar{y}_{i.}$ 表示

因素 A 第 i 个水平样本观测值的均值，$y_{.j.}$ 表示因素 B 第 j 个水平样本观测值的总和，$\bar{y}_{.j.}$ 表示因素 B 第 j 个水平样本观测值的均值，$y_{...}$ 表示所有观测值的总和，$\bar{y}_{...}$ 表示所有观测值的均值。双因素方差分析与单因素方差分析的一个主要区别在于，双因素方差分析不仅需要考虑双因素的主效应，还需要考虑交互作用，即因素 A 和因素 B 的共同作用对结果的影响。

表 10 - 6　双因素方差分析标准形式

		因素 B				总和	平均
		1	2	⋯	b		
因素 A	1	$y_{111}, y_{112}, \cdots, y_{11n}$	$y_{121}, y_{122}, \cdots, y_{12n}$	⋯	$y_{1b1}, y_{1b2}, \cdots, y_{1bn}$	$y_{1..}$	$\bar{y}_{1..}$
	2	$y_{211}, y_{212}, \cdots, y_{21n}$	$y_{221}, y_{222}, \cdots, y_{22n}$	⋯	$y_{2b1}, y_{2b2}, \cdots, y_{2bn}$	$y_{2..}$	$\bar{y}_{2..}$
	⋯	⋯	⋯	⋯	⋯	⋯	⋯
	a	$y_{a11}, y_{a12}, \cdots, y_{a1n}$	$y_{a21}, y_{a22}, \cdots, y_{a2n}$	⋯	$y_{ab1}, y_{ab2}, \cdots, y_{abn}$	$y_{a..}$	$\bar{y}_{a..}$
总和		$y_{.1.}$	$y_{.2.}$	⋯	$y_{.b.}$	$y_{...}$	$\bar{y}_{...}$
平均		$\bar{y}_{.1.}$	$\bar{y}_{.2.}$	⋯	$\bar{y}_{.b.}$		$\bar{y}_{...}$

这里仅考虑固定效应模型，即假设因素的主效应与交互作用都是固定的，而不是随机的。双因素方差分析固定效应模型表示如下：

$$Y_{ij} = \mu + \alpha_i + \beta_j + \gamma_{ij} + \varepsilon_{ijk} (i=1,\cdots,a; j=1,\cdots,b; k=1,\cdots,n) \quad (10-13)$$

式中，μ 表示总体均值；α_i 表示因素 A 第 i 个水平的效应；β_j 表示因素 B 第 j 个水平的效应；γ_{ij} 表示因素 A 第 i 个水平和因素 B 第 j 个水平的交互作用；ε_{ijk} 表示随机误差，服从均值为 0、方差为 σ^2 的正态分布。目标是检验因素 A、因素 B 及其交互作用是否对结果有显著影响。

单因素方差分析类似，可以通过计算组间平方和与组内平方和来进行方差分析，区别是需要考虑两个因素及其交互作用。

定义总平方和 SS_T 为

$$SS_T = \sum_{i=1}^{a}\sum_{j=1}^{b}\sum_{k=1}^{n}(y_{ijk}-\bar{y}_{...})^2 \quad (10-14)$$

总平方和 SS_T 反映了所有观测值相对于总体均值的变异。

定义因素 A 的组间平方和 SS_A 为

$$SS_A = \sum_{i=1}^{a}\sum_{j=1}^{b}\sum_{k=1}^{n}(\bar{y}_{i..}-\bar{y}_{...})^2 \quad (10-15)$$

因素 A 的组间平方和 SS_A 度量了因素 A 各个水平的均值相对于总体均值的离差之和，反映了因素 A 的效应。类似地，因素 B 的组间平方和 SS_B 定义为

$$SS_B = \sum_{i=1}^{a}\sum_{j=1}^{b}\sum_{k=1}^{n}(\bar{y}_{.j.}-\bar{y}_{...})^2 \quad (10-16)$$

因素 B 的组间平方和 SS_B 度量了因素 B 各个水平的均值相对于总体均值的离差之和,反映了因素 B 的效应。

定义因素 A 和因素 B 交互作用的平方和 SS_{AB} 为

$$SS_{AB} = \sum_{i=1}^{a} \sum_{j=1}^{b} \sum_{k=1}^{n} (\bar{y}_{ij.} - \bar{y}_{i..} - \bar{y}_{.j.} + \bar{y}_{...})^2 \quad (10-17)$$

交互作用的平方和 SS_{AB} 度量了因素 A 和因素 B 之间的交互作用对响应变量的影响。

定义误差平方和 SS_E 为

$$SS_E = \sum_{i=1}^{a} \sum_{j=1}^{b} \sum_{k=1}^{n} (y_{ijk} - \bar{y}_{ij.})^2 \quad (10-18)$$

误差平方和 SS_E 度量了观测值相对于其对应因素水平组合均值的离差之和,反映了实验误差或随机误差。

双因素方差分析仍有如下平方和恒等式:

$$SS_T = SS_A + SS_B + SS_{AB} + SS_E \quad (10-19)$$

这意味着总变异可以分解为因素 A 的变异、因素 B 的变异、交互作用的变异和误差的变异。

类似于单因素方差分析,可以构造 F 统计量进行假设检验。双因素方差分析如表 10-7 所示。

表 10-7 双因素方差分析表

方差来源	平方和	自由度	均 方	F_0
因素 A	SS_A	$a-1$	$MS_A = \dfrac{SS_A}{a-1}$	$F_A = \dfrac{MS_A}{MS_E}$
因素 B	SS_B	$b-1$	$MS_B = \dfrac{SS_B}{b-1}$	$F_B = \dfrac{MS_B}{MS_E}$
交互作用	SS_{AB}	$(a-1)(b-1)$	$MS_{AB} = \dfrac{SS_{AB}}{(a-1)(b-1)}$	$F_{AB} = \dfrac{MS_{AB}}{MS_E}$
误 差	SS_E	$ab(n-1)$	$MS_E = \dfrac{SS_E}{ab(n-1)}$	
总 和	SS_T	$abn-1$		

当检验因素 A 的主效应为 0 时,采用如下零假设与统计量:

$$H_0: \alpha_1 = \cdots = \alpha_a = 0,$$
$$F_A = \frac{MS_A}{MS_E} \sim F(a-1, ab(n-1)) \quad (10-20)$$

当检验因素 B 的主效应为 0 时,采用如下零假设与统计量:

$$H_0 : \beta_1 = \cdots = \beta_b = 0,$$

$$F_B = \frac{MS_B}{MS_E} \sim F(b-1, ab(n-1)) \tag{10-21}$$

当检验因素 A 和因素 B 交互作用为 0 时，采用如下零假设与统计量：

$$H_0 : \gamma_{11} = \gamma_{12} = \cdots = \gamma_{ab} = 0,$$

$$F_{AB} = \frac{MS_{AB}}{MS_E} \sim F((a-1)(b-1), ab(n-1)) \tag{10-22}$$

通过这些假设检验，可以确定因素 A、因素 B 及其交互作用是否对结果有显著影响。给定显著水平 α，如果计算出的 F 值大于相应的临界值，将拒绝零假设，认为相应的因素或交互作用对响应变量具有显著影响。

金属零部件抛光实验数据的双因素方差分析结果如表 10-8 所示。因素 A 油漆类型的 P 值为 0.193，大于 α（$\alpha = 0.05$），因素 B 烘干时间的 P 值为 0.930，大于 α（$\alpha = 0.05$），交互作用的 P 值为 0.026，小于 α（$\alpha = 0.05$），所以认为油漆类型和烘干时间对金属零部件的抛光度没有显著影响，但是交互作用对金属零部件的抛光度有显著影响。

表 10-8　金属零部件抛光实验数据 Minitab 软件双因子方差分析结果

来　源	自由度	平方和	均　方	F 值	P 值
油漆类型	1	355.56	355.56	1.902 518	0.193
烘干时间	2	27.44	13.72	0.073 412	0.930
油漆类型×烘干时间	2	1 878.78	939.39	5.026 455	0.026
误　差	12	2 242.67	186.889 2		
合　计	17	4 504.44	264.967 1		

10.3　2 水平全因子实验

2 水平全因子实验设计是一种广泛应用于工业和科学研究的实验设计方法，用于研究多个因素对响应变量的影响。2 水平全因子实验的特点是每个因素都仅有 2 个水平（通常表示为高水平和低水平），通过所有因素水平的组合来进行实验，全面分析因素及其交互作用对响应变量的影响。

在 Minitab 软件中，可以通过选择"统计→DOE→因子→创建因子设计"中的"两水平因子"创建 2 水平全因子实验。并可以在"因子数"一栏中选择因素数量，在"设计"选项卡中选择"全因子"完成 2 水平全因子实验的 Minitab 软件实验方案设计。另外，可通过"设计"选项卡中的"角点的仿行数"选择每种组合实验的重复次数（见图 10-3 和图 10-4）。

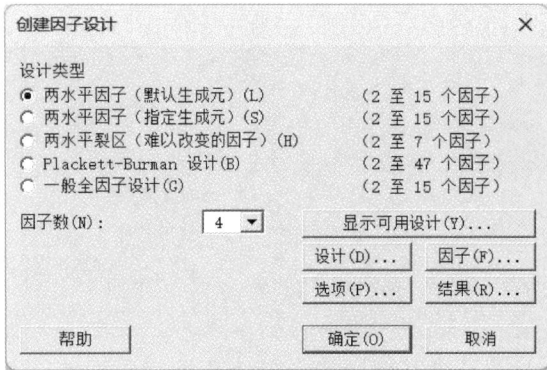

图 10-3 创建 2 水平全因子实验

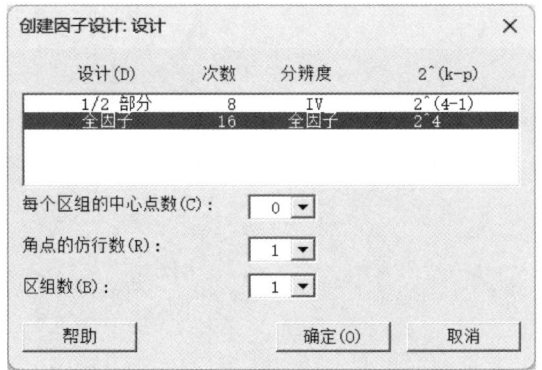

图 10-4 完成 2 水平全因子实验设计

10.3.1 2 水平全因子实验实施及收集数据

在实施 2 水平全因子实验时,通常会按照预先设计好的实验表格进行实验。实验表格展示了各个因素在不同水平组合下的实验顺序。下面以表 10-9 中所展示的信息为例,说明如何实施 2 水平全因子实验并收集数据。

表 10-9 2 水平全因子实验示例表

标准序	运行序	中心点	区　组	A	B	C
6	1	1	1	1	-1	1
2	2	1	1	1	-1	-1
4	3	1	1	1	1	-1
1	4	1	1	-1	-1	-1
3	5	1	1	-1	1	-1
8	6	1	1	1	1	1
7	7	1	1	-1	1	1
5	8	1	1	-1	-1	1

(1) 准备实验:确定实验中的因素和每个因素的水平。此例中,有 3 个因素 A、B、C,每个因素有 2 个水平(-1 和 1)。

(2) 生成实验矩阵:根据因素和水平生成实验矩阵。表格中的"标准序"列展示了实验的标准排列顺序,而"运行序"列则展示了实际执行实验的顺序。标准序和运行序的不同有助于随机化实验,从而减少系统误差。

(3) 执行实验:按照运行序依次进行实验。在每次实验中,设置因素的水平并记录响应变量的结果。例如,第一次实验对应于运行序 1,其中因素 A、B、C 的水平分别为 -1、-1、-1。

（4）记录数据：在每次实验结束后，记录对应的响应变量值。确保在实验记录表中详细记录每个实验的因素水平组合和响应结果。

10.3.2　2 水平全因子实验数据分析

1. 估计因素效应

因素效应一般分为主效应和交互效应。因素的主效应（main effect）是指在不考虑其他因素的影响下，单个因素的水平变化对响应变量的平均影响。关注的是改变该因素水平时，响应变量如何随之改变。为了确定一个因素的主效应，通常需要在实验设计中给因素设置多个水平，然后通过比较这些水平下的响应值来评估该因素对响应变量的影响大小。如果一个因素有显著的主效应，则意味着改变这个因素的水平变化能够明显地影响实验结果；反之，则表明该因素的单独变化对结果影响不大。

以表 10 - 10 所示的 2 因素 2 水平全因子实验数据为例。假设实验设计中有因素 A 和 B，各因素有 2 个水平（高水平和低水平）。低水平用－号或者－1 表示，高水平用＋号或者 1 表示。

表 10 - 10　2 因素 2 水平全因子实验数据示例

A	B	y
1	1	52
1	−1	40
−1	1	30
−1	−1	20

可以通过以下公式计算主效应：

$$E_A = \bar{y}_{A+} - \bar{y}_{A-} \tag{10 - 23}$$

式中，$\bar{y}_{A+}$ 为因素 A 为高水平时的响应均值；$\bar{y}_{A-}$ 为因素 A 为低水平时的响应均值。其余同理。以表 10 - 10 为例，则

$$E_A = \bar{y}_{A+} - \bar{y}_{A-} = \frac{40+52}{2} - \frac{20+30}{2} = 21$$

$$E_B = \bar{y}_{B+} - \bar{y}_{B-} = \frac{30+52}{2} - \frac{20+40}{2} = 11$$

在实验设计中，交互作用（interaction effect）指的是 2 个或多个因素共同作用时对响应变量产生的影响，这种影响不能简单地通过各单独因素的作用来预测。从变量的个数上来说，可以分为 2 因素交互作用、3 因素交互作用等高阶交互作用。具体来说，如果一个因素对响应变量的影响取决于另一个因素处于什么水平，那么这 2 个因素之间就存在交互作用。如果一个因素对响应变量的影响取决于其他多个因素处于什么水平，那么这些因素之间就存在交互作用。

以表 10 - 10 为例，二阶交互作用的计算公式如下：

$$E_{AB} = \frac{y\mid_{A+B+} - y\mid_{A+B-}}{2} - \frac{y\mid_{A-B+} - y\mid_{A-B-}}{2}$$

$$= \frac{y\mid_{A+B+} + y\mid_{A-B-}}{2} - \frac{y\mid_{A-B+} + y\mid_{A+B-}}{2} \qquad (10\text{-}24)$$

$$= \bar{y}\mid_{(AB)+} - \bar{y}\mid_{(AB)-}$$

式中，$(AB)^+$ 代表 $(A=1, B=1)$，以及 $(A=-1, B=-1)$，即 A 乘 B 等于 1 的所有处理；同理，$(AB)^-$ 表示 A 乘 B 等于 -1 的所有处理。AB 的交互作用表示 AB=1 和 AB=-1 两种情况下，响应值均值的差异。

同理可以推理出高阶交互作用的通式，假设 A_1，A_2，$\cdots$，A_k 为 k 个因素，则 k 个因素之间的交互作用为

$$E_{A_k} = \bar{y}\mid_{(A_1 A_2 \cdots A_k)+} - \bar{y}\mid_{(A_1 A_2 \cdots A_k)-}$$

A_1，A_2，$\cdots$，A_k 的交互作用表示在 $A_1 A_2 \cdots A_k = 1$ 和 $A_1 A_2 \cdots A_k = -1$ 的情况下，响应值均值的差异。

以表 10 - 10 为例，AB 的交互作用为

$$E_{AB} = \frac{(52-40)-(30-20)}{2} = \frac{52+20}{2} - \frac{30+40}{2} = 1$$

因素 A 和因素 B 的交互作用图如图 10 - 5 所示。从图中可以看到，两条分别代表因素 B 低/高水平的响应线段几乎平行，意味着无论因素 B 处于高水平还是低水平，因素 A 从低水平提升到高水平，对响应变量的影响几乎相同。因素 A 和因素 B 的交互作用不明显。

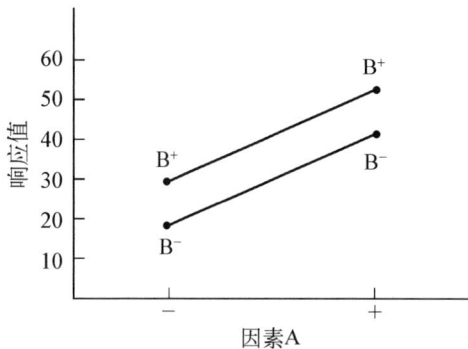

图 10 - 5　因素 A 和因素 B 不存在
显著交互作用

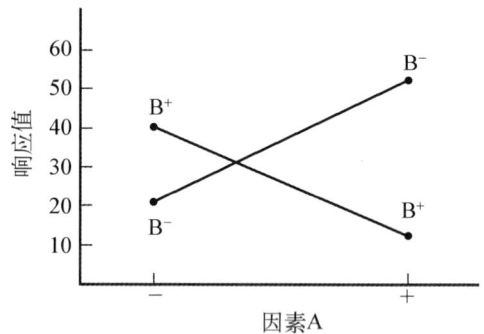

图 10 - 6　因素 A 和因素 B 有
显著交互作用

相反，在图 10 - 6 所示的另一例子中，两条线段以较大角度相交。当因素 B 处于低水平时，因素 A 从低水平提升到高水平，响应变量是增加的。然而，当因素 B 处于高水平时，因素 A 从低水平提升到高水平，响应变量是减少的。这意味着因素 A 对响应变量的影响要依赖因素 B 处于什么水平。因此，因素 A 和因素 B 交互作用显著。

某化工生产线发现有 4 个因素(A，B，C，D)对树脂过滤速度有影响。其中，A 为温度，B 为压力，C 为物质的量比，D 为搅拌速度，实验数据如表 10 - 11 所示。

表 10-11　树脂过滤速度实验数据

处理编号	因　素				树脂过滤速度/(gal/h)[①]
	A	B	C	D	
1	−	−	−	−	45
2	+	−	−	−	71
3	−	+	−	−	48
4	+	+	−	−	65
5	−	−	+	−	68
6	+	−	+	−	60
7	−	+	+	−	80
8	+	+	+	−	65
9	−	−	−	+	43
10	+	−	−	+	100
11	−	+	−	+	45
12	+	+	−	+	104
13	−	−	+	+	75
14	+	−	+	+	86
15	−	+	+	+	70
16	+	+	+	+	96

① 1 gal(美)=3.785 412 L。

利用 Minitab 软件绘制的主效应与交互作用图(统计→方差分析→主效应图/交互作用图),如图 10-7、图 10-8 和图 10-9 所示。

图中可以发现,因子 A、C、D 的主效应相对因子 B 明显更高,表现为主效应图中的斜率更大,同时因子 A 与 C、D 都存在较为明显的交互作用。

2. 统计检验

验证因素效应是否显著需要应用统计检验方法,常用的方法包括正态概率图法和方差分析。

正态概率图法通过绘制主效应和交互作用的正态概率图,可以直观地判断哪些效应显著。为了构造正态概率图,第一步,将主效应和交互效应从小到大进行排序。其中,$A_{(1)}$ 是最小的效应,$A_{(2)}$ 是次小的效应,依此类推,$A_{(n)}$ 是最大的效应。第二步,计算效应的累积频率 $(j-0.5)/n$,其中 n 为效应的总数。第三步,绘制横轴为次序效应值,纵轴为累积频率的散点图,即每个点的坐标为 $(A_{(j)}, (j-0.5)/n)$,$j=1, \cdots, n$。 如果所有的效应都不显著,即效应的期望为零,所有的点将近似地落在一条直线上;如果某个效应明显偏离直线,则这个效应是显著非零的,对响应变量产生显著影响。

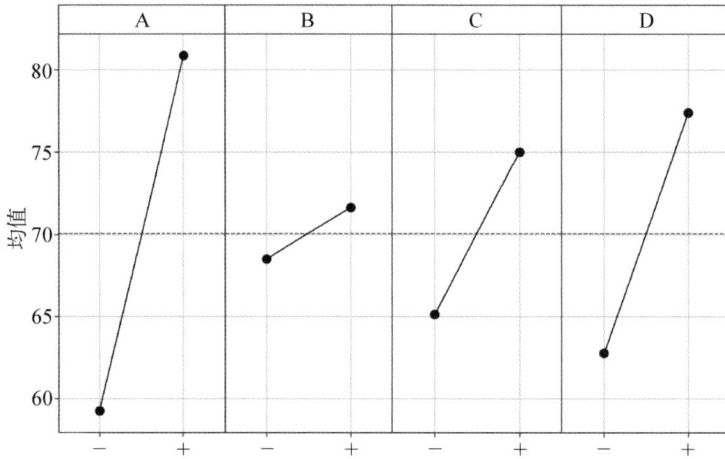

图 10 - 7　树脂过滤速度实验 4 个因素的主效应图

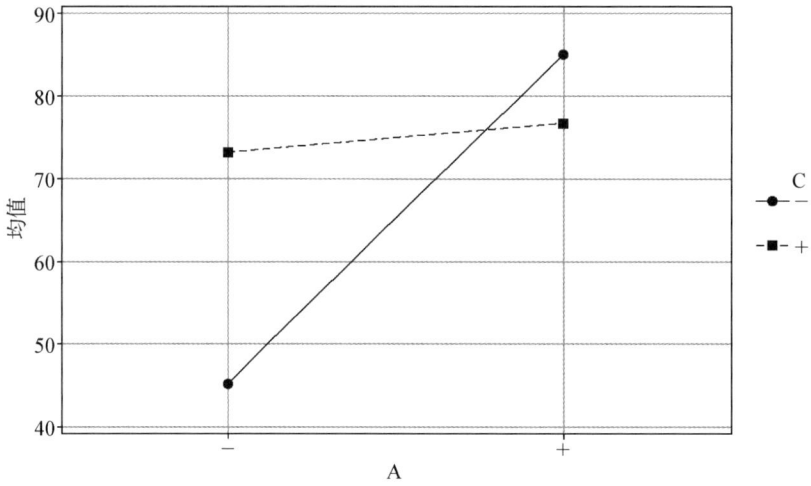

图 10 - 8　树脂过滤速度实验因素 A 与因素 C 交互作用图

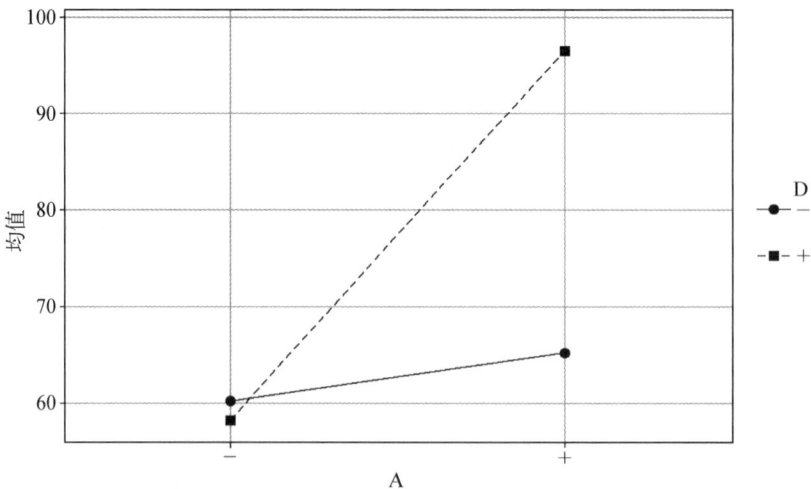

图 10 - 9　树脂过滤速度实验因素 A 与因素 D 交互作用图

由于检验效应的显著性只考虑效应是否非零,并不考虑效应是正还是负。因此,也可以将绘制正态概率图的第一步稍做修改,将主效应的绝对值和交互效应的绝对值从小到大进行排序。第二步保持不变。第三步绘制横轴为次序效应值的绝对值,纵轴为累积频率的散点图,即每个点的坐标为 $(|A_{(j)}|, (j-0.5)/n)$, $j = 1, \cdots, n$。如果所有的效应都不显著,即效应的期望为零,所有的点将近似地落在一条直线上;如果某个效应明显偏离直线,则这个效应是显著非零的,对响应变量产生显著影响。同一组数据绘制的正态概率图和半正态概率图虽然形状不同,但是结论是一致的。

表 10-4 中树脂过滤速度实验的主效应与交互效应的正态概率图(在 Minitab 软件中选择统计→DOE→因子→分析因子设计,在"图形"选项卡中勾选"正态"选项)如图 10-10 所示。可以看出正态图将主效应和交互效应分为两类:显著不为零和不显著。方形是显著不为零的效应(A、C、D、AD、AC),圆点为不显著效应。

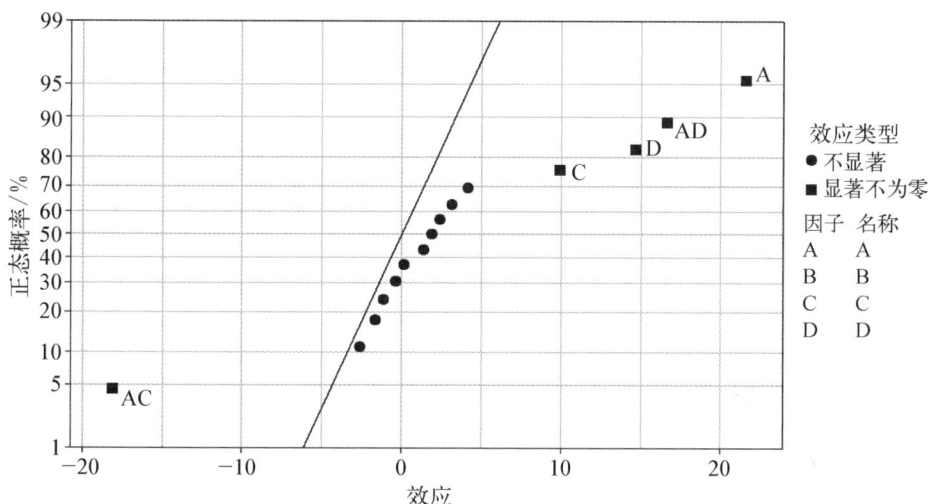

图 10-10　树脂过滤速度实验因素效应正态概率图(响应为速率, $\alpha = 0.05$)

如果选择绘制主效应和交互效应的半正态概率图(在 Minitab 软件中选择统计→DOE→因子→分析因子设计,在"图形"选项卡中勾选"半正态"选项),则如图 10-11 所示。半正态图同样将主效应和交互效应分为两类:显著不为零和不显著。半正态图横轴显示主效应和交互效应的绝对值(从小到大排列),纵轴对应的是半正态分布的理论累积密度(需要注意半正态和正态概率图纵轴不同)。

方差分析用于确定因素和交互作用是否对响应变量有显著影响。通过方差分析,可以得出 F 值,并与临界值比较,从而判断因素效应和交互作用的显著性。具体的计算方法可以参照本书第 4 章的方差分析部分。还可以通过 Minitab 软件得到因素主效应与交互效应的方差分析表(统计→DOE→因子→分析因子设计)。选择响应为"过滤速度",在"项"选项卡中选择模型中需要包含的主效应/交互效应,本例中依据前文分析选择因素 A、C、D 以及其二阶、三阶交互项,得到方差分析如表 10-12 所示。利用 F 值和 P 值可以判断效应的显著性。简单来说,P 值小于显著性水平即意味着对应的主效应或交互效应显著。

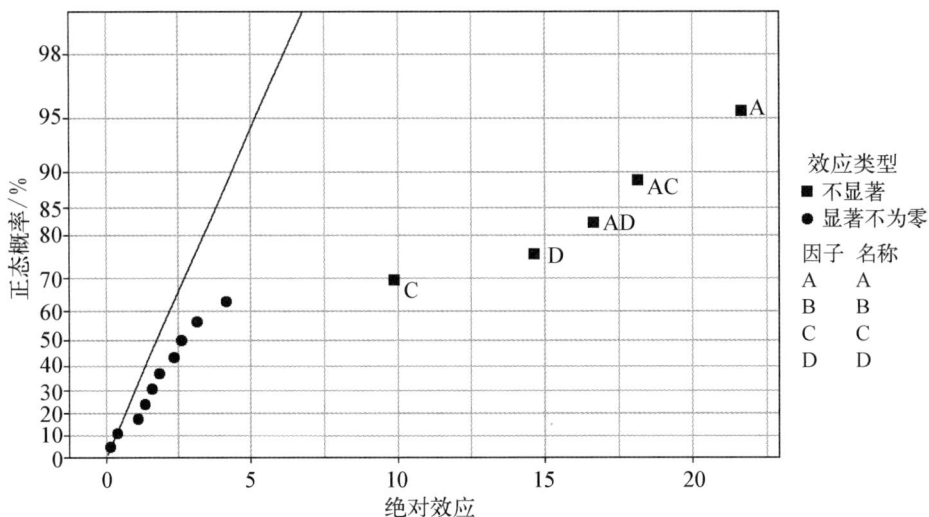

图 10-11 树脂过滤速度实验因素效应半正态概率图(响应为速率,$\alpha=0.05$)

表 10-12 树脂过滤速度方差分析表

来　源	自由度	平方和	均　方	F 值	P 值
模　型	7	5 551.44	793.06	35.35	0.000
线　性	3	3 116.19	1 038.73	46.29	0.000
A	1	1 870.56	1 870.56	83.37	0.000
C	1	390.06	390.06	17.38	0.003
D	1	855.56	855.56	38.13	0.000
2 因素	3	2 424.69	808.23	36.02	0.000
A×C	1	1 314.06	1 314.06	58.57	0.000
A×D	1	1 105.56	1 105.56	49.27	0.000
C×D	1	5.06	5.06	0.23	0.647
3 因素	1	10.56	10.56	0.47	0.512
A×C×D	1	10.56	10.56	0.47	0.512
误　差	8	179.50	22.44		
合　计	15	5 730.94			

可以发现,方差分析表的总自由度为数据量-1。模型中的效应越多,留给误差项的自由度越少。因此需要注意的是,在设计方差分析表时,所选择的主效应和交互作用数量不能过多,以避免总自由度不足的问题。过多的效应和交互作用会导致模型过拟合,增加误差平

方和,从而影响分析结果的可靠性。因此,借助预先的分析(效应图、正态概率图等)合理选择重要的主效应和交互作用进行分析非常关键。

3. 回归模型

在 2 水平全因子实验中,回归模型用于定量描述因素和响应变量之间的关系。可以建立如下线性回归模型:

$$Y = \beta_0 + \beta_1 x_1 + \beta_2 x_2 + \cdots + \beta_k x_k + \epsilon \tag{10-25}$$

式中,Y 为实验的响应;β_i 为回归系数;x_i 为主效应或交互效应(取值为 1 或 -1);$\epsilon \sim N(0, \sigma^2)$ 为来自均值为零、方差固定的独立同分布随机变量用来描述模型误差。

一个好的回归模型需要考虑因素效应选择的合理性。在树脂过滤速度的例子中,依据前文分析,选择显著的主效应与交互效应作为回归自变量,即 A、C、D、AC、AD。目标拟合的线性回归模型为

$$Y = \beta_0 + \beta_1 x_A + \beta_2 x_C + \beta_3 x_D + \beta_4 x_A x_C + \beta_5 x_A x_D + \epsilon$$

用于拟合模型参数的数据如表 10-13 所示。

表 10-13 树脂过滤速度

x_A	x_C	x_D	$x_A x_C$	$x_A x_D$	Y
−1	−1	−1	1	1	45
1	−1	−1	−1	−1	71
−1	−1	−1	1	1	48
1	−1	−1	−1	−1	65
−1	1	−1	−1	1	68
1	1	−1	1	−1	60
−1	1	−1	−1	1	80
1	1	−1	1	−1	65
−1	−1	1	1	−1	43
1	−1	1	−1	1	100
−1	−1	1	1	−1	45
1	−1	1	−1	1	104
−1	1	1	−1	−1	75
1	1	1	1	1	86
−1	1	1	−1	−1	70
1	1	1	1	1	96

基于实验数据,利用本书第 4 章回归模型部分介绍的最小二乘法,可以计算出模型参数向量 $\boldsymbol{\beta}=(\beta_0,\cdots,\beta_5)$:

$$\boldsymbol{\beta}=(\boldsymbol{X}'\boldsymbol{X})^{-1}\boldsymbol{X}\boldsymbol{Y}$$

式中,$\boldsymbol{Y}$ 为表 10-9 的最后一列的响应值向量;$\boldsymbol{X}=(\boldsymbol{1},\ x_A,\ x_C,\ x_D,\ x_A x_C,\ x_A x_D)$ 构成 16×6 矩阵,$\boldsymbol{1}$ 是元素全为 1 的 16×1 列向量,其余列为表 10-9 中前五列构成的向量。

还可以在 Minitab 软件中,选择"统计→回归→回归→拟合回归模型",设置响应为"过滤速度",类别预测变量为"A C D",并且在"模型"选项卡中添加 A * C、A * D 为"模型中的交叉预测变量和项"。最终拟合结果如下:

$$Y=70.06+10.81x_A+4.94x_C+7.31x_D-9.06x_A x_C+8.31x_A x_D$$

响应曲面图可以更直观地展示两个因素对响应变量的影响。在 Minitab 软件中,选择"图形→等值线图",设置"过滤速度"为"Z 变量",因素 A 为"X 变量",因素 C 为"Y 变量",得到响应曲面图如图 10-12 所示。C、D 因素的响应曲面图如图 10-13 所示。

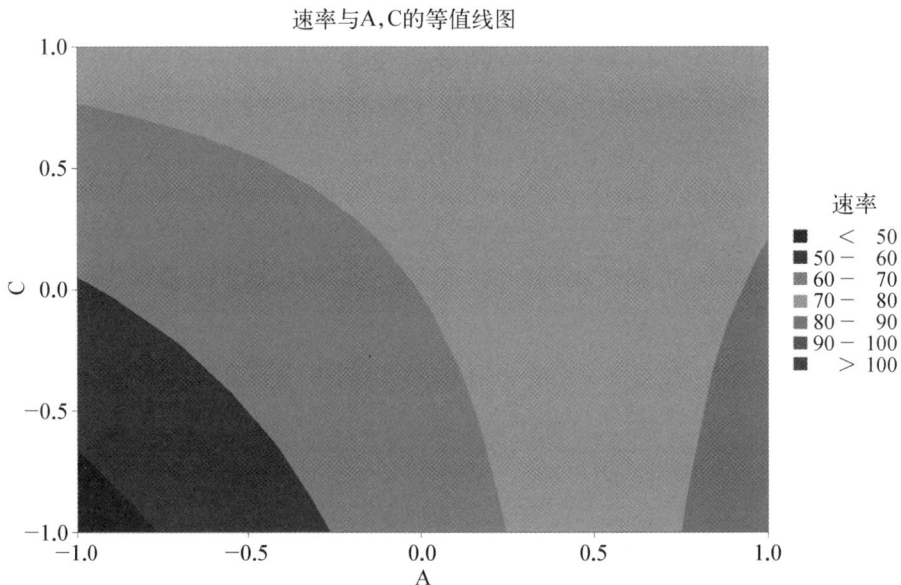

图 10-12 树脂过滤速度实验 A、C 因素响应曲面图

得到了因素和响应的线性方程之后,可以根据此模型进行预测。以树脂过滤速度的例子为例,取 A = -1,C = -1,D = -1,可以得到树脂过滤速度的预测值为

$$\hat{y}=70.06+10.81\times(-1)+4.94\times(-1)+7.31\times(-1)$$
$$-9.06\times(-1)\times(-1)+8.31\times(-1)\times(-1)$$
$$=46.22$$

由实验真实数据可知该处理下真实值为 45,因此残差为 $45-46.22=-1.22$。

Daniel 描述了一个 2^4 因素设计。4 个因素,钻孔载荷(A)、流速(B)、转速(C)和使用的钻井泥浆类型(D)对钻机前进速度有影响。每个因素设置 2 个水平,实验数据如表 10-14 所示。

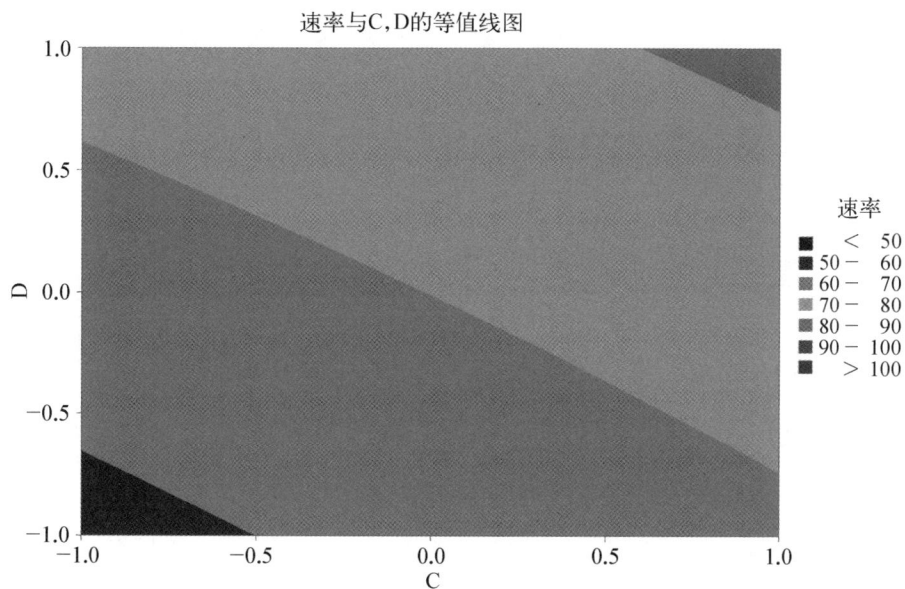

速率与C,D的等值线图

图 10‑13　树脂过滤速度实验 C、D 因素响应曲面图

表 10‑14　钻机前进速度设计

实验编号	A	B	C	D	钻机前进速度
1	−1	−1	−1	−1	1.68
2	1	−1	−1	−1	1.98
3	−1	1	−1	−1	4.98
4	1	1	−1	−1	5.70
5	−1	−1	1	−1	3.24
6	1	−1	1	−1	3.44
7	−1	1	1	−1	9.97
8	1	1	1	−1	9.07
9	−1	−1	−1	1	2.07
10	1	−1	−1	1	2.44
11	−1	1	−1	1	7.77
12	1	1	−1	1	9.43
13	−1	−1	1	1	4.09
14	1	−1	1	1	4.53
15	−1	1	1	1	11.75
16	1	1	1	1	16.30

利用正态概率图(见图 10-14),可以筛选出实验中的显著效应 B、C、D。

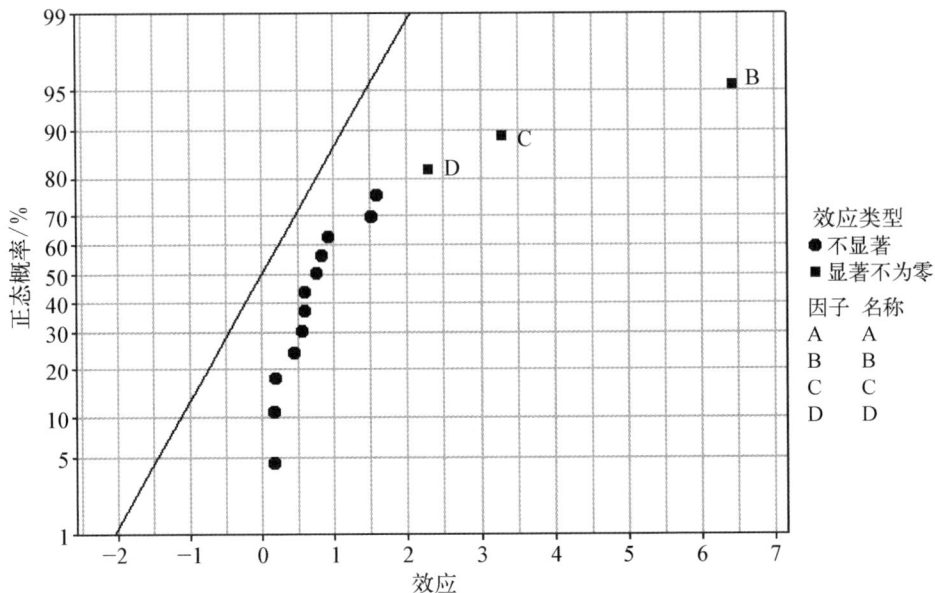

图 10-14　钻机前进速度数据的正态概率图

选取这 3 个效应为回归变量,拟合线性回归模型:

$$y = 6.152 + 3.219x_B + 1.646x_C + 1.145x_D \qquad (10-26)$$

此模型的方差分析表如表 10-15 所示。可以看出 3 个因素都为显著项。

表 10-15　钻机前进速度的方差分析表

项	效 应	系 数	系数标准误	T 值	P 值
常 量		6.152	0.413	14.88	0.000
B	6.437	3.219	0.413	7.79	0.000
C	3.292	1.646	0.413	3.98	0.002
D	2.290	1.145	0.413	2.77	0.017

根据线性模型,可以计算模型残差如表 10-16 所示。

表 10-16　钻机前进速度残差表

钻机前进速度	线性回归模型预测值	残 差
1.68	0.142 5	1.537 5
1.98	0.142 5	1.837 5

续　表

钻机前进速度	线性回归模型预测值	残　差
4.98	6.580 0	−1.600 0
5.7	6.580 0	−0.880 0
3.24	3.435 0	−0.195 0
3.44	3.435 0	0.005 0
9.97	9.872 5	0.097 5
9.07	9.872 5	−0.802 5
2.07	2.432 5	−0.362 5
2.44	2.432 5	0.007 5
7.77	8.870 0	−1.100 0
9.43	8.870 0	0.560 0
4.09	5.725 0	−1.635 0
4.53	5.725 0	−1.195 0
11.75	12.162 5	−0.412 5
16.3	12.162 5	4.137 5

根据本书 4.7 节的知识,线性模型建立后,需要对模型进行评估。常用的评估指标包括:复相关系数 R^2,调整后的复相关系数和预测复相关系数。

(1) R^2 统计量:表示模型解释的变异比例,越大越好。其计算公式为

$$R^2 = \frac{\mathrm{SS_R}}{\mathrm{SS_T}} = 1 - \frac{\mathrm{SS_E}}{\mathrm{SS_T}} \tag{10-27}$$

式中,$\mathrm{SS_R}$ 为回归平方和;$\mathrm{SS_E}$ 为误差平方和;$\mathrm{SS_T}$ 为总平方和。

(2) 调整 R^2:用于调整 R^2 在包含不同数量预测变量时的偏差。其计算公式为

$$R_{\mathrm{adj}}^2 = 1 - \frac{\dfrac{\mathrm{SS_E}}{n-p}}{\dfrac{\mathrm{SS_T}}{n-1}} = 1 - \left(\frac{n-1}{n-p}\right)(1-R^2) \tag{10-28}$$

式中,n 为样本数量;p 为模型中因变量的个数。

(3) 预测 R^2:用于评估模型对新数据的预测能力,预测 R^2 越大,说明模型对新数据的预测能力越强。其计算公式为

$$R_{\mathrm{Prediction}}^2 = 1 - \frac{\mathrm{PRESS}}{\mathrm{SS_T}} \tag{10-29}$$

式中,PRESS 为预测误差平方和。其计算方法是将某个数据点排除,然后用剩余的数据建模,对排除的数据点进行预测,并计算实际值和预测值之间的残差平方和,PRESS 越小,说明模型对新数据的预测能力越强。其公式为

$$\text{PRESS} = \sum_{i=1}^{n} e_{(i)}^2 = \sum_{i=1}^{n} (y_i - \hat{y}_{(i)})^2 \qquad (10-30)$$

式中,$e_{(i)}$ 为第 i 个数据点的残差;y_i 为实际值;$\hat{y}_{(i)}$ 为预测值。

线性方程(10-26)的评估指标如表 10-17 所示。

表 10-17 钻机前进速度回归模型评估

R^2	调整 R^2	预测 R^2
87.52%	84.40%	77.81%

线性回归模型的建立基于一系列假设,如残差的正态性、等方差性、零均值性和独立性等,因此,建立回归模型后对残差进行分析是一个关键和必要的步骤。

利用 Minitab 软件可以绘制钻机前进速度的残差正态概率图、与拟合值的散点图、直方图和运行图(在"分析因子设计"中"图形"选项卡勾选"残差图四合一"),如图 10-15 所示。

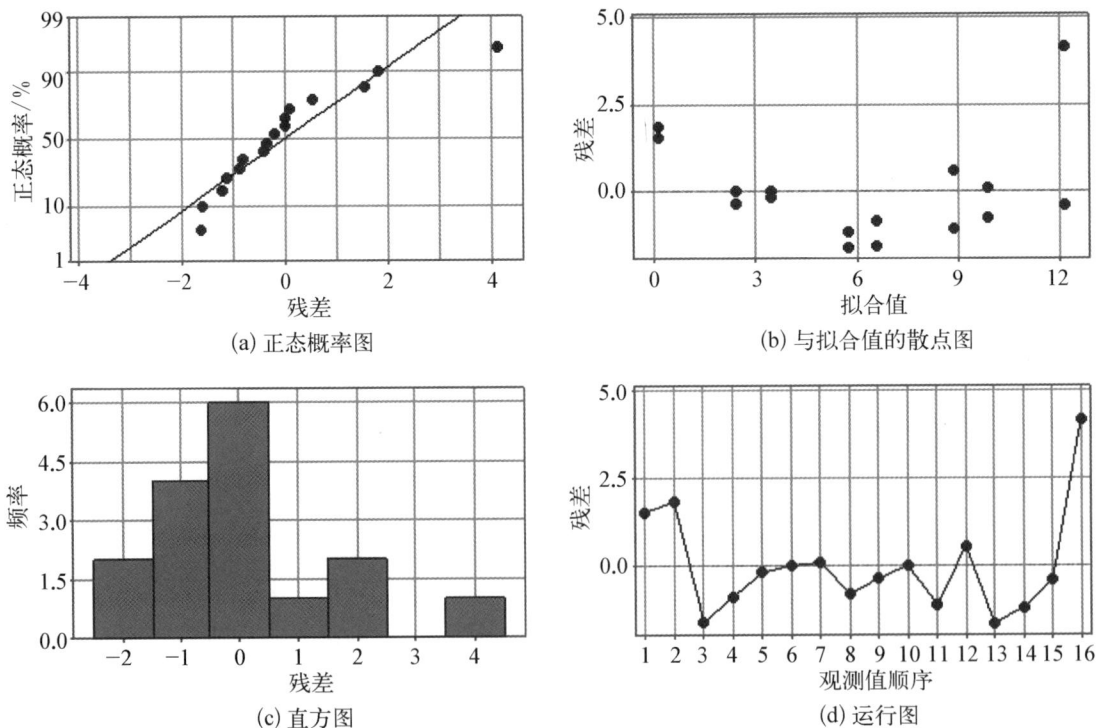

(a) 正态概率图　(b) 与拟合值的散点图　(c) 直方图　(d) 运行图

图 10-15 钻机前进速度的残差图

首先,残差应该为正态分布。从图 10-15 的正态概率图可以看出,有至少一个点偏离直线,残差不太符合正态性假设。

其次,残差的方差应该恒定,即在所有预测值范围内保持一致。可以通过绘制残差与预测值的散点图检查等方差性。一般可简单地采用目视法,通过观察散点是否近似对称均匀地分布在 0 残差值线的两侧进行判断,若分布近似对称可认为残差具有等方差性。另外也可采用方差齐性检验(Bartlett's test)、modified Levene test 等方法对等方差性进行检验。从图 10 - 15 的残差与拟合值的散点图可以看出,残差的方差不是常数。

再次,残差的零均值性是确保模型适用性的关键之一。零均值性假设是指残差的期望值应等于零。一般可以同构绘制残差的直方图进行观察,检验 0 值两侧的残差频率是否对称,以判断残差的零均值性。还可以进一步采用 t 检验进行残差零均值检验。从图 10 - 15 的直方图可以看出,残差的均值不在零点。

最后,残差应当相互独立。如果残差存在相关性,说明模型可能遗漏了有效变量。通常可以通过绘制残差与顺序的散点图,采用目视法观察残差值是否随机(不随着观测值顺序表现出特定规律,如递增/减或其他特殊变化趋势)。另外,还可以采用游程检验或 Durbin - Watson 检验验证残差的独立性。从图 10 - 15 的运行图可以看出,残差的运行图大多在零以下,不符合独立性。

综合 4 条残差图的检验结果,式(10 - 26)的回归模型需要进行改善。通常,解决这个问题的方法是对响应进行变换。恰当的变换可以稳定方差,正态化残差以及简化模型。

一些经典的变换函数有

Tukey 变换(1957):$y_i^{(\lambda)} = \begin{cases} y_i^\lambda, & \lambda \neq 0 \\ \log y_i, & \lambda = 0 \end{cases}$

Box - Cox 变换(1964):$y_i^\lambda = \begin{cases} (y_i^\lambda - 1)/\lambda, & \lambda \neq 0 \\ \log y_i, & \lambda = 0 \end{cases}$

Manly 变换(1976):$y_i^{(\lambda)} = \begin{cases} [\exp(\lambda y_i) - 1]/\lambda, & \lambda \neq 0 \\ y_i, & \lambda = 0 \end{cases}$

John - Draper 变换(1980):$y_i^{(\lambda)} = \begin{cases} \text{sign}(y_i)[(|y_i| + 1)^\lambda - 1]/\lambda, & \lambda \neq 0 \\ \text{sign}(y_i)[\log(|y_i| + 1)], & \lambda = 0 \end{cases}$

Bickel - Doksum 变换(1981):$y_i^{(\lambda)} = \{|y_i|^\lambda \text{sign}(y_i) - 1\}/\lambda$

在上述钻机前进速度例子中,采用 Box - Cox 变换(在 Minitab 软件中利用分析因子设计的"选项"选项卡中选择"Box - Cox 变换"下的"最优 λ")。可以得到,能将原始响应转变为正态分布的最优 λ 为 0,即

$$y^* = \ln(y)$$

基于变换后的响应变量 y^*,重复之前的正态概率图和方差分析(见图 10 - 16),可以发现,因素 B、C、D 依然显著。响应变量 y^* 与因素 B、C、D 的回归模型为

$$\ln(y) = 1.597\,0 + 0.578\,0x_B + 0.289\,3x_C + 0.164\,0x_D \tag{10 - 31}$$

此模型的复相关系数(R^2)、调整后的复相关系数和预测复相关系数,如表 10 - 18 所示。可见变换后的响应模型在拟合和预测能力上都有很大的提升。

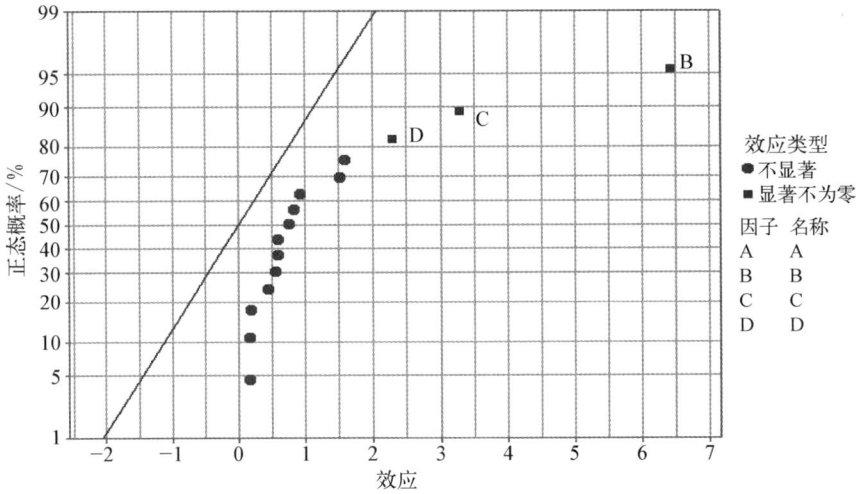

图 10 - 16　变换后钻机前进速度的正态概率图

表 10 - 18　变换后的钻机前进速度回归模型评估

R^2	调整 R^2	预测 R^2
97.63%	97.04%	95.79%

再次检验变换后的残差的正态性、等方差性、零均值性和独立性(见图 10 - 17)。可以看出,残差基本符合各项假设。式(10 - 31)可以用于响应优化。

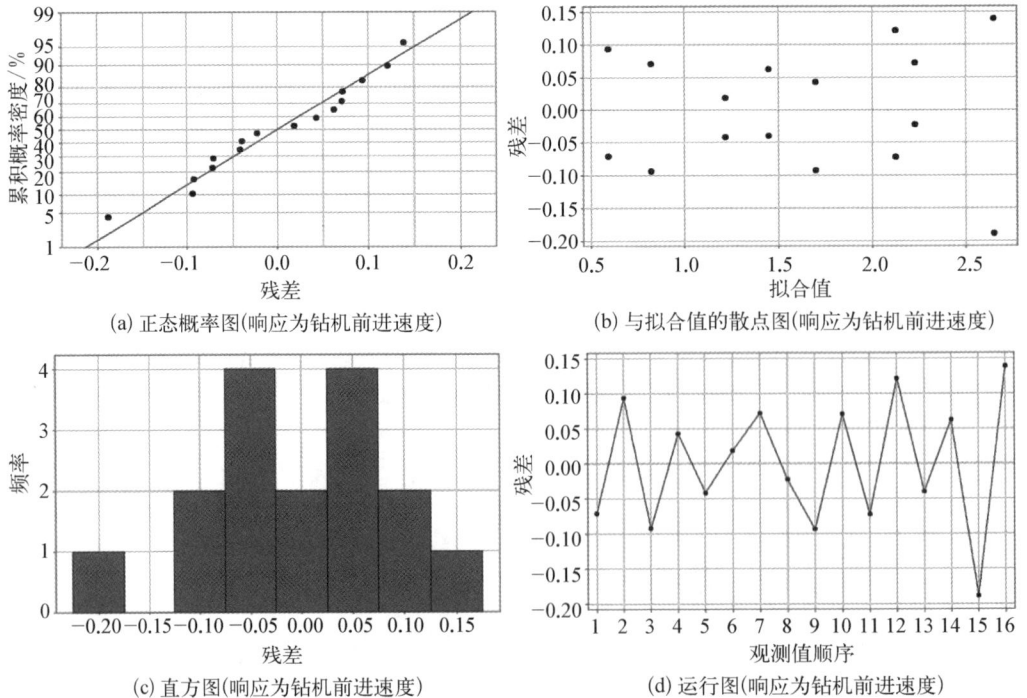

(a) 正态概率图(响应为钻机前进速度)

(b) 与拟合值的散点图(响应为钻机前进速度)

(c) 直方图(响应为钻机前进速度)

(d) 运行图(响应为钻机前进速度)

图 10 - 17　变换后的钻机前进速度的回归模型的残差图

利用 Minitab 软件中的响应优化器(统计→DOE→因子→响应优化器)可以确定最后的因素水平组合。在响应优化器中,选择优化函数目标值望大(越大越好)、望小(越小越好)或望目(固定目标值),并通过调整参数来设定满意度函数,得到最优响应及其对应的因素组合。另外,重叠等值线图也可用于寻找最佳因素组合。

习题

1. 某家建材产品制造商的材料工程师正在开发一种全新的绝缘产品。该工程师设计了一个 2 水平全因子实验,以评估可能会影响绝缘强度和绝缘值的多个因素。工程师分析 1 个因素设计,以确定材料类型、注塑压力、注塑温度和冷却温度如何影响产品的绝缘强度。分析表格如表 10-19 所示。

表 10-19　设计矩阵和实验结果

材　料	注塑压力	注塑温度/℃	冷却温度/℃	绝缘性	强　度
材料 A	75	85	25	13.290 52	22.343 13
材料 B	75	85	25	19.438 87	32.851 44
材料 A	150	85	25	17.045 14	30.084 16
材料 B	150	85	25	22.630 83	36.125 42
材料 A	75	100	25	14.095 17	25.953 01
材料 B	75	100	25	19.753 4	34.807 8
材料 A	150	100	25	16.729 52	32.394 69
材料 B	150	100	25	23.696 05	38.182 14
材料 A	75	85	45	15.340 28	19.218 94
材料 B	75	85	45	20.347 79	24.966 59
材料 A	150	85	45	19.072 32	23.960 38
材料 B	150	85	45	23.125 56	30.345 86
材料 A	75	100	45	19.784 3	26.361 38
材料 B	75	100	45	24.531 2	29.339 1
材料 A	150	100	45	24.345 99	29.834 38
材料 B	150	100	45	27.715 63	37.368 73

(1) 写出 2 个响应变量基于已编码因素的回归模型;
(2) 分析绝缘性残差图,结合表格给出模型改进的方向;

（3）此实验目标同时最大化强度和绝缘性，如何确定最优的因素水平组合？

2. 参考 G.E.P. Box 设计的纸飞机实验（experimental design with a paper helicopter，见参考文献[3]），设计一个全因子实验，收集数据，分析数据，并确定能够最大化飞行时间的可控因素最佳组合。

参考文献

[1] MONTGOMERY D C. Design and analysis of experiments [M]. 8th ed. Hoboken：John Wiley & Sons，Inc.，2012.

[2] MONTGOMERY D C. Introduction to statistical quality control [M]. 8th ed. Hoboken：John Wiley & Sons，Inc.，2019.

[3] BOX G E P，HUNTER W G，HUNTER J S. Statistics for experimenters [M]. Hoboken：John Wiley & Sons，Inc.，1978.

第 11 章　部分因子设计和正交表

全因子设计提供了一种全面的实验设计方法，能够同时考虑多个因素及其交互作用对结果的影响。然而在实际应用中，全因子设计可能会因为实验次数过多而变得不切实际，特别是当因素和水平较多的时候。例如假定有 10 个因素，每个因素有 2 个水平，在没有重复实验的情况下还需要实验 $2^{10} = 1\,024$ 次。为了控制实验规模，节约实验成本和时间，以较少的实验次数来考察较多的因素及其水平，可以选择经济高效的部分因子设计和正交表。

本章的学习目标：

（1）掌握 2 水平部分因子实验的设计方法；

（2）掌握 2 水平部分因子实验的定义关系式、别名结构和分辨率；

（3）掌握评估 2 水平部分因子实验的方法；

（4）掌握 2 水平部分因子实验的数据分析方法；

（5）掌握正交表的性质和设计方法；

（6）掌握拉丁方、希腊拉丁方、超希腊拉丁方的原理和设计方法。

11.1　部分因子设计的定义和原则

部分析因设计（fractional factorial design），又称部分因子设计，是指从全部因素的所有水平组合中按一定的原则，选择一部分处理组合进行实验的设计方法。部分因子设计通过选择一定比例的实验组合，在保持主要效果和低阶交互作用信息的同时，显著减少实验次数，从而提高实验效率。以 2 水平部分因子设计为例，对于一个 3 因素 2 水平的全因子设计，共有 $2^3 = 8$ 个实验组合，而部分因子设计则可以选择其中的 4 个或 2 个实验组合进行实验，实验次数为全因子设计的 1/2 或 1/4。

部分因子设计需要同时考虑实验效率和信息获取的平衡，在实验次数尽可能少的情况下，保留主要效应和低阶交互作用的信息。部分因子设计的因素选择和设计需要遵循一定的原则，这些原则有助于找到高效、可靠的部分因子设计。具体地，部分因子设计应该满足以下原则。

（1）每个因子的低水平和高水平的出现次数相同，以保证各水平的均衡性。

（2）交互作用低水平和高水平的出现次数相同，以保证交互作用的均衡性。

（3）主效应对应列应该相互正交，以避免主效应之间的混淆。

本章将详细介绍部分因子设计的常见设计方法，包括 2^{k-p} 设计、正交表、拉丁方、希腊拉丁方和超希腊拉丁方等。

11.2 2^{k-p} 设计

2^{k-p} 设计是最常用的部分因子设计方法之一。2^{k-p} 设计是指从 2^k 个实验组合中选择一部分进行实验,其中 2 表示因素的水平数,k 表示因素的个数,p 表示部分因子设计只选择全部 2^k 个处理的 $1/2^p$。

首先从 2^{k-1} 部分因子设计开始,说明如何完成 $p=1$ 时的部分因子设计。2^{k-1} 部分析因设计的方法如下。

(1) 写出前 $k-1$ 个因素的全因子设计矩阵。

(2) 令第 k 个因素的水平设计等于前 $k-1$ 个因素的交互作用(或者前 $k-1$ 个因素交互作用的相反数)。

例如,包含 A,B,C,D,E,F 6 个因素的部分因子设计 2^{6-1},可以先写出前 5 个因素 A,B,C,D,E 的全因子设计矩阵,然后令第 6 个因素 F 等于 5 个因素的交互作用(或相反数),也即 F=ABCDE 或 F=−ABCDE。这样就得到了两个 2^{6-1} 部分因子设计。其中,F=ABCDE 的设计表格如表 11 - 1 所示。

表 11 - 1 2^{6-1} 部分因子设计(F=ABCDE)

A	B	C	D	E	F
−1	−1	−1	−1	−1	−1
−1	−1	−1	−1	1	1
−1	−1	−1	1	−1	1
−1	−1	−1	1	1	−1
−1	−1	1	−1	−1	1
−1	−1	1	−1	1	−1
−1	−1	1	1	−1	−1
−1	−1	1	1	1	1
−1	1	−1	−1	−1	1
−1	1	−1	−1	1	−1
−1	1	−1	1	−1	−1
−1	1	−1	1	1	1
−1	1	1	−1	−1	−1

续　表

A	B	C	D	E	F
−1	1	1	−1	1	1
1	1	1	1	−1	−1
1	1	1	1	1	1
−1	1	1	1	−1	1
−1	1	1	1	1	−1
1	−1	−1	−1	−1	1
1	−1	−1	−1	1	−1
1	−1	−1	1	−1	−1
1	−1	−1	1	1	1
1	−1	−1	−1	−1	−1
1	−1	1	−1	−1	1
1	−1	1	1	−1	1
1	−1	1	1	1	−1
1	1	−1	−1	−1	−1
1	1	−1	−1	1	1
1	1	−1	1	−1	1
1	1	−1	1	1	−1
1	1	1	−1	−1	1
1	1	1	−1	1	−1

　　不难发现,表 11-1 中各列因素的水平组合满足 ABCDEF=1。为了更好区分不同的交互作用,可以定义实验设计因子之间的定义关系式(defining relationship)。定义关系式为等式,等式的一端为常数 1,另一端为水平设置始终等于 1 的交互作用项。对于两种 2^{6-1} 部分因子设计,定义关系式分别为 I=ABCDEF 和 I=−ABCDEF,其中 I 表示常数 1。

　　通过定义关系式,我们可以更好地理解效应之间的关系。例如,在 I=ABCDEF 的定义关系式下,A=A²BCDEF,即 A=BCDEF,即因素 A 的水平设置和 5 阶交互作用 BCDEF 是完全相同的。两种不同的效应混杂在一起,导致两种效应的效果无法区分。在上述这种两个或者多个效应相互混杂的情况下,这些效应称为互为别名。如果一个 2^{3-1} 设计的定义关系式为 I=ABC,则 A=BC, B=AC, C=AB,每个主效应都与一个二阶交互效应混杂。一般来说,主效应和二阶交互效应是实验中比较重要和必须关注的效应,两种重要的效应混杂,对实验设计极为不利,在实践中,如非别无他法,不建议使用导致过多主效应和二阶交互效应混杂的部分因子设计。

分辨率是衡量一个部分因子设计优劣的常用准则,是一个实验设计方案的所有关系式的最短字长。如I=ABCDEF中包含所有6个因素,分辨率为6。I=ABC中包含所有3个因素,分辨率为3。分辨率越高,越少主效应和二阶交互效应混杂,效应之间的混杂程度越低,实验方案越好。

当$p=2$时,2^{k-p}设计比$p=1$要复杂一些。2^{k-p}部分因子设计的方法如下。

(1) 写出前$k-2$个因素的全因子设计矩阵。

(2) 令第k个因素和第$k-1$个因素分别等于前$k-2$个因素中的某两个交互作用(或者前$k-2$个因素交互作用的相反数)。

选择不同的交互作用会得到不同的部分因子设计。举例来说,包含A,B,C,D,E,F 6个因素的部分因子设计2^{6-2},可以先写出前4个因素A,B,C,D的全因子设计矩阵,然后令第5个因素和第6个因素分别等于前4个因素的交互作用。如令E=BCD,F=ABCD,就得到一个2^{6-2}部分因子设计。由这样的设计,可得到两个关系式:

$$I=BCDE=ABCDF$$

除此以外,由于BCDE和ABCDF都为1,则BCDE×ABCDF=AB²C²D²EF=AEF。因此,此设计的定义关系式为

$$I=BCDE=ABCDF=AEF$$

由此定义关系式,可以获得任何一个效应的别名关系。如交互效应AB的所有别名关系为

$$AB×I=AB×BCDE=AB×ABCDF=AB×AEF$$

即

$$AB=ACDE=CDF=BEF$$

此设计定义关系式的最短长度为3,因此其分辨率为3,不可避免地会导致主效应和二阶交互作用混杂。

如果在2^{6-2}部分因子设计中,选择其他2个交互作用与因素E和因素F混杂,E=BCD,F=ABC,则可以得到所有的关系式:

$$I=BCDE=ABCF=ADEF$$

这种设计的分辨率为4,比前一种设计方法要好。

2^{k-1}和2^{k-2}设计的设计方法可以推广到2^{k-p}设计,其方法如下。

(1) 写出前$k-p$个因素的全因子设计矩阵。

(2) 令第$k-p+1$个因素到第k个因素分别等于前$k-p$个因素的p个交互作用(或者前$k-p$个因素交互作用的相反数)。

2^{k-p}有多种设计方法,这些设计的分辨率和别名也会有所不同。在实际应用中,需要按照一定的设计准则,选择合适的交互作用,以得到高效、可靠的部分因子设计。在实验时间和成本允许的情况下,尽可能选择具有高分辨率的实验方案,避免主效应之间混杂。分辨率

为 3 的设计中必定存在主效应和二阶交互效应混杂；分辨率为 4 的设计中必定存在主效应和三阶交互效应混杂，以及二阶交互效应之间的混杂；分辨率为 5 的设计中，存在主效应和四阶交互效应混杂，以及二阶交互效应与三阶交互效应混杂。在分辨率相等的情况下，尽可能减少低阶效应之间的混杂。例如，对于 2^{7-2} 设计，可以选择 F＝ABCD，G＝ABDE。在这种设计下，二阶的交互效应有且仅有 3 组二阶相互混杂，为 CE＝FG，CF＝EG，CG＝EF，保证了低阶交互效应的混杂程度尽可能小。实践中可以使用 Minitab 等统计软件挑选最佳的实验方案，如图 11-1 所示。

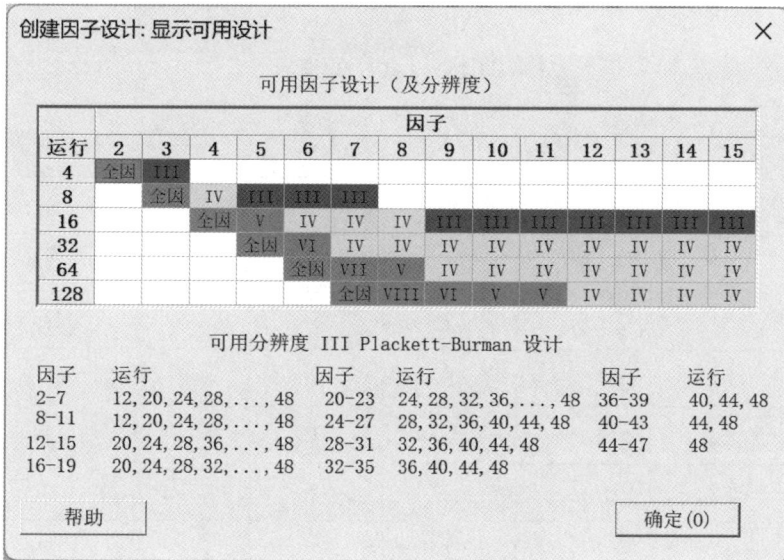

图 11-1 "创建因子设计"界面

11.3　正交表

在实际生产与科研中，每个因素的水平数可能不止 2 个，且因素的水平数也不可能全相等。有些因素是 3 水平，有些因素可能为 4 水平。如果对每个因素每个水平的所有组合进行实验，实验次数将会随着因素和水平的增加而呈指数增长。例如，一个 4 因素 4 水平的全排列组合需要至少 4^4＝256 次实验。

解决这个问题可以使用正交表设计实验。正交表最初由田口玄一于 20 世纪 40 年代提出。他提出的正交表设计实验是利用"均衡分散性"和"整齐可比性"原理，从大量实验点中选取适量且具有代表性的典型实验点，从而解决多因素问题的实验方法。这种方法极大地减少了实验次数，同时保证了实验结果的代表性和可靠性。正交表实验设计法在日本得到了广泛的应用，在我国企业，特别是化工、纺织、医药、电子和机械行业，正交实验设计法的应用也取得相当多的成就。

一般地，正交表可以记为 $L_N(q^S)$，其中，L 为正交表的代号；N 为正交表的行数，即实验次数；q 为各因素的水平数（各因素的水平数相等）；S 为正交表的列数，即最多能安排的因素个数(包括交互作用)。这种各列水平数相同的正交表称为等水平正交表。常见的等水平正交表有 $L_4(2^3)$、$L_{16}(2^{15})$、$L_{27}(3^{13})$ 等。下面以 $L_8(2^7)$ 和 $L_9(3^4)$ 为例,介绍正交表的构造与使用方法。

表 11 - 2 和表 11 - 3 中的实验设计分别为 $L_8(2^7)$ 和 $L_9(3^4)$。以 $L_9(3^4)$ 为例,下标 9 表示实验次数,括号中的 3 表示因素的水平数,4 表示因素的个数。表中的每一行代表一个实验,每一列代表一个因素,表中的数字代表因素的水平。例如,第 1 行的实验号为 1,因素 1 的水平为 1,因素 2 的水平为 1,因素 3 的水平为 1,因素 4 的水平为 1,从而需要设计因素 1 在水平 1,因素 2 在水平 1,因素 3 在水平 1,因素 4 在水平 1 的实验。

表 11 - 2 $L_8(2^7)$ 正交表

实验号	因素 1	因素 2	因素 3	因素 4	因素 5	因素 6	因素 7
1	1	1	1	1	1	1	1
2	1	1	1	2	2	2	2
3	1	2	2	1	1	2	2
4	1	2	2	2	2	1	1
5	2	1	2	1	2	1	2
6	2	1	2	2	1	2	1
7	2	2	1	1	2	2	1
8	2	2	1	2	1	1	2

表 11 - 3 $L_9(3^4)$ 正交表

实验号	因素 1	因素 2	因素 3	因素 4
1	1	1	1	1
2	1	2	2	3
3	1	3	3	2
4	2	1	2	2
5	2	2	3	1
6	2	3	1	3
7	3	1	3	3
8	3	2	1	2
9	3	3	2	1

正交表 $L_9(3^4)$ 的可视化如图 11-2 所示。图中 3 个坐标轴代表 3 个因素,坐标轴上的点代表因素的水平,27 个节点代表全面实验的 27 种组合,其中用红色标注的 9 个节点代表用正交表 $L_9(3^4)$ 设计的实验组合。由图可知,在立方体的每个面上都有 3 个实验点,而在立方体的每条线上都有一个实验点,即这 9 个实验点是均匀分布在整个立方体内的。这就是正交实验的设计原理之一——均匀分散性。

具体地,正交实验具有均匀分散性和整齐可比性。均匀分散性指的是在实验安排中,所有水平组合均匀分布,即每个因素在每个水平上出现的次数相同。整齐可比性指的是在实验安排中,任意两因素的各种水平组合出现的次数相同,即任意两列之间的组合都是均匀分布的。通过这种设计,可以保证每个因素的每个水平在各个实验中出现相同次数。

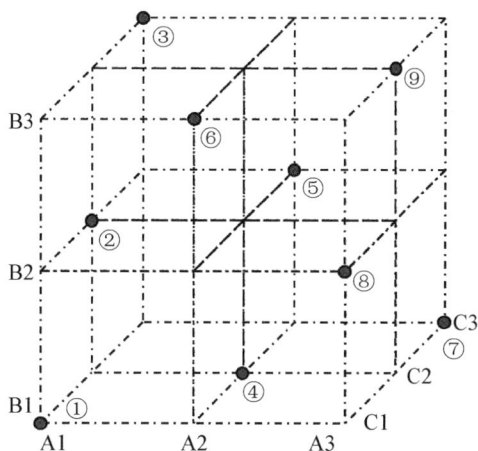

图 11-2　正交表 $L_9(3^4)$ 的可视化

除了等水平正交表,还有混水平正交表,即各列水平数不完全相同的正交表。以 $L_8(4 \times 2^4)$ 为例,如表 11-4 所示。表中有 1 列水平数为 4,有 4 列水平数为 2。也就是说该表可以安排 1 个 4 水平因素和 4 个 2 水平因素。常见的混合正交表还有 $L_{16}(4^4 \times 2^3)$、$L_{16}(4 \times 2^{12})$ 等。

表 11-4　$L_8(4 \times 2^4)$ 混水平正交表

实验号	因素 1	因素 2	因素 3	因素 4	因素 5
1	1	2	2	1	1
2	2	2	1	1	3
3	2	2	2	2	2
4	1	2	1	2	4
5	2	1	1	2	1
6	1	1	2	2	3
7	1	1	1	1	2
8	2	1	2	1	4

11.4　拉丁方

拉丁方(Latin square)设计是一类特殊的正交表,通过减少实验次数和控制误差因素,能够有效地提高实验的效率和准确性,需要在因素间无交互作用的前提下使用。在拉丁方设计中可安排 3 个等水平因素,每个因素有 n 个水平,总计 n^2 个处理 $[L_{n^2}(n^3)]$。拉丁方设计的形式为用字母或数字排列的具有一定性质的方阵,每一个字母在每行和每列中恰好出现一次(方阵的行数或列数称为拉丁方的阶数),意味着每个因素在拉丁方设计中都按照一定的顺序排列,行、列可各代表 1 个因素。任意 2 个因素的组合全出现,并只出现一次,确保每个水平在每一行和每一列中仅出现一次。

有 3 个实验因素:汽油添加剂、汽车本身的性能、驾驶员的技术水平对汽车油耗的影响。为研究 3 种汽油添加剂(A、B、C)在降低汽油消耗方面是否有差异,工程师设计了一个三阶拉丁方 $L_9(3^3)$。这里的 9 表示处理的个数,3^3 表示有 3 个因素,每个因素有 3 个水平,即 3 种添加剂(A、B、C),3 辆车(1,2,3),3 个驾驶员(1,2,3)。实验表格如表 11 - 5 所示,其中行号表示"汽车编号",列号表示"驾驶员编号"。每个单元格中的字母(A、B、C)代表不同的"添加剂"。这种设计确保每种添加剂在每个汽车编号和驾驶员编号的组合中均匀出现。此三阶拉丁方设计的所有组合写成列表的格式如表 11 - 6 所示。

表 11 - 5　三阶拉丁方设计

		驾驶员编号		
		1	2	3
汽车编号	1	A	B	C
	2	B	C	A
	3	C	A	B

表 11 - 6　三阶拉丁方设计表

汽车编号	驾驶员编号	添加剂
1	1	A
1	2	B
1	3	C
2	1	B
2	2	C
2	3	A
3	1	C
3	2	A
3	3	B

　　以下是一个四阶拉丁方的例子,用于研究 4 种催化剂、4 种反应温度和 4 种原材料的批次对响应的影响,四阶拉丁方包含 3 个因素,每个因素有 4 个水平。设计表格如表 11-7 和表 11-8 所示。从表 11-7 可以看出,每一行和每一列 4 种催化剂都出现且都只出现了一次。

表 11-7　四阶拉丁方设计

	反应温度 1	反应温度 2	反应温度 3	反应温度 4
催化剂 1	A	B	C	D
催化剂 2	B	C	D	A
催化剂 3	C	D	A	B
催化剂 4	D	A	B	C

表 11-8　四阶拉丁方设计

催化剂	反应温度	批　次
1	1	A
1	2	B
1	3	C
1	4	D
2	1	B
2	2	C
2	3	D
2	4	A
3	1	C
3	2	D
3	3	A
3	4	B
4	1	D
4	2	A
4	3	B
4	4	C

11.5 希腊拉丁方

希腊拉丁方(Graeco-Latin square)是一种特殊的正交表,由 2 个互相正交的拉丁方重叠而成。与拉丁方类似,希腊拉丁方需要在因素之间无交互作用的前提下使用,它是用字母或数字排列的具有一定性质的方阵,每一个字母在每行和每列中恰好出现一次,方阵的行数或列数称为希腊拉丁方的阶数。

通过引入希腊字母作为额外的因素水平,希腊拉丁方设计可以在控制实验次数的同时,可安排 4 个等水平因素,假设每个因素有 n 个水平,希腊拉丁方设计总计有 n^2 个处理,定义为 $L_{n^2}(n^4)$。希腊拉丁方的行、列、拉丁字母、希腊字母各代表一个因素,任意两个因素的组合全出现,并只出现一次。

一个三阶的希腊拉丁方只需做 9 个实验,就可以安排 4 个因素 3 个水平,如表 11-9 所示。这个实验共有 4 个因素,行数代表因数 1 的 3 个水平(1,2,3),列数代表因素 2 的 3 个水平(1,2,3),因素 3 的 3 个水平为 A、B、C,因素 4 的 3 个水平记为 α、β、γ。在表 11-9 中,因素 3 和因素 4 的每个水平在每一行和每一列中都仅出现一次,因素 3 和因素 4 的 9 个水平组合也全部出现。

表 11-9 三阶希腊拉丁方

Aα	Bβ	Cγ
Bγ	Cα	Aβ
Cβ	Aγ	Bα

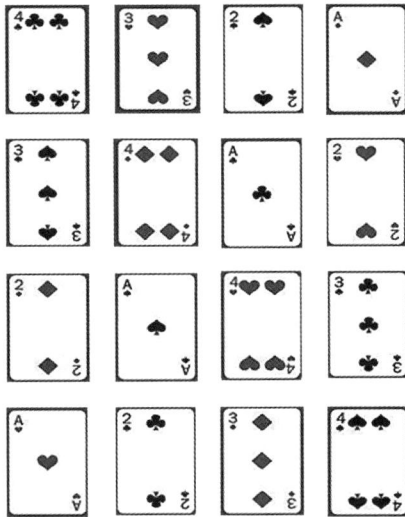

图 11-3 四阶希腊拉丁方的纸牌表示

一个四阶的希腊拉丁方只需做 16 个实验,就可以安排 4 个 4 水平的因素。如图 11-3 所示,将拉丁字母和希腊字母替换为纸牌的点数和花色,这样的 4 水平希腊拉丁方设计共使用了 16 张牌,排成 4×4 的方阵,每一行、每一列 4 种花色俱全,并且都有 1、2、3、4,意味着需要进行 16 种不同因素组合的实验。将这种设计表示成列表格式,如表 11-10 所示(4 种不同花色用 α、β、γ、η 表示)。

表 11-10 四阶希腊拉丁方表

因素 1	因素 2	因素 3(牌上数字)	因素 4(花色)
1	1	1	α
1	2	2	γ
1	3	3	η

续　表

因素 1	因素 2	因素 3(牌上数字)	因素 4(花色)
1	4	4	β
2	1	3	η
2	2	4	β
2	3	1	α
2	4	2	γ
3	1	2	β
3	2	1	η
3	3	4	γ
3	4	3	α
4	1	1	γ
4	2	2	α
4	3	3	β
4	4	4	η

五阶希腊拉丁方的构造基本与上述一致,如表 11-11 所示。

表 11-11　五阶希腊拉丁方表

A1	B2	C3	D4	E5
E2	A3	B4	C5	D1
D3	E4	A5	B1	C2
C4	D5	E1	A2	B3
B5	C1	D2	E3	A4

　　然而,六阶希腊拉丁方并不能简单地推广得到。传说普鲁士的腓特列大帝想组成一支仪仗队,仪仗队共有 36 名军官,来自 6 支部队,每支部队中,上校、中校、少校、上尉、中尉、少尉各 1 名。他希望这 36 名军官排成 6×6 的方阵,方阵的每一行、每一列的 6 名军官来自不同的部队并且军衔各不相同。令他恼火的是,无论怎么绞尽脑汁也排不成。他去求教瑞士著名的大数学家欧拉。欧拉发现这是一个不可能完成的任务。欧拉猜测在 $n = 2, 6, 10, 14, 18, \cdots$ 时,希腊拉丁方阵不存在。然而到了 20 世纪 60 年代,人们用计算机造出了 $n = 10$ 的拉丁方阵,推翻了欧拉的猜测。现在已经知道,除了 $n = 2, 6$ 以外,其余希腊拉丁方阵

都存在,而且有多种构造的方法。

利用希腊拉丁方的思想,可以设计出美观且平衡的图片。图 11-4 展示了一个由 4 个因素,每个因素 10 个水平,总计 100 个实验构成的图案。行数代表因素 1 的 10 个水平 (1, 2, ⋯, 10),列数代表因素 2 的 10 个水平(1, 2, ⋯, 10),因素 3 的 10 个水平对应大方格的 10 种颜色(红、橙、蓝、白、浅绿、深绿、黄、浅蓝、粉、黑),因素 4 的 10 个水平为 10 种小方格的颜色。

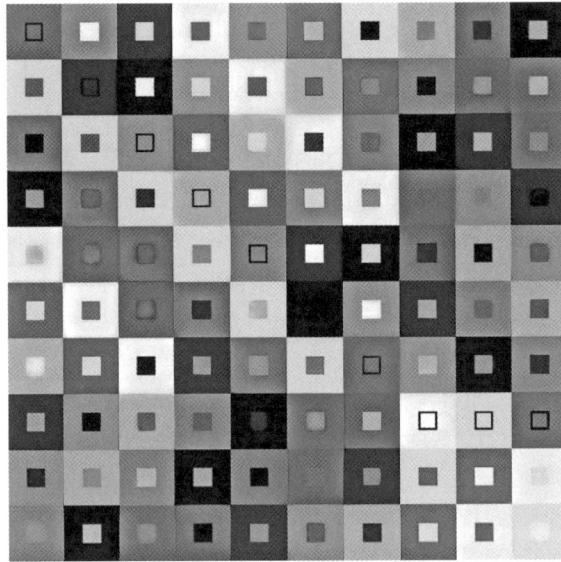

图 11-4　十阶希腊拉丁方

11.6　超希腊拉丁方

超希腊拉丁方(super Greek-Latin square)是一种更高级的实验设计方法,用于有效地研究多个因素在多个水平下的相互作用,同样需要在因素间无交互作用的前提下使用。

超希腊拉丁方是经典拉丁方和希腊拉丁方设计的扩展,由 3 个或者 3 个以上互相正交的拉丁方重叠而成,适用于涉及 $s > 4$ 个因素的实验情境,每个因素各有 n 个水平,总计 n^2 个处理 $[L_{n^2}(n^s)]$。 在超希腊拉丁方设计中,每个因素的各个水平同样以一种特定的方式组合,使得在所有实验单元中,每对因素的组合全部出现且仅出现一次。

设计一个 5 因素 5 水平的超希腊拉丁方 $[L_{25}(5^5)]$,可以在五阶希腊拉丁方矩阵的基础上添加新的因素,使得其满足超希腊拉丁方的设计规则,表 11-12 展示了第一步。这个实验共有 5 个因素,每个因素 5 个水平,总计需要 25 个实验。行数代表因数 1 的 5 个水平(1, 2, 3, 4, 5),列数代表因数 2 的 5 个水平(1, 2, 3, 4, 5),因素 3 的 5 个水平为 A、B、C、D、E,因素 4 的水平为 1、2、3、4、5,因素 5 的 5 个水平为 α、β、γ、η、Ω。读者可以尝试把第 2～第 5 行的希腊字母填写完整,注意需要保证每一行因素 3、4、5 的所有水平都出现,每一列因素 3、4、5 的所有水平都出现。在整张表格中,因素 3、4、5 中任意 2 个因素的所有水平组合都出现且只出现一次。

表 11-12　五阶超希腊拉丁方表

A1α	B2β	C3γ	D4η	E5Ω
E2	A3	B4	C5	D1
D3	E4	A5	B1	C2
C4	D5	E1	A2	B3
B5	C1	D2	E3	A4

习题

1. 一个 2^{10-3} 的设计有 H＝－ABCG，J＝BCD，K＝－ACDF。

   (1) 请写出此设计的定义关系式。

   (2) 请给出 BD 的所有别名。

   (3) 这个设计的分辨率是多少？这个设计优劣如何？

2. 某个实验包含 7 个因素(A，B，C，D，E，F，G)，每个因素具有 2 个因子，由于时间和成本有限，只够做 32 个实验。第一个 2^{7-2} 实验方案的定义关系式为：F＝BCD，G＝－ABC；第二个 2^{7-2} 实验方案的定义关系式为：F＝－ADE，G＝ABC；第三个 2^{7-2} 实验方案的定义关系式为：F＝－ABCD，G＝－ABDE。从分辨率和别名关系角度，比较 3 个实验方案的优劣。

3. 设计一个分辨率为 5 的 2^{8-2} 部分因子设计。

4. 某工厂目标研究 6 个因素对生产的半导体基板设备的曲率的影响。6 个因素及其水平如表 11-13 所示，实验数据如表 11-14 所示。

表 11-13　半导体基板设备曲率实验设计方案

序号	烧结温度/℃	烧结时间/s	层压压力/MPa	层压温度/℃	层压时间/h	冷却点/℃
1	55	10	5	1 580	17.5	20
2	75	10	5	1 580	29	26
3	55	25	5	1 580	29	20
4	75	25	5	1 580	17.5	26
5	55	10	10	1 580	29	26
6	75	10	10	1 580	17.5	20
7	55	25	10	1 580	17.5	26

序号	烧结温度/℃	烧结时间/s	层压压力/MPa	层压温度/℃	层压时间/h	冷却点/℃
8	75	25	10	1 580	29	20
9	55	10	5	1 620	17.5	26
10	75	10	5	1 620	29	20
11	55	25	5	1 620	29	26
12	75	25	5	1 620	17.5	20
13	55	10	10	1 620	29	20
14	75	10	10	1 620	17.5	26
15	55	25	10	1 620	17.5	20
16	75	25	10	1 620	29	26

表 11 - 14　半导体基板设备曲率实验数据

序号	重复 1	重复 2	重复 3	重复 4
1	0.016 7	0.012 8	0.014 9	0.018 5
2	0.006 2	0.006 6	0.004 4	0.002
3	0.004 1	0.004 3	0.004 2	0.005
4	0.007 3	0.008 1	0.003 9	0.003
5	0.004 7	0.004 7	0.004	0.008 9
6	0.021 9	0.025 8	0.014 7	0.029 6
7	0.012 1	0.009	0.009 2	0.008 6
8	0.025 5	0.025	0.022 6	0.016 9
9	0.003 2	0.002 3	0.007 7	0.006 9
10	0.007 8	0.015 8	0.006	0.004 5
11	0.004 3	0.002 7	0.002 8	0.002 8
12	0.018 6	0.013 7	0.015 8	0.015 9
13	0.011 0	0.008 6	0.010 1	0.015 8
14	0.006 5	0.010 9	0.012 6	0.007 1

续 表

序号	重复 1	重复 2	重复 3	重复 4
15	0.015 5	0.015 8	0.014 5	0.014 5
16	0.009 3	0.012 4	0.011	0.013 3

（1）实验者使用了什么设计？定义关系式是什么？

（2）此实验的分辨率是多少？别名关系是什么？

（3）是否有哪些工艺变量影响平均曲率？

（4）建立曲率均值和曲率标准差与 6 个因素之间的回归模型，完成模型残差检验，评估模型精度，改善模型。

（5）根据（4）中的模型，找出同时最小化曲率和曲率标准差的工艺参数水平。

参考文献

［1］泰戈.质量工具箱［M］.何桢,施亮星,译.北京：中国标准出版社,2006.

第 12 章　田 口 方 法

田口方法是由日本质量工程师田口玄一发展的一套实验设计方法,旨在改进产品质量并降低成本。田口方法强调的是产品的稳健性设计,也就是让产品在面对各种变异性因素时仍然能保持良好的性能。本章内容包括田口方法的基本概念,田口方法的历史背景及其对现代质量管理的影响;内表(用于确定信号因素)与外表(用于确定控制因素)的概念及其应用,不同类型的信噪比分析法;以及田口实验的数据分析方法等。

本章的学习目标:

(1) 理解田口方法的基本理论框架;

(2) 掌握内外表设计;

(3) 掌握利用信噪比方法分析数据。

12.1　田口方法概述

为了提高产品质量,传统上侧重于改进产品的平均质量以达到生产要求,田口玄一意识到,决定生产品质的关键因素不仅仅是产品的平均质量,产品质量方差也非常关键。

田口玄一的质量哲学认为质量应在产品设计阶段被设计进去,而不是通过检验来实现。这意味着质量不是通过事后的检验活动来达成的。他主张通过最小化质量指标和目标值的差距来实现质量提升,并且产品设计应使其性能对不可控的(噪声)因素不敏感。

田口玄一提出可以在产品设计阶段和产品制造阶段降低产品质量的方差,并提出了质量工程的策略。他提出的离线质量保证技术旨在确保过程和产品设计的质量,其核心在于稳健设计(robust design),即利用内外表来设计实验,从而提高产品设计与制造阶段的性能一致性。

图 12-1 展示了田口方法在质量工程中的应用场景。其中,田口方法的稳健设计包括系统设计(system design)、参数设计(parameter design)和容差设计(tolerance design)。

系统设计是产品设计的初始阶段,又称一次设计或专业设计、方案设计。在这个阶段,设计人员利用专业知识和技术手段来定义整个系统的结构和功能(包括性能、寿命、材料等),确保系统能够满足产品规划阶段所提出的功能需求。系统设计为后续的选择因素和确定水平提供了依据,并涵盖了产品的概念设计和功能设计两个主要方面。概念设计是创造、探索和表达设计思想的过程。它侧重于产品的外观和性能,旨在创造出既能让制造商满意又能吸引客户的初步设计方案。功能设计则涉及识别和整合各个子任务,以实现产品的整体功能。在此过程中,设计师运用科学和工程知识来开发物理或数学模型的原型设计。这

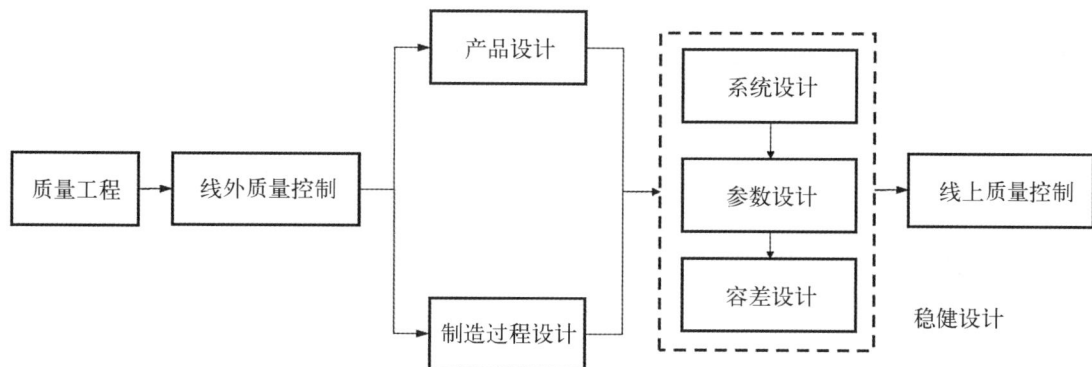

图 12-1 田口方法在质量工程中的应用场景

一阶段要求设计师在成本与功能性能之间找到最佳平衡点,最终确定具体的功能设计方案。系统设计可以通过理论计算和模拟实验来进行,无须实际制作样品或进行样品测试,从而使设计过程更为高效和经济,尤其是在设计初期可以加速迭代和优化。

参数设计的目标是在系统设计的基础上,确定最佳的设计参数,使得产品或工艺在面对外部噪声因素(如环境变化或组件波动)时依然能够保持稳定的性能。参数设计的关键在于寻找最优的参数组合,确保在不同的质量和成本水平下实现低成本、高质量的设计。为了实现良好的参数设计,通常需要采用实验设计方法(如正交实验)和数理统计分析来确定最佳参数选择。

容差设计则是指在参数设计过程中,确定那些已识别的名义设置下的容许偏差范围。通过对不同设计参数对系统性能影响的理解,设计人员需努力减小和控制关键设计参数的变化,以达到最优的系统性能。容差设计需考虑到经济因素,允许质量特征值在一定范围内波动,并研究容差范围与质量成本之间的关系,以确定参数的最佳容许偏差。田口方法建议使用质量损失函数来确定最优容差。

通过上述三个阶段的设计工作,田口方法为降低产品质量方差提供了系统化的解决方案,进而提升了生产质量。以下主要讲解参数设计部分。

12.2 参数设计的实验步骤

在田口方法中,参数设计是一个重要的环节,其目的是确定最佳的参数设置,以使产品或工艺能够在面对各种不确定性和干扰因素(噪声因素)的情况下,依然能够保持良好的性能,下面是参数设计的一般步骤。

(1) 明确目标:确定设计的目标,即希望产品或工艺在什么条件下达到什么样的性能指标。

(2) 识别可控因素与噪声因素及其水平:可控因素是指设计中可以调整的因素;噪声因素则是指不可控或者难以控制的因素。

(3) 选择响应变量:衡量产品或工艺性能的响应变量,通常是希望最小化或最大化的某个输出指标。

(4) 设计实验计划:使用实验设计方法(如内外表)来规划实验方案。

(5) 执行实验并收集数据:记录每个实验条件下的响应变量的测量结果。

（6）计算信噪比（signal-to-noise ratio，SNR）：对于每个响应变量，根据其特性（如希望最大化或最小化），计算相应的信号到噪声比，用以评估不同实验条件下的性能稳定性。

（7）分析数据：利用统计分析方法（如方差分析）来分析实验数据，确定哪些可控因素对响应变量有显著影响。

（8）确定最佳参数设置：基于分析结果，找出能够使信噪比达到最大的可控因素组合。

（9）验证实验：在实验室或实际生产环境中验证最佳参数设置的效果，确保其在真实条件下的有效性。

（10）优化与改进：根据验证实验的结果进一步优化设计，必要时重复上述步骤以不断改进性能。

通过这些步骤，田口方法中的参数设计能够帮助设计者找到一个稳健的设计方案，在面对不可避免的噪声因素时也能保持良好的性能表现。这种方法特别适用于那些需要提高产品可靠性和一致性的场景。

本章着重讲解第（4）步和第（6）步的方法。其他步骤与之前实验设计章节类似。

12.3 内外表

在田口方法中，内外表是设计实验的重要工具，用于同时考虑可控因素和噪声因素。内外表将可控因素安排在一张正交表内进行实验方案的设计。相应的正交表称为内表（即内侧正交表），所对应的设计称为内设计。将噪声因素安排在另一张正交表内，相应的正交表称为外表（即外侧正交表），所对应的设计称为外设计。内外表由内外两个正交表组合而成。表 12-1 展示了一些常用的正交表设计。作参数设计时，虽然考虑的噪声因素越多越好，但实验规模将会变得很大。若费用与时间不允许，就在经营能力范围之内，选择重要的、影响较大的噪声因素。通常每个噪声因素采用 2 水平即可。一般来说，实验若对最极端的噪声组合具有稳健性的话，对其他的噪声也必将稳定，因此也可用复合的极端噪声情景。

表 12-1 常用的正交表设计

2 水平系列	3 水平系列	4 水平系列	混合水平系列
$L_4(2^3)$	$L_9(3^4)$	$L_{16}(4^5)$	$L_{18}(2^1, 3^7)^{\dagger}$
$L_8(2^7)$	$L_{27}(3^{13})$	$L_{64}(4^{21})$	$L_{36}(2^{11}, 3^{12})$
$L_{16}(2^{15})$	$L_{81}(3^{40})$		
$L_{32}(2^{31})$			
$L_{12}(2^{11})^*$			

表 12-2 展示了一个包含 7 个可控因素（A，B，C，D，E，F，G），1 个噪声因素（N）的内外表。每个因素都有 2 个水平，内表采用 $L_8(2^7)$ 设计，外表采用全因子设计，总计需要做 16 次实验。实验数据填写在 y_{ij} 的位置。

表 12 – 2　包含 7 个可控因素和一个噪声因素的内外表

	可　控　因　素							噪声因素 N	
	A	B	C	D	E	F	G	N1	N2
1	1	1	1	1	1	1	1	y_{11}	y_{12}
2	1	1	1	2	2	2	2	y_{21}	y_{22}
3	1	2	2	1	1	2	2	y_{31}	y_{32}
4	1	2	2	2	2	1	1	y_{41}	y_{42}
5	2	1	2	1	2	1	2	y_{51}	y_{52}
6	2	1	2	2	1	2	1	y_{61}	y_{62}
7	2	2	1	1	2	2	1	y_{71}	y_{72}
8	2	2	1	2	1	1	2	y_{81}	y_{82}

表 12 – 3 展示了一个包含 7 个可控因素（A，B，C，D，E，F，G），3 个噪声因素（M，N，O）的内外表。每个因素都有 2 个水平，内表采用 $L_8(2^7)$ 设计，外表采用 $L_4(2^3)$ 设计，总计需要做 32 次实验。实验数据填写在 y_{ij} 的位置。

表 12 – 3　包含 7 个可控因素和 3 个噪声因素的内外表

编号	A	B	C	D	E	F	G	1	1	2	2	M
								1	2	1	2	N
								1	2	2	1	O
1	1	1	1	1	1	1	1	y_{11}	y_{12}	y_{13}	y_{14}	
2	1	1	1	2	2	2	2	y_{21}	y_{22}	y_{23}	y_{24}	
3	1	2	2	1	1	2	2	y_{31}	y_{32}	y_{33}	y_{34}	
4	1	2	2	2	2	1	1	y_{41}	y_{42}	y_{43}	y_{44}	
5	2	1	2	1	2	1	2	y_{51}	y_{52}	y_{53}	y_{54}	
6	2	1	2	2	1	2	1	y_{61}	y_{62}	y_{63}	y_{64}	
7	2	2	1	1	2	2	1	y_{71}	y_{72}	y_{73}	y_{74}	
8	2	2	1	2	1	1	2	y_{81}	y_{82}	y_{83}	y_{84}	

12.4　信噪比分析法

为了确定符合实验目的的最佳因素水平组合，需要根据实验目的对实验数据进行分析。

最优的可控因素组合能使响应的均值最优化,且方差(标准差)最小。

田口方法中常用信噪比分析法确定最优因素水平。信噪比是田口方法中一个重要的指标,用于评估产品设计的稳健性和质量控制过程的效果。它是一个同时能评价平均值和方差的指标,不仅反映了产品性能的目标达成度,还衡量了性能在不同生产条件和环境变量下的一致性和可靠性。根据不同的质量特性,如望小(希望值越小越好)、望大(希望值越大越好)和望目(希望值接近某个特定目标),信噪比的计算方式也有所不同。每种计算方式都旨在通过特定的数学表达式,来最小化过程中的不确定性和变异,同时优化产品性能。需要注意的是,无论实验目的是什么,田口方法的比较过程均以最大化信噪比为目标。

当产品的质量特性 y 为望小特性时,希望响应变量的数值越小越好,等价于期望值 μ 越小越好;希望 y 的方差 σ^2 越小越好。由于:

$$\begin{cases} \mu = \dfrac{1}{n}\sum_{i=1}^{n} y_i \\ \sigma^2 = \dfrac{1}{n}\sum_{i=1}^{n}(y_i - \mu)^2 \\ \mu^2 + \sigma^2 = \mu^2 + \dfrac{1}{n}\sum_{i=1}^{n} y_i^2 - \dfrac{2\mu}{n}\sum_{i=1}^{n} y_i + \dfrac{n\mu^2}{n} = \dfrac{1}{n}\sum_{i=1}^{n} y_i^2 \end{cases}$$

望小目标想要同时最小化 μ 和 σ^2 两个参数,即最小化 $\dfrac{1}{n}\sum_{i=1}^{n} y_i^2$。

因此,望小的响应变量的信噪比计算公式是

$$\mathrm{SNR} = -10\lg\left(\frac{1}{n}\sum_{i=1}^{n} y_i^2\right) \qquad (12-1)$$

式中,n 为某种实验条件下的实验数据总数。y 越小,SNR 越大。

望大特性适用于需要最大化产品特性 y 的场景。由于此种情况下,$1/y$ 为望小特性,参考公式(12-1),可以得到望大的信噪比公式:

$$\mathrm{SNR} = -10\lg\left(\frac{1}{n}\sum_{i=1}^{n}\frac{1}{y_i^2}\right) \qquad (12-2)$$

式中,n 为某种实验条件下的实验数据总数。y 越大,SNR 越大。

望目特性针对的是产品特性 y 应接近某个预设的目标值 m,这通常适用于尺寸精度、颜色匹配等。信噪比的计算方式如下:

$$\mathrm{SNR} = 10\lg\frac{\bar{y}^2 - \dfrac{1}{n^2}\sum_{i=1}^{n}(y_i - \bar{y})^2}{\dfrac{1}{n}\sum_{i=1}^{n}(y_i - \bar{y})^2} \qquad (12-3)$$

式中,m 为目标值。该公式关注 y_i 与目标值 m 之间差值的平方,这种方式有助于强调偏离目标值的程度,并推动过程优化,使产品性能稳定围绕目标值波动。当样本容量 n 足够大时,式(12-3)可以简化为

$$SNR = 10\lg \frac{\bar{y}^2}{\frac{1}{n}\sum_{i=1}^{n}(y_i - \bar{y})^2}$$

在实际应用中,根据实验目标不同,选择不同的信噪比计算公式将响应变量变为信噪比,再进行数据分析。

12.5 田口实验案例

本节以注塑成型(injection molding)过程为例展示参数设计方法。注塑成型是一种利用模具的成型方法,通过加热熔化合成树脂(塑料)等材料,将其注入模具后进行冷却,成型为目标形状。这个过程类似于用注射器注入液体,因此被称为"注塑成型"。工程师关注注塑成型的故障率,希望寻找在不同条件下故障率较低的注塑成型参数组合,因此设计田口实验帮助研究。在注塑成型过程中有诸多因素可能发生变化,其中可控因素为 7 个、噪声因素为 3 个。表 12-4 展示了各类因素及其水平。

表 12-4 注塑成型过程可控因素和噪声因素及其水平

可 控 因 素		
可 控 因 素	水平一	水平二
A：周期时间	1	2
B：成型温度	1	2
C：凹处深度	1	2
D：握住压力	1	2
E：旋转速度	1	2
F：握住时间	1	2
G：阀门大小	1	2
噪 声 因 素		
噪 声 因 素	水平一	水平二
M：再磨光率	1	2
N：水分含量	1	2
O：周围温度	1	2

此问题中既有可控因素,也有不受人为控制的噪声因素,实验设计的目的是找到可控因素的最佳组合,在各种噪声因素的影响下的故障率最小。

这个实验总计有 7 个可控因素和 3 个噪声因素。考虑到尽可能缩小实验规模,可控因

素的内表选择 $L_8(2^7)$，这个正交表最多可以安排 7 个因素。噪声因素的外表选择 $L_4(2^3)$，这个正交表最多可以安排 3 个噪声因素。注塑成型实验的内外表设计如表 12-5 所示。

表 12-5　注塑成型实验的内外表设计

	可　控　因　素							噪　声　因　素				
								1	1	2	2	M
	A	B	C	D	E	F	G	1	2	1	2	N
编号	1	2	3	4	5	6	7	1	2	2	1	O
1	1	1	1	1	1	1	1	2.2	2.1	2.3	2.3	
2	1	1	1	2	2	2	2	0.3	2.5	2.7	0.3	
3	1	2	2	1	1	2	2	0.5	3.1	0.4	2.8	
4	1	2	2	2	2	1	1	2.0	1.9	1.8	2.0	
5	2	1	2	1	2	1	2	3.0	3.1	3.0	3.0	
6	2	1	2	2	1	2	1	2.1	4.2	1.0	3.1	
7	2	2	1	1	2	2	1	4.0	1.9	4.6	2.2	
8	2	2	1	2	1	1	2	2.0	1.9	1.9	1.8	

由于实验目标为最小化故障率,因此使用望小目标的信噪比计算公式。实验信噪比计算结果如表 12-6 所示。举例来说,实验号码为 1 的实验数据的信噪比为

$$SNR = -10\lg\left(\frac{2.2^2 + 2.1^2 + 2.3^2 + 2.3^2}{4}\right) = -6.95$$

表 12-6　注塑成型实验数据及 SNR 示意表

实验号码	A	B	C	D	E	F	G	1	1	2	2	SNR
								1	2	1	2	
								1	2	2	1	
1	1	1	1	1	1	1	1	2.2	2.1	2.3	2.3	-6.95
2	1	1	1	2	2	2	2	0.3	2.5	2.7	0.3	-5.35
3	1	2	2	1	1	2	2	0.5	3.1	0.4	2.8	-6.50
4	1	2	2	2	2	1	1	2	1.9	1.8	2	-5.70
5	2	1	2	1	2	1	2	3	3.1	3	3	-9.62
6	2	1	2	2	1	2	1	2.1	4.2	1	3.1	-9.12
7	2	2	1	1	2	2	1	4	1.9	4.6	2.2	-10.53
8	2	2	1	2	1	1	2	2	1.9	1.9	1.8	-5.58

实验目标由最小化响应变量,转变为找到最大化信噪比的因素组合。首先,需要建立信噪比与可控因素之间的线性回归模型。可以通过 Minitab 软件分析田口设计数据,拟合线性模型,筛选影响信噪比的关键因素(Minitab→统计→DOE→田口→分析田口设计)。信噪比的主效应图如图 12-2 所示。

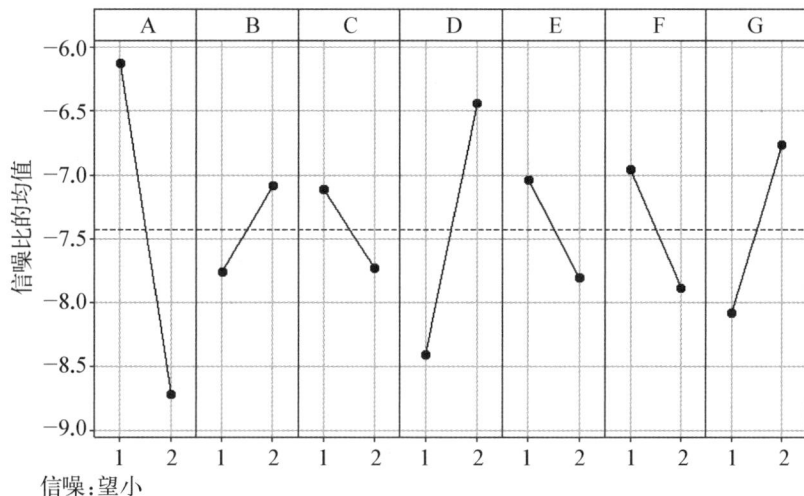

图 12-2　注塑成型实验的信噪比主效应图

为了防止拟合因素过多出现自由度不足的情况,至少需要剔除一个不相关因素再进行拟合,通过观察上述图表可以发现因素 C 对信噪比的影响最小,在拟合对应变量时可以将影响最小的因素剔除。

接下来通过拟合信噪比与可控因素之间的线性模型,确定各因素水平变化对各指标的影响程度,如表 12-7 所示。此时,线性模型 I 的复相关系数为 97.39%,调整复相关系数为81.75%。根据此模型,可以确定可控因素(A, B, D, E, F, G)的令信噪比最大化的水平组合为(1, −1, −1, 1, 1, −1)。因素 C 由于效应不显著,选择高低水平皆可。也可考虑其他因素,如成本等,确定其最佳水平。

表 12-7　注塑成型田口设计的信噪比与可控因素之间的线性模型 I 的参数估计

项	系　数	系数标准误差	T	P
常　量	−7.423 3	0.309 1	−24.012	0.026
A	1.298 2	0.309 1	4.199	0.149
B	−0.336 8	0.309 1	−1.090	0.473
D	−0.985 7	0.309 1	−3.189	0.193
E	0.385 4	0.309 1	1.247	0.430
F	0.461 9	0.309 1	1.494	0.376
G	−0.661 4	0.309 1	−2.139	0.278

习题

1. 什么是田口方法？它解决了什么样的工程问题？
2. 总结田口方法的主要思想及其对现代质量管理的影响。
3. 什么是信噪比，列举几种常用的 SNR 公式，并说明它们适用于什么情况？
4. 什么是系统设计、参数设计和容差设计，并解释它们各自的目标。
5. 比较传统的实验设计方法（如全因子设计或部分因子设计）与田口方法的不同之处。
6. 某个产品的牵引力是关键的质量指标（望目）。有 4 个可控因素（A：干扰，B：连接器壁厚，C：深度，D：黏合剂含量）及 3 个噪声因素（E：调节时间，F：调节温度，G：调节相对湿度）影响该质量指标。可控因素有 3 个水平，噪声因素有 2 个水平。表 12 - 8 列出了设计矩阵和数据。请简述此实验的步骤和方法。

表 12 - 8　设计矩阵和实验结果

| | | | | 1 | 1 | 2 | 2 | E |
| | | | | 1 | 2 | 1 | 2 | F |
A	B	C	D	2	1	1	2	G
1	1	1	1	9.5	16.9	19.6	19.1	
1	2	2	2	16.2	19.4	19.7	21.9	
1	3	3	3	16.7	19.1	22.6	20.4	
2	1	2	3	17.4	18.9	21	24.7	
2	2	3	1	18.6	19.4	25.6	25.3	
2	3	1	2	16.3	20	14.7	24.7	
3	1	3	2	19.1	18.4	16.8	21.6	
3	2	1	3	15.6	15.1	17.8	24.2	
3	3	2	1	19.9	19.3	23.1	28.6	

参考文献

［1］MONTGOMERY D C. Design and analysis of experiments ［M］. 8th ed. Hoboken：John Wiley & Sons, Inc., 2012.

［2］MONTGOMERY D C. Introduction to statistical quality control ［M］. 8th ed. Hoboken：John Wiley & Sons, Inc., 2019.

第 13 章　响　应　曲　面

响应曲面法（response surface methodology，RSM）是一种统计学方法，主要用于设计实验、建立数学模型及优化多变量系统。这种方法最初由 G. E. P. Box 和 K. B. Wilson 在1951 年提出，目的是简化复杂过程的研究，并通过实验数据来理解和控制这些过程。RSM可以帮助确定过程参数的最佳设置，以达到最优化的目标，比如最大化产量或最小化成本。目前，响应曲面法广泛应用于各种领域，如化学工程、制药工程、食品科学、材料科学、机械工程等，特别是在那些需要对复杂过程进行优化的行业中。使用 RSM 时，通常会结合其他统计工具和技术，如方差分析和回归分析等。

本章的学习目标：

（1）掌握响应曲面的几种基本实验设计方案；

（2）掌握最陡峭攀登法的步骤；

（3）掌握响应曲面的回归模型。

13.1　响应曲面法概述

响应曲面设计是一组有助于更好理解和优化响应的高级实验设计技术。响应曲面设计是利用合理的实验设计方法并通过实验得到一定数据，采用多元二次回归方程拟合因素与响应值之间的函数关系，通过回归分析进行选优的一种统计方法。这种方法最早在20 世纪 50 年代应用于化学工业，随后逐步扩展到多个领域，成为实验设计与优化中的常用工具。

响应曲面法通常通过多元二次回归方程拟合响应变量与输入变量之间的函数关系，并通过回归分析优化模型。

假设需要分析一个响应为 y 的过程，该响应依赖输入变量 $x_1, x_2, \cdots, x_k$，它们的关系可用下列模型表示：

$$y = f(x_1, x_2, \cdots, x_k) + \varepsilon \tag{13-1}$$

式中，真实的响应函数 f 的形式未知；ε 为服从正态分布的误差项。

期望：

$$E(y) = f(x_1, x_2, \cdots, x_k)$$

称为响应曲面。

在大多数响应曲面法问题中,响应变量与独立变量之间的具体关系通常是未知的。因此,在应用 RSM 时,首要步骤是找到一种合适的方法来近似这种真实的关系。一般情况下,会在独立变量的一个特定区域内采用一个低阶多项式来进行近似。如果响应变量能够很好地通过独立变量的线性函数来描述,那么所使用的近似模型便称为一阶模型:

$$y = \beta_0 + \beta_1 x_1 + \beta_2 x_2 + \cdots + \beta_k x_k + \varepsilon \tag{13-2}$$

如果响应变量和输入变量存在非线性函数关系,则必须使用更高阶的多项式,例如二阶模型:

$$y = \beta_0 + \sum_{i=1}^{k} \beta_i x_i + \sum_{i=1}^{k} \beta_{ii} x_i^2 + \sum_{i=1}^{k} \sum_{j>i} \beta_{ij} x_i x_j + \varepsilon \tag{13-3}$$

许多 RSM 问题利用了这两种近似多项式的一种或两种。在相对较小的区域内,这两种模型通常表现很好。

13.2 响应曲面设计

本节将介绍常用的响应曲面设计方案,包括中心复合设计(central composite design,CCD)和 Box-Behnken 设计。

13.2.1 中心复合设计

中心复合设计是最常用的响应曲面设计之一,它包括中心点,并通过一组轴点(又称星形点)来扩展全因子设计或部分因子设计。这些轴点用于估计二次项,使得设计能够捕捉到响应曲面的曲率。假定有 k 个输入因素,一个中心复合设计由构成 2^k 因子或 2^{k-1} 部分因子设计的角点、带有参数 α 的 $2k$ 个轴点、中心点组成。轴点到中心的距离是 α,在不同的设计中,α 的取值有所不同。

常用的中心复合设计方法分为 3 类:外接中心复合设计(central composite circumscirbed,CCC)、中心复合表面设计(central composite face-centered,CCF)和内接中心复合设计(central composite inscribed,CCI)。

1. 外接中心复合设计

外接中心复合设计又称为 CCD 设计中的"旋转设计"(rotatable design)。在外接中心复合设计中,实验点分布在围绕因素空间中心的一个超球体上。

具体来说,外接中心复合设计包括以下几个部分。

(1)角点:这些点构成了一个 2^k 的全因子设计,即每个因素都取 2 个水平(通常是低水平和高水平),这样可以考察所有因素组合的效果。

(2)轴点:这些点称为星形点,它们位于每个因素的正方向和负方向上,距离中心点一定的标准化距离 α。对于外接设计,α 的选择使得轴点落在一个超球体上。这个超球体正好包围着角点形成的超立方体。α 的具体值取决于因素的数量 k,并且计算公式通常为

$$\alpha = \sqrt[4]{2^k} \tag{13-4}$$

（3）中心点：位于因素空间的中心位置，通常会重复实验多次，以帮助估计模型的随机误差并检查模型的偏差。

图 13-1 展示了因素数 k 为 2 时，外接中心复合设计实验点的分布方式。其中正方形表示角点，圆形表示中心点，星形则代表轴点。根据公式（13-4），$\alpha = \sqrt[4]{2^2} = 1.414$。图 13-2 展示了因素数 k 为 3 时，外接中心复合设计实验点的分布方式。根据式（13-4），$\alpha = \sqrt[4]{2^3} = 1.682$。

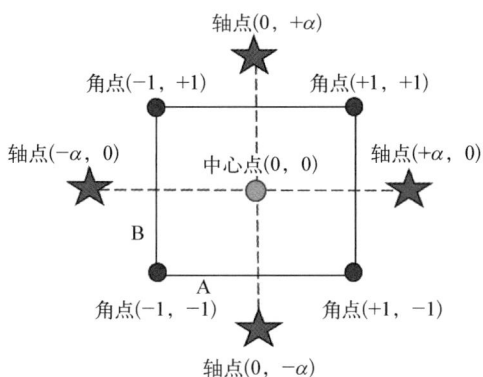

图 13-1　2 个因素外接中心复合设计

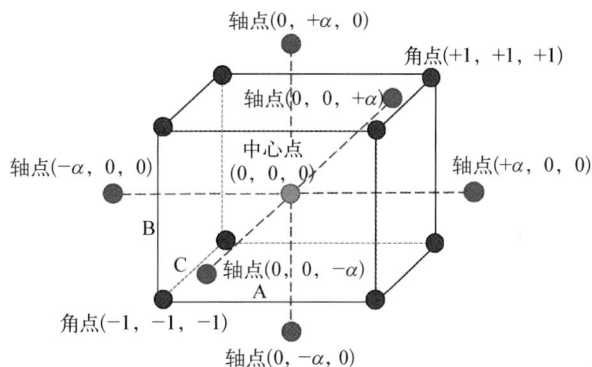

图 13-2　3 个因素外接中心复合设计

如果写成列表格式，因素数为 2 和 3 时的外接中心复合设计分别如表 13-1 和表 13-2 所示。

表 13-1　2 个因素的外接中心复合设计

	x_1	x_2
角　点	-1	-1
	1	-1
	-1	1
	1	1
中心点	0	0
	$\cdots$	$\cdots$
	0	0
轴　点	-1.414	0
	1.414	0
	0	-1.414
	0	1.414

表 13-2 3 个因素的外接中心复合设计

	x_1	x_2	x_3
角　点	−1	−1	−1
	1	−1	−1
	−1	1	−1
	1	1	−1
	−1	−1	1
	1	−1	1
	−1	1	1
	1	1	1
中心点	0	0	0
	⋯	⋯	⋯
	0	0	0
轴　点	−1.682	0	0
	1.682	0	0
	0	−1.682	0
	0	1.682	0
	0	0	−1.682
	0	0	1.682

　　由于轴点均匀分布在超球体上,这样的设计具有旋转性,意味着响应曲面模型在任何方向上的预测精度都是相同的。旋转性是一个重要的特性,它允许实验者在不改变设计效率的情况下,重新调整坐标系,从而更容易地理解和解释模型参数的意义。外接中心复合设计非常适合寻找响应曲面的全局最优解,当响应曲面存在显著的曲率时,这种设计尤其有用。通过这种方式,研究者可以更精确地估计模型参数,并且有效地探索因素空间,从而优化过程条件。

　　常用的因素个数及对应 α 的取值如表 13-3 所示。

表 13-3 外接中心复合设计的常用因素个数 k 与对应 α

因素个数 k	2	3	4	5	6	7
轴点坐标 α	1.414	1.682	2.000	2.378	2.828	3.364

Minitab 软件提供了外接中心复合设计功能，可单击 Minitab→统计→DOE→创建响应曲面设计，设置"因子数"、中心点个数和 α 值，如图 13-3 所示。

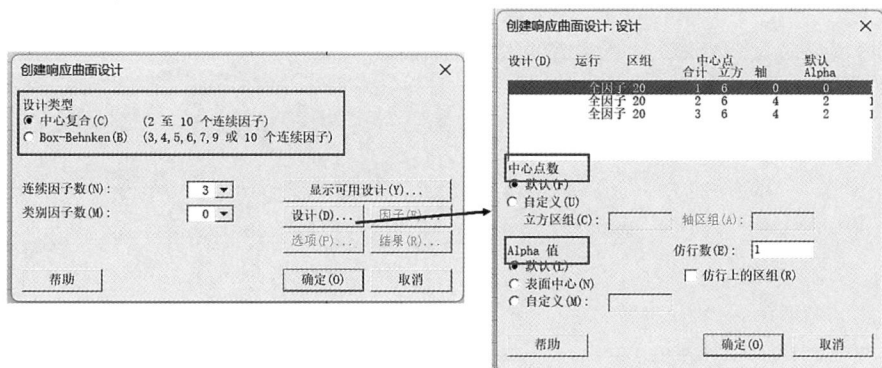

图 13-3 Minitab 软件的外接中心复合设计

2. 中心复合表面设计

中心复合表面设计是另外一种响应曲面设计方法，它主要用于估计二次多项式模型中的参数，并且在因素空间内部构造实验点。与外接中心复合设计不同，中心复合表面设计的特点在于它的轴点（星形点）位于一个超立方体的表面上，而不是像外接设计那样位于包围超立方体的超球体上。

中心复合表面设计包含以下几部分：

（1）角点：这些点构成了一个 2^k 的全因子设计，即每个因素都有 2 个水平（通常是低水平和高水平），这样可以覆盖所有可能的因素组合。

（2）轴点：这些点位于超立方体的面上，距离中心点的标准化距离为 α。对于 CCF 设计，α 的值通常等于 1，这意味着轴点正好位于超立方体的表面上。每个因素都会有 2 个轴点，分别位于正方向和负方向上。

（3）中心点：位于因素空间的中心位置，通常会重复实验多次，以帮助估计模型的随机误差，并检查模型是否有偏差。

图 13-4 展示了因素数 k 为 2 时，中心复合表面设计实验点的分布方式。其中中心的菱形代表中心点，圆形表示角点，外圈的菱形则代表轴点。图 13-5 展示了因素数 k 为 3 时，中心复合表面设计实验点的分布方式。

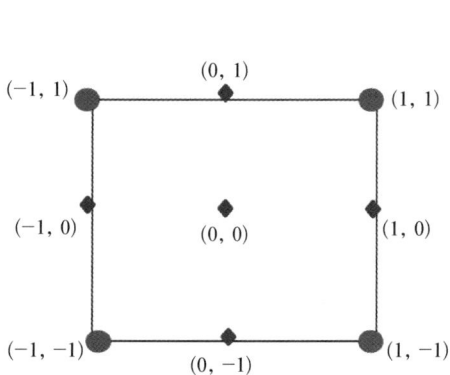

图 13-4 2 因素的中心复合表面设计

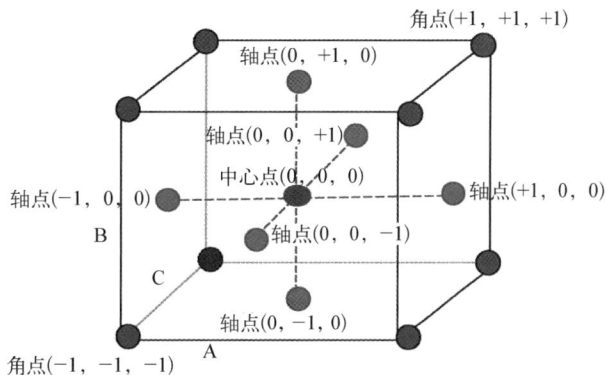

图 13-5 3 因素的中心复合表面设计

如果写成列表格式,因素数为 2 和 3 时的中心复合表面设计分别如表 13 - 4 和表 13 - 5 所示。

表 13 - 4　2 个因素的中心复合表面设计

	x_1	x_2
角　点	−1	−1
	1	−1
	−1	1
	1	1
中心点	0	0
	...	...
	0	0
轴　点	−1	0
	1	0
	0	−1
	0	1

表 13 - 5　3 个因素的中心复合表面设计

	x_1	x_2	x_3
角　点	−1	−1	−1
	1	−1	−1
	−1	1	−1
	1	1	−1
	−1	−1	1
	1	−1	1
	−1	1	1
	1	1	1
中心点	0	0	0
	...	...	...
	0	0	0

续　表

	x_1	x_2	x_3
轴　点	-1	0	0
	1	0	0
	0	-1	0
	0	1	0
	0	0	-1
	0	0	1

中心复合表面设计的优势在于它的实验点都位于因素空间的内部,这使得它更适合于那些在边界之外的操作条件不可行或不现实的情况。

尽管中心复合表面设计不像外接设计那样具有旋转性,但它仍然能够提供足够的信息来估计二次模型的所有参数,并且对于很多实际应用来说,它的性能已经足够好。中心复合表面设计特别适用于那些对实验范围内的响应曲率有充分了解的情形,或者当初步实验表明响应曲面在实验范围内没有显著的旋转性时。

Minitab 软件提供了中心复合表面设计功能,可单击 Minitab→统计→DOE→创建响应曲面设计,再设置"因子数",选择"表面中心",如图 13 - 6 所示。

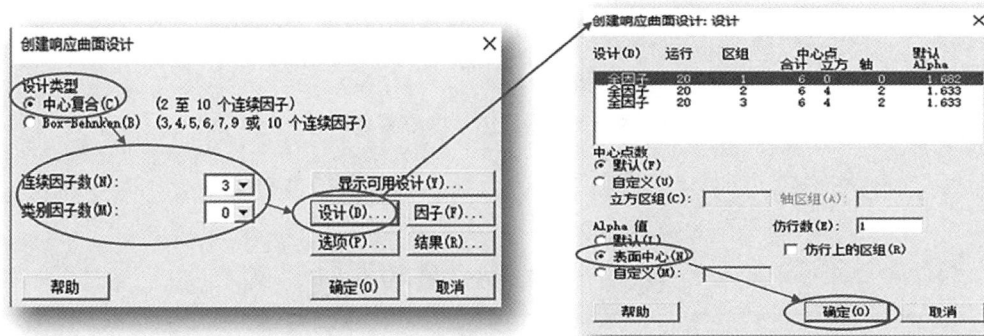

图 13 - 6　Minitab 软件的中心复合表面设计

3. 内接中心复合设计

如果希望进行中心复合设计,又希望实验水平安排不超过立方体边界,可以将轴点设置为 +1 或 -1,原外接中心复合设计缩小到整个立方体内,这种设计称为内接中心复合设计。

内接中心复合设计包含以下几部分。

(1) 角点:这些点构成了一个 2^k 的全因子设计,即每个因素都取 2 个水平,这样可以考察所有因素组合的效果。

(2) 轴点:这些点称为星形点,它们位于每个因素的正方向和负方向上,距离中心点一定的标准化距离 α。对于内接设计,$\alpha = 1$ 的选择使得轴点落在一个超立方体上。这个超立方体正好包围着角点和轴点形成的超球体。

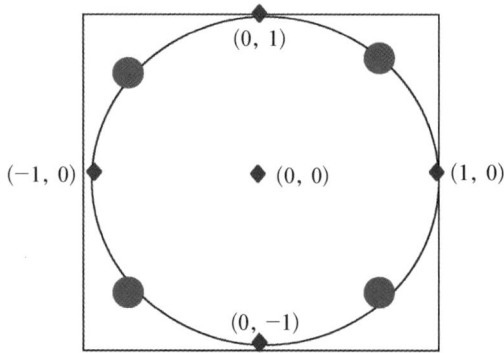

图 13‑7 2 因素的内接中心复合设计

（3）中心点：位于因素空间的中心位置，通常会重复实验多次，以帮助估计模型的随机误差并检查模型的偏差。

图 13‑7 展示了因素数 k 为 2 时，内接中心复合设计实验点的分布方式。其中外圈的菱形表示轴点，圆形表示角点，中心的菱形代表中心点。图 13‑8 展示了因素数 k 为 3 时，内接中心复合设计实验点的分布方式。可以看出，为了保证设计点在超立方体的内接超球体上，角点的坐标和外接中心复合设计不同。

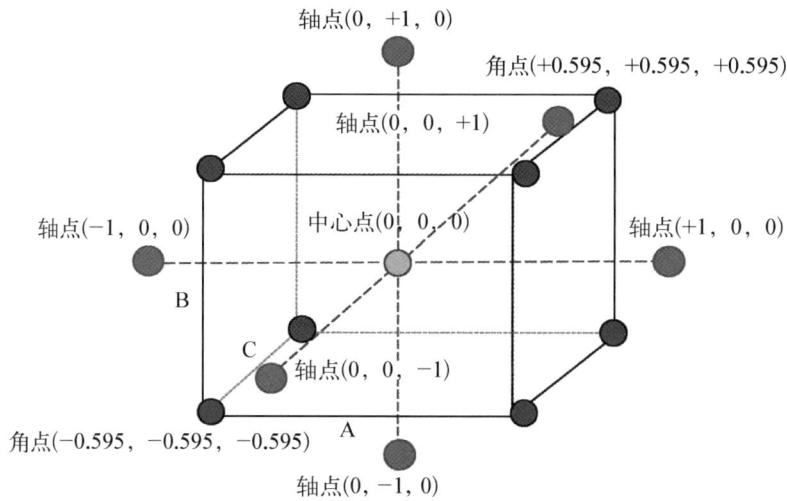

图 13‑8 3 因素的内接中心复合设计

如果写成列表形式，因素数为 2 和 3 时的内接中心复合设计分别如表 13‑6 和表 13‑7 所示。

表 13‑6 2 因素的内接中心复合设计

	x_1	x_2
角　点	−0.707	0.707
	0.707	−0.707
	0.707	0.707
	−0.707	−0.707
中心点	0	0
	...	...
	0	0

续　表

	x_1	x_2
轴　点	0	−1
	0	1
	1	0
	−1	0

表 13-7　3 因素的内接中心复合设计

	x_1	x_2	x_3
角　点	0.595	−0.595	−0.595
	−0.595	0.595	0.595
	−0.595	−0.595	0.595
	−0.595	−0.595	−0.595
	−0.595	0.595	−0.595
	0.595	0.595	0.595
	0.595	−0.595	0.595
	0.595	0.595	−0.595
中心点	0	0	0
	...	...	...
	0	0	0
轴　点	0	0	1
	0	0	−1
	0	1	0
	0	−1	0
	1	0	0
	−1	0	0

　　Minitab 软件提供了内接中心复合设计功能,可单击 Minitab→统计→DOE→创建响应曲面设计,再设置"因子数",选择"因子"选项卡中的"轴点",如图 13-9 所示。

　　以上 3 种设计的比较如表 13-8 所示。

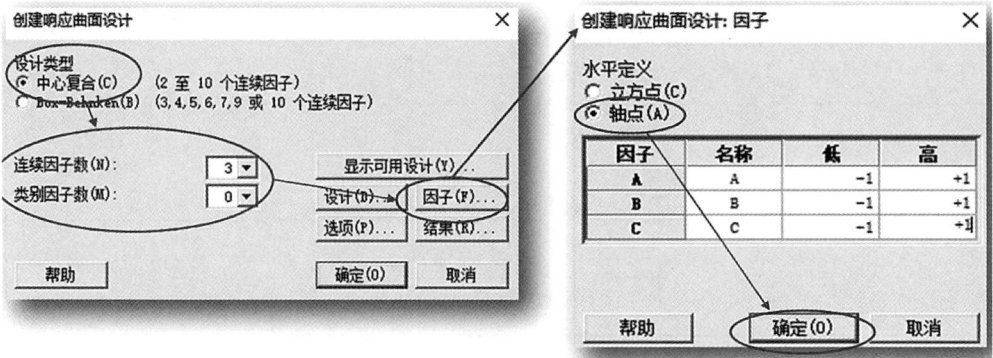

图 13 - 9　Minitab 软件的内接中心复合设计

表 13 - 8　3 种中心复合设计的比较

	CCC	CCF	CCI
因素水平	5	3	5
角点值	1	1	小于 1
α 值	大于 1	1	1
优　点	因素水平范围宽度大,因素水平为 5	因素水平数为 3,会带来调整成本降低;因素水平不会同时设置在最大值	因素水平范围宽度大,因素水平为 5
缺　点	受条件限制,可能无法获取 ±α;水平数大,调整成本可能比 CCF 高。	因素水平数少,范围没有 CCC 大	因素水平范围宽度小,范围没有 CCC 大;水平数大,调整成本可能比 CCF 高

13.2.2　Box - Behnken 设计

Box - Behnken 设计是一种响应曲面设计类型,具有位于实验空间边缘中点处的处理组

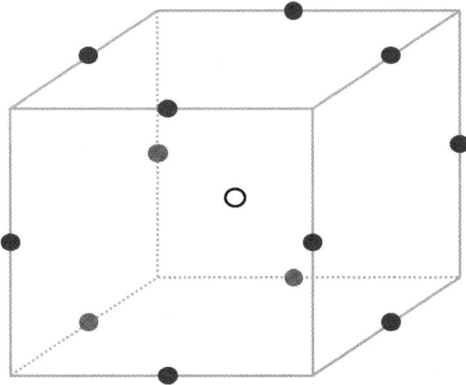

图 13 - 10　1 个中心点时 3 因素的
Box - Behnken 设计

合,并要求至少有 3 个因子。使用 Box - Behnken 设计,可以有效估计一阶和二阶系数。因为 Box - Behnken 设计的设计点通常较少,所以它们的运行成本比具有相同数量因素的中心复合设计的运行成本低。

图 13 - 10 为 1 个中心点时 3 因素的 Box - Behnken 设计。

表 13 - 9 列出了 1 个中心点时 3 因素的 Box - Behnken 设计。所有设计点都在同一个球面上,因此该设计适合于球形区域。此外设计点分布在因素空间的中心和边缘,而非每个因素的极端水平,避免了在极端条件下进行实验的风险。

表 13-9 1 个中心点时 3 因素的 Box-Behnken 设计

实验号	因素 1	因素 2	因素 3
1	−1	−1	0
2	−1	1	0
3	1	−1	0
4	1	1	0
5	−1	0	−1
6	−1	0	1
7	1	0	−1
8	1	0	1
9	0	−1	−1
10	0	−1	1
11	0	1	−1
12	0	1	1
13	0	0	0

Minitab 软件提供了 Box-Behnken 设计功能,可单击 Minitab→统计→DOE→创建响应曲面设计,选择"Box-Behnken"再设置"因子数",如图 13-11 所示。

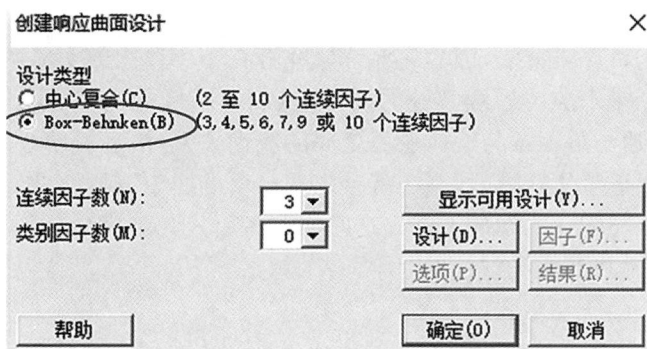

图 13-11 Minitab 软件的 Box-Behnken 设计

表 13-10 展示了只有 1 个中心点时,CCD 与 BBD 在不同因素数 k 下的实验次数的对比。在某些情况下,BBD 相比 CCD 能够减少实验次数,从而降低实验成本和时间。表 13-11 展示了 CCD 与 BBD 的优点与缺点对比。

表 13 - 10 1 个中心点时 CCD 与 BBD 的实验次数

因素数 k	CCD	BBD
3	15	13
4	25	25
5	43	41

表 13 - 11 CCD 与 BBD 的优缺点

设计类型	优　　点	缺　　点
CCD	(1) 能够预估所有主效应,双向交互作用和四分条件; (2) 有序贯性,即可以继续使用一级筛选的实验结果; (3) 5 水平因素,优先选用对象	(1) 实验次数多; (2) 会受操作范围限定的影响,即会造成在非理想条件下进行实验,或导致实验受阻; (3) 每个因素对应 5 个水平,调整水平次数较多
BBD	(1) 无嵌入因素,实验次数相对 CCD 较少,成本低; (2) 不会受操作范围的限定; (3) 每个因素对应 3 个水平,水平调整容易; (4) 往往只在一次建模(不建立二次模型)基础上优选,操作较简单	(1) 无序贯性; (2) 3 个因素水平,无二次建模,一般不建议选用

13.3　最陡峭攀登法

　　响应曲面法是一种序贯方法,因为它允许研究者在多个轮次的实验中逐步获取数据,通过初始实验得到的结果来决定后续实验的设计,从而不断优化响应。响应曲面法通常从构建一阶模型开始,快速了解因素与响应变量之间的线性关系,沿着一阶模型指示的方向逐步靠近最优区域。在靠近最优区域时,系统将会出现显著的曲率或非线性关系,一阶模型已经不足以准确描述因素与响应之间的关系。这时研究者引入二阶模型,以更好地拟合数据,进行精细优化,从而准确找到最优点。

　　响应曲面法的一般研究步骤如下。

　　(1) 确定实验目标和因素:明确实验的优化目标和需要研究的因素。

　　(2) 进行初步实验并收集数据:按照全因子设计进行初步实验,并收集响应变量的数据。

　　(3) 构建初步模型:基于初步实验数据拟合一阶模型。

　　(4) 最陡峭攀登法:在筛选出关键因素后,通常会采用最陡峭攀登法,沿着响应变量增加最快的方向进行序贯实验。这个阶段的目的是快速逼近最优区域。

（5）精细实验设计：找到最优区域后，利用精细实验数据拟合二阶模型，并对模型进行验证，确保模型能够准确描述响应变量的变化情况。

（6）求解最优解：通过数值方法，利用验证后的二阶模型找到因素水平的最优组合，使响应变量达到最优值。

最陡峭攀登法是一种用于快速逼近最优区域的优化技术，基于一阶模型，通过沿着响应变量增加最快的方向逐步调整因素水平，直至接近最优点。当一阶模型表明最陡峭攀登方向时，研究者沿着该方向进行实验，直到响应变量的值不再改善。这种方法简洁且高效，适合在实验初期或未深入探索响应曲面的情况下使用。假设所拟合的一阶模型是

$$\hat{y} = \hat{\beta}_0 + \sum_{i=1}^{k} \hat{\beta}_i x_i,$$

关于 x_i 求偏导有

$$\frac{\partial \hat{y}}{\partial x_i} = \hat{\beta}_i, \ i = 1, \cdots, k$$

最陡上升路径即为 $\lambda(\hat{\beta}_1, \cdots, \hat{\beta}_k)$，$\lambda > 0$。

最陡峭攀登法通常在响应变量不再改善时停止，然后拟合新的一阶模型，并找到新的最陡上升路径。如果发现响应曲面呈现显著的曲率，则意味着需要从一阶模型转向更复杂的二阶模型进行进一步分析。

下面通过一个具体的案例来展示最陡峭攀登法的应用。考虑一个系统中，有 2 个因素会影响化学生产过程的产量：反应时长 ξ_1 和反应温度 ξ_2。当前的工艺是反应时长为 35 min，反应温度为 155°F[①]，产率为 40%。将(35, 155)视为实验开始点，将反应时长的探测区域设为(30, 40) min，反应温度的探测区域设为(150, 160)°F。为简化计算，将因素规范在(−1, 1)区间内，公式为

$$x_1 = \frac{\xi_1 - 35}{5} \ \text{和} \ x_2 = \frac{\xi_2 - 155}{5}$$

实验采用 2^2 因子设计，包含 5 个中心点，实验结果如表 13-12 所示。

表 13-12 拟合一阶模型的过程数据

自然变量		规范变量		响应
ξ_1	ξ_2	x_1	x_2	y
30	150	−1	−1	39.3
30	160	−1	1	40.0
40	150	1	−1	40.9
40	160	1	1	41.5

[①] °F是华氏度，与国标标准单位摄氏度的换算关系为：华氏度＝32＋摄氏度×1.8。

自然变量		规范变量		响 应
ξ_1	ξ_2	x_1	x_2	y
35	155	0	0	40.3
35	155	0	0	40.5
35	155	0	0	40.7
35	155	0	0	40.2
35	155	0	0	40.6

使用最小二乘法拟合一阶模型,可求得以规范变量表示的一阶回归模型:

$$\hat{y} = 40.44 + 0.775x_1 + 0.325x_2$$

接下来采用最陡峭攀登法,沿着最陡上升路径移动,对应于 x_1 方向每移动 0.775 个单位,则应沿 x_2 方向移动 0.325 个单位,最陡上升路径的斜率为 $0.325/0.775 = 0.42$。 实验使用 5 min 反应时长作为基本步长,等价于规范变量 x_1 的步长为 $\Delta x_1 = 1$,x_2 的步长为 $\Delta x_2 = 0.42\Delta x_1 = 0.42$。

实验按照最陡峭方向攀登,序贯进行了 12 轮实验,在第 12 轮实验发现,产率明显下降,攀登停止,实验结果见表 13-13。一直到第 10 步,观测到的响应都是增加的,之后的响应开始减少。因此,应该在反应时长为 85 min、反应温度为 175°F 的附近区间进行实验。

表 13-13 最陡峭攀登法实验结果

步 长	规范变量		自然变量		响 应
	x_1	x_2	ξ_1	ξ_2	y
原点	0	0	35	155	
原点+Δ	1.00	0.42	40	157	41.0
原点+2Δ	2.00	0.84	45	159	42.9
原点+3Δ	3.00	1.26	50	161	47.1
原点+4Δ	4.00	1.68	55	163	49.7
原点+5Δ	5.00	2.10	60	165	53.8
原点+6Δ	6.00	2.52	65	167	59.9
原点+7Δ	7.00	2.94	70	169	65.0

续　表

步　长	规范变量		自然变量		响　应
	x_1	x_2	ξ_1	ξ_2	y
原点＋8Δ	8.00	3.36	75	171	70.4
原点＋9Δ	9.00	3.78	80	173	77.6
原点＋10Δ	10.00	4.20	85	175	80.3
原点＋11Δ	11.00	4.62	90	177	76.2
原点＋12Δ	12.00	5.04	95	179	75.1

在点 ($\xi_1=85$，$\xi_2=175$) 的邻域内用一个新的一阶模型重新拟合数据,此时反应时长和反应温度的探测区域分别为(80，90)min 和(170，180)℉,规范变量是 $x_1=\dfrac{\xi_1-85}{5}$ 和 $x_2=\dfrac{\xi_2-175}{5}$。

再次进行增加中心点的 2^2 因子设计,得到结果如表 13－14 和表 13－15 所示。结果表明,在这个区域内,曲率明显,最优点就在这个区域,需要扩大一阶实验来进行更精细的实验。由于仅使用表 13－14 中的设计无法准确拟合二阶模型,因此,采用中心复合设计来进行实验,用新的实验数据拟合二阶模型,完整的实验在表 13－16 中。

表 13－14　第 2 个一阶模型的过程数据

自然变量		规范变量		响　应
ξ_1	ξ_2	x_1	x_2	y
80	170	−1	−1	76.5
80	180	−1	1	77.0
90	170	1	−1	78.0
90	180	1	1	79.5
85	175	0	0	79.9
85	175	0	0	80.3
85	175	0	0	80.0
85	175	0	0	79.7
85	175	0	0	79.8

表 13-15　第 2 个一阶模型的方差分析

来　源	自由度	Adj SS	Adj MS	F 值	P 值
模　型	4	15.908 0	3.977 0	75.04	0.001
线　性	2	5.000 0	2.500 0	47.17	0.002
A	1	4.000 0	4.000 0	75.47	0.001
B	1	1.000 0	1.000 0	18.87	0.012
平　方	1	10.658 0	10.658 0	201.09	0.000
A×A	1	10.658 0	10.658 0	201.09	0.000
双因素交互作用	1	0.250 0	0.250 0	4.72	0.096
A×B	1	0.250 0	0.250 0	4.72	0.096
误　差	4	0.212 0	0.053 0		
合　计	8	16.120 0			

表 13-16　中心复合设计数据

自然变量		规范变量		响　应
ξ_1	ξ_2	x_1	x_2	y
80	170	−1	−1	76.5
80	180	−1	1	77.0
90	170	1	−1	78.0
90	180	1	1	79.5
85	175	0	0	79.9
85	175	0	0	80.3
85	175	0	0	80.0
85	175	0	0	79.7
85	175	0	0	79.8
92.07	175	1.414	0	78.4
77.93	175	−1.414	0	75.6
85	182.07	0	1.414	78.5
85	167.93	0	−1.414	77.0

使用 Minitab 软件对中心复合设计的结果进行分析的步骤如下。

（1）打开 Minitab，输入实验数据。

（2）选择"统计→DOE→响应曲面→分析响应曲面设计"。

（3）在弹出的对话框中，设置响应列，单击"确定"。

（4）分析结果显示了各因子、交互作用和二次项的显著性，并生成模型汇总、方差分析表和回归方程。得到的回归结果如图 13 - 12 所示。

模型汇总

S	R-sq	R-sq （调整）	R-sq （预测）
0.266000	98.28%	97.05%	91.84%

方差分析

来源	自由度	Adj SS	Adj MS	F 值	P 值
模型	5	28.2478	5.6496	79.85	0.000
线性	2	10.0430	5.0215	70.97	0.000
A	1	7.9198	7.9198	111.93	0.000
B	1	2.1232	2.1232	30.01	0.001
平方	2	17.9548	8.9774	126.88	0.000
A*A	1	13.1761	13.1761	186.22	0.000
B*B	1	6.9739	6.9739	98.56	0.000
双因子交互作用	1	0.2500	0.2500	3.53	0.102
A*B	1	0.2500	0.2500	3.53	0.102
误差	7	0.4953	0.0708		
失拟	3	0.2833	0.0944	1.78	0.290
纯误差	4	0.2120	0.0530		
合计	12	28.7431			

图 13 - 12　中心复合设计建模结果

回归方程如下：

$$\hat{y} = 79.940 + 0.995x_1 + 0.515x_2 - 1.376 - 1.001x_2^2 + 0.250x_1x_2$$

可以通过数值方法，来求解这个二阶模型的最优的因素组合与最优响应值，求解方法将在 13.4 节中介绍。

13.4　二阶响应曲面最优值求解

二阶响应曲面模型可以用以下矩阵形式表示：

$$\hat{y} = \hat{\beta}_0 + \boldsymbol{x}^{\mathrm{T}}\boldsymbol{b} + \boldsymbol{x}'\boldsymbol{B}\boldsymbol{x}$$

其中，

$$x = \begin{bmatrix} x_1 \\ x_2 \\ \vdots \\ x_k \end{bmatrix}, \quad b = \begin{bmatrix} \hat{\beta}_1 \\ \hat{\beta}_2 \\ \vdots \\ \hat{\beta}_k \end{bmatrix}, \quad B = \begin{bmatrix} \hat{\beta}_{11} & \frac{1}{2}\hat{\beta}_{12} & \cdots & \frac{1}{2}\hat{\beta}_{1k} \\ \frac{1}{2}\hat{\beta}_{12} & \hat{\beta}_{22} & \cdots & \frac{1}{2}\hat{\beta}_{2k} \\ \vdots & \vdots & \vdots & \vdots \\ \frac{1}{2}\hat{\beta}_{1k} & \frac{1}{2}\hat{\beta}_{2k} & \cdots & \hat{\beta}_{kk} \end{bmatrix}$$

为了找到二阶响应曲面的稳定点,需要求出响应曲面在各因素水平上的偏导数,并将其设为 $\mathbf{0}$：

$$\frac{\partial \hat{y}}{\partial x} = b + 2Bx = \mathbf{0}$$

解等式即得稳定点：

$$x_s = -\frac{1}{2}B^{-1}b$$

在稳定点处的响应为

$$\hat{y}_s = \hat{b}_0 + \frac{1}{2}x_s^{\mathrm{T}}b。$$

求得因素水平的稳定点后,可通过 B 的正定性来判断稳定点的类型。

(1) 最小值点：B 是负定的,即所有特征值均为负,则稳定点为最大值点。

(2) 最大值点：B 是正定的,即所有特征值均为正,则稳定点为最小值点。

(3) 鞍点：B 既有正特征值也有负特征值,则稳定点为鞍点。

以上是求解二阶响应曲面模型最优值的一般过程。

在 13.3 节案例中：

$$b = \begin{bmatrix} 0.995 \\ 0.515 \end{bmatrix}, \quad B = \begin{bmatrix} -1.376 & 0.125\,0 \\ 0.125\,0 & -1.001 \end{bmatrix}$$

因此可求得稳定点：

$$x_s = -\frac{1}{2}B^{-1}b = \begin{bmatrix} 0.389 \\ 0.306 \end{bmatrix}$$

对应自然变量为 $\xi_1 \approx 87$ min 与 $\xi_2 \approx 176.5\,°F$。

除了利用公式计算,还可以使用 Minitab 软件中的响应优化器来寻找最优点并进行响应优化分析。在响应优化器中,设置优化函数目标值望大,得到最优响应及其对应的因素组合。

习题

1. 什么是响应曲面方法？它主要解决什么类型的问题？
2. 列举几种常用的响应曲面设计类型,并简述每种设计的特点。

3. 如何从实验数据中建立二次回归模型,如何使用该模型进行预测?
4. 使用统计软件(R、Minitab 或者 JMP)设计有 5 个因素的外接中心复合设计、内接中心复合设计和中心复合表面设计。

参考文献

［1］BOX G E P, WILSON K B. On the experimental attainment of optimum conditions ［J］. Journal of the Royal Statistical Society 1951, 13(B): 195-241.
［2］BOX G E P, DRAPER N R. Empirical model-building and response surfaces ［M］. Hoboken: John Wiley & Sons, Inc., 1987.
［3］MONTGOMERY D C. Design and analysis of experiments ［M］. 8th ed. Hoboken: John Wiley & Sons, Inc., 2012.
［4］MONTGOMERY D C. Introduction to statistical quality control ［M］. 8th ed. Hoboken: John Wiley & Sons, Inc., 2019.

第6篇

控制阶段(C)

天街小雨润如酥，草色遥看近却无。

最是一年春好处，绝胜烟柳满皇都。

——韩愈《早春呈水部张十八员外》

唐代诗人韩愈在他的诗中描绘了早春时节细微的变化，展示了自然环境的敏锐观察。这种在细微处洞察变化的能力，正是质量管理中监控阶段的核心原则所在。

多数人在完成了改善步骤后，便认为任务已经基本完成，但这往往是错误的想法。正如韩愈诗中所描绘的，自然界的变化是微妙而渐进的，质量管理中的改善也需要持续的监控和维护。有人参与的系统都有惯性，短期内的改变或许容易实现，但随着时间的推移，还是会回到之前的习惯做法。因此，在企业中，常见的旧问题总是反复出现，成为长期难以根除的顽疾。

为了避免这种现象，监控阶段便显得至关重要。确保改善措施的长期有效性，必须建立起一套有效的方法或机制，对后续过程进行持续监控，以预防旧问题再次发生。

本篇将介绍统计过程控制，这是企业界质量控制中非常关键且重要的方法。统计过程控制通过持续监测和分析生产过程中的数据，帮助企业及时发现潜在问题，防止质量波动的发生。这种方法不仅能有效控制生产过程中的变异，还能为企业提供一种预警机制，确保在问题发生前采取必要的措施。

第14章 变量控制图

本章介绍正态分布的统计过程控制图。包括广泛被用于监测变量的平均值和变异性的均值控制图、极差控制图、标准差控制图、单值图和移动极差控制图。

本章的学习目标：

(1) 了解控制图的统计假设检验基础；

(2) 掌握估计均值和标准差的方法；

(3) 掌握如何设置和使用均值和极差控制图；

(4) 掌握如何设置和使用标准差控制图；

(5) 掌握如何设置和使用单值和移动极差控制图；

(6) 解释控制图的结果；

(7) 掌握控制图的平均运行长度的计算方法。

14.1 控制图与假设检验

14.1.1 假设检验

在绘制控制图之前，首先会选择多个时间点进行产品抽样，在每个抽样点收集一定数量的数据。每个抽样点的数据会形成一个经验分布，控制图的目的是验证随时间的推移，生产过程的均值和标准差是否能稳定在预设的目标值上。这需要对每个抽样点的数据进行连续的假设检验。

假设共有 m 个抽样点的数据，每组包含 n 个数据 $x_{ij}(i=1,\cdots,m;j=1,\cdots,n)$。$x_{ij}$ 来自正态分布 $N(\mu_i,\sigma_i^2)$，如表 14-1 所示。

表 14-1 抽 样 数 据 表

子组编号	质量指标测量值			
	x_1	x_2	$\cdots$	x_n
1	x_{11}	x_{12}	$\cdots$	x_{1n}
2	x_{21}	x_{22}	$\cdots$	x_{2n}
$\cdots$	$\cdots$	$\cdots$	$\cdots$	$\cdots$
m	x_{m1}	x_{m2}	$\cdots$	x_{mn}

假设在过程可控条件下，产品质量服从正态分布 $N(\mu_0, \sigma_0^2)$。当产品质量发生问题的时候，质量变量依旧服从正态分布，但是均值和/或标准差发生了变化。因此，需要检验的假设为：

$$H_0: x_{i1}, x_{i2}, \cdots, x_{in} \sim N(\mu_0, \sigma_0^2) \tag{14-1}$$

$$H_1: x_{i1}, x_{i2}, \cdots, x_{in} \sim N(\mu_i, \sigma_i^2), \mu_i \neq \mu_0, \sigma_i \neq \sigma_0$$

假设检验式(14-1)可以拆分成两组假设检验：

$$H_0: x_{i1}, x_{i2}, \cdots, x_{in} \sim N(\mu_0, \sigma_0^2) \tag{14-2}$$

$$H_1: x_{i1}, x_{i2}, \cdots, x_{in} \sim N(\mu_i, \sigma_i^2), \mu_i \neq \mu_0, \sigma_i = \sigma_0$$

以及

$$H_0: x_{i1}, x_{i2}, \cdots, x_{in} \sim N(\mu_0, \sigma_0^2) \tag{14-3}$$

$$H_1: x_{i1}, x_{i2}, \cdots, x_{in} \sim N(\mu_i, \sigma_i^2), \mu_i = \mu_0, \sigma_i \neq \sigma_0$$

针对两组假设检验式(14-2)和式(14-3)，可以设计两类控制图。第一类用于检验质量变量的均值是否稳定，第二类用于检验质量变量的标准差是否稳定。

针对假设检验式(14-2)，若 μ_0 和 σ_0 已知，通常使用 Z 检验。具体方法是计算每个子组的均值，并与目标均值 μ_0 进行比较，通过公式：

$$Z_i = \frac{\bar{x}_i - \mu_0}{\dfrac{\sigma_0}{\sqrt{n}}} \tag{14-4}$$

转化为 Z 值。在 H_0（即零假设成立，过程可控）的条件下，Z 值服从标准正态分布 $N(0, 1)$。如果 Z 值的绝对值远离 0，即非常大或非常小，则说明子组均值与目标均值之间存在显著差异，可能需要拒绝 H_0，即判定过程失控。拒绝 H_0 的 Z 值的绝对值的阈值取决于设定的显著性水平 α（第一类错误的概率上限）。当

$$\left| \frac{\bar{x}_i - \mu_0}{\dfrac{\sigma_0}{\sqrt{n}}} \right| > Z_{\frac{\alpha}{2}}, \text{即} \mid \bar{x}_i - \mu_0 \mid > Z_{\frac{\alpha}{2}} \frac{\sigma_0}{\sqrt{n}} \tag{14-5}$$

成立时，则拒绝 H_0，判定过程失控。均值控制图是在每个抽样点上连续的假设检验。

当 μ_0 和 σ_0 已知时，均值控制图建立方式如下：在每个抽样点上，将计算组均值 $\bar{x}_i$ 作为控制量。比对其是否超过控制上限(upper control limit, UCL)或者控制下限(lower control limit, LCL)：

$$\text{UCL} = \mu_0 + Z_{\frac{\alpha}{2}} \frac{\sigma_0}{\sqrt{n}}$$

$$\text{CL} = \mu_0 \tag{14-6}$$

$$\text{LCL} = \mu_0 - Z_{\frac{\alpha}{2}} \frac{\sigma_0}{\sqrt{n}}$$

如果组均值落在上下控制限以外,则认为过程的均值发生了显著变化,需要控制图发出警报,以便质量管理人员进一步调查原因。

针对假设检验式(14-3)的常见控制图有两种,分别是极差控制图和标准差控制图,将在 14.3 节和 14.4 节进行讲解。

14.1.2 控制图的判异准则

控制图的判异准则主要用于识别生产过程中可能出现的异常波动,以确保产品质量和生产过程的稳定性。根据国家标准 GB/T 4091-2023《常规控制图》,可以将控制限以里的范围划分为 A、B、C 3 个区域。A 区域为均值加减 2 倍标准差到加减 3 倍标准差的范围,B 区域为均值加减 1 倍标准差到加减 2 倍标准差的范围,C 区域为均值加减 1 倍标准差以内的范围。控制图的判异准则主要包括以下 8 类(见图 14-1)。

1. 点出界

当控制图上的任意一点落在控制限(上控制限 UCL 或下控制限 LCL)之外时[见图 14-1(a)],表明过程出现异常,需要进行调查和处理。

2. 界内点排列不随机

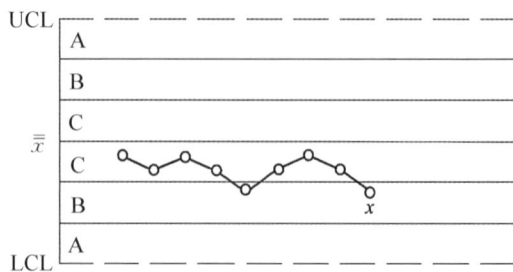

(1) 连续 9 个点落在中心线同一侧[见图 14-1(b)]:生产过程可能存在某种系统性偏移,需要检查设备、原料、工艺等是否有异常。

(2) 连续 6 个点递增或递减[见图 14-1(c)]:这种趋势性的波动可能表明生产过程中存在某种逐渐变化的因素,如刀具磨损、原料质量变化等。

(3) 连续 14 个点中相邻点上下交替[见图 14-1(d)]:可能是轮流使用 2 台设备或 2 组人员操作,或者是生产或服务固有的周期性造成的。

(4) 连续 3 个点中有 2 个点落在中心线同一侧的 C 区外[见图 14-1(e)]:过程可能存在的偏移或变异。

(5) 连续 5 个点中有 4 个点落在中心线同一侧外[见图 14-1(f)]:过程变异可能已经超出了可接受的范围。

(6) 连续 15 个点在中心线两侧的 C 区内[见图 14-1(g)]:虽然所有点都在控制限内,但长时间集中在较小的范围内可能表明过程变异过小,也许是数据分层不够或测量误差等原因造成的。

(7) 连续 8 个点在中心线两侧但无一在 C 区内[见图 14-1(h)]:表明数据可能存在分层或测量误差等问题。

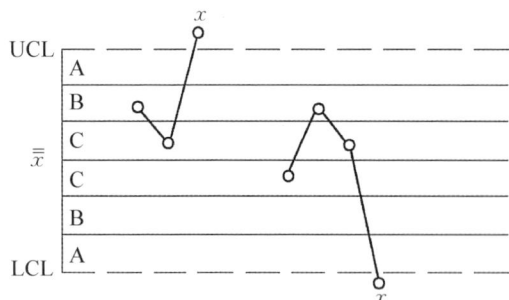

(a) 1个点落在控制限外   (b) 连续9个点落在中心线同一侧

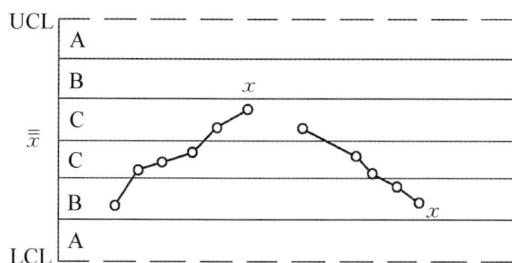

(c) 连续6个点递增或递减

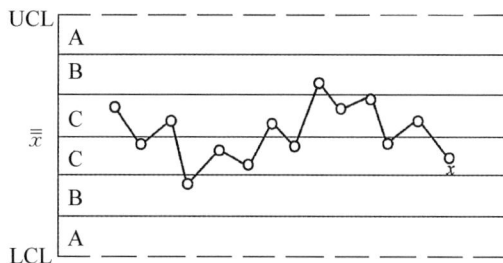

(d) 连续14个点中相邻点上下交替

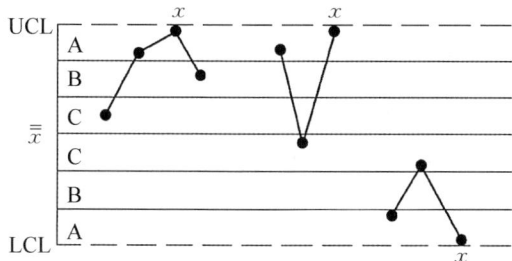

(e) 连续3个点中有2个点落在中心线同一侧的C区外

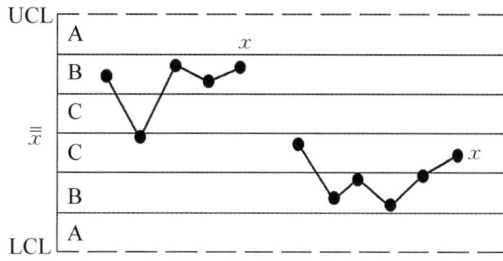

(f) 连续5个点中有4个点落在中心线同一侧外

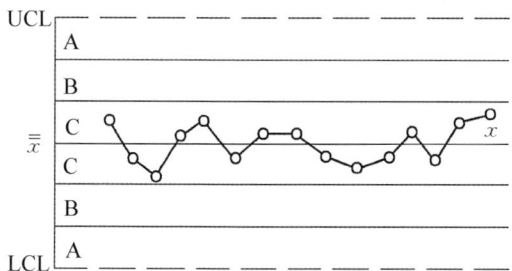

(g) 连续15个点在中心线两侧的C区内

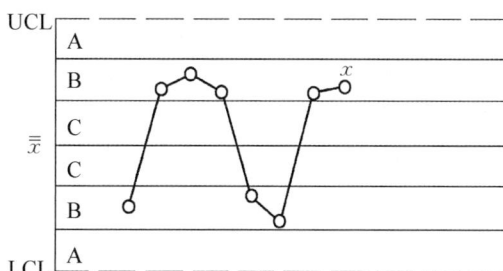

(h) 连续8个点在中心线两侧但无一在C区内

图 14-1 判异准则

14.1.3 第一类错误概率和第二类错误概率

应用假设检验的时候,都知道会容易犯两类的错误,一类叫作第一类错误概率。在质量管理学里,第一类错误概率指的是,过程是处于可控的状态,也就是说式(14-2)的 H_0 为真,然而计算出来的组均值 $\bar{x}_i$ 却落到了控制限以外。错误地把一个可控的过程当成了一个不可控的过程,把一个非常稳定的过程停下来,去寻找不存在的非偶然因素,这会给生产者造成成本损失,称为生产者风险。与此相对的是第二类错误概率,称为消费者风险。这类风险指的是过程已经失控,然而计算出来的组均值 $\bar{x}_i$ 却落到了控制限以内。过程已经失控,控制图却没有给出警报,过程持续不断地生产废品,废品有可能到了消费者的手里,给消费者造成损失,所以称第二类错误为消费者风险。

控制图给出了第一类错误概率 α,可以计算出当过程均值发生变动,由 μ_0 变为 μ_1 时,第二类错误概率 β,即过程均值已经失控,但是控制图不报警的概率为

$$\beta = pr\left[\bar{x}_i \in \left(\mu_0 - Z_{\frac{a}{2}}\frac{\sigma_0}{\sqrt{n}}, \ \mu_0 + Z_{\frac{a}{2}}\frac{\sigma_0}{\sqrt{n}}\right)\Big| H_1\right]$$

$$= pr\left[\frac{\bar{x}_i - \mu_1}{\frac{\sigma_0}{\sqrt{n}}} \in \left(\frac{\mu_0 - \mu_1}{\frac{\sigma_0}{\sqrt{n}}} - Z_{\frac{a}{2}}, \ \frac{\mu_0 - \mu_1}{\frac{\sigma_0}{\sqrt{n}}} + Z_{\frac{a}{2}}\right)\Big| H_1\right] \tag{14-7}$$

$$= \Phi\left(\frac{\mu_0 - \mu_1}{\frac{\sigma_0}{\sqrt{n}}} + Z_{\frac{a}{2}}\right) - \Phi\left(\frac{\mu_0 - \mu_1}{\frac{\sigma_0}{\sqrt{n}}} - Z_{\frac{a}{2}}\right)$$

式(14-7)给出了 6 个参数 μ_0、μ_1、n、σ_0、α、β 之间的函数关系。可以看出,在 μ_0、μ_1、n、σ_0 都不变的情况下,第一类错误概率 α 和第二类错误概率 β 此消彼长。因此,在选择第一类错误概率 α 的时候,需要兼顾控制图的误报率和敏感性。

一般来说,控制图的第一类错误概率选择 $\alpha = 0.0027$,即 $Z_{\frac{a}{2}} = 3$。上下控制限为均值加减 3 倍均值的标准差。根据正态分布的性质,在过程可控的情况下,大约有 99.73% 的数据点会落在 $\left(\mu_0 - 3\frac{\sigma_0}{\sqrt{n}}, \ \mu_0 + 3\frac{\sigma_0}{\sqrt{n}}\right)$ 范围内。这意味着,如果一个过程处于稳定状态,组均值点有很高的概率落在这个范围内。在过程失控的时候,第二类错误也不至于过高,这对于生产过程的质量控制尤为重要。它确保了即使在小概率的极端情况下,也能及时发现并处理异常情况,从而保持生产过程的稳定性和产品质量的一致性。

在实际操作过程中,企业可以参考生产速度和批量,以及对误报率的容忍度,因地制宜地调节 α 的取值。从式(14-7)可以看出,不改变 μ_0、μ_1、σ_0 的前提下,想同时降低第一类错误概率 α 和第二类错误概率 β,可以通过提升抽样大小 n 来实现。

例 14-1 假设某质量指标 x_{ij} 独立同分布,均值和方差可控情况下服从 $N(\mu_0, \sigma_0^2)$。$\mu_0 = 120$,$\sigma_0 = 0.6$。为了监控该质量指标,每隔 1 小时从生产线上连续抽取 $n = 5$ 个产品进行测量。假设第一类错误概率 $\alpha = 0.0027$,这个过程的均值控制图的控制限为

$$\text{UCL} = \mu_0 + Z_{\frac{a}{2}}\frac{\sigma_0}{\sqrt{n}} = 120 + 3 \times \frac{0.6}{\sqrt{5}} = 120.8$$

$$\text{CL} = 0.6$$

$$\text{LCL} = \mu_0 - Z_{\frac{a}{2}}\frac{\sigma_0}{\sqrt{n}} = 120 - 3 \times \frac{0.6}{\sqrt{5}} = 119.2$$

假设从某时刻开始,该指标的均值增加了 2 个 σ_0,但是方差没有改变,则此均值控制图的第二类错误概率为

$$\beta = \Phi\left(\frac{\mu_0 - \mu_1}{\frac{\sigma_0}{\sqrt{n}}} + Z_{\frac{a}{2}}\right) - \Phi\left(\frac{\mu_0 - \mu_1}{\frac{\sigma_0}{\sqrt{n}}} - Z_{\frac{a}{2}}\right)$$

$$= \Phi\left(\frac{-2\sigma_0}{\frac{\sigma_0}{\sqrt{n}}} + Z_{\frac{a}{2}}\right) - \Phi\left(\frac{-2\sigma_0}{\frac{\sigma_0}{\sqrt{n}}} - Z_{\frac{a}{2}}\right)$$

$$=\Phi(-2\sqrt{n}+Z_{\frac{\alpha}{2}})-\Phi(-2\sqrt{n}-Z_{\frac{\alpha}{2}})$$

$$=\Phi(-2\sqrt{5}+3)-\Phi(-2\sqrt{5}-3)$$

$$=\Phi(-1.47)-\Phi(-7.47)=0.070\ 8$$

发生均值偏移后,需要抽取 5 组样本才能发出第一次警报的概率为

$$\beta^4(1-\beta)$$

如果管理者希望当过程均值发生 0.5σ 的偏移时,控制图报警概率要超出 90%,即第二类错误要小于 10%:

$$\beta=\Phi\left(\frac{\mu_0-\mu_1}{\frac{\sigma_0}{\sqrt{n}}}+Z_{\frac{\alpha}{2}}\right)-\Phi\left(\frac{\mu_0-\mu_1}{\frac{\sigma_0}{\sqrt{n}}}-Z_{\frac{\alpha}{2}}\right)<10\%$$

令 $\mu_1=\mu_0+0.5\sigma_0$,可以推出每个抽样点至少要抽的最小样本数 n 应该满足以下等式:

$$\Phi(0.5\sqrt{n}+3)-\Phi(0.5\sqrt{n}-3)<10\%$$

由此,管理者可以对每个抽样点的样本大小做出合理的决策。

14.1.4 平均运行长度

控制图的运行长度(run length,RL)指的是控制图开始运行到第一个报警点出现的抽样组数。运行长度是一个取值为正整数的离散随机变量。平均运行长度(average run length,ARL)是指控制图开始运行到第一个报警点出现的平均抽样组数。在过程可控的情况下,ARL 越大越好,反映了控制图的误报率较低。当过程失控的时候,ARL 越小越好,反映了控制图对于过程失控时的反应速度。因此,在统计过程控制中,ARL 被广泛地用来评估和比较各种控制图的监测效果。

一个控制图的第一类错误概率,即误报率是 α,则系统可控情况下,平均运行长度的计算公式推理如下:

$$\mathrm{ARL}=E(\mathrm{RL})=\sum_{i=1}^{\infty}pr(\mathrm{RL}=i)\cdot i=\sum_{i=1}^{\infty}\alpha(1-\alpha)^{i-1}\cdot i \tag{14-8}$$

而

$$(1-\alpha)\mathrm{ARL}=(1-\alpha)\sum_{i=1}^{\infty}pr(\mathrm{RL}=i)\cdot i=\sum_{i=1}^{\infty}\alpha(1-\alpha)^{i}\cdot i \tag{14-9}$$

式(14-8)和式(14-9)相减后,可以得到:

$$\alpha\mathrm{ARL}=\alpha(1-\alpha)^{1-1}=1 \tag{14-10}$$

即

$$\mathrm{ARL}=\frac{1}{\alpha} \tag{14-11}$$

同理,当过程均值偏移到 μ_1 时,控制图的平均运行长度的计算公式推理如下:

$$\text{ARL}=E(\text{RL})=\sum_{i=1}^{\infty} pr(\text{RL}=i)\cdot i=\sum_{i=1}^{\infty}(1-\beta)\beta^{i-1}\cdot i \tag{14-12}$$

而

$$\beta\text{ARL}=\beta E(\text{RL})=\beta\sum_{i=1}^{\infty} pr(\text{RL}=i)\cdot i=\sum_{i=1}^{\infty}(1-\beta)\beta^{i}\cdot i \tag{14-13}$$

式(14-12)和式(14-13)相减后,可以得到:

$$(1-\beta)\text{ARL}=(1-\beta)\beta^{1-1}=1 \tag{14-14}$$

即

$$\text{ARL}=\frac{1}{1-\beta} \tag{14-15}$$

其中 $\beta=\Phi\left(\dfrac{\mu_0-\mu_1}{\dfrac{\sigma_0}{\sqrt{n}}}+Z_{\frac{a}{2}}\right)-\Phi\left(\dfrac{\mu_0-\mu_1}{\dfrac{\sigma_0}{\sqrt{n}}}-Z_{\frac{a}{2}}\right)$,是这个控制图的第二类错误概率。

由式(14-11)和式(14-15)可以看出,一个好的控制图应该有较低的第一类和第二类错误概率,这样可以保证在过程可控情况下,要抽很多组样本才会出现一次误报,同时,在过程失控的时候,抽少数样本就会使控制图报警。

14.2 均值和标准差的估计方法

为了评估过程的质量指标是否稳定,通常会设置多个抽样点,并在每个抽样点收集一定数量的数据。基于这些数据,可以进行连续的均值或标准差的假设检验,以判断该抽样的过程均值和标准差是否稳定。

当过程在可控状态下,但过程均值和标准差未知时,可以通过统计分析方法,基于收集到的历史数据来估计均值 μ 和标准差 σ。

假设共有 m 个抽样点,每个抽样点上收集 n_i 个数据,每个数据为 $x_{ij}(i=1,\cdots,m; j=1,\cdots,n)$,这些数据均来自均值 μ 和标准差 σ 的正态分布。

估计均值 μ 的方法相对简单,其估计值即为所有数据的平均值,定义为 $\bar{\bar{x}}$:

$$\hat{\mu}=\bar{\bar{x}}=\frac{\sum_{i=1}^{m}\sum_{j=1}^{n_i} x_{ij}}{\sum_{i=1}^{m} n_i} \tag{14-16}$$

标准差 σ 的估计方法相对复杂一些。本书介绍两种主要方法:极差法和样本标准差法。

14.2.1 极差法

极差是指一组数据中最大值与最小值之差。第 i 个抽样点数据的极差定义为

$$R_i=\max(x_{i1},\cdots,x_{in})-\min(x_{i1},\cdots,x_{in}) \tag{14-17}$$

William H. Woodall 和 Douglas C. Montgomery 在 2000 年的研究中详细探讨了极差与 σ 之间的定量关系。如果 R_i 表示一组来自正态分布的数据的极差，那么 R_i 近似服从一个正态分布，且

$$E(R_i) = d_2\sigma \tag{14-18}$$

$$\mathrm{Var}(R_i) = d_3^2\sigma^2 \tag{14-19}$$

式中，d_2 和 d_3 为与抽样子组大小 n 有关的常数，参见附录 4。

由式(14-18)可得：

$$\sigma = \frac{E(R_i)}{d_2} \tag{14-20}$$

$E(R_i)$ 可以用

$$\bar{R} = \sum_{i=1}^{m} \frac{R_i}{m} \tag{14-21}$$

估计。则标准差 σ 的极差估计为

$$\hat{\sigma} = \frac{\bar{R}}{d_2} \tag{14-22}$$

需要注意的是，使用极差估计法，抽样子组大小 n 必须固定，且 m 至少为 20。

14.2.2　样本标准差法

样本标准差法是另外一种估计 σ 的方法。

假设共有 m 个抽样点，每个抽样点上收集 n 个数据，每个数据为 $x_{ij}(i=1,\cdots,m; j=1,\cdots,n)$，这些数据均来自均值 μ 和标准差 σ 的正态分布。

基于样本标准差的计算公式，可以计算每个抽样点 n 个数据的样本标准差：

$$s_i = \sqrt{\frac{\sum_{j=1}^{n}(x_{ij}-\bar{x}_i)^2}{n-1}} \tag{14-23}$$

其中 $\bar{x}_i = \dfrac{\sum_{j=1}^{n} x_{ij}}{n_i}$，即第 i 个抽样点的样本均值。

Kenney 和 Keeping 两位统计学者在 1951 年发表的一篇文章中给出了标准差的分布。正态分布样本方差服从卡方分布，且

$$E(s_i) = c_4\sigma \tag{14-24}$$

$$\mathrm{Var}(s_i) = (1-c_4^2)\sigma^2 \tag{14-25}$$

式中，c_4 为与 n 有关的常数，参见附录 4。

由式(14-23)可以得出：

$$\sigma = \frac{E(s_i)}{c_4} \tag{14-26}$$

$E(s_i)$ 可以用

$$\bar{s} = \sum_{i=1}^{m} \frac{s_i}{m} \qquad (14-27)$$

来估计。则标准差 σ 的极差估计为

$$\hat{\sigma} = \frac{\bar{s}}{c_4} \qquad (14-28)$$

同样一组数据，利用两个公式计算出来的标准差估计可能会有所不同。一般来说，当抽样子组大小 n 比较小的时候，推荐用极差法。当抽样子组大小 n 大于 10 的时候，推荐使用样本标准差法。这是因为当抽样子组大小 n 比较小的时候，极差法简便易行，且精度也不会太差；当抽样子组大小 n 比较大的时候，极差法会浪费数据信息，使用样本标准差法会精准一些。

14.3　均值控制图和极差控制图

在采用统计过程控制工具之前，首要步骤是从生产流程中系统地抽取数据。这些数据抽样点通常被编号为 $1\sim m$，每个抽样点上连续收集 n 个质量数据点，形成 x_{ij} 形式的矩阵，其中 i 代表抽样点编号，j 代表在该点抽取的数据序号。

基于这些数据，可以构建控制图，以持续监测质量指标 x 的均值和标准差是否保持稳定。为实现这个目标，通常建立两种类型的控制图：均值（$\bar{x}$）控制图和极差（R）控制图。

均值控制图用于监控生产过程的均值稳定性。通过将各抽样点数据的均值与预设的控制限进行比较，可以判断过程均值是否发生显著偏移，从而评估过程的中心趋势是否稳定。

R 控制图（极差控制图）则用于监控过程的标准差稳定性。将极差 R 与相应的控制限进行对比，可判断过程标准差是否保持恒定，即过程的变异程度是否稳定。

通过上述两种控制图的结合使用，可以有效地对正态分布的两个关键参数——均值和标准差进行监控，确保生产过程的质量稳定性。

基于前面的讨论，我们了解到在统计过程控制中，质量指标的均值和标准差的已知或未知状态对假设检验具有重要影响。因此，本书将分为两种情况来详细阐述均值和极差控制图的建立方法：

（1）可控状态下的质量指标的均值和标准差已知；
（2）可控状态下的质量指标的均值和标准差未知。

14.3.1　均值和标准差已知

均值控制图的控制量为每个抽样点的组均值。由于过程可控时，组均值 $\bar{x}_i$ 服从正态分布 $N(\mu_0, \sigma_0^2/n)$，因此，根据 14.1 节的均值假设检验可知，均值控制图的控制限为

$$
\begin{aligned}
\text{UCL} &= \mu_0 + Z_{\frac{\alpha}{2}} \frac{\sigma_0}{\sqrt{n}} \\
\text{CL} &= \mu_0 \\
\text{LCL} &= \mu_0 - Z_{\frac{\alpha}{2}} \frac{\sigma_0}{\sqrt{n}}
\end{aligned}
\qquad (14-29)
$$

式中,α 为控制图的误报率,即假设检验的第一类错误概率。

极差控制图的控制量为每个抽样点的组极差 R_i。由于过程可控时,组极差 R_i 近似服从正态分布 $N(d_2\sigma, d_3^2\sigma^2)$。因此,极差控制图的控制限为

$$\text{UCL} = d_2\sigma + Z_{\frac{\alpha}{2}}d_3\sigma = (d_2 + Z_{\frac{\alpha}{2}}d_3)\sigma$$
$$\text{CL} = d_2\sigma \qquad\qquad (14-30)$$
$$\text{LCL} = d_2\sigma - Z_{\frac{\alpha}{2}}d_3\sigma = (d_2 - Z_{\frac{\alpha}{2}}d_3)\sigma$$

式中,α 为控制图的误报率,即假设检验的第一类错误概率;d_2 和 d_3 为与抽样子组大小 n 有关的常数,参见附录 4。

14.3.2　均值和标准差未知

结合 14.2.1 节的均值和标准差的估计方法,以及 14.3.1 节的均值和极差控制图控制限,可以推导出在均值和标准差未知情况下,两种控制图的控制限。

由式(14-16)和式(14-22)可知,$\hat{\mu} = \bar{\bar{x}} = \dfrac{\sum\limits_{i=1}^{m}\sum\limits_{j=1}^{n_i} x_{ij}}{\sum\limits_{i=1}^{m} n_i}$,$\hat{\sigma} = \bar{R}/d_2$,均值控制图的控制限

依然为每组的组均值,控制限为

$$\text{UCL} = \bar{\bar{x}} + \frac{Z_{\frac{\alpha}{2}}}{d_2\sqrt{n}}\bar{R}$$
$$\text{CL} = \bar{\bar{x}} \qquad\qquad (14-31)$$
$$\text{LCL} = \bar{\bar{x}} - \frac{Z_{\frac{\alpha}{2}}}{d_2\sqrt{n}}\bar{R}$$

式中,α 为控制图的误报率,即假设检验的第一类错误概率。

极差控制图的控制量为每个抽样点的组极差 R_i,将式(14-22)代入式(14-30),极差控制图的控制限为

$$\text{UCL} = (d_2 + Z_{\frac{\alpha}{2}}d_3)\frac{\bar{R}}{d_2}$$
$$\text{CL} = \bar{R} \qquad\qquad (14-32)$$
$$\text{LCL} = (d_2 - Z_{\frac{\alpha}{2}}d_3)\frac{\bar{R}}{d_2}$$

式中,α 为控制图的误报率,即假设检验的第一类错误概率。d_2 和 d_3 为与抽样子组大小 n 有关的常数,参见附录 4。

例 14-2　凸轮轴是发动机中最重要的部件之一,它的主要作用是控制气门的开启和闭合动作。凸轮轴的长度是关键质量指标之一。目标长度为 600 mm,公差限为(600±2)mm。从一个凸轮轴生产线抽取了 20 个抽样点的数据,每个抽样点抽取 5 个数据,数据如表 14-2 所示,组均值和组极差位于表格的最后两列。

表 14-2 某凸轮轴产线的凸轮轴长度抽样数据

抽样点	x_1/mm	x_2/mm	x_3/mm	x_4/mm	x_5/mm	组均值	组极差
1	601.6	600.4	598.4	600.0	596.8	599.44	4.8
2	602.8	600.8	602.6	602.2	602.4	602.16	2.0
3	598.4	599.6	603.4	600.6	598.4	600.08	5.0
4	598.2	602.0	599.4	599.4	600.8	599.96	3.8
5	600.8	598.6	600.0	600.4	600.8	600.12	2.2
6	600.8	597.2	600.4	599.8	596.4	598.92	4.4
7	600.4	598.2	598.6	599.6	599.0	599.16	2.2
8	598.2	599.4	599.4	600.2	599.0	599.24	2.0
9	599.4	598.0	597.6	598.0	597.6	598.12	1.8
10	601.2	599.0	600.4	600.6	599.0	600.04	2.2
11	602.2	599.8	599.8	601.0	601.6	600.88	2.4
12	601.6	600.2	601.8	601.2	597.6	600.48	4.2
13	599.8	602.8	600.0	599.6	602.2	600.88	3.2
14	601.8	602.6	601.8	602.0	601.6	601.96	1.0
15	600.8	600.2	600.4	600.2	602.2	600.76	2.0
16	598.0	598.4	600.8	602.8	597.6	599.52	5.2
17	601.6	603.4	597.0	599.8	597.8	599.92	6.4
18	602.4	602.2	600.6	596.2	602.4	600.76	6.2
19	601.4	599.2	601.6	600.4	598.0	600.12	3.6
20	601.2	604.2	600.2	600.0	596.8	600.48	7.4

$$\hat{\mu} = \bar{\bar{x}} = \frac{\sum_{i=1}^{m} \sum_{j=1}^{n} x_{ij}}{mn} = 599.548$$

$$\hat{\sigma} = \frac{\bar{R}}{d_2} = \frac{1.36}{2.326} = 0.584\,695$$

假设误报率 $\alpha = 0.002\,7$，则均值控制图的控制限为

$$\mathrm{UCL} = \bar{\bar{x}} + Z_{\frac{\alpha}{2}} \frac{\bar{R}}{d_2 \sqrt{n}} = 599.548 + 3 \times \frac{0.584\,695}{\sqrt{5}} = 600.332$$

$$\mathrm{CL} = \bar{\bar{x}} = 599.548$$

$$\mathrm{UCL} = \bar{\bar{x}} - Z_{\frac{\alpha}{2}} \frac{\bar{R}}{d_2 \sqrt{n}} = 599.548 - 3 \times \frac{0.584\,695}{\sqrt{5}} = 598.764$$

极差控制图的控制限为

$$\mathrm{UCL} = \left(d_2 + Z_{\frac{\alpha}{2}} d_3\right) \frac{\bar{R}}{d_2} = (2.326 + 3 \times 0.864) \times \frac{1.36}{2.326} = 2.876$$

$$\mathrm{CL} = \bar{R} = 1.36$$

$$\mathrm{LCL} = \left(d_2 - Z_{\frac{\alpha}{2}} d_3\right) \frac{\bar{R}}{d_2} = (2.326 - 3 \times 0.864) \times \frac{1.36}{2.326} = -0.155\,53$$

由于极差不可能小于零,所以下限修改为 0。

均值控制图和极差控制图如图 14-2 所示。可以看出,该生产线的均值和标准差稳定,上下控制限位于公差线以内,表示该过程能够稳定地生产合格的产品。两组控制限可以用于监控未来产品的长度。从图中还可以看出,均值和目标值有些差距,可以对过程进行改善,调整过程中心,使其与目标值重合。

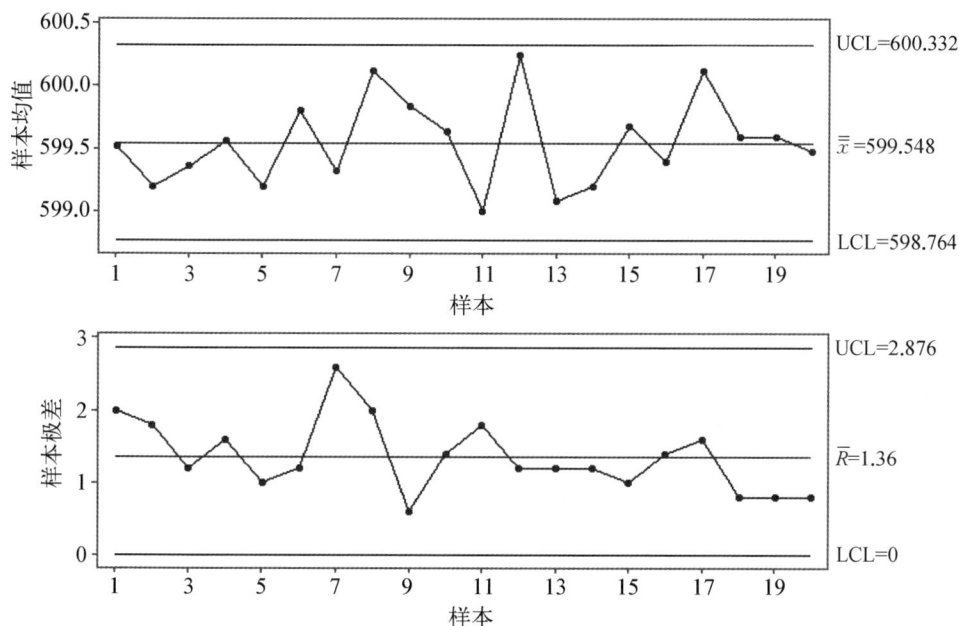

图 14-2 某凸轮轴产线中凸轮轴长度的均值和极差控制图

14.4 均值控制图和标准差控制图

与 14.3 节类似,分为两种情况来详细阐述均值和标准差控制图的建立方法。
(1) 可控状态下的质量指标的均值和标准差已知;

（2）可控状态下的质量指标的均值和标准差未知。

14.4.1　均值和标准差已知

均值控制图与 14.3.1 节中的方法一致。

标准差控制图的控制量为每个抽样点的组样本标准差 s_i。由于过程可控时，组标准差 s_i 近似服从正态分布 $N(c_4\sigma,\ (1-c_4^2)\sigma^2)$。因此，样本标准差 s 控制图的控制限为

$$
\begin{aligned}
\text{UCL} &= c_4\sigma + Z_{\frac{\alpha}{2}}\sigma\sqrt{1-c_4^2} \\
\text{CL} &= c_4\sigma \\
\text{LCL} &= c_4\sigma - Z_{\frac{\alpha}{2}}\sigma\sqrt{1-c_4^2}
\end{aligned}
\tag{14-33}
$$

式中，α 为控制图的误报率，即假设检验的第一类错误概率。c_4 为与抽样子组大小 n 有关的常数，参见附录 4。

14.4.2　均值和标准差未知

结合 14.2.2 节的均值和标准差的估计方法，以及 14.4.1 节的均值和极差控制图控制限，可以推导出在均值和标准差未知情况下，两种控制图的控制限。

由式（14-16）和式（14-28）可知，$\hat{\mu} = \bar{\bar{x}} = \dfrac{\displaystyle\sum_{i=1}^{m}\sum_{j=1}^{n_i} x_{ij}}{\displaystyle\sum_{i=1}^{m} n_i}$ 以及 $\hat{\sigma} = \bar{s}/c_4$，均值控制图的控制限依然为每组的组均值，控制限为

$$
\begin{aligned}
\text{UCL} &= \bar{\bar{x}} + Z_{\frac{\alpha}{2}}\frac{\frac{\bar{s}}{c_4}}{\sqrt{n}} \\
\text{CL} &= \bar{\bar{x}} \\
\text{LCL} &= \bar{\bar{x}} - Z_{\frac{\alpha}{2}}\frac{\frac{\bar{s}}{c_4}}{\sqrt{n}}
\end{aligned}
\tag{14-34}
$$

式中，α 为控制图的误报率，即假设检验的第一类错误概率。

标准控制图的控制量为每个抽样点的组样本标准差 s_i，由式（14-34）可得，标准差控制图的控制限为

$$
\begin{aligned}
\text{UCL} &= \left(c_4 + Z_{\frac{\alpha}{2}}\sqrt{1-c_4^2}\right)\frac{\bar{s}}{c_4} = \left(1 + Z_{\frac{\alpha}{2}}\frac{\sqrt{1-c_4^2}}{c_4}\right)\bar{s} \\
\text{CL} &= \bar{s} \\
\text{LCL} &= \left(c_4 - Z_{\frac{\alpha}{2}}\sqrt{1-c_4^2}\right)\frac{\bar{s}}{c_4} = \left(1 - Z_{\frac{\alpha}{2}}\frac{\sqrt{1-c_4^2}}{c_4}\right)\bar{s}
\end{aligned}
\tag{14-35}
$$

式中，α 为控制图的误报率，即假设检验的第一类错误概率。

当每组的抽样子组大小不等时,即从生产流程中系统地抽取数据,这些数据抽样点通常被编号为 $1 \sim m$,每个抽样点上连续收集 n_i 个质量数据点。此时标准差 σ 必须要用样本标准差来估计,平均样本标准差的公式为

$$\bar{s} = \frac{\sum_{i=1}^{m}(n_i - 1)s_i^2}{\sum_{i=1}^{m} n_i - m} \tag{14-36}$$

此时标准差控制图的控制限为

$$\begin{aligned}
\mathrm{UCL}_i &= \left(c_{4,i} + Z_{\frac{\alpha}{2}}\sqrt{1 - c_{4,i}^2}\right)\frac{\bar{s}}{c_{4,i}} = \left(1 + Z_{\frac{\alpha}{2}}\frac{\sqrt{1 - c_{4,i}^2}}{c_{4,i}}\right)\bar{s} \\
\mathrm{CL} &= \bar{s} \\
\mathrm{LCL}_i &= \left(c_{4,i} - Z_{\frac{\alpha}{2}}\sqrt{1 - c_{4,i}^2}\right)\frac{\bar{s}}{c_4} = \left(1 - Z_{\frac{\alpha}{2}}\frac{\sqrt{1 - c_{4,i}^2}}{c_{4,i}}\right)\bar{s}
\end{aligned} \tag{14-37}$$

式中,$c_{4,i}$ 为 n_i 相对应的 c_4 的值。

针对表 14 - 2 的数据的组均值和组标准差如表 14 - 3 所示。

表 14 - 3　某凸轮轴产线中凸轮轴长度抽样数据的组均值和组标准差

抽样点	x_1	x_2	x_3	x_4	x_5	组均值	组标准差
1	601.6	600.4	598.4	600.0	596.8	599.52	0.855 57
2	602.8	600.8	602.6	602.2	602.4	599.20	0.707 11
3	598.4	599.6	603.4	600.6	598.4	599.36	0.433 59
4	598.2	602.0	599.4	599.4	600.8	599.56	0.622 90
5	600.8	598.6	600.0	600.4	600.8	599.20	0.424 26
6	600.8	597.2	600.4	599.8	596.4	599.80	0.509 90
7	600.4	598.2	598.6	599.6	599.0	599.32	1.005 98
8	598.2	599.4	599.4	600.2	599.0	600.12	0.742 97
9	599.4	598.0	597.6	598.0	597.6	599.84	0.328 63
10	601.2	599.0	600.4	600.6	599.0	599.64	0.572 71
11	602.2	599.8	599.8	601.0	601.6	599.00	0.707 11
12	601.6	600.2	601.8	601.2	597.6	600.24	0.456 07
13	599.8	602.8	600.0	599.6	602.2	599.08	0.460 43

抽样点	x_1	x_2	x_3	x_4	x_5	组均值	组标准差
14	601.8	602.6	601.8	602.0	601.6	599.20	0.509 90
15	600.8	600.2	600.4	600.2	602.2	599.68	0.363 32
16	598.0	598.4	600.8	602.8	597.6	599.40	0.529 15
17	601.6	603.4	597.0	599.8	597.8	600.12	0.657 27
18	602.4	602.2	600.6	596.2	602.4	599.60	0.316 23
19	601.4	599.2	601.6	600.4	598.0	599.60	0.374 17
20	601.2	604.2	600.2	600.0	596.8	599.48	0.303 32

$$\hat{\mu} = \bar{\bar{x}} = \frac{\sum_{i=1}^{m} \sum_{j=1}^{n} x_{ij}}{mn} = 599.548$$

$$\hat{\sigma} = \bar{s}/c_4 = \frac{0.544}{0.94} = 0.578\ 723$$

假设误报率 $\alpha = 0.002\ 7$，则均值控制图的控制限为

$$\mathrm{UCL} = \bar{\bar{x}} + Z_{\frac{\alpha}{2}} \frac{\bar{s}/c_4}{\sqrt{n}} = 599.548 + 3 \times \frac{0.578\ 723}{\sqrt{5}} = 600.324$$

$$\mathrm{CL} = \bar{\bar{x}} = 599.548$$

$$\mathrm{UCL} = \bar{\bar{x}} - Z_{\frac{\alpha}{2}} \frac{\bar{s}/c_4}{\sqrt{n}} = 599.548 - 3 \times \frac{0.578\ 723}{\sqrt{5}} = 598.772$$

标准差控制图的控制限为

$$\mathrm{UCL} = \left(1 + Z_{\frac{\alpha}{2}} \frac{\sqrt{1-c_4^2}}{c_4}\right) \bar{s} = \left(1 + 3 \times \frac{\sqrt{1-0.94^2}}{0.94}\right) \times 0.544 = 1.136$$

$$\mathrm{CL} = \bar{s} = 0.544$$

$$\mathrm{LCL} = \left(1 - Z_{\frac{\alpha}{2}} \frac{\sqrt{1-c_4^2}}{c_4}\right) \bar{s} = \left(1 - 3 \times \frac{\sqrt{1-0.94^2}}{0.94}\right) \times 0.544 = -0.048\ 34$$

由于标准差不可能小于零，所以下限修改为 0。

均值控制图和标准差控制图如图 14 - 3 所示。可以看出，该生产线的均值和标准差稳定，上下控制限位于公差线以内，表示该过程能够稳定地生产合格的产品。两组控制限可以用于对未来产品的长度监控。从图中还可以看出，均值和目标值有些差距，可以对过程进行改善，调整过程中心，使其与目标值重合。

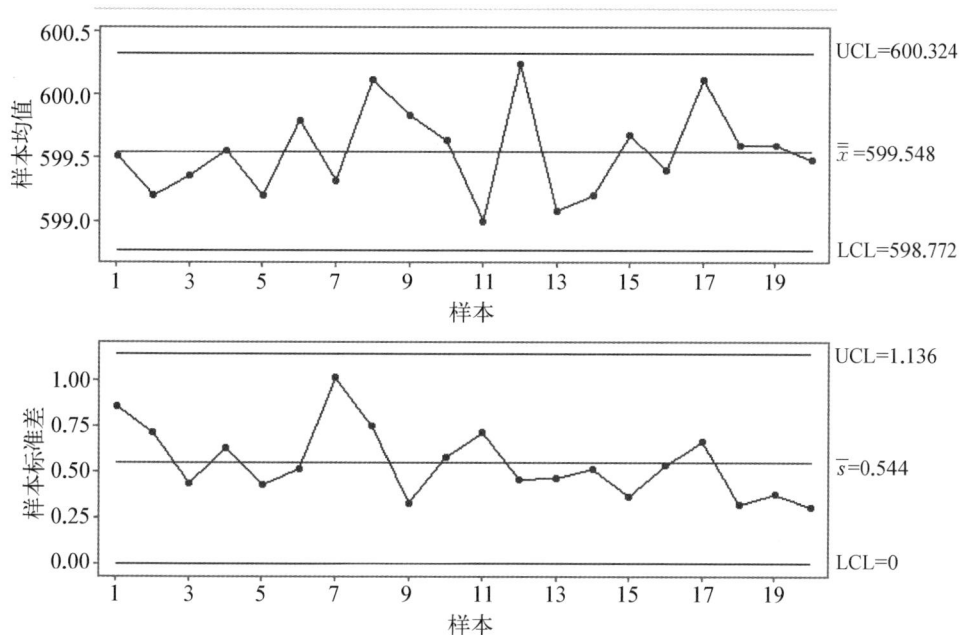

图 14 - 3　某凸轮轴产线中凸轮轴长度的均值和标准差控制图

14.5　单值移动极差控制图

因为极差和标准差的样本估计必须至少有 2 个样本数据,所以均值控制图、极差控制图和标准差控制图的建立依赖于抽样子组大小 $n > 1$。 然而,在有些场景下,每个抽样点仅有一条数据,即 $n = 1$。 例如,对于一些对精度和安全性要求极高的过程,需要对每一个产品都进行质量检验;在某些生产或检测过程中,取样可能非常耗时、成本高昂,或者产品昂贵且检验过程是破坏性的,每次只取一个样本;在化工和制药等领域的气体和液体的流程式生产过程中,样品往往比较均匀,每次仅取一个样本即可;随着自动化技术的发展,许多生产过程已经实现了自动化检查和测量,所有的产品数据都保留下来。针对这些场景,也需要恰当的方法监控过程均值和标准差。

假设在第 i 个抽样点抽取的数据为 x_i,当过程可控时,$x_i \sim N(\mu_0, \sigma_0^2)$。 控制过程均值的单值图的控制量为 x_i。

当 μ_0、σ_0^2 已知时,单值图的抽样子组大小 $n = 1$,其控制限可由式(14 - 29)得出:

$$\mathrm{UCL} = \mu_0 + Z_{\frac{\alpha}{2}} \sigma_0$$

$$\mathrm{CL} = \mu_0 \qquad\qquad (14 - 38)$$

$$\mathrm{LCL} = \mu_0 - Z_{\frac{\alpha}{2}} \sigma_0$$

当 μ_0、σ_0^2 未知时,就需要基于可控过程中抽取的数据样本进行估计。假设从可控过程

中总计抽取了 m 个数据 x_1, $\cdots$, x_m, 则

$$\hat{\mu} = \bar{x} = \frac{\sum\limits_{i=1}^{m} x_i}{m} \tag{14-39}$$

由于 $n=1$, 故无法用极差法或样本标准差法估计 σ。两个连续观测值的移动极差被用来估计 σ_0。移动极差的定义如下:

$$\mathrm{MR}_i = |x_i - x_{i+1}|, \ i = 1, \cdots, m-1 \tag{14-40}$$

基于 MR_i, 可以得到 σ 的估计:

$$\hat{\sigma}_0 = \frac{\overline{\mathrm{MR}}}{d_2} = \frac{\sum\limits_{i=1}^{m-1} \mathrm{MR}_i / (m-1)}{d_2} \tag{14-41}$$

其中, d_2 对应的附录 4 中 $n=2$ 的值, 即 1.128。

得到了 μ_0、σ_0^2 的估计, 可以建立单值控制图。单值控制图的控制量依然为 x_i, 控制限为

$$
\begin{aligned}
\mathrm{UCL} &= \bar{x} + Z_{\frac{\alpha}{2}} \cdot \frac{\overline{\mathrm{MR}}}{d_2} \\
\mathrm{CL} &= \bar{x} \\
\mathrm{LCL} &= \bar{x} - Z_{\frac{\alpha}{2}} \cdot \frac{\overline{\mathrm{MR}}}{d_2}
\end{aligned}
\tag{14-42}
$$

基于移动极差, 可以建立标准差的移动极差控制图。当 σ_0^2 已知时, 移动极差的控制量为 MR_i, 控制限为

$$
\begin{aligned}
\mathrm{UCL} &= d_2\sigma + Z_{\frac{\alpha}{2}} d_3 \sigma = (d_2 + Z_{\frac{\alpha}{2}} d_3)\sigma \\
\mathrm{CL} &= d_2\sigma \\
\mathrm{LCL} &= d_2\sigma - Z_{\frac{\alpha}{2}} d_3 \sigma = (d_2 - Z_{\frac{\alpha}{2}} d_3)\sigma
\end{aligned}
\tag{14-43}
$$

若 σ_0 未知, 则可以利用式(14-41)对其进行估计, 代入式(14-43), 得到移动极差控制图的控制限:

$$
\begin{aligned}
\mathrm{UCL} &= (d_2 + Z_{\frac{\alpha}{2}} d_3) \frac{\overline{\mathrm{MR}}}{d_2} \\
\mathrm{CL} &= \overline{\mathrm{MR}} \\
\mathrm{LCL} &= (d_2 - Z_{\frac{\alpha}{2}} d_3) \frac{\overline{\mathrm{MR}}}{d_2}
\end{aligned}
$$

例 14-3 管理者从某个产线的每个抽样点抽取了 1 个产品, 测量了该产品的某个关键质量指标。总计抽取 20 条数据, 如表 14-4 所示。

表 14‑4　某生产线抽样产品的质量数据和移动极差

抽样点	质量/g	移动极差/g
1	50.8	—
2	50.2	0.6
3	49.2	1.0
4	50.0	0.8
5	48.4	1.6
6	51.4	3.0
7	50.4	1.0
8	51.3	0.9
9	51.1	0.2
10	51.2	0.1
11	49.2	2.0
12	49.8	0.6
13	51.7	1.9
14	50.3	1.4
15	49.2	1.1
16	49.1	0.1
17	51.0	1.9
18	49.7	1.3
19	49.7	0.0
20	50.4	0.7

此过程的均值和标准差的估计为

$$\hat{\mu} = \bar{x} = \frac{\sum_{i=1}^{m} x_i}{m} = \frac{1\,004.1}{20} = 50.205$$

$$\hat{\sigma}_0 = \frac{\overline{MR}}{d_2} = \frac{\frac{20.2}{19}}{1.128} = 0.942\,516$$

设定第一类错误概率 $\alpha = 0.004$，则 $Z_{\alpha/2} = Z_{0.002} \approx 2.88$，单值图的控制限为

$$\text{UCL} = \bar{x} + Z_{\frac{\alpha}{2}} \cdot \frac{\overline{\text{MR}}}{d_2} = 50.205 + 2.88 \times \frac{\frac{20.2}{19}}{1.128} = 52.919\,45$$

$$\text{CL} = 50.205$$

$$\text{LCL} = 50.205 - 2.88 \times \frac{\frac{20.2}{19}}{1.128} = 47.490\,55$$

移动极差控制图的控制限为

$$\text{UCL} = \left(d_2 + Z_{\frac{\alpha}{2}} d_3\right) \frac{\overline{\text{MR}}}{d_2} = (1.128 + 2.88 \times 0.853) \times 0.942\,516 = 3.379$$

$$\text{CL} = \overline{\text{MR}} = \frac{20.2}{19} = 1.063$$

$$\text{LCL} = \left(d_2 - Z_{\frac{\alpha}{2}} d_3\right) \frac{\overline{\text{MR}}}{d_2} = (1.128 - 2.88 \times 0.853) \times 0.942\,516 = -1.252$$

由于极差不可能有负值，所以控制下限更新为 0。

质量的单值图和移动极差控制图如图 14-4 所示，3 倍标准差的控制限在图中也有显示，可以看出该过程的质量分布稳定。

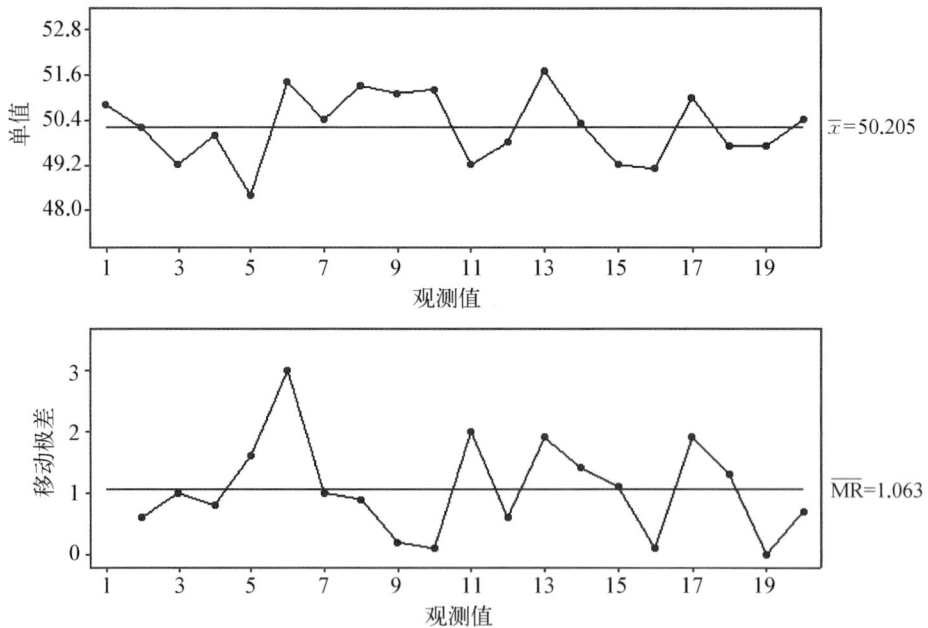

图 14-4　某生产线中抽样产品的质量单值图和移动极差控制图

习题

1. 工程师对通过新的注塑工艺制造的零件进行抗压强度测试。收集了 15 组样品数据,抗压强度如表 14-5 所示。

表 14-5　抗压强度数据

No.	$x1$/kPa	$x2$/kPa	$x3$/kPa	$x4$/kPa	$x5$/kPa
1	80.2	81.5	78.4	73.8	78.1
2	85.7	75.8	84.3	78.5	76.2
3	80.8	74.4	82.5	74.1	78.4
4	79.2	74.9	78.6	77.7	75.3
5	75.3	79.9	87.3	89.7	81.8
6	74.5	78.0	80.8	73.4	79.7
7	75.7	75.2	71.1	82.1	74.3
8	80.1	86.2	76.2	64.1	80.2
9	80.6	81.8	79.3	73.8	81.7
10	82.7	81.3	79.1	80.5	78.3
11	79.2	84.4	81.5	86.0	75.4
12	85.5	82.1	82.8	73.4	71.7
13	88.6	78.3	78.8	71.0	84.2
14	83.4	78.4	82.6	78.2	78.9
15	83.0	81.2	78.7	75.7	78.9

(1) 假设抗压强度服从正态分布。给出抗压强度的均值和标准差的估计(注意: 标准差有两种估计方法)。

(2) 给出子组大小为 4 个的时候,均值控制图和 R 控制图的控制限($\alpha=0.0025$)。

(3) 假设抗压强度的规格限为 79 ± 8,计算 C_p、C_{pk}、PPM。评价此过程的质量水平,并给出建议。

(4) 假设抗压强度的长期均值的变动范围为正负 1 个标准差。给出这个过程的西格玛水平的计算公式。

(5) 假设表 14-4 中的数据是可控的,从某时刻开始,过程的抗压强度所服从的正态分布的均值偏移了 1 个标准差,求(2)中的均值控制图的平均运行长度。

（6）工程师目标（2）中的均值控制图对抗压强度的 1 个标准差的均值偏移，检出功效高于90%，确定子组大小应该为多少（给出具体计算公式即可）。

参考文献

［1］WOODALL W H, MONTGOMERY D C. Using ranges to estimate variability ［J］. Quality Engineering, 2000, 13(2)：211－217.

［2］KENNEY J F, KEEPING E S. The distribution of the standard deviation ［M］. 2nd ed. Princeton：Van Nostrand, 1951：170－173.

［3］MONTGOMERY D C. Introduction to statistical quality control ［M］. 8th ed. Hoboken：John Wiley & Sons, Inc., 2019.

第 15 章 属 性 控 制 图

第 14 章阐述了针对服从正态分布的质量指标,如何构建其均值与方差控制图以实现有效监控。然而,在实际生产环境中,并非所有质量特性均符合正态分布,例如缺陷品数量或产品瑕疵点计数等,此类数据呈现出离散特性,难以直接应用正态分布模型。针对此类非正态分布的离散型质量数据,本章将逐一讲解两大类别的属性控制图的构建原理、适用场景及具体绘制方法。比例控制图(p 图与 np 图):适用于监控过程输出中不合格品或缺陷品所占的比例或具体数量,p 图关注不合格品率(比例),而 np 图则直接监控不合格品的绝对数量。计数控制图(c 图与 u 图):用于监控特定质量特性中缺陷或瑕疵的总数,c 图适用于监控固定样本量下的缺陷数,而 u 图则适用于样本量变化但总检验单位数(如产品批次大小)固定的情况,通过标准化处理以适应不同样本量的比较。

本章的学习目标:

(1) 了解属性控制图的统计基础;

(2) 掌握设置和使用 np 图和 p 图;

(3) 掌握设置和使用 c 图和 u 图;

(4) 掌握样本量的确定;

(5) 了解属性控制图的平均运行长度。

15.1 二项分布

二项分布是描述离散数据的经典分布之一。二项分布描述了在一系列独立的、仅有两个可能结果的伯努利试验中,某个特定结果出现次数的概率分布。具体而言,若随机变量 x 服从参数为 n 和 p 的二项分布,则记作 $x \sim B(n, p)$。二项分布的均值和方差分别为 np 和 $np(1-p)$,更详细的介绍可参见第 3 章。

在质量管理领域,一个批次产品中的废品个数和废品率是企业比较关注的质量指标。假设第 i 个批次的产品有 n_i 个,该批次中废品的个数 x_i 是一个随机变量。一般来说,假设产品之间相互独立,产品只有合格和报废两个结果,一个产品是废品的概率为 p,那么一个批次产品中废品的个数就服从 $B(n_i, p)$。进一步地,若考虑 x_i/n_i,即一个批次产品中废品的比例,则容易得到 x_i/n_i 的均值为 p,方差则为 $p(1-p)/n_i$。

当 p 未知时,可通过抽样估计其值。假设进行了 m 次独立抽样,每次抽样涉及 n_i 个产品($i=1, \cdots, m$),每次抽样中的废品数为 x_i。此时,p 的估计值可通过所有废品总数除以

总抽样产品数来计算,即

$$\hat{p} = \frac{\sum\limits_{i=1}^{m} x_i}{\sum\limits_{i=1}^{m} n_i}。 \tag{15-1}$$

二项分布的形状受 n 和 p 的影响显著。当 n 较小且 p 接近 0 或 1 时,二项分布明显偏离正态分布;随着 n 的增大[尤其是当 np 和 $n(1-p)$ 均大于 5 时],二项分布逐渐趋近于正态分布,即 $x_i \sim N(n_ip, n_ip(1-p))$。这个特性在质量控制中尤为重要,在此条件下,可以将二项分布近似为正态分布,并将基于正态分布的控制图规则应用于二项分布的质量指标监控。

具体而言,为确保监控的有效性,应确保每组抽样的样本量足够大,且总体废品率避免极端值(即远离 0 和 1)。此外,通过检查 np 和 $n(1-p)$ 是否均大于 5,可以评估是否有足够的理由采用正态分布来近似二项分布,从而应用相应的控制图技术来监控生产过程的质量稳定性。

15.2　p 图

当一个过程的废品个数服从二项分布、可以用正态分布近似的时候,就可以按照正态分布建立控制图的思路建立废品率控制图,验证废品个数或者废品率是否稳定在某一水平附近波动。

假设某个生产过程在每个抽样点抽取 n_i 个产品,其中有 x_i 个废品,$x_i \sim B(n, p)$ 且可以用正态分布近似,则 $x_i \sim N(n_ip, n_ip(1-p))$。假设在可控条件下,废品率为 p_0,则需要建立控制图序贯检验以下假设:

$$H_0: p = p_0,\ H_1: p \neq p_0$$

根据正态分布性质可知,可控条件下,废品率 x_i/n_i 近似服从 $N(p_0, p_0(1-p_0)/n_i)$ 分布。根据第 14 章的方法,废品率的控制图(即 p 图)的控制量为 x_i/n_i,中心线和上下控制限为

$$\mathrm{UCL}_i = p_0 + Z_{\frac{a}{2}}\sqrt{\frac{p_0(1-p_0)}{n_i}}$$
$$\mathrm{CL} = p_0 \tag{15-2}$$
$$\mathrm{LCL}_i = p_0 - Z_{\frac{a}{2}}\sqrt{\frac{p_0(1-p_0)}{n_i}}$$

如果可控过程下的废品率 p_0 未知,可利用可控状态下的抽样数据对其进行估计,并代入式(15-1)计算控制图参数。

在某个可控生产线的连续的 25 个抽样点上,每次抽取 100 个产品,每个抽样点不合格产品数量如表 15-1 所示。

表 15‑1 不合格产品数量

抽样编号	废品个数	抽样编号	废品个数
1	16	14	16
2	14	15	15
3	18	16	13
4	16	17	14
5	12	18	16
6	20	19	11
7	10	20	20
8	12	21	11
9	10	22	19
10	17	23	16
11	19	24	11
12	17	25	13
13	14		

在本例中,假设控制图的第一类错误概率为 0.002 7,则

$$\hat{p}_0 = \frac{\sum_{i=1}^{m} x_i}{\sum_{i=1}^{m} n_i} = \frac{370}{100 \times 25} = 0.148$$

$$\mathrm{UCL}_i = \hat{p}_0 + \frac{Z_{\frac{a}{2}}\sqrt{\hat{p}_0(1-\hat{p}_0)}}{n_i} = 0.148 + 3\frac{\sqrt{0.148 \times (1-0.148)}}{100} = 0.254\ 5$$

$$\mathrm{CL} = \hat{p}_0 = 0.148$$

$$\mathrm{LCL}_i = \hat{p}_0 - Z_{\frac{a}{2}}\sqrt{\frac{\hat{p}_0(1-\hat{p}_0)}{n_i}} = 0.148 + 3\frac{\sqrt{0.148 \times (1-0.148)}}{100} = 0.041\ 5$$

不合格产品数量的 p 图如图 15‑1 所示。由于每个抽样点的产品数量 n 固定为 50,控制图的控制上下限为直线。图上可以看出,控制量全部落在控制限以里,这组控制限可以用来监控未来的生产过程。

在某些情况下,每个抽样点的抽样大小不同,则需根据每组实际的 n 值分别计算控制限。如表 15‑2 所示为某企业的售后服务中心的客户反馈数据,包含连续 20 天内的电话回访次数和用户满意与否的数据。基于人力安排等原因,每天电话回访的次数不同。

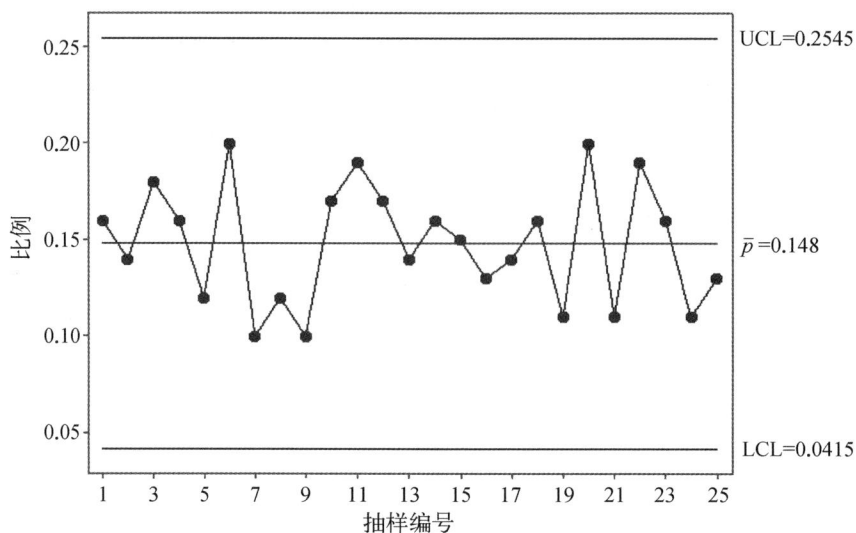

图 15 - 1　不合格产品数量的 p 图

表 15 - 2　某企业的售后服务中心的客户反馈数据

天	总回访数	不满意数量	控制量	中心线	上控制限	下控制限
1	375	30	0.080 0	0.077 5	0.036 1	0.118 9
2	385	32	0.083 1	0.077 5	0.036 6	0.118 3
3	390	32	0.082 1	0.077 5	0.036 9	0.118 1
4	384	32	0.083 3	0.077 5	0.036 5	0.118 4
5	388	33	0.085 1	0.077 5	0.036 8	0.118 2
6	388	26	0.067 0	0.077 5	0.036 8	0.118 2
7	375	25	0.066 7	0.077 5	0.036 1	0.118 9
8	390	36	0.092 3	0.077 5	0.036 9	0.118 1
9	350	30	0.085 7	0.077 5	0.034 6	0.120 3
10	385	32	0.083 1	0.077 5	0.036 6	0.118 3
11	390	32	0.082 1	0.077 5	0.036 9	0.118 1
12	395	32	0.081 0	0.077 5	0.037 1	0.117 8
13	388	33	0.085 1	0.077 5	0.036 8	0.118 2
14	388	26	0.067 0	0.077 5	0.036 8	0.118 2
15	375	25	0.066 7	0.077 5	0.036 1	0.118 9

续 表

天	总回访数	不满意数量	控制量	中心线	上控制限	下控制限
16	390	36	0.092 3	0.077 5	0.036 9	0.118 1
17	381	28	0.073 5	0.077 5	0.036 4	0.118 6
18	379	32	0.084 4	0.077 5	0.036 3	0.118 7
19	376	18	0.047 9	0.077 5	0.036 1	0.118 8
20	381	24	0.063 0	0.077 5	0.036 4	0.118 6
21	376	28	0.074 5	0.077 5	0.036 1	0.118 8

在本例中,假设控制图的第一类错误概率为 0.002 7,则

$$\hat{p}_0 = \frac{\sum\limits_{i=1}^{m} x_i}{\sum\limits_{i=1}^{m} n_i} = \frac{622}{8\ 029} = 0.077\ 5$$

$$\mathrm{CL} = \hat{p}_0 = 0.077\ 5$$

上下控制限由于每天的总回访数量不同,会上下波动,如图 15-2 所示。

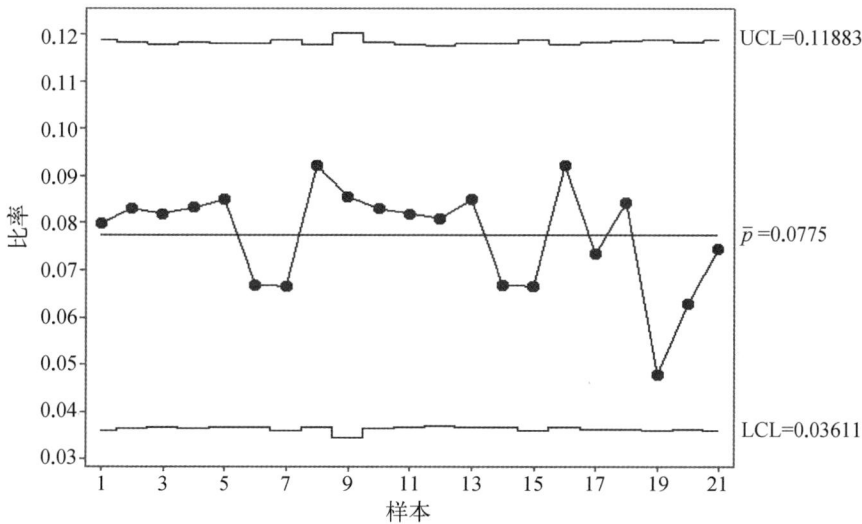

图 15-2 客户反馈 p 图

需要强调的是,由于二项分布是离散分布,用正态分布近似做出的控制图的实际误报率会与预计值有差别。给定式(15-2)的控制限后,实际误报率的计算如下:

$$\alpha = pr\left[\frac{x_i}{n_i} \notin \left(p_0 - L\sqrt{\frac{p_0(1-p_0)}{n_i}}, p_0 + L\sqrt{\frac{p_0(1-p_0)}{n_i}}\right)\right]$$

$$= 1 - pr[x_i \in (n_i p_0 - L\sqrt{n_i p_0(1-p_0)}, n_i p_0 + L\sqrt{n_i p_0(1-p_0)})]$$

$$= 1 - pr[x_i < n_i p_0 + L\sqrt{n_i p_0(1-p_0)}] + pr[x_i \leqslant n_i p_0 - L\sqrt{n_i p_0(1-p_0)}]$$

$$= 1 - pr[x_i \leqslant \lfloor n_i p_0 + L\sqrt{n_i p_0(1-p_0)}\rfloor] + pr[x_i \leqslant \lfloor n_i p_0 - L\sqrt{n_i p_0(1-p_0)}\rfloor]$$

$$= 1 - \sum_{j=0}^{\lfloor n_i p_0 + L\sqrt{n_i p_0(1-p_0)}\rfloor} C_{n_i}^j p_0^j (1-p_0)^{n_i-j} + \sum_{j=0}^{\lfloor n_i p_0 - L\sqrt{n_i p_0(1-p_0)}\rfloor} C_{n_i}^j p_0^j (1-p_0)^{n_i-j}$$

其中，$L = Z_{\frac{\alpha}{2}}$，$\lfloor x \rfloor$ 表示比 x 小的最大整数。

如果废品率由 p_0 变为 p_1，则第二类错误概率的计算公式为

$$\beta = pr\left[\frac{x_i}{n_i} \in \left(p_0 - L\sqrt{\frac{p_0(1-p_0)}{n_i}}, p_0 + L\sqrt{\frac{p_0(1-p_0)}{n_i}}\right)\right]$$

$$= pr[x_i \in (n_i p_0 - L\sqrt{n_i p_0(1-p_0)}, n_i p_0 + L\sqrt{n_i p_0(1-p_0)})]$$

$$= pr[x_i < n_i p_0 + L\sqrt{n_i p_0(1-p_0)}] - pr[x_i \leqslant n_i p_0 - L\sqrt{n_i p_0(1-p_0)}]$$

$$= pr[x_i \leqslant \lfloor n_i p_0 + L\sqrt{n_i p_0(1-p_0)}\rfloor] - pr[x_i \leqslant \lfloor n_i p_0 - L\sqrt{n_i p_0(1-p_0)}\rfloor]$$

$$= \sum_{j=0}^{\lfloor n_i p_0 + L\sqrt{n_i p_0(1-p_0)}\rfloor} C_{n_i}^j p_1^j (1-p_1)^{n_i-j} - \sum_{j=0}^{\lfloor n_i p_0 - L\sqrt{n_i p_0(1-p_0)}\rfloor} C_{n_i}^j p_1^j (1-p_1)^{n_i-j}$$

根据实际的第一类和第二类错误概率，可以参考 14.1.4 节的方法，计算控制图的平均运行长度。

15.3 np 图

如果每个抽样点的抽样大小相同，也可以直接监控废品个数。当一个过程的废品个数服从二项分布，可以用正态分布近似的时候，就可以按照正态分布建立控制图的思路建立废品率控制图，验证废品个数是否稳定在某一水平附近。

假设某个生产过程在每个抽样点抽取 n 个产品，其中有 x_i 个废品，$x_i \sim B(n, p)$ 且可以用正态分布近似，则 $x_i \sim N(np, np(1-p))$。假设在可控条件下，废品率为 p_0，则需要建立控制图序贯检验以下假设：

$$H_0: p = p_0, H_1: p \neq p_0$$

根据正态分布性质可知，可控条件下，废品个数 x_i 近似服从 $N(np_0, np_0(1-p_0))$ 分布。根据第 14 章的方法，废品率的控制图（即 p 图）的控制量为 x_i，中心线和上下控制限为

$$\text{UCL}_i = np_0 + Z_{\frac{\alpha}{2}}\sqrt{np_0(1-p_0)}$$

$$\text{CL} = np_0 \tag{15-3}$$

$$\text{LCL}_i = np_0 - Z_{\frac{\alpha}{2}}\sqrt{np_0(1-p_0)}$$

设定误报率为 0.002 7,表 15-2 的数据做成 np 图如图 15-3 所示。

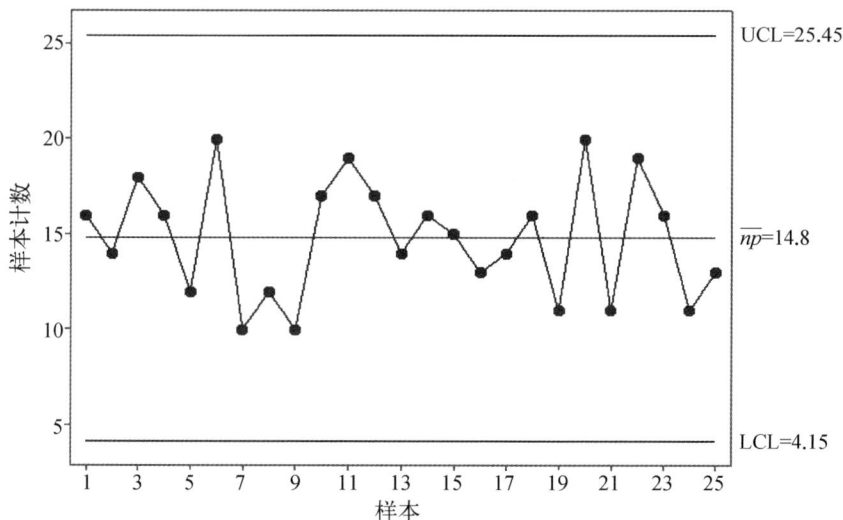

图 15-3 废品率的 np 图

$$\hat{p}_0 = \frac{\sum_{i=1}^{m} x_i}{mn} = 0.148$$

$$\text{UCL}_i = n\hat{p}_0 + Z_{\frac{\alpha}{2}}\sqrt{n\hat{p}_0(1-\hat{p}_0)} = 25.45$$

$$\text{CL} = n\hat{p}_0 = 14.8$$

$$\text{LCL}_i = n\hat{p}_0 - Z_{\frac{\alpha}{2}}\sqrt{n\hat{p}_0(1-\hat{p}_0)} = 4.15$$

15.4 泊松分布

泊松分布是描述离散数据的经典分布之一。泊松分布适合用于描述单位时间内随机事件发生的次数。具体而言,若随机变量 x 服从参数为 λ 的泊松分布,记作 $x \sim P(\lambda)$。泊松分布的均值和方差都为 λ,更详细的介绍可参见第 3 章。

在质量管理领域,一个批次产品中的瑕疵个数和瑕疵率是企业比较关注的质量指标。假设第 i 个批次的产品有 n_i 个,第 j 个产品上的瑕疵点的个数 x_{ij} 是一个随机变量,服从 $P(\lambda)$。一般来说,假设产品之间相互独立,则泊松分布具备可加性,第 i 个批次产品的瑕疵

点个数为 $\sum_{j=1}^{n_i} x_{ij}$，服从 $P(n_i\lambda)$。进一步地，若考虑平均每个产品的瑕疵点个数 $\sum_{j=1}^{n_i} x_{ij}/n_i$，则容易得到，$\sum_{j=1}^{n_i} x_{ij}/n_i$ 的均值为 λ，方差则为 λ/n_i。

当 λ 未知时，可通过抽样估计其值。假设进行了 m 次独立抽样，每次抽样涉及 n_i 个产品 $(i=1,\cdots,m)$，瑕疵点总数为 $\sum_{i=1}^{m}\sum_{j=1}^{n_i} x_{ij}$。此时，$\lambda$ 的估计值可通过所有废品总数除以总抽样产品数来计算，即

$$\hat{\lambda} = \frac{\sum_{i=1}^{m}\sum_{j=1}^{n_i} x_{ij}}{\sum_{i=1}^{m} n_i} \tag{15-4}$$

泊松分布的形状受 λ 的影响显著。当 λ 较小时，泊松分布明显偏离正态分布；随着 λ 的增大，一般而言，当 $\lambda \geqslant 20$ 时，泊松分布可作为正态分布处理，即 $x_i \sim N(\lambda,\lambda)$。这个特性在质量控制中尤为重要，在此条件下，可以将泊松分布近似为正态分布，并将基于正态分布的控制图规则应用于泊松分布的质量指标监控。

15.5　u 图

当一个过程的产品瑕疵点个数服从泊松分布、可以用正态分布近似的时候，就可以按照正态分布建立控制图的思路建立单位产品上平均瑕疵点个数的控制图，验证平均瑕疵点个数是否稳定在某一水平附近。

假设某个生产过程在每个抽样点抽取 n_i 个产品，每个产品的瑕疵点个数 $x_i \sim P(\lambda)$ 且可以用正态分布近似，则 $x_i \sim N(\lambda,\lambda)$，$\sum_{j=1}^{n_i} x_{ij} \sim N(n_i\lambda,n_i\lambda)$。假设在可控条件下，单位产品上的瑕疵点个数为 λ_0，则需要建立控制图序贯检验以下假设：

$$H_0: \lambda=\lambda_0,\ H_1: \lambda \neq \lambda_0$$

根据正态分布性质可知，在可控条件下，每个抽样点的平均瑕疵点个数 $\sum_{j=1}^{n_i} x_{ij}/n_i$ 近似服从 $N(\lambda_0,\lambda_0/n_i)$ 分布。根据第 14 章的方法，单位产品上的瑕疵个数的控制图（即 u 图）的控制量为 $\sum_{j=1}^{n_i} x_{ij}/n_i$，中心线和上下控制限为

$$\begin{aligned} \mathrm{UCL}_i &= \lambda_0 + Z_{\frac{\alpha}{2}}\sqrt{\frac{\lambda_0}{n_i}} \\ \mathrm{CL} &= \lambda_0 \\ \mathrm{LCL}_i &= \lambda_0 - Z_{\frac{\alpha}{2}}\sqrt{\frac{\lambda_0}{n_i}} \end{aligned} \tag{15-5}$$

如果可控过程下的废品率 λ_0 未知,可利用可控状态下的抽样数据对其进行估计,并代入式(15-4)计算控制图参数。

某纺织企业对布匹进行抽样,目标是控制单位布匹面积上的瑕疵点个数,数据如表15-3所示。

表 15-3 布匹瑕疵点数据

抽样点	瑕疵点个数	布匹面积/mm²	抽样点	瑕疵点个数	布匹面积/mm²
1	21	5 750	17	31	8 846
2	15	9 010	18	32	6 215
3	37	7 179	19	22	4 718
4	35	6 830	20	13	4 993
5	18	7 134	21	28	9 356
6	36	8 478	22	15	7 654
7	19	8 858	23	27	4 535
8	20	7 412	24	27	5 659
9	39	7 537	25	22	5 593
10	33	8 957	26	44	9 550
11	42	8 330	27	23	7 589
12	33	9 810	28	14	8 520
13	14	8 645	29	17	9 606
14	29	5 716	30	18	6 808
15	19	9 240	31	28	8 876
16	28	7 243	32	16	5 355

根据式(15-4),可得

$$\hat{\lambda} = \frac{\sum_{i=1}^{m} \sum_{j=1}^{n_i} x_{ij}}{\sum_{i=1}^{m} n_i} = 0.003\,4$$

根据式(15-5),取误报率为 0.002 7,可以计算出控制限,如表15-4所示,图形如图15-4所示。

表 15-4　布匹瑕疵点个数控制图的控制量和上下控制限

瑕疵点个数	布匹面积/mm²	控制量	中心线值	下控制限	上控制限
21	5 750	0.003 7	0.003 4	0.001 1	0.005 7
15	9 010	0.001 7	0.003 4	0.001 6	0.005 2
37	7 179	0.005 2	0.003 4	0.001 3	0.005 5
35	6 830	0.005 1	0.003 4	0.001 3	0.005 5
18	7 134	0.002 5	0.003 4	0.001 3	0.005 5
36	8 478	0.004 2	0.003 4	0.001 5	0.005 3
19	8 858	0.002 1	0.003 4	0.001 5	0.005 3
20	7 412	0.002 7	0.003 4	0.001 4	0.005 4
39	7 537	0.005 2	0.003 4	0.001 4	0.005 4
33	8 957	0.003 7	0.003 4	0.001 5	0.005 2
42	8 330	0.005 0	0.003 4	0.001 5	0.005 3
33	9 810	0.003 4	0.003 4	0.001 6	0.005 2
14	8 645	0.001 6	0.003 4	0.001 5	0.005 3
29	5 716	0.005 1	0.003 4	0.001 1	0.005 7
19	9 240	0.002 1	0.003 4	0.001 6	0.005 2
28	7 243	0.003 9	0.003 4	0.001 3	0.005 4
31	8 846	0.003 5	0.003 4	0.001 5	0.005 3
32	6 215	0.005 1	0.003 4	0.001 2	0.005 6
22	4 718	0.004 7	0.003 4	0.000 9	0.005 9
13	4 993	0.002 6	0.003 4	0.000 9	0.005 9
28	9 356	0.003 0	0.003 4	0.001 6	0.005 2
15	7 654	0.002 0	0.003 4	0.001 4	0.005 4
27	4 535	0.006 0	0.003 4	0.000 8	0.006 0
27	5 659	0.004 8	0.003 4	0.001 1	0.005 7
22	5 593	0.003 9	0.003 4	0.001 1	0.005 7
44	9 550	0.004 6	0.003 4	0.001 6	0.005 2
23	7 589	0.003 0	0.003 4	0.001 4	0.005 4

续　表

瑕疵点个数	布匹面积/mm²	控制量	中心线值	下控制限	上控制限
14	8 520	0.001 6	0.003 4	0.001 5	0.005 3
17	9 606	0.001 8	0.003 4	0.001 6	0.005 2
18	6 808	0.002 6	0.003 4	0.001 3	0.005 5
28	8 876	0.003 2	0.003 4	0.001 5	0.005 3
16	5 355	0.003 0	0.003 4	0.001 0	0.005 8

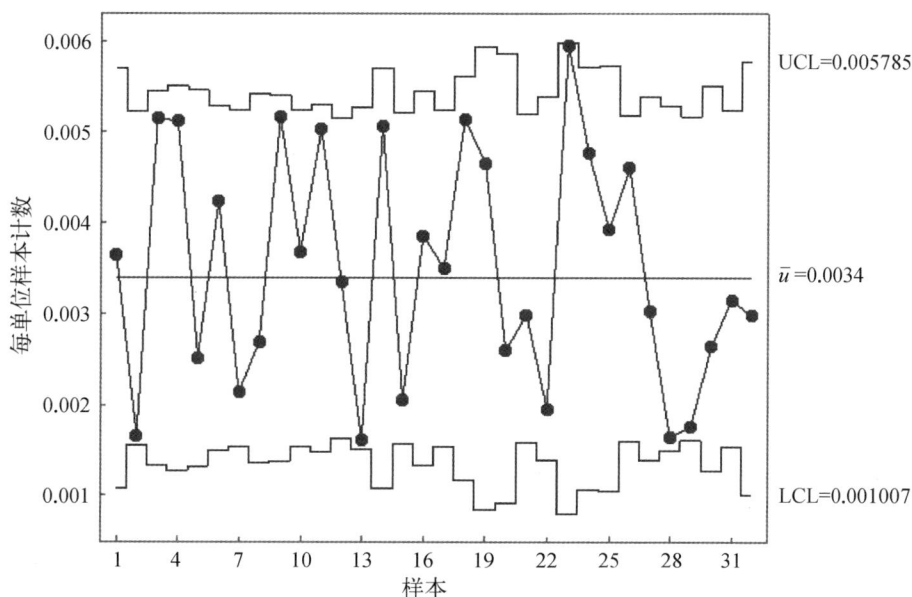

图 15 - 4　布匹瑕疵点个数控制图

需要强调的是,由于泊松分布是离散分布的,因此用正态分布近似做出的控制图的实际误报率会与预计值有差别。给定式(15 - 5)的控制限后,实际误报率的计算方式如下:

$$
\alpha = pr\left[\sum_{j=1}^{n_i} \frac{x_{ij}}{n_i} \notin \left(\lambda_0 - L\sqrt{\frac{\lambda_0}{n_i}}, \ \lambda_0 + L\sqrt{\frac{\lambda_0}{n_i}}\right)\right]
$$

$$
= 1 - pr\left[\sum_{j=1}^{n_i} \frac{x_{ij}}{n_i} \in \left(\lambda_0 - L\sqrt{\frac{\lambda_0}{n_i}}, \ \lambda_0 + L\sqrt{\frac{\lambda_0}{n_i}}\right)\right]
$$

$$
= 1 - pr\left(\sum_{j=1}^{n_i} x_{ij} < n_i\lambda_0 + L\sqrt{n_i\lambda_0}\right) + pr\left(\sum_{j=1}^{n_i} x_{ij} \leqslant n_i\lambda_0 - L\sqrt{n_i\lambda_0}\right)
$$

$$
= 1 - pr\left(x_i \leqslant \lfloor n_i\lambda_0 + L\sqrt{n_i\lambda_0}\rfloor\right) + pr\left(x_i \leqslant \lfloor n_i\lambda_0 - L\sqrt{n_i\lambda_0}\rfloor\right)
$$

$$
= 1 - \sum_{j=0}^{\lfloor n_i\lambda_0 + L\sqrt{n_i\lambda_0}\rfloor} \frac{e^{-n_i\lambda_0}(n_i\lambda_0)^j}{j!} + \sum_{j=0}^{\lfloor n_i\lambda_0 - L\sqrt{n_i\lambda_0}\rfloor} \frac{e^{-n_i\lambda_0}(n_i\lambda_0)^j}{j!}
$$

式中，⌊ * ⌋表示比 * 小的最大整数。

如果平均瑕疵点个数由 λ_0 变为 λ_1，则第二类错误概率的计算公式为

$$
\begin{aligned}
\beta &= pr\left[\frac{\sum_{j=1}^{n_i} x_{ij}}{n_i} \in \left(\lambda_0 - L\sqrt{\frac{\lambda_0}{n_i}}, \lambda_0 + L\sqrt{\frac{\lambda_0}{n_i}}\right)\right] \\
&= pr\left[\sum_{j=1}^{n_i} x_{ij}/n_i \in \left(\lambda_0 - L\sqrt{\frac{\lambda_0}{n_i}}, \lambda_0 + L\sqrt{\frac{\lambda_0}{n_i}}\right)\right] \\
&= pr\left(\sum_{j=1}^{n_i} x_{ij} < n_i\lambda_0 + L\sqrt{n_i\lambda_0}\right) - pr\left(\sum_{j=1}^{n_i} x_{ij} \leqslant n_i\lambda_0 - L\sqrt{n_i\lambda_0}\right) \\
&= pr(x_i \leqslant \lfloor n_i\lambda_0 + L\sqrt{n_i\lambda_0}\rfloor) - pr(x_i \leqslant \lfloor n_i\lambda_0 - L\sqrt{n_i\lambda_0}\rfloor) \\
&= \sum_{j=0}^{\lfloor n_i\lambda_0 + L\sqrt{n_i\lambda_0}\rfloor} \frac{e^{-n_i\lambda_1}(n_i\lambda_1)^j}{j!} - \sum_{j=0}^{\lfloor n_i\lambda_0 - L\sqrt{n_i\lambda_0}\rfloor} \frac{e^{-n_i\lambda_1}(n_i\lambda_1)^j}{j!}
\end{aligned}
$$

其中，$L = Z_{\frac{\alpha}{2}}$。

15.6 c 图

如果每个抽样点的抽样大小相同，也可以直接监控瑕疵点个数。当一个过程的瑕疵点个数服从泊松分布、可以用正态分布近似的时候，就可以按照正态分布建立控制图的思路建立瑕疵点个数控制图，验证瑕疵点个数是否稳定在某一水平附近。

假设某个生产过程在每个抽样点抽取 n 个产品，每个产品的瑕疵点个数 $x_i \sim P(\lambda)$ 且可以用正态分布近似，则 $x_i \sim N(\lambda, \lambda)$，$\sum_{j=1}^{n_i} x_{ij} \sim N(n\lambda, n\lambda)$。假设在可控条件下，一个产品上的瑕疵点个数为 λ_0，则令 $c = n\lambda_0$。根据第 14 章的方法，一个抽样点上的瑕疵点总数的控制图（即 c 图）的控制量为 $\sum_{j=1}^{n_i} x_{ij}$，中心线和上下控制限为

$$
\begin{aligned}
\text{UCL}_i &= c + Z_{\frac{\alpha}{2}}\sqrt{c} \\
\text{CL} &= c \\
\text{LCL}_i &= c - Z_{\frac{\alpha}{2}}\sqrt{c}
\end{aligned}
\tag{15-6}
$$

如果可控过程下的废品率 λ_0 未知，可利用可控状态下的抽样数据对其进行估计，并代入式(15-4)计算控制图参数。

某易拉罐制造商的质量工程师想要评估易拉罐表面印刷质量。工程师每小时选取 $n = 100$ 个易拉罐作为样本，并记录印刷缺陷（包括印刷污渍、图形失真和缺墨）的数量，总计抽取 $m = 25$ 组，数据如表 15-5 所示。

表 15 - 5 易拉罐表面印刷缺陷数据

样本编号	缺陷数	样本编号	缺陷数
1	24	14	41
2	28	15	25
3	36	16	38
4	47	17	21
5	23	18	29
6	26	19	38
7	29	20	32
8	45	21	45
9	48	22	42
10	32	23	26
11	45	24	38
12	56	25	45
13	58		

根据式(15 - 4),可得:

$$\hat{\lambda} = \frac{\sum_{i=1}^{m}\sum_{j=1}^{n}x_{ij}}{mn} = 0.358\ 8$$

$$\hat{c} = n\hat{\lambda} = 35.88$$

根据式(15 - 6),取误报率为 0.002 7,可以计算出控制限,图形如图 15 - 5。

$$\text{UCL}_i = c + Z_{\frac{a}{2}}\sqrt{c} = 53.85$$

$$\text{CL} = c = 35.88$$

$$\text{LCL}_i = c - Z_{\frac{a}{2}}\sqrt{c} = 17.91$$

本章介绍的属性控制图都有一个前提假设:二项分布和泊松分布在满足一定条件下,可以用正态分布来近似。但是在实际情况下有很多生产过程的废品率极其小,比如一些高精度生产过程的废品率可能会小到千分之一的水平。这时候废品率如此接近于 0,很难用正态分布来近似废品率的分布。此时也有一些专门用于此类高质量过程的控制图,可以查阅稀有事件控制图等相关内容。

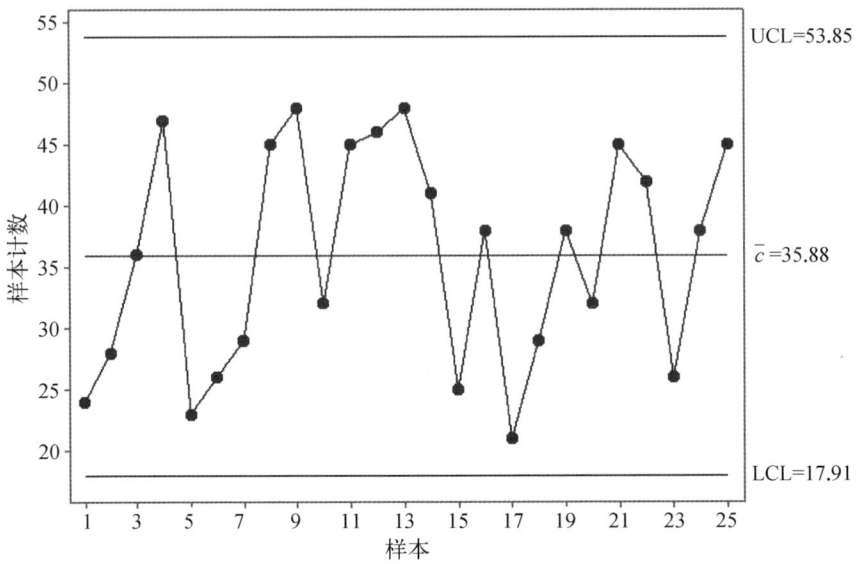

图 15‒5　印刷缺陷数控制图

习题

1. 泊松分布的参数满足什么条件的时候可以用正态分布近似?
2. 二项分布的参数满足什么条件的时候可以用正态分布近似?
3. 某产品的售后服务中心根据产品售后服务请求安排维修工作。如果维修工作质量不高,则客户会二次来电请求维护。该中心目标是监控每周的二次维护请求数量来监控维修质量。表 15‒6 显示了 20 周的数据。
   (1) 选择恰当的控制图。
   (2) 计算此控制图的控制限。

表 15‒6　某产品的售后服务中心维护请求数量

周编号	维修请求数量	需要二次维修数量	周编号	维修请求数量	需要二次维修数量
1	210	7	7	160	3
2	260	9	8	160	2
3	260	10	9	160	1
4	260	8	10	170	3
5	210	5	11	120	2
6	210	5	12	110	1

续　表

周编号	维修请求数量	需要二次维修数量	周编号	维修请求数量	需要二次维修数量
13	110	2	17	210	11
14	210	5	18	210	5
15	210	6	19	260	8
16	210	4	20	260	7

4. 某个过程控制图使用 u 图控制平均瑕疵点个数,当前单位产品上的瑕疵点个数平均值为 0.03。每个抽样点的样本量恒定为 500 个单位。

(1) 给出控制图的控制限(第一类错误概率为 0.002)。

(2) 如果均值增到 0.05,在第二个后续样本上第一次检测到过程平均值偏移的概率是多少?

(3) 如果均值增到 0.05,控制图的平均运行长度是多少?

参考文献

[1] MONTGOMERY D C. Introduction to statistical quality control [M]. 8th ed. Hoboken: John Wiley & Sons, Inc., 2019.

第 16 章　时间加权控制图

休哈特控制图的缺点之一是它只使用最后一个观测样本判断过程可控与否,而忽略了历史数据中蕴含的信息。因此,休哈特控制图对较小的过程变化相对不敏感。当需要监控较小的过程偏移时,可以使用 3 种简单且有效的控制图:移动平均(moving average,MA)控制图、累积和(cumulative sum,CUSUM)控制图和指数加权移动平均(exponentially weighted moving average,EWMA)控制图,这 3 种控制图统称为时间加权控制图。本章主要介绍这 3 种控制图。

本章的学习目标:

(1) 建立并使用 MA 控制图来监控过程均值;

(2) 设计 MA 控制图,以获得特定的平均运行长度(average run length,ARL)性能;

(3) 建立并使用 CUSUM 控制图来监控过程均值;

(4) 设计 CUSUM 控制图,以获得特定的 ARL 性能;

(5) 建立并使用 EWMA 控制图来监控过程均值;

(6) 设计 EWMA 控制图,以获得特定的 ARL 性能。

16.1　移动平均控制图

16.1.1　移动平均控制图的定义

定义 x_i 为第 i 个采集点上采集到的独立同分布的单个观测值,可控状态下 $x_i \sim N(\mu_0, \sigma^2)$,则第 i 个时间点上跨度为 w 的移动平均值定义为

$$M_i = \frac{x_i + x_{i-1} + \cdots + x_{i-w+1}}{w} \tag{16-1}$$

旧的观测值被舍弃,最新的 w 个观测值被用来估计控制图的统计量。移动平均值 M_i 的方差为

$$V(M_i) = \frac{1}{w^2} \sum_{j=i-w+1}^{i} V(x_j) = \frac{1}{w^2} \sum_{j=i-w+1}^{i} \sigma^2 = \frac{\sigma^2}{w} \tag{16-2}$$

因此,如果 μ_0 用作控制图中心线的目标平均值,则 M_i 的三西格玛控制限值为

$$\text{UCL} = \mu_0 + \frac{3\sigma}{\sqrt{w}} \tag{16-3}$$

$$\text{LCL} = \mu_0 - \frac{3\sigma}{\sqrt{w}} \qquad\qquad (16\text{-}4)$$

当得到新的观测值 x_i 时,计算新的移动平均值 M_i,然后在控制图上绘制 M_i,控制限值由式(16-3)和式(16-4)给出。如果 M_i 超过控制限值,则过程失控。一般来说,偏移的幅度与 w 呈负相关;跨度较长的移动平均值可以更有效地监测较小偏移,但牺牲了对较大偏移的快速反应。

16.1.2　实际案例

表 16-1 为某生产线抽取的数据。此生产线关键质量指标在可控状态下,均值为 600,标准差为 4。对于表 16-1 第二列的数据,前 10 个观察值从可控过程平均值 $\mu=600$、标准差 $\sigma=4$ 的正态分布中随机抽样所得;后 10 个观察值从失控过程平均值 $\mu=605$、标准差 $\sigma=4$ 的正态分布中随机抽样所得。

令 $w=6$,在移动平均控制图上绘制的统计量为

$$M_i = \frac{x_i + x_{i-1} + \cdots + x_{i-5}}{6}$$

M_i 的控制限值适用于 $i \geqslant 6$ 的时间段。当 $1 \leqslant i < 6$ 时,

$$M_i = \frac{x_1 + \cdots + x_i}{i}$$

当 $0 < i < 6$ 时,控制限值为 $\mu_0 \pm 3\sigma/\sqrt{i}$。统计量如表 16-1 的第三列所示。

移动平均控制图的控制限值由式(16-3)和式(16-4)可得。$\sigma=4$,则

$$\text{UCL} = \mu_0 + \frac{3\sigma}{\sqrt{w}} = 600 + \frac{3\times4}{\sqrt{6}} = 604.899$$

$$\text{LCL} = \mu_0 - \frac{3\sigma}{\sqrt{w}} = 600 - \frac{3\times4}{\sqrt{6}} = 595.101$$

控制上下限如表 16-1 的第四列与第五列所示。

表 16-1　移动平均控制图示例数据

抽样点 i	x_i	M_i	控制下限	控制上限
1	601.944	601.944	588.000	612.000
2	606.124	604.034	591.515	608.485
3	600.461	602.843	593.072	606.928
4	602.153	602.671	594.000	606.000
5	595.956	601.328	594.633	605.367
6	606.429	602.178	595.101	604.899

抽样点 i	x_i	M_i	控制下限	控制上限
7	598.194	601.553	595.101	604.899
8	600.051	600.541	595.101	604.899
9	590.800	598.931	595.101	604.899
10	605.282	599.452	595.101	604.899
11	604.241	600.833	595.101	604.899
12	600.336	599.817	595.101	604.899
13	603.182	600.649	595.101	604.899
14	612.232	602.679	595.101	604.899
15	604.236	604.918	595.101	604.899
16	598.566	603.799	595.101	604.899
17	612.286	605.140	595.101	604.899
18	598.539	604.840	595.101	604.899
19	606.899	605.460	595.101	604.899
20	604.568	604.182	595.101	604.899

移动平均控制图如图 16-1 所示,第 15、17、19 抽样点超过控制限值。注意,对于 $i < w$ 的初始阶段,控制限值大于其最终稳态值。从图 16-1 很容易看出,跨度小于 w 的移动平均值高度相关,这通常导致对控制图的解释变得复杂。

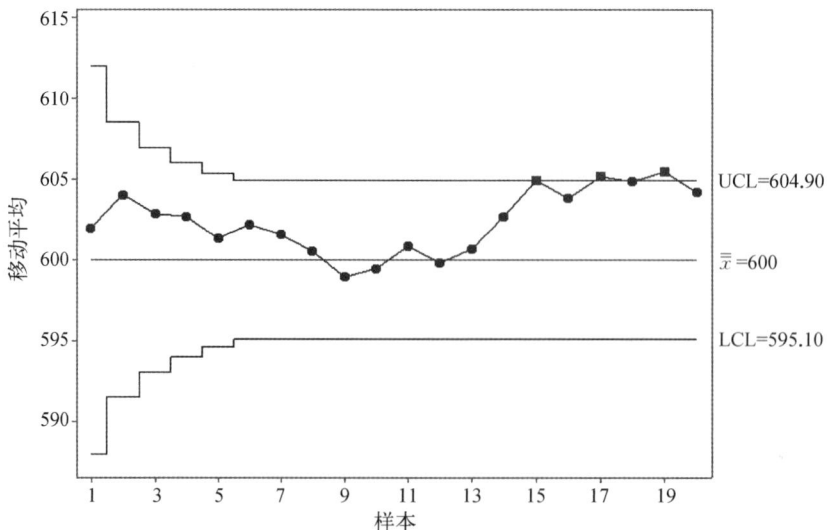

图 16-1 示例的移动平均控制图

移动平均控制图比休哈特图更能有效监测小过程偏移,但通常不如 CUSUM 或 EWMA。一些人认为,构建移动平均控制图比 CUSUM 更加容易。

16.2　累积和控制图

累积和控制图最早由 Page 提出,之后得到了许多学者的研究与发展,特别是 Ewan、Page、Gan、Lucas、Hawkins、Woodall 和 Adams,以及 Hawkins 和 Olwell 详细介绍和分析了累积和控制图。

16.2.1　累积和控制图的定义

CUSUM 控制图通过绘制样本值与目标值偏差的累积和,整合了观测值序列中的信息。

假设第 i 个抽样点的样本大小 $n \geqslant 1$,定义 $x_{i1}, \cdots, x_{in}$ 为第 i 个采集点上采集到的独立同分布的观测值,可控状态下, $x_{ij} \sim N(\mu_0, \sigma^2)$。定义 $\bar{x}_i$ 为第 i 个样本的平均值。定义:

$$C_i = \sum_{k=1}^{i} (\bar{x}_k - \mu_0) \tag{16-5}$$

C_i 称为第 i 个样本的累积和。由于 C_i 整合了所有历史样本的信息,因此比休哈特图更能有效检测较小的过程偏移。当 $n=1$ 时, C_i 同样适用,比如在离散零件制造、化工和全检等场景下, C_i 是累积历史信息的有效工具。

CUSUM 的工作原理是用统计量 C^+ 对高于目标值 μ_0 的偏差值进行累加,并用统计量 C^- 对低于目标值 μ_0 的偏差值进行累加。统计量 C^+ 和 C^- 分别称为上单侧和下单侧CUSUM。其计算公式如下:

$$C_i^+ = \max[0, x_i - (\mu_0 + K) + C_{i-1}^+] \tag{16-6}$$

$$C_i^- = \max[0, (\mu_0 - K) - x_i + C_{i-1}^-] \tag{16-7}$$

初始值 $C_1^+ = C_1^- = 0$。如果 C_i^+ 或 C_i^- 超过上下控制限 h,则认为过程失控。需要注意的是, C_i^+ 和 C_i^- 累加的是相对于目标值 μ_0 的偏差值大于 K 的部分,当这两个统计量变为负值时会重置为零。

在上述等式中, K 称为参考值(或余量、松弛值),通常将其设为目标值 μ_0 和想要快速检测到的失控值 μ_1 的中间值。

16.2.2　参数设计方法

设计 CUSUM 控制图时,需要正确选择 K 和 h 这两个参数。选择合适的参数可以提供良好的 ARL 性能。目前已有许多关于 CUSUM - ARL 性能的分析研究。Hawkins 和 Olwell 给出了选择 K 和 h 的一般性建议。

首先是 K 的选择。如果偏移量表示为 $\delta\sigma$,即过程均值变为 $\mu_1 = \mu_0 + \delta\sigma$(或 $\delta = |\mu_1 - \mu_0|/\sigma$),则 K 的最佳取值为偏移量的一半,即

$$K = \frac{\delta\sigma}{2} = \frac{|\mu_1 - \mu_0|}{2} \tag{16-8}$$

给定了 K 值后，h 的选择主要依赖对控制图第一类错误概率的设定。

当 $h=4$ 或 $h=5$，$k=\dfrac{1}{2}$ 时，CUSUM 控制图的 ARL 性能如表 16-2 所示。从表中可以看出，当 $h=4$ 时，受控 $\mathrm{ARL_0}=168$，而 $h=5$ 时，$\mathrm{ARL_0}=465$。 如果选择 $h=4.77$，就能构造一个具有 $\mathrm{ARL_0}=370$ 的 CUSUM 控制图，这与具有通常的 3σ 控制限的休哈特控制图的 $\mathrm{ARL_0}$ 值相同。

表 16-2　当 $h=4$ 或 $h=5$，$k=\dfrac{1}{2}$ 时 CUSUM 表格式的 ARL 性能

均值偏移(σ 的倍数)	$h=4$	$h=5$
0	168	465
0.25	74.2	139
0.5	26.6	38
0.75	13.3	17
1	8.38	10.4
1.5	4.75	5.75
2	3.34	4.01
2.5	2.62	3.11
3	2.19	2.57
4	1.71	2.01

16.2.3　实际案例

此案例依然采用表 16-1 的数据。

1. 用于监控过程平均值的休哈特控制图

根据休哈特控制图的定义，其 3 条控制限分别是

$$\mathrm{UCL} = \mu + 3\sigma = 600 + 3 \times 4 = 612$$

$$\mathrm{LCL} = \mu - 3\sigma = 600 - 3 \times 4 = 588$$

$$\mathrm{CL} = \mu = 600$$

图 16-2 为相应的休哈特控制图。由图可见，虽然从第 11 个数据起过程均值已经失控，但是控制图仅在第 13 和第 17 点会出界报警。未能成功报警的原因是偏移幅度相对较小，且休哈特控制图仅依赖于当前最近的观测值进行判断，忽略了历史信息。如果偏移量很大，则休哈特均值图非常有效；但对于较小的偏移，则不那么有效。

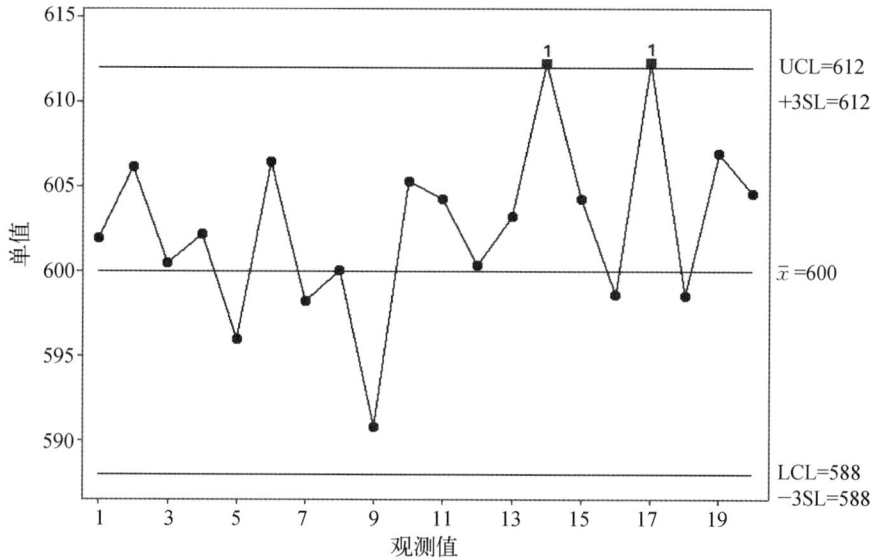

图 16-2 表 16-1 中数据的休哈特控制图

2. 用于监控过程平均值的 CUSUM 控制图

假设想要检测的偏移量大小是 $1.0 \times 4 = 4.0$，即目标检验过程平均值的失控值为 $\mu_1 = 600 + 4 = 604$。CUSUM 将使用 $K = \dfrac{|\mu_1 - \mu_0|}{2} = 2$，以及 $h = 600 \pm 4.77 \times 4$。

考虑第 1 抽样点，由于 $K = 2$，$\mu_0 = 600$，则 C_i^+ 和 C_i^- 的方程为

$$C_i^+ = \max[0, x_i - (600 + 2) + C_{i-1}^+]$$
$$C_i^- = \max[0, (600 - 2) - x_i + C_{i-1}^-]$$

因 $x_1 = 601.944$，$C_0^+ = C_0^- = 0$，故

$$C_1^+ = \max[0, 601.944 - 602 + 0] = 0$$
$$C_1^- = \max[0, 598 - 601.944 + 0] = 0$$

对于第 2 抽样点，计算

$$C_2^+ = \max[0, x_2 - 602 + C_1^+]$$
$$C_2^- = \max[0, 598 - x_2 + C_1^-]$$

由于 $x_2 = 606.124$，得到

$$C_2^+ = \max[0, 606.124 - 602 + 0] = 4.124$$
$$C_2^- = \max[0, 598 - 606.124 + 0] = 0$$

表 16-3 汇总了所有的计算结果，N^+ 和 N^- 表示 C_i^+ 和 C_i^- 连续非零点的累计数。

表 16 - 3　CUSUM 表格式

抽样点 i	x_i	C_i^+	N^+	C_i^-	N^-
1	601.944	0.000	0	0.000	0
2	606.124	4.124	1	0.000	0
3	600.461	2.585	2	0.000	0
4	602.153	2.738	3	0.000	0
5	595.956	0.000	0	2.044	1
6	606.429	4.429	1	0.000	0
7	598.194	0.623	2	0.000	0
8	600.051	0.000	0	0.000	0
9	590.800	0.000	0	7.200	1
10	605.282	3.282	1	0.000	0
11	604.241	5.523	2	0.000	0
12	600.336	3.859	3	0.000	0
13	603.182	5.041	4	0.000	0
14	612.232	15.273	5	0.000	0
15	604.236	17.509	6	0.000	0
16	598.566	14.075	7	0.000	0
17	612.286	24.361	8	0.000	0
18	598.539	20.900	9	0.000	0
19	606.899	25.799	10	0.000	0
20	604.568	28.367	11	0.000	0

　　表 16 - 3 中的 CUSUM 计算表明,第 17 抽样点的上侧 CUSUM 为 $C_{17}^+ = 24.361$。 由于 $C_i^+ > h = 19.08$,可以得出结论,在这一点时过程均值已经失去了控制。

　　CUSUM 列表还能指示可能发生偏移的时间。计数器 N^+ 记录了 CUSUM 上界值 $C_i^+ > 0$ 的连续累计数。由 $N^+ = 11$ 在第 20 抽样点,可以得出结论,该过程的最后一个受控点是在点 20 - 11 = 9,因此偏移可能发生在第 9 抽样点和第 10 抽样点之间。

　　图 16 - 3 显示了表 16 - 1 中数据的 CUSUM 控制图。失控信号发出后,CUSUM 控制方案采取的措施与任何控制图的措施相同：查找可能的归因,采取必要的纠正措施,然后将 CUSUM 重新初始化为零。

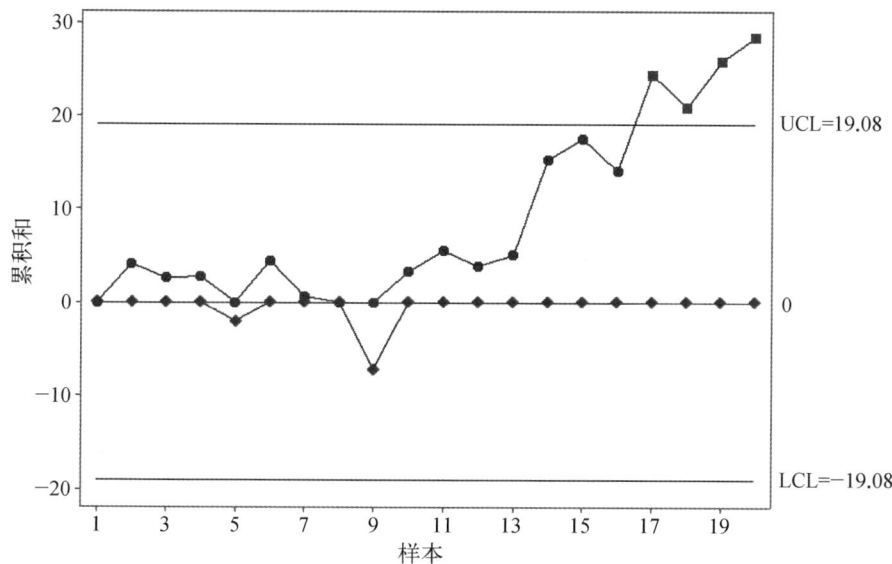

图 16 - 3　CUSUM 控制图

CUSUM 特别有助于确定导致偏移的原因是在什么时候发生的。正如前面的例子中所指出的，只需从失控信号倒数到 CUSUM 上升到零以上的时间点，即可找到过程偏移后的第一点。这个过程会使用到计数器 N^+ 和 N^-。

在需要调整某些可操作变量以使过程回到目标值 μ_0 时，估计偏移后的新过程平均值可能会有所帮助。其表达式如下：

$$\hat{\mu} = \begin{cases} \mu_0 + K + \dfrac{C_i^+}{N^+}, & C_i^+ > h \\[2mm] \mu_0 - K - \dfrac{C_i^-}{N^-}, & C_i^- > h \end{cases} \tag{16-9}$$

考虑第 17 抽样点的 CUSUM，$C_{17}^+ = 24.361$。根据式(16-9)，新的过程平均值为

$$\hat{\mu} = \mu_0 + K + \frac{C_{17}^+}{N^+}$$

$$= 600 + 2 + \frac{24.361}{8}$$

$$= 605.05$$

16.3　指数加权移动平均控制图

在监控均值的小偏移时，EWMA 控制图也能很好地替代休哈特控制图。EWMA 控制图的性能与 CUSUM 控制图相当，且在某些方面更易于建立和操作。与 CUSUM 一样，EWMA 也能用于单样本观测。此外，由于 EWMA 可以看作过去和现在所有观测值的加权

平均值,它对观测值的正态性假设非常不敏感。

16.3.1 指数加权移动平均控制图的定义

定义 x_i 为第 i 个抽样点上采集到的独立同分布的观测值,可控状态下,$x_i \sim N(\mu_0, \sigma^2)$。
EWMA 控制图的控制量定义为

$$z_i = \lambda x_i + (1-\lambda)z_{i-1} \tag{16-10}$$

式中,λ 是一个常数,$0 < \lambda \leqslant 1$。 初始值($i=1$,即第一个样本)是过程目标值,因此:

$$z_0 = \mu_0 \tag{16-11}$$

有时,将初期数据的平均值用作 EWMA 的起始值。

容易证明:

$$
\begin{aligned}
z_i &= \lambda x_i + (1-\lambda)[\lambda x_{i-1} + (1-\lambda)z_{i-2}] \\
&= \lambda x_i + \lambda(1-\lambda)x_{i-1} + (1-\lambda)^2 z_{i-2}
\end{aligned}
\tag{16-12}
$$

继续递归推导,可以得到

$$z_i = \lambda \sum_{k=0}^{i-1} (1-\lambda)^k x_{i-k} + (1-\lambda)^i z_0 \tag{16-13}$$

权重 $\lambda(1-\lambda)^j$ 随样本均值的回溯呈几何级数减少。 因为

$$\lambda \sum_{k=0}^{i-1} (1-\lambda)^k = \lambda \left[\frac{1-(1-\lambda)^i}{1-(1-\lambda)} \right] = 1 - (1-\lambda)^i \tag{16-14}$$

如果 $\lambda = 0.2$,则分配给当前样本均值的权重为 0.2,而赋予之前均值的权重为 0.16、0.128、0.1024,历史观测值的权重呈几何下降,依此类推。图 16-4 显示了这些权重与五周期移动平均控制图权重的对比。

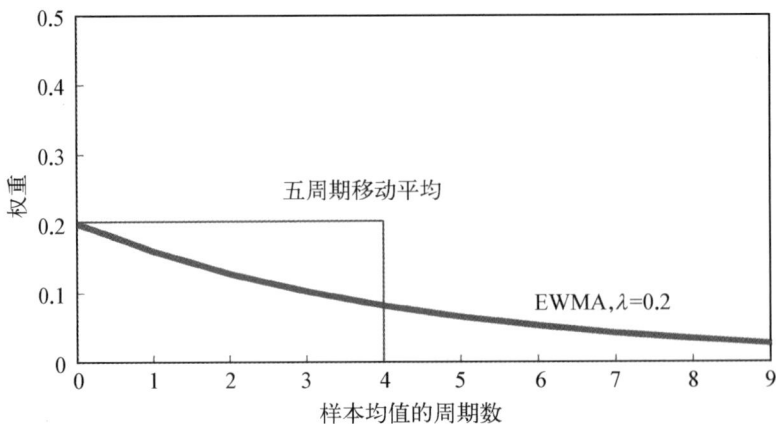

图 16-4 过去样本均值的权重

由于可控状态下 $x_i \sim N(\mu_0, \sigma^2)$,因此 z_i 的均值和方差分别为

$$\mu_{z_i} = E\big(\lambda \sum_{k=0}^{i-1}(1-\lambda)^k x_{i-k} + (1-\lambda)^i z_0\big)$$

$$= \sum_{k=0}^{i-1}(1-\lambda)^k \mu_0 + (1-\lambda)^i \mu_0 \qquad (16-15)$$

$$= \mu_0$$

$$\sigma_{z_i}^2 = \mathrm{Var}\big(\lambda \sum_{k=0}^{i-1}(1-\lambda)^k x_{i-k} + (1-\lambda)^i z_0\big)$$

$$= \lambda^2 \sum_{k=0}^{i-1}(1-\lambda)^{2k}\sigma_{x_{i-k}}^2 + (1-\lambda)^{2i}\sigma_{z_0}^2$$

$$= \lambda^2 \sum_{k=0}^{i-1}(1-\lambda)^{2k}\sigma^2 \qquad (16-16)$$

$$= \sigma^2\Big(\frac{\lambda^2}{1-(1-\lambda)^2}\Big)\big[1-(1-\lambda)^{2i}\big]$$

$$= \sigma^2\Big(\frac{\lambda}{2-\lambda}\Big)\big[1-(1-\lambda)^{2i}\big]$$

由于 z_i 服从正态分布，EWMA 控制图的中心线和控制限如下：

$$\mathrm{UCL} = \mu_0 + L\sigma\sqrt{\frac{\lambda}{(2-\lambda)}\big[1-(1-\lambda)^{2i}\big]} \qquad (16-17)$$

$$\mathrm{CL} = \mu_0 \qquad (16-18)$$

$$\mathrm{LCL} = \mu_0 - L\sigma\sqrt{\frac{\lambda}{(2-\lambda)}\big[1-(1-\lambda)^{2i}\big]} \qquad (16-19)$$

式中，系数 L 负责控制限的宽度，即控制图的第一类错误概率。

容易看出，$\big[1-(1-\lambda)^{2i}\big]$ 随着 i 的增大收敛于 1，即 EWMA 控制图运行一段时间后，控制限将接近以下稳态值：

$$\mathrm{UCL} = \mu_0 + L\sigma\sqrt{\frac{\lambda}{(2-\lambda)}} \qquad (16-20)$$

$$\mathrm{LCL} = \mu_0 - L\sigma\sqrt{\frac{\lambda}{(2-\lambda)}} \qquad (16-21)$$

当 i 值较小时，使用精确的控制限；当 i 值非常大时，可以使用稳态控制限。

16.3.2　参数设计方法

EWMA 控制图的参数包括控制限中使用的 L 和平滑系数 λ 的值。这两个参数对 EWMA 控制图性能的影响已有一些理论研究，参见 Crowder 以及 Lucas 和 Saccucci 的研究。

表 16-4 显示了 λ 取值从 $0.05 \sim 0.4$ 中 5 种不同的控制图设计。为了保证 5 种控制图在系统可控时的平均运行长度相同，即第一类错误概率相等，L 的值各不相同。可以看出，λ 越大，L 越大。

表 16 - 4　EMWA 控制图参数设计

| 均值偏移 δ(σ 的倍数) | L | 3.054 | 2.998 | 2.962 | 2.814 | 2.615 |
	λ	0.4	0.25	0.20	0.10	0.05
0		500	500	500	500	500
0.25		224	170	150	106	84.1
0.5		71.2	48.2	41.8	31.3	28.8
0.75		28.4	20.1	18.2	15.9	16.4
1		14.3	11.1	10.5	10.3	11.4
1.5		5.9	5.5	5.5	6.1	7.1
2		3.5	3.6	3.7	4.4	5.2
2.5		2.5	2.7	2.9	3.4	4.2
3		2	2.3	2.4	2.9	3.5
4		1.4	1.7	1.9	2.2	2.7

当均值偏倚较小时，小 λ 的控制图能够更快地报警；当均值偏倚较大时，大 λ 的控制图能够更快地报警。大 λ($\lambda=0.4$) 的控制图对监测 2 倍标准差以上的均值偏移有优势，能够最早报警。而对于比较小的均值偏移，如 $\delta=0.25\sigma$，则 $\lambda=0.05$ 比较适合。

与 CUSUM 控制图相似，EWMA 控制图在小偏移下表现良好，但对大偏移的反应不如休哈特控制图迅速。在不牺牲快速监测小均值偏移能力的前提下，进一步提高对大偏移敏感性的一个好方法是，将 EWMA 控制图与休哈特控制图相结合，在同一个控制图上同时绘制 x_i（或 $\bar{x}_i$）和 EWMA 统计量 z_i，以及休哈特和 EWMA 控制限。这样就构建了一个组合控制图，操作员很快就能够熟练地进行解读。联合的休哈特- EWMA 控制图对大偏移和小偏移都有效。

16.3.3　实际案例

案例依然采用表 16 - 1 的数据。

为监控此关键质量指标的均值偏移，根据表 16 - 4，构建 $\lambda=0.20$ 和 $L=2.962$ 的 EWMA 控制图。此时，控制图在受控状态下，平均运行链长 $\mathrm{ARL}_0 \simeq 500$。

EWMA 控制图的计算过程如表 16 - 5 所示。

表 16 - 5　EWMA 计算

抽样点 i	x_i	EWMA z_i	上控制限	下控制限
1	601.944	600.389	597.600	602.400
2	606.124	601.536	596.927	603.073

抽样点 i	x_i	EWMA z_i	上控制限	下控制限
3	600.461	601.321	596.564	603.436
4	602.153	601.487	596.351	603.649
5	595.956	600.381	596.221	603.779
6	606.429	601.591	596.140	603.860
7	598.194	600.911	596.089	603.911
8	600.051	600.739	596.057	603.943
9	590.800	598.751	596.036	603.964
10	605.282	600.058	596.023	603.977
11	604.241	600.894	596.015	603.985
12	600.336	600.783	596.009	603.991
13	603.182	601.263	596.006	603.994
14	612.232	603.456	596.004	603.996
15	604.236	603.612	596.002	603.998
16	598.566	602.603	596.002	603.998
17	612.286	604.540	596.001	603.999
18	598.539	603.340	596.001	603.999
19	606.899	604.051	596.000	604.000
20	604.568	604.155	596.000	604.000

为了说明计算结果,考虑第 1 抽样点, $x_1 = 601.944$ 。 EWMA 初始值为

$$z_1 = \lambda x_1 + (1-\lambda)z_0$$
$$= 0.2 \times 601.944 + 0.8 \times 600$$
$$= 600.389$$

因此, $z_1 = 600.389$ 是图 16-5 中控制图上绘制的第一个值。EWMA 的第二个值是

$$z_2 = \lambda x_2 + (1-\lambda)z_1$$
$$= 0.2 \times 606.124 + 0.8 \times 600.389$$
$$= 601.536$$

EWMA 统计量的其他值计算方法类似。

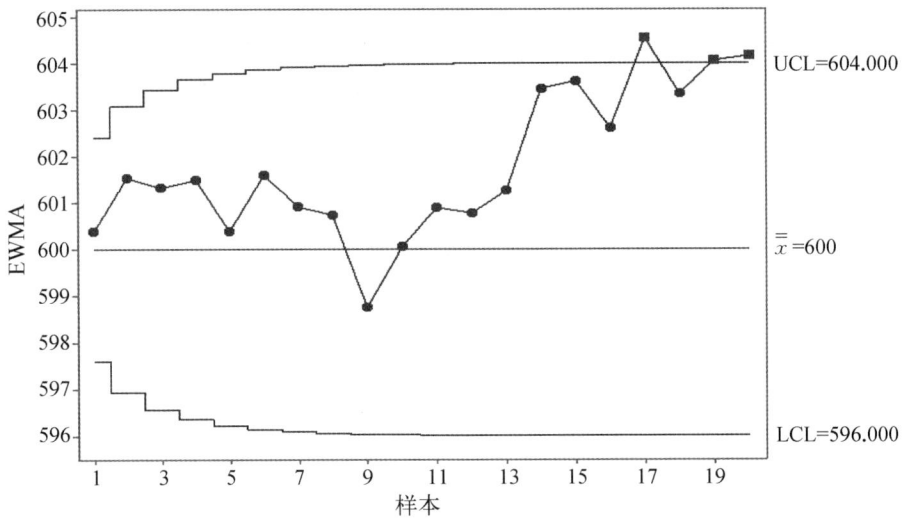

图 16-5　EWMA 控制图

图 16-5 中的控制限通过式(16-17)和式(16-19)计算得到。对于抽样点 1 有

$$\text{UCL} = \mu_0 + L\sigma\sqrt{\frac{\lambda}{(2-\lambda)}\big[1-(1-\lambda)^{2i}\big]}$$

$$= 600 + 3 \times 4\sqrt{\frac{0.2}{(2-0.2)}\big[1-(1-0.2)^2\big]}$$

$$= 602.400$$

$$\text{LCL} = \mu_0 - L\sigma\sqrt{\frac{\lambda}{(2-\lambda)}\big[1-(1-\lambda)^{2i}\big]}$$

$$= 600 - 3 \times 4\sqrt{\frac{0.2}{(2-0.2)}\big[1-(1-0.2)^2\big]}$$

$$= 597.600$$

对于抽样点 2，控制限如下：

$$\text{UCL} = \mu_0 + L\sigma\sqrt{\frac{\lambda}{(2-\lambda)}\big[1-(1-\lambda)^{2i}\big]}$$

$$= 600 + 3 \times 4\sqrt{\frac{0.2}{(2-0.2)}\big[1-(1-0.2)^{2\times2}\big]}$$

$$= 603.073$$

$$\text{LCL} = \mu_0 - L\sigma\sqrt{\frac{\lambda}{(2-\lambda)}\big[1-(1-\lambda)^{2i}\big]}$$

$$= 600 - 3 \times 4\sqrt{\frac{0.2}{(2-0.2)}\big[1-(1-0.2)^{2\times2}\big]}$$

$$= 596.927$$

从图 16-5 中注意到,随着数据不断增加,控制限的宽度不断增加,直到稳定在等式 (16-20)和式(16-21)给出的稳态值

$$UCL = \mu_0 + L\sigma\sqrt{\frac{\lambda}{(2-\lambda)}}$$

$$= 600 + 3 \times 4\sqrt{\frac{0.1}{(2-0.1)}}$$

$$= 604$$

$$LCL = \mu_0 - L\sigma\sqrt{\frac{\lambda}{(2-\lambda)}}$$

$$= 600 - 3 \times 4\sqrt{\frac{0.2}{(2-0.2)}}$$

$$= 596$$

图 16-5 中的 EWMA 控制图在抽样点 17 发出信号,因此可知该过程已失控。

习题

1. 什么是 CUSUM 控制图和 EWMA 控制图? 主要用途是什么? 质量数据需要符合哪些前提?
2. 与传统的 Shewhart 控制图相比,CUSUM 和 EWMA 控制图的优势是什么?
3. 假设一个过程的目标均值为 51,标准差为 5。某过程质量指标连续 20 次测量值如下:
63.7,52.2,53.1,53.5,49.3,45.4,57.6,52.3,55.7,50.7
41.7,52.9,48.8,48.0,46.7,45.3,59.7,42.7,48.9,48.6
   (1) 建立移动平均控制图(第一类错误概率为 0.002 7),计算移动平均控制量,并确定是否有超出控制限的情况。
   (2) 建立 EWMA 控制图(第一类错误概率为 0.002 7),计算 EWMA 控制量,并确定是否有超出控制限的情况。
   (3) 建立 CUSUM 控制图(第一类错误概率为 0.002 7),计算正向和负向的 CUSUM 值(假设初始值为 0,$k = 0.5$),并确定是否有超出控制限的情况。

参考文献

[1] MONTGOMERY D C. Introduction to statistical quality control [M]. 8th ed. Hoboken: John Wiley & Sons, Inc., 2019.

[2] PAGE E S. Continuous inspection schemes [J]. Biometrika, 1954, 41(1): 100-115.

[3] EWAN W D. When and how to use Cu-Sum charts [J]. Technometrics, 1963, 5(1): 1-22.

［4］PAGE E S. Cumulative Sum charts ［J］. Technometrics，1961，3(1)：1 - 9.

［5］GAN F F. An optimal design of CUSUM quality control charts ［J］. Journal of Quality Technology，1991，23(4)：279 - 286.

［6］LUCAS J M. The design and use of V-mask control schemes ［J］. Journal of Quality Technology，1976，8(1)：1 - 12.

［7］LUCAS J M. Combined shewhart-CUSUM quality control schemes ［J］. Journal of Quality Technology，1982，14(2)：51 - 59.

［8］HAWKINS D M. A CUSUM for a scale parameter ［J］. Journal of Quality Technology，1981，13(4)：228 - 231.

［9］HAWKINS D M. Cumulative sum control charting：an underutilized SPC tool ［J］. Quality Engineering，1993，5(3)：463 - 477.

［10］WOODALL W H，ADAMS B M. The statistical design of CUSUM charts ［J］. Quality Engineering，1993，5(4)：559 - 570.

［11］HAWKINS D M，OLWELL D H. Cumulative Sum charts and charting for quality improvement ［M］. New York：Springer Verlag，1998.

［12］CROWDER S. A simple method for studying run-length distributions of exponentially weighted moving average charts ［J］. Technometrics，1987，29(4)：401 - 407.

［13］CROWDER S V. Design of exponentially weighted moving average schemes ［J］. Journal of Quality Technology，1989，21(3)：155 - 162.

［14］LUCAS J M，SACCUCCI M S. Exponentially weighted moving average control schemes：properties and enhancements ［J］. Technometrics，1990，32(1)：1 - 12.

第 17 章　多变量控制图

前几章的控制图主要从单变量的角度讨论了过程监控,也就是说,只有一个感兴趣的过程输出变量或质量特征。然而,在实践中,许多过程监控和控制场景都涉及多个相关变量。尽管将单变量控制图应用于每个单独的变量是一种可能的解决方案,但这种方案非常低效,并可能导致错误的结论。因此,需要综合考虑多个量及其之间的关系,建立多变量控制图。

本章介绍单变量控制图在多变量场景下的扩展。Hotelling T^2 图与休哈特图类似。本章还包括 EWMA 控制图的多变量拓展,以及在多变量情况下监测变异性的一些方法。当过程变量的数量不太大时,比如 10 个或更少时,这些多变量控制图可以很好地工作。

本章的学习目标:

(1) 多元正态分布模型;

(2) 多变量样本估计均值向量和协方差矩阵;

(3) 建立和使用卡方控制图;

(4) 建立和使用 Hoteling T^2 控制图;

(5) 建立和使用多变量指数加权移动平均(MEWMA)控制图;

(6) 使用多变量控制图进行个体观察;

(7) 多变量控制图的第一阶段和第二阶段控制限。

17.1　概述

在半导体工业和微电子行业中,产品质量的稳定性和成品率的提高对多变量控制的需求日益增加,推动了多变量控制图技术的发展。H. Hotelling 于 1947 年首次提出了多变量 T^2 控制图,这标志着多变量控制图研究与应用的开始。多变量 T^2 控制图是单变量控制图的多维拓展,适用于变量之间的协方差矩阵未知的情形。除此之外,多变量控制图还有多种类型,如广义方差控制图、多变量 EWMA 控制图等。这些不同类型的控制图适用不同的应用场景,提高了多变量控制的灵活性和准确性。近年来,随着物联网、云计算等技术的普及,多变量控制系统的实现变得更加经济高效。这使得多变量控制图在实际生产和制造中得到了更广泛的应用。

多变量控制图适用于多个物理参数共同影响产品质量或生产过程稳定性的情况。多变量控制图在多个行业中都有广泛应用,包括半导体工业、微电子行业、化学工程、电气工程等。这些行业通常需要对多个相关变量进行同时监控和控制,以确保产品质量的稳定性和提高生产效率。例如,在注模塑料部件生产中,温度和压力是两个共同影响产品质量的关键因素。通过多变量控制图可以同时监控这两个参数,以更好地控制生产过程。在灌装生产线上应用多变量控制图可以监测生产过程是否稳定,及时发现生产中的异常并调整生产参数,以达到提高产品质量的目的。此外,多变量控制图还可以用于监测设备运行状态、预测故障等场景。

假设一个产品有长度 x_1 和宽度 x_2 两个关键的质量变量,这两个变量共同决定了零件的尺寸。假设长度和宽度相互独立,并且各自的分布都是正态分布,如图 17-1 所示。图 17-2 是两个变量的散点图。可以看到两个变量呈现了非常明显的正相关关系。

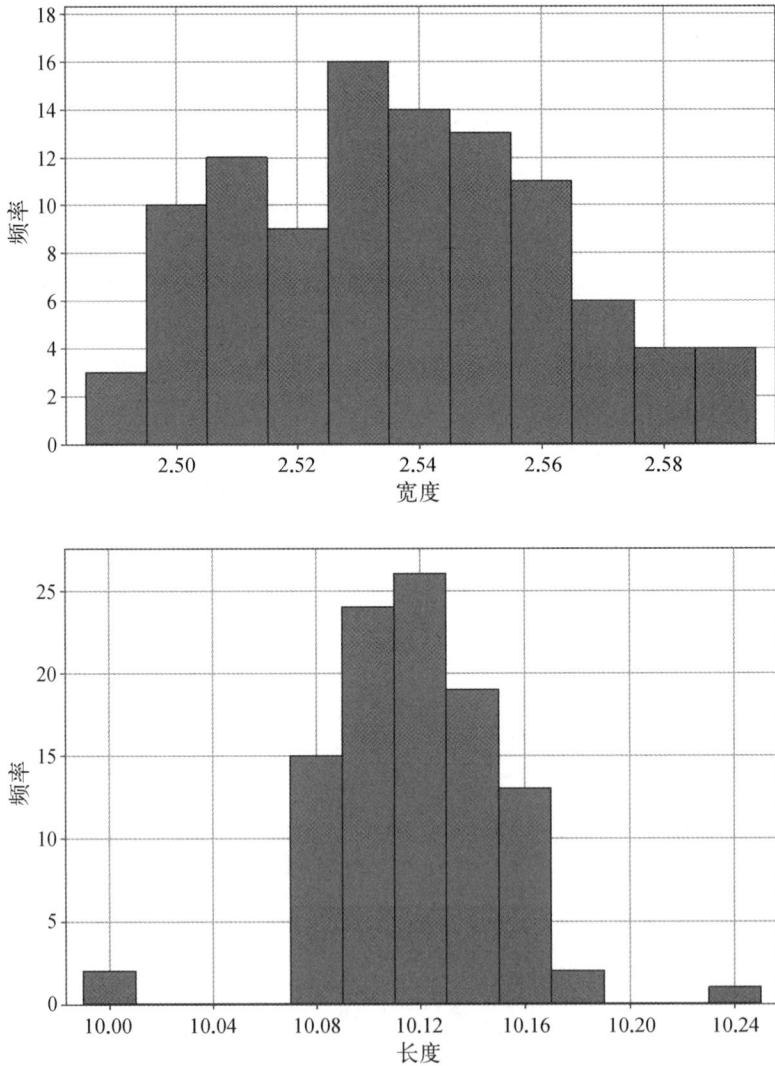

图 17-1　长度和宽度的直方图

因为两个质量特性都是测量值,所以可以通过应用常规均值控制图来分别监控它们,如图 17-3 所示。样品均值 $\bar{x}_1$ 和 $\bar{x}_2$ 在各自的控制限内时,该过程被认为是受控的。

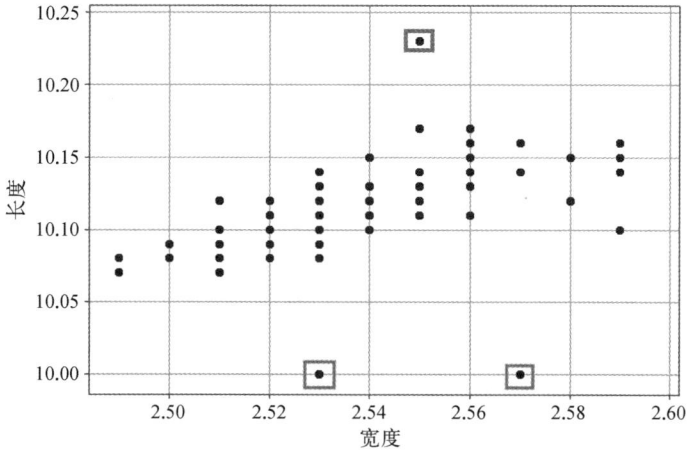

图 17-2　长度和宽度的散点图

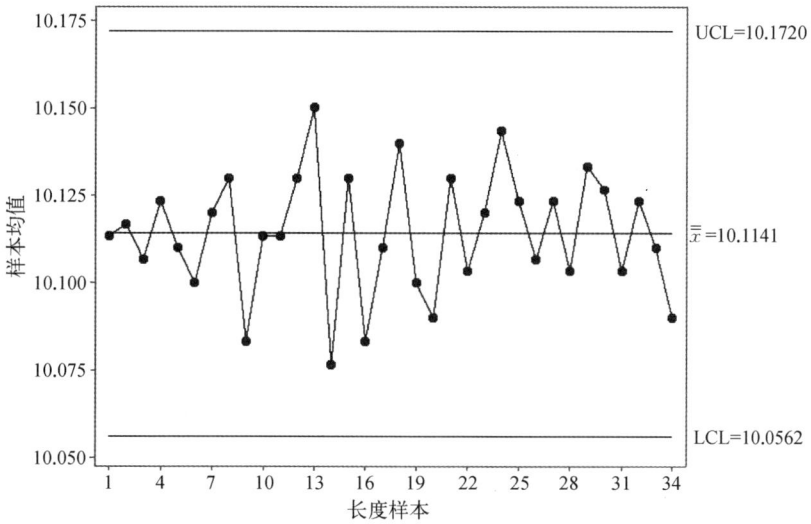

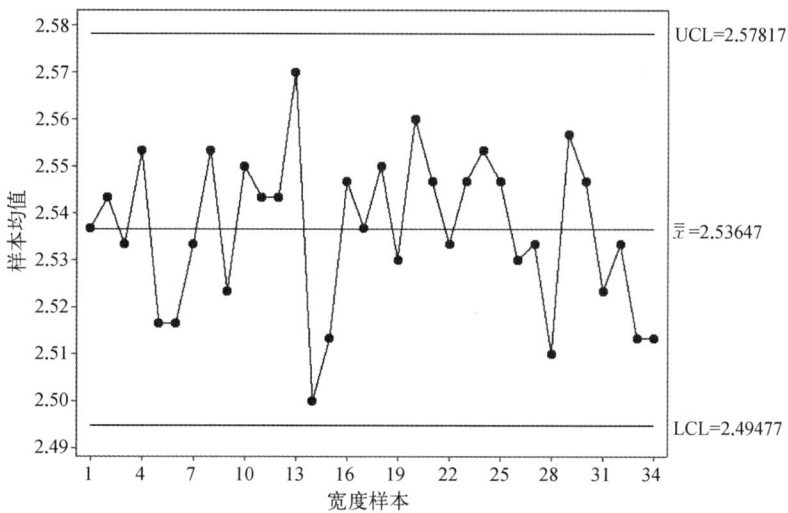

图 17-3　长度和宽度控制图

然而,通过观察图 17-1 和图 17-2 可以发现,图中至少有 3 个观测值偏离了大部分观测值的聚集位置。单独监测这 2 个质量特性可能会产生很大的误导。这 3 个点均在 x_1 和 x_2 的单变量控制图的受控范围之内。但是同时检查这 2 个变量时,这些点的异常相当明显。此外,x_1 或 x_2 超过三西格玛控制限的概率为 0.002 7。然而,当 2 个变量都处于受控状态时,它们同时超过控制限的联合概率为 0.002 7×0.002 7=0.000 007 29,远小于 0.002 7。此外,当该过程真正处于受控状态时,x_1 和 x_2 同时在控制限内的概率为 0.997 3×0.997 3= 0.994 607 29。因此,使用 2 个独立的 $\bar{x}$ 控制图对 x_1 和 x_2 进行同时监控会失真。

过程监控中的这种失真随着质量特性数量的增加而增加。一般来说,如果某一特定产品有 p 个统计上独立的质量特性,并且对每个特性都保持 $P\{\text{Ⅰ 类错误}\}=\alpha$ 构建控制图,则联合控制过程中Ⅰ类错误的真实概率为

$$\alpha' = 1-(1-\alpha)^p \qquad (17-1)$$

当过程处于受控状态时,p 个均值均处于其受控范围内的概率为

$$P\{p \text{ 个均值均处于其受控范围内}\} = (1-\alpha)^p \qquad (17-2)$$

显然,即使是中等程度的 p 值,都可能导致联合控制过程中的严重失真。此外,如果 p 个质量特性是关于同一个产品的,那么通常情况下它们并不独立,式(17-1)和式(17-2)就不成立。联合第一类错误概率的计算会更加复杂。

涉及多个相关变量的过程监控问题有时被称为多变量质量控制(或过程监控)问题。多变量质量控制的最初工作是由 Hotelling 完成的,他在第二次世界大战期间将他设计的程序应用于轰炸瞄准器数据。许多化学工艺工厂及半导体制造商经常需要收集数百个变量的制造数据,用单变量统计过程控制来监控或分析这些数据通常是无效的。因此,近年来多变量方法的使用大幅增加。

17.2 多元数据的分布

1. 多元正态分布

在单变量统计质量控制中,通常使用正态分布来描述连续型质量特性。一元正态概率密度函数是

$$f(x) = \frac{1}{\sqrt{2\pi\sigma^2}} e^{-\frac{1}{2}\left(\frac{x-\mu}{\sigma}\right)^2}, \quad -\infty < x < \infty \qquad (17-3)$$

正态分布的均值为 μ,方差为 σ^2。正态分布指数中的项(除负号外)可以写成如下形式:

$$(x-\mu)(\sigma^2)^{-1}(x-\mu) \qquad (17-4)$$

该项衡量了从 x 到平均值 μ 的平方标准化距离,其中"标准化"指该距离以标准差为单位来表示。

同样的方法也适用于多元正态分布的情形。假设有 p 个变量 x_1,x_2,$\cdots$,x_p,排列成 p 分量向量 $\boldsymbol{x}' = [x_1, x_2, \cdots, x_p]$。设 $\boldsymbol{\mu}' = [\mu_1, \mu_2, \cdots, \mu_p]$ 是 $\boldsymbol{x}$ 的均值向量,$p \times p$ 的协方差矩阵 $\boldsymbol{\Sigma}$ 中,主对角线元素是 $\boldsymbol{x}$ 的方差,非对角元素是协方差。$\boldsymbol{x}$ 到 $\boldsymbol{\mu}$ 的平方标准化(广

义)距离为

$$(\boldsymbol{x}-\boldsymbol{\mu})'\boldsymbol{\Sigma}^{-1}(\boldsymbol{x}-\boldsymbol{\mu}) \tag{17-5}$$

多元正态密度函数可以将式(17-4)中的标准化距离替换为式(17-5)中的多元广义距离,并将常数项改为更一般的形式,使概率密度函数下的面积为1,而不用考虑 p 的值。因此,多元正态概率密度函数是

$$f(\boldsymbol{x})=\frac{1}{(2\pi)^{\frac{p}{2}}\mid\boldsymbol{\Sigma}\mid^{\frac{1}{2}}}e^{-\frac{1}{2}(\boldsymbol{x}-\boldsymbol{\mu})'\boldsymbol{\Sigma}^{-1}(\boldsymbol{x}-\boldsymbol{\mu})} \tag{17-6}$$

其中,$-\infty<x_j<\infty$,$j=1,2,\cdots,p$。

2. 样本均值向量和协方差矩阵

假设 $\boldsymbol{x}_1,\boldsymbol{x}_2,\cdots,\boldsymbol{x}_n$ 为多元正态分布的随机样本,其中第 i 个样本向量包含 p 个变量 $x_{i1},x_{i2},\cdots,x_{ip}$ 的观测值,则样本均值向量为

$$\bar{\boldsymbol{x}}=\frac{1}{n}\sum_{i=1}^{n}\boldsymbol{x}_i \tag{17-7}$$

样本协方差矩阵为

$$\boldsymbol{S}=\frac{1}{n-1}\sum_{i=1}^{n}(\boldsymbol{x}_i-\bar{\boldsymbol{x}})(\boldsymbol{x}_i-\bar{\boldsymbol{x}})' \tag{17-8}$$

那么,矩阵 $\boldsymbol{S}$ 主对角线上的样本方差为

$$s_j^2=\frac{1}{n-1}\sum_{i=1}^{n}(x_{ij}-\bar{x}_j)^2 \tag{17-9}$$

样本协方差为

$$s_{jk}=\frac{1}{n-1}\sum_{i=1}^{n}(x_{ij}-\bar{x}_j)(x_{ik}-\bar{x}_k) \tag{17-10}$$

可以证明样本均值向量和样本协方差矩阵是相应总体量的无偏估计量,即

$$E(\bar{\boldsymbol{x}})=\boldsymbol{\mu},\ E(\boldsymbol{S})=\boldsymbol{\Sigma} \tag{17-11}$$

17.3 Hotelling T^2 控制图

最常见的多元过程控制图是监控过程均值向量的 Hotelling T^2 控制图,它是单变量休哈特图在多元分布上的拓展。本节介绍两个版本的 Hotelling T^2 控制图,一个用于分组数据,另一个用于单个观测值。

17.3.1 Hotelling T^2 控制图的设计

1. 分组数据

假设两个质量特性 x_1 和 x_2 的联合分布为二元正态分布,μ_1 和 μ_2 为质量特性平均值,σ_1 和 σ_2 分别为 x_1 和 x_2 的标准差,x_1 和 x_2 之间的协方差用 σ_{12} 表示。

假设在第 i 个抽样点抽取 n 个产品，$i=1,2,\cdots$，测量其 2 个质量特性得到的数据为 $\{(x_{i11},x_{i12}),(x_{i21},x_{i22}),\cdots,(x_{in1},x_{in2})\}$。定义 $\bar{x}_{i1}$ 和 $\bar{x}_{i2}$ 为基于这些样本计算出的 2 个质量特性在第 i 个抽样点的样本均值，则以下统计量服从自由度为 2 的卡方分布：

$$\chi_i^2 = \frac{n}{\sigma_1^2\sigma_2^2 - \sigma_{12}^2}\left[\sigma_2^2(\bar{x}_{i1}-\mu_1)^2 + \sigma_1^2(\bar{x}_{i2}-\mu_2)^2 - 2\sigma_{12}(\bar{x}_{i1}-\mu_1)(\bar{x}_{i2}-\mu_2)\right]$$

$$(17-12)$$

式(17-12)可作为过程均值 μ_1 和 μ_2 控制图的基础。如果过程均值保持在值 μ_1 和 μ_2 处，则 χ_0^2 的值应小于控制上限 $\mathrm{UCL} = \chi_{\alpha,2}^2$，其中 $\chi_{\alpha,2}^2$ 是自由度为 2 的卡方分布的上 α 分位数。如果至少有一个均值偏移到某个新的(失控)值，则统计值 χ_0^2 超过控制上限的概率增加。

将根据式(17-12)计算的每个样本的 χ_{i0}^2 值绘制在控制图上，控制图的上限为 $\chi_{\alpha,2}^2$，如图 17-4 所示。这类控制图通常被称为卡方控制图。

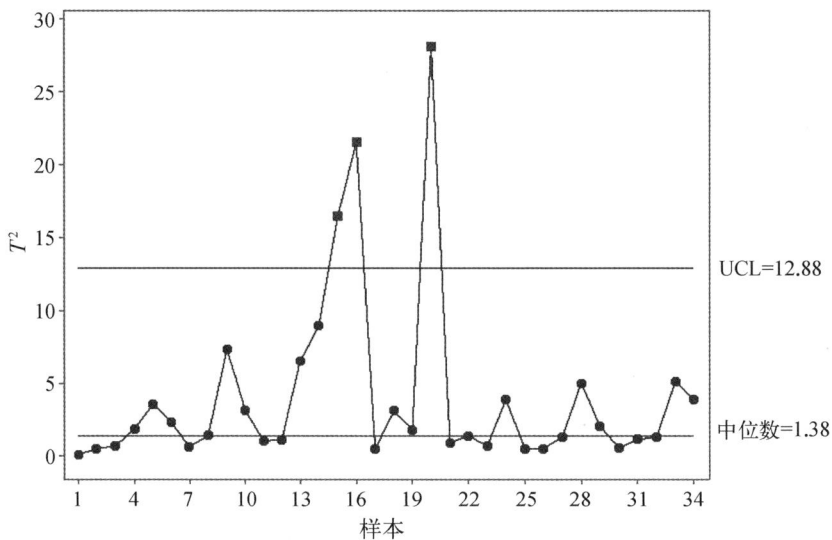

图 17-4 质量特性长度和宽度的卡方控制图

这些结论可以推广到联合监控 p 个相关质量特性的情况。假设 p 个质量特性的联合概率分布为 p 变量正态分布。当过程可控时，$\boldsymbol{\mu}^{\mathrm{T}} = [\mu_1,\mu_2,\cdots,\mu_p]$ 是每个质量特性的受控均值向量，$\boldsymbol{\Sigma}$ 是协方差矩阵。

假设在第 i 个抽样点抽取 n 个产品，$i=1,2,\cdots$，测量其 p 个质量特性得到的数据为 $\{(x_{i11},\cdots,x_{i1p}),(x_{i21},\cdots,x_{i2p}),\cdots,(x_{in1},\cdots,x_{inp})\}$。定义：

$$\bar{\boldsymbol{X}}_i = \begin{bmatrix} \bar{x}_{i1} \\ \bar{x}_{i2} \\ \vdots \\ \bar{x}_{ip} \end{bmatrix}$$

$$(17-13)$$

为基于这些样本计算出的 p 个质量特性在第 i 个抽样点的样本均值向量。在卡方控制图上绘制的每个样本的检验统计值为

$$\chi^2_{i0} = n(\overline{\boldsymbol{X}}_i - \boldsymbol{\mu})^{\mathrm{T}} \boldsymbol{\Sigma}^{-1} (\overline{\boldsymbol{X}}_i - \boldsymbol{\mu}) \tag{17-14}$$

控制图的上限是

$$\mathrm{UCL} = \chi^2_{\alpha, 2} \tag{17-15}$$

在实践中,通常需要收集样本估计 $\boldsymbol{\mu}$ 和 $\boldsymbol{\Sigma}$,这些样本是在假定过程处于受控状态时采集的。假设有 m 个这样的样本,样本均值和方差通常是根据每个样本计算出来的,即

$$\overline{x}_{jk} = \frac{1}{n} \sum_{i=1}^{n} x_{ijk}, \quad \begin{cases} j = 1, 2, \cdots, p \\ k = 1, 2, \cdots, m \end{cases} \tag{17-16}$$

$$s^2_{jk} = \frac{1}{n-1} \sum_{i=1}^{n} (x_{ijk} - \overline{x}_{jk})^2, \quad \begin{cases} j = 1, 2, \cdots, p \\ k = 1, 2, \cdots, m \end{cases} \tag{17-17}$$

其中 x_{ijk} 是第 k 个样本的质量特性 j 的第 i 个观测值。第 k 个样本的质量特性 j 和质量特性 h 之间的协方差为

$$s_{jhk} = \frac{1}{n-1} \sum_{i=1}^{n} (x_{ijk} - \overline{x}_{jk})(x_{ihk} - \overline{x}_{hk}), \quad \begin{cases} k = 1, 2, \cdots, m \\ j \neq h \end{cases} \tag{17-18}$$

然后根据所有 m 个样本对统计值 $\overline{x}_{jk}$、s^2_{jk} 和 s_{jhk} 求平均,得到

$$\overline{\overline{x}}_j = \frac{1}{m} \sum_{k=1}^{m} \overline{x}_{jk}, \quad j = 1, 2, \cdots, p \tag{17-19}$$

$$\overline{s}^2_j = \frac{1}{m} \sum_{k=1}^{m} s^2_{jk}, \quad j = 1, 2, \cdots, p \tag{17-20}$$

$$\overline{s}_{jh} = \frac{1}{m} \sum_{k=1}^{m} s_{jhk}, \quad j \neq h \tag{17-21}$$

$\{\overline{\overline{x}}_j\}$ 是向量 $\overline{\overline{\boldsymbol{x}}}$ 的元素,样本协方差矩阵 $\boldsymbol{S}$ 为

$$\boldsymbol{S} = \begin{bmatrix} \overline{s}^2_1 & \overline{s}_{12} & \overline{s}_{13} & \cdots & \overline{s}_{1p} \\ & \overline{s}^2_2 & \overline{s}_{23} & \cdots & \overline{s}_{2p} \\ & & \overline{s}^2_3 & \vdots & \vdots \\ & & & & \overline{s}^2_p \end{bmatrix} \tag{17-22}$$

当过程处于受控状态时,样本协方差矩阵 $\boldsymbol{S}$ 的均值是 $\boldsymbol{\Sigma}$ 的无偏估计值。

2. Hotelling T^2 控制图

假设采用式(17-22)中的 $\boldsymbol{S}$ 来估计 $\boldsymbol{\Sigma}$,向量 $\overline{\overline{\boldsymbol{x}}}$ 作为过程均值向量的控制值。如果将式(17-14)中的 $\boldsymbol{\mu}$ 和 $\boldsymbol{\Sigma}$ 替换为 $\overline{\overline{\boldsymbol{x}}}$ 和 $\boldsymbol{S}$,则统计量为

$$T^2 = n(\overline{\boldsymbol{x}} - \overline{\overline{\boldsymbol{x}}})^{\mathrm{T}} \boldsymbol{S}^{-1} (\overline{\boldsymbol{x}} - \overline{\overline{\boldsymbol{x}}}) \tag{17-23}$$

这种形式的控制图通常称为 Hotelling T^2 控制图。这是一个方向不变的控制图。也就是说,它检测均值向量偏移的能力只取决于偏移的大小,而不是方向。Alt 指出,在多变量质量控制应用中,必须根据控制图的使用方式,谨慎选择 Hotelling T^2 统计量[见式(17-23)]的

控制限。

控制图的使用有两个不同的阶段。第一阶段是使用控制图建立控制，也就是说，抽取 m 个初期子组并计算样本统计量 $\bar{x}$ 和 $\boldsymbol{S}$，测试过程是否处于控制状态。第一阶段的目标是获得一组受控中的观测值，以便为第二阶段确定控制限值，这是对未来生产的监测。第一阶段分析有时被称为回顾性分析。

Hotelling T^2 控制图的第一阶段控制限如下：

$$\text{UCL} = \frac{p(m-1)(n-1)}{mn-m-p+1} F_{\alpha,\,p,\,mn-m-p+1} \tag{17-24}$$

$$\text{LCL} = 0 \tag{17-25}$$

在第二阶段，当控制图用于监控未来生产时，控制限如下：

$$\text{UCL} = \frac{p(m+1)(n-1)}{mn-m-p+1} F_{\alpha,\,p,\,mn-m-p+1} \tag{17-26}$$

$$\text{LCL} = 0 \tag{17-27}$$

式(17-26)中的 UCL 就是式(17-24)中的 UCL 乘以 $(m+1)/(m-1)$。

3. 单个观测值

在某些工业环境中，子组大小 $n=1$，这种情况在化工和流程工业中经常发生。由于这些行业通常需要监控多个质量特性，因此 $n=1$ 的多变量控制图变得尤为重要。

假设有 m 个样本，每个样本的子组大小 $n=1$，p 是在每个样本中观察到的质量特性的数量。设 $\bar{x}$ 和 $\boldsymbol{S}$ 分别是这些观测值的样本均值向量和协方差矩阵。式(17-23)中的 Hotelling T^2 统计量变为

$$T^2 = (\boldsymbol{x} - \bar{\boldsymbol{x}})^{\mathrm{T}} \boldsymbol{S}^{-1} (\boldsymbol{x} - \bar{\boldsymbol{x}}) \tag{17-28}$$

该统计量的第二阶段控制限为

$$\text{UCL} = \frac{p(m+1)(m-1)}{m^2-mp} F_{\alpha,\,p,\,m-p} \tag{17-29}$$

$$\text{LCL} = 0 \tag{17-30}$$

当初始样本数 m 较大时，例如 $m > 100$，许多从业者使用近似控制限：

$$\text{UCL} = \frac{p(m-1)}{m-p} F_{\alpha,\,p,\,m-p} \tag{17-31}$$

或

$$\text{UCL} = \chi_{\alpha,\,p}^2 \tag{17-32}$$

当 $m > 100$ 时，式(17-31)是合理的近似值。式(17-32)中的卡方极限仅在协方差矩阵已知的情况下适用，但它被广泛用作近似值。Lowry 和 Montgomery 指出，应谨慎使用卡方极限。如果 p 很大，例如 $p \geqslant 10$，那么为使卡方上控制限接近正确值，必须至少采集 250 个样本 ($m \geqslant 250$)。

Tracy、Young 和 Mason 指出,如果 $n=1$,第一阶段的极限应该基于 beta 分布,据此将第一阶段限值定义为

$$\text{UCL} = \frac{(m-1)^2}{m} \beta_{\alpha, \frac{p}{2}, \frac{m-p-1}{2}} \qquad (17-33)$$

$$\text{LCL} = 0 \qquad (17-34)$$

式中,$\beta_{\alpha, p/2, (m-p-1)/2}$ 是 β 分布的上 α 分位数,参数为 $p/2$ 和 $(m-p-1)/2$。基于 F 分布和卡方分布的第一阶段限值近似值可能不准确。

在单个观测值的情况下,一个重要的问题是估计协方差矩阵 $\boldsymbol{\Sigma}$。Sullivan 和 Woodall 对此进行了出色的讨论和分析,并比较了几种估计量。另见 Williams、Woodall、Birch 和 Sullivan 的文献。其中一种方法是通过简单地汇集所有 m 个观测值得到的"普通"估计量,如:

$$\boldsymbol{S}_1 = \frac{1}{m-1} \sum_{i=1}^{m} (\boldsymbol{x}_i - \bar{\boldsymbol{x}})(\boldsymbol{x}_i - \bar{\boldsymbol{x}})' \qquad (17-35)$$

期望 $\boldsymbol{S}_1$ 对 n 个观测值原始样本中的异常值或失控观测值敏感,正如在 $n=1$ 的单变量情况下一样。第二个估计量(最初由 Holmes 和 Mergen 提出)使用了连续观测值对之间的差异:

$$\boldsymbol{v}_i = \boldsymbol{x}_{i+1} - \boldsymbol{x}_i, \; i=1, \, 2, \, \cdots, \, m-1 \qquad (17-36)$$

把这些向量排列成矩阵 $\boldsymbol{V}$:

$$\boldsymbol{V} = \begin{bmatrix} \boldsymbol{v}'_1 \\ \boldsymbol{v}'_2 \\ \vdots \\ \boldsymbol{v}'_{m-1} \end{bmatrix} \qquad (17-37)$$

$\boldsymbol{\Sigma}$ 的估计量是这些差值的样本协方差矩阵的一半:

$$\boldsymbol{S}_2 = \frac{1}{2} \frac{\boldsymbol{V}'\boldsymbol{V}}{(m-1)} \qquad (17-38)$$

17.3.2　实际案例

1. 分组数据

玩具的质量和长度是两个重要的质量指标,需要对两者进行联合监控。质量工程师决定在每个样本中采用 $n=4$ 个玩具样品。他已经采集了 20 个初期样本,在这些数据的基础上得出 $\bar{x}_1 = 10.112\,5$,$\bar{x}_2 = 2.536$,$\bar{s}_1^2 = 0.000\,991\,14$,$\bar{s}_2^2 = 0.000\,515\,44$,$\bar{s}_{12} = 0.000\,5$。基于这些数据构建 Hotelling T^2 控制图。

本例中使用的数据和汇总统计结果如表 17-1 的(a)列和(b)列所示。用于过程控制的统计量为

$$T^2 = \frac{4}{(0.000\,991\,14)(0.000\,515\,44) - (0.000\,5)^2} \big[0.000\,515\,44(\bar{x}_1 - 10.112\,5)^2$$
$$+ 0.000\,991\,14(\bar{x}_2 - 2.536)^2 - 2(0.000\,5)(\bar{x}_1 - 10.112\,5)(\bar{x}_2 - 2.536) \big]$$

表 17-1　案　例　数　据

样本编号 k	(a) 均值		(b) 方差和协方差			控制图统计量
	质量 $\bar{x}_1$	长度 $\bar{x}_2$	$\bar{s}_1^2$	$\bar{s}_2^2$	$\bar{s}_{12}$	T_k^2
1	10.120 0	2.550 0	0.000 466 7	0.000 066 7	0.000 166 7	1.813 247 8
2	10.110 0	2.535 0	0.000 666 7	0.000 833 3	0.000 733 3	0.026 260 1
3	10.122 5	2.535 0	0.000 758 3	0.000 700 0	0.000 716 7	0.958 858 8
4	10.107 5	2.515 0	0.000 691 7	0.000 300 0	0.000 450 0	5.289 600 3
5	10.117 5	2.530 0	0.000 691 7	0.000 733 3	0.000 633 3	1.204 677 8
6	10.120 0	2.545 0	0.000 866 7	0.000 433 3	0.000 600 0	0.640 554 0
7	10.100 0	2.512 5	0.000 066 7	0.000 225 0	0.000 600 0	5.123 478 6
8	10.117 5	2.542 5	0.001 291 7	0.000 758 3	0.000 975 0	0.341 340 8
9	10.120 0	2.535 0	0.001 000 0	0.000 566 7	0.000 733 3	0.574 756 5
10	10.132 5	2.547 5	0.001 291 7	0.001 625 0	0.001 408 3	1.644 542 5
11	10.077 5	2.505 0	0.000 091 7	0.000 033 3	−0.000 050 0	7.649 686 3
12	10.125 0	2.537 5	0.000 166 7	0.001 091 7	0.000 416 7	0.981 589 0
13	10.117 5	2.542 5	0.000 491 7	0.000 825 0	0.000 508 3	0.341 340 8
14	10.087 5	2.540 0	0.003 691 7	0.000 200 0	0.000 600 0	6.716 032 7
15	10.090 0	2.537 5	0.004 200 0	0.000 091 7	0.000 500 0	4.552 733 9
16	10.115 0	2.542 5	0.000 966 7	0.000 158 3	0.000 350 0	0.442 317 0
17	10.117 5	2.540 0	0.000 891 7	0.000 066 7	0.000 166 7	0.134 076 5
18	10.137 5	2.552 5	0.000 558 3	0.000 025 0	0.000 008 3	2.752 108 9
19	10.122 5	2.545 0	0.000 625 0	0.000 633 3	0.000 583 3	0.641 328 3
20	10.092 5	2.530 0	0.000 491 7	0.000 266 7	0.000 333 3	1.868 448 6

　　图 17-5 为本例中的 Hotelling T^2 控制图。将此视为第一阶段,在初期样本中建立统计控制,并根据式(17-24)计算上控制限。如果 $\alpha = 0.001$,则 UCL 为

$$\begin{aligned}
\text{UCL} &= \frac{p(m-1)(n-1)}{mn-m-p+1} F_{\alpha,\,p,\,mn-m-p+1} \\
&= \frac{2 \times 19 \times 3}{20 \times 4 - 20 - 2 + 1} F_{0.001,\,2,\,20(4)-20-2+1} \\
&= \frac{114}{59} F_{0.001,\,2,\,59}
\end{aligned}$$

$$= 1.93 \times 7.78$$

$$= 15.03$$

如图 17 - 5 所示,由于没有任何点超过此限值,因此该过程处于控制之中。第二阶段控制限根据式(17 - 26)计算。如果 $\alpha = 0.001$,上控制限 UCL $= 16.61$。 如果使用近似的卡方控制限,将得到 $\chi^2_{0.001, 2} = 13.816$,这对于第一阶段和第二阶段的正确控制限来说都显得过小。此处用于估算第二阶段控制限的数据量非常小,如果后续样本持续处于受控状态,则应使用新数据来修正控制限。

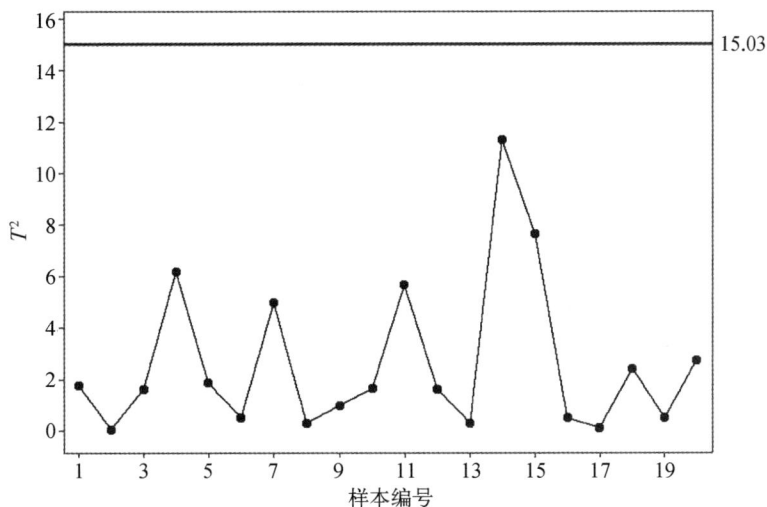

图 17 - 5 玩具的质量和长度的 Hotelling T^2 控制图

2. 单个观测值

表 17 - 2 是某款红酒的两个质量相关变量酒精和镁含量的数据。

表 17 - 2 红 酒 数 据

样本编号 i	酒精含量/%	镁含量/mg	样本编号 i	酒精含量/%	镁含量/mg
1	14.23	12.7	9	14.83	9.7
2	13.2	10.0	10	13.86	9.8
3	13.16	10.1	11	14.1	10.5
4	14.37	11.3	12	14.12	9.5
5	13.24	11.8	13	13.75	8.9
6	14.2	11.2	14	14.75	9.1
7	14.39	9.6	15	14.38	10.2
8	14.06	12.1	16	13.63	11.2

样本编号 i	酒精含量/%	镁含量/mg	样本编号 i	酒精含量/%	镁含量/mg
17	14.3	12.0	34	13.49	8.7
18	13.83	11.5	35	12.99	13.9
19	14.19	10.8	36	11.96	10.1
20	13.64	11.6	37	11.66	9.7
21	12.37	8.8	38	13.03	8.6
22	12.33	10.1	39	11.84	11.2
23	12.64	10.0	40	12.33	13.6
24	13.67	9.4	41	12.7	10.1
25	12.37	8.7	42	12	8.6
26	12.17	10.4	43	12.72	8.6
27	12.37	9.8	44	12.08	7.8
28	13.11	7.8	45	13.05	8.5
29	12.37	7.8	46	11.84	9.4
30	13.34	11.0	47	12.67	9.9
31	12.21	15.0	48	12.16	9.0
32	12.29	10.3	49	11.65	8.8
33	13.86	8.6	50	11.64	8.4

这些数据的均值向量是 $\bar{\pmb{x}}' = [13.102\,8，101.24]$。 两个样本的协方差矩阵是

$$\pmb{S}_1 = \begin{bmatrix} 0.861\,75 & 0.277\,829 \\ 0.277\,829 & 2.494\,514 \end{bmatrix}, \pmb{S}_2 = \begin{bmatrix} 0.305\,774 & -0.440\,92 \\ -0.440\,92 & 175.5 \end{bmatrix}$$

如图 17-6 所示为本例的 Hotelling T^2 控制图。结果表明,如果只考虑样本 1~20,样本均值向量为

$$\bar{\pmb{x}}'_{1-20} = [14.01，10.68]$$

如果只考虑最后 30 个观测值,样本均值向量为

$$\bar{\pmb{x}}'_{21-50} = [12.50，9.753]$$

样本 20 之后的均值向量有明显的偏移,这可由基于 $\pmb{S}_2$ 的控制图有效监测。

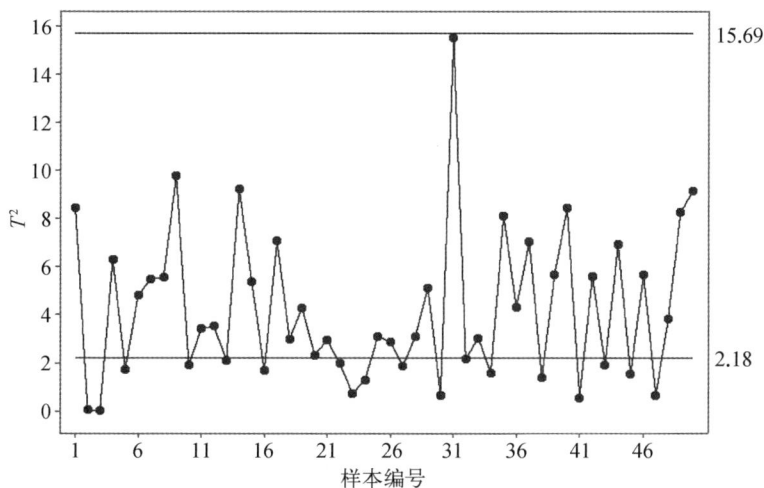

(a) 使用$\boldsymbol{S}_1$的Hotelling T^2控制图

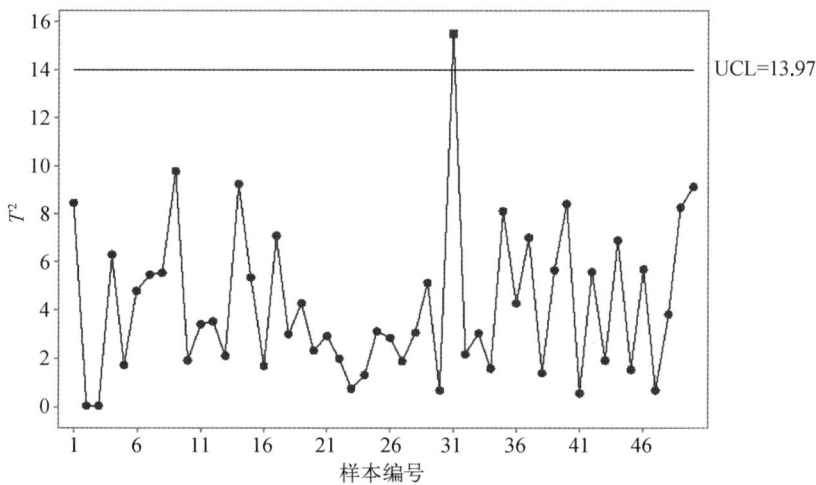

(b) 使用$\boldsymbol{S}_2$的Hotelling T^2控制图

图 17‑6 红酒中酒精和镁含量的 Hotelling T^2 控制图

17.4 多变量指数加权移动平均控制图

上节中描述的卡方图和 Hotelling T^2 图都是休哈特控制图。也就是说,它们仅使用当前样本的信息判断过程是否可控,因此对均值向量的小幅度和中等程度的偏移相对不敏感。CUSUM 和 EWMA 控制图的开发是为了提高对单变量小偏移的敏感性,它们同样可以扩展到多变量质量控制问题。

17.4.1 多变量指数加权移动平均控制图的定义

Crosier 以及 Pignatiello 和 Runger 提出了几个多元 CUSUM 程序。Lowry 等开发了多

变量指数加权移动平均(multivariate EWMA，MEWMA)控制图。MEWMA 是单变量 EWMA 的逻辑扩展，定义如下：

$$\boldsymbol{Z}_i = \lambda \boldsymbol{x}_i + (1-\lambda)\boldsymbol{Z}_{i-1} \qquad (17-39)$$

式中，$0 \leqslant \lambda \leqslant 1$，$\boldsymbol{Z}_0 = \boldsymbol{0}$。绘制在控制图上的统计量为

$$T_i^2 = \boldsymbol{Z}_i' \sum_{\boldsymbol{Z}_i}^{-1} \boldsymbol{Z}_i \qquad (17-40)$$

其中协方差矩阵为

$$\boldsymbol{\Sigma}_{\boldsymbol{Z}_i} = \frac{\lambda}{2-\lambda}\left[1-(1-\lambda)^{2i}\right]\boldsymbol{\Sigma} \qquad (17-41)$$

类似于单变量 EWMA 的方差。

17.4.2　参数设计方法

Prabhu 和 Runger 利用 Brook 和 Evans 的马尔可夫链方法，对 MEWMA 控制图的平均运行长度进行了全面的分析。他们提供图表来指导 MEWMA 上控制限的选择，例如 UCL＝H，表 17－3 和表 17－4 包含这一类信息。表 17－3 列出了当 $p = 2$，4，6，10，15 时，MEWMA 在不同 λ 值下的 ARL 性能。选择控制限为 H，使对照组 $\text{ARL}_0 = 200$。此表中的 ARL 都是零状态 ARL，即假设在启动控制图时，过程处于受控状态。偏移量通过非中心性参数衡量：

$$\delta = (\boldsymbol{\mu}'\boldsymbol{\Sigma}^{-1}\boldsymbol{\mu})^{\frac{1}{2}} \qquad (17-42)$$

基本上，δ 值越大，平均值的变化越大。$\delta = 0$ 表示过程处于控制状态(这一点成立，因为可以使用"标准化"数据构建控制图)。对于给定的偏移大小，除了非常大的 δ 值(或较大的偏移量)，ARL 通常会随着 λ 的增加而增加。

表 17－3　MEWMA 控制图的平均运行长度(零状态)

| p | δ | \multicolumn{8}{c|}{λ} |
		0.05	0.1	0.2	0.3	0.4	0.5	0.6	0.8
		$H = 7.35$	8.64	9.65	10.08	10.31	10.44	10.52	10.58
	0	199.93	199.98	199.91	199.82	199.83	200.16	200.04	200.2
	0.5	26.61	28.07	35.17	44.1	53.82	64.07	74.5	95.88
2	1	11.23	10.15	10.2	11.36	13.26	15.88	19.24	28.65
	1.5	7.14	6.11	5.49	5.48	5.78	6.36	7.25	10.28
	2	5.28	4.42	3.78	3.56	3.53	3.62	3.84	4.79
	3	3.56	2.93	2.42	2.20	2.05	1.95	1.9	1.91

p	δ	λ							
		0.05	0.1	0.2	0.3	0.4	0.5	0.6	0.8
4		$H=11.22$	12.73	13.87	14.34	14.58	14.71	14.78	14.85
	0	199.84	200.12	199.94	199.91	199.96	200.05	199.99	200.05
	0.5	32.29	35.11	46.30	59.28	72.43	85.28	97.56	120.27
	1	13.48	12.17	12.67	14.81	18.12	22.54	28.06	42.58
	1.5	8.54	7.22	6.53	6.68	7.31	8.40	10.03	15.40
	2	6.31	5.19	4.41	4.20	4.24	4.48	4.93	6.75
	3	4.23	3.41	2.77	2.50	2.36	2.27	2.24	2.37
6		$H=14.60$	16.27	17.51	18.01	18.26	18.39	18.47	18.54
	0	200.11	200.03	200.11	200.18	199.81	200.01	199.87	200.17
	0.5	36.39	40.38	54.71	70.30	85.10	99.01	111.65	133.91
	1	15.08	13.66	14.63	17.71	22.27	28.22	35.44	53.51
	1.5	9.54	8.01	7.32	7.65	8.60	10.20	12.53	20.05
	2	7.05	5.74	4.88	4.68	4.80	5.20	5.89	8.60
	3	4.72	3.76	3.03	2.72	2.58	2.51	2.51	2.77
10		$H=20.72$	22.67	24.07	24.62	24.89	25.03	25.11	25.17
	0	199.91	199.95	200.08	200.01	199.98	199.84	200.12	200.00
	0.5	42.49	48.52	67.25	85.68	102.05	116.25	128.82	148.96
	1	17.48	15.98	17.92	22.72	29.47	37.81	47.54	69.71
	1.5	11.04	9.23	8.58	9.28	10.91	13.49	17.17	28.33
	2	8.15	6.57	5.60	5.47	5.77	6.48	7.68	12.15
	3	5.45	4.28	3.43	3.07	2.93	2.90	2.97	3.54
15		$H=27.82$	30.03	31.59	32.19	32.48	32.63	32.71	32.79
	0	199.95	199.89	200.08	200.03	199.96	199.91	199.93	200.16
	0.5	48.2	56.19	78.41	98.54	115.36	129.36	141.10	159.55
	1	19.77	18.28	21.40	28.06	36.96	47.44	59.03	83.86
	1.5	12.46	10.41	9.89	11.08	13.53	17.26	22.38	37.07

p	δ	λ							
		0.05	0.1	0.2	0.3	0.4	0.5	0.6	0.8
15	2	9.2	7.36	6.32	6.30	6.84	7.97	9.80	16.36
	3	6.16	4.78	3.80	3.43	3.29	3.31	3.49	4.49

注：PRABHU S S, RUNGER G C. Designing a multivariate EWMA control chart [J]. Journal of Quality Technology, 1997, 29(1)：8-15.

$\lambda=1$ 的 MEWMA 相当于 Hotelling T^2（或卡方）控制图，因此 MEWMA 对较小的偏移更敏感，这与单变量情况类似。MEWMA 是方向不变的，为描述其在任意均值向量偏移下的性能，只需确定相应的 δ 值。

表 17-4 给出了不同偏移量（δ 值）下的"最优"MEWMA 控制图设计，控制目标值 ARL_0 为 500 或 1 000。ARL_{min} 是针对指定的 λ 值实现的 ARL_1 的最小值。为了说明 MEWMA 控制图的设计，假设 $p=6$，协方差矩阵为

$$\boldsymbol{\Sigma}=\begin{bmatrix} 1 & 0.7 & 0.9 & 0.3 & 0.2 & 0.3 \\ 0.7 & 1 & 0.8 & 0.1 & 0.4 & 0.2 \\ 0.9 & 0.8 & 1 & 0.1 & 0.2 & 0.1 \\ 0.3 & 0.1 & 0.1 & 1 & 0.2 & 0.1 \\ 0.2 & 0.4 & 0.2 & 0.2 & 1 & 0.1 \\ 0.3 & 0.2 & 0.1 & 0.1 & 0.1 & 1 \end{bmatrix}$$

注意 $\boldsymbol{\Sigma}$ 是以相关形式（correlation form）表示的。假设想监测从 $\boldsymbol{\mu}'=0$ 到 $\boldsymbol{\mu}'=[1,1,1,1,1,1]$ 的偏移，即所有 $p=6$ 个变量向上偏移了 σ。对于该偏移量，$\delta=(\boldsymbol{\mu}'\boldsymbol{\Sigma}^{-1}\boldsymbol{\mu})^{1/2}=1.86$。表 17-3 表明，$\lambda=0.2$ 和 $H=17.51$ 时，控制范围内的 $ARL_0=200$，并且 ARL_1 将在 4.88～7.32 之间。结果表明，如果平均值比原始向量 μ 移动任意常数倍 k，那么 δ 变为 $k\delta$。因此，ARL 性能易于评估。例如，如果 $k=1.5$，则新的 $\delta=1.5\times1.86=2.79$，并且 ARL_1 将介于 3.03～4.88 之间。

表 17-4　最优 MEWMA 控制图

δ		$p=4$		$p=10$		$p=20$	
0	$ARL_0=$	500	1 000	500	1 000	500	1 000
0.5	λ	0.04	0.03	0.03	0.025	0.03	0.025
	H	13.37	14.68	22.69	24.7	37.09	39.63
	ARL_{min}	42.22	49.86	55.94	66.15	70.2	83.77
1	λ	0.105	0.09	0.085	0.075	0.075	0.065
	H	15.26	16.79	25.42	27.38	40.09	42.47
	ARL_{min}	14.6	16.52	19.29	21.74	24.51	27.65

续　表

δ		$p=4$		$p=10$		$p=20$	
1.5	λ	0.18	0.18	0.16	0.14	0.14	0.12
	H	16.03	17.71	26.58	28.46	41.54	43.8
	ARL_{min}	7.65	8.5	10.01	11.07	12.7	14.01
2	λ	0.28	0.26	0.24	0.22	0.2	0.18
	H	16.49	18.06	27.11	29.02	42.15	44.45
	ARL_{min}	4.82	5.3	6.25	6.84	7.88	8.6
3	λ	0.52	0.46	0.42	0.4	0.36	0.34
	H	16.84	18.37	27.55	29.45	42.8	45.08
	ARL_{min}	2.55	2.77	3.24	3.5	4.04	4.35

注：PRABHU S S, RUNGER G C. Designing a multivariate EWMA control chart [J]. Journal of Quality Technology, 1997, 29(1): 8-15.

习题

1. 某汽车制造厂利用物联网技术，采集了每台白车身数十个关键测量点的三维坐标数据。如果将 Hotelling T^2 或 MCUSUM 控制图用于监控白车身关键测点的三维坐标是否稳定，可能有哪些局限性，又如何改进？
2. 给出多元正态分布的多变量 EWMA 均值向量控制图的设计方法。讨论该控制图的设计包含哪些关键参数，给出这些参数的最优设置方法。
3. 基于 CUSUM 控制图，给出多元正态分布的 Phase Ⅱ 均值向量控制图。讨论该控制图的设计包含哪些关键参数，给出这些参数的最优设置方法。
4. 在大规模客户化定制环境下，柔性生产线上需要监控的质量指标越来越多，质量指标的数据采集时间间隔越来越小，这给质量控制图的应用带来了哪些挑战？该如何应对？

参考文献

[1] HICKS C R. Some applications of hotelling's T^2 [J]. Industrial Quality Control, 1982, 11(9): 23-29.
[2] JACKSON J E. Quality control methods for two related variables [J]. Industrial Quality Control, 1956, 12(7): 4-8.
[3] JACKSON J E. Quality control methods for several related variables [J]. Technometrics,

1959，1(4)：359 - 377.

［ 4 ］JACKSON J E. Multivariate quality control ［J］. Communications in Statistics-Theory and Methods，1985，14(11)：2657 - 2688.

［ 5 ］CROSIER R B. Multivariate generalizations of cumulative Sum quality-control schemes ［J］. Technometrics，1988，30(3)：291 - 303.

［ 6 ］HAWKINS D M. Multivariate quality control based on regression-adiusted variables ［J］. Technometrics，1991，33(1)：61 - 75.

［ 7 ］HAWKINS D M. Regression adjustment for variables in multivariate quality control ［J］. Journal of Quality Technology，1993，25(3)：170 - 182.

［ 8 ］LOWRY C A，WOODALL W H，CHAMP C W，et al. A multivariate exponentially weighted moving average control chart ［J］. Technometrics，1992，34(1)：46 - 53.

［ 9 ］LOWRY C A，MONTGOMERY D C. A review of multivariate control charts ［J］. IIE Transactions，1995，27(6)：800 - 810.

［10］PIGNATIELLO Jr J J，RUNGER G C. Comparisons of multivariate CUSUM charts ［J］. Journal of Quality Technology，1990，22(3)：173 - 186.

［11］TRACY N D，YOUNG J C，MASON R L. Multivariate control charts for individual observations ［J］. Journal of Quality Technology，1992，24(2)：88 - 95.

［12］MONTGOMERY D C，WADSWORTH H M. Some techniques for multivariate quality control applications ［C］//ASQC technical conference transactions. 1972，26：427 - 435.

［13］ALT F B. Multivariate quality control ［M］. New York：Encyclopedia of Statistical Sciences，1985.

［14］SULLIVAN J H，WOODALL W H. A comparison of multivariate control charts for individual observations ［J］. Journal of Quality Technology，1996，28(4)：398 - 408.

［15］WILLIAMS J D，WOODALL W H，BIRCH J B，et al. Distribution of hotelling's T^2 statistic based on the successive differences estimator ［J］. Journal of Quality Technology，2006，38(3)：217 - 229.

［16］HOLMES D S，MERGEN A E. Improving the performance of the T^2 control chart ［J］. Quality Engineering，1993，5(4)：619 - 625.

［17］BROOK D，EVANS D A. An approach to the probability distribution of CUSUM run length ［J］. Biometrika，1972，59(3)：539 - 549.

第7篇

应 用 与 前 沿

半亩方塘一鉴开,天光云影共徘徊。

问渠那得清如许? 为有源头活水来。

——朱熹《观书有感·其一》

南宋朱熹在诗中不仅形象地描绘了池塘因有源头活水的注入而清澈明净的景象,更隐喻着知识与智慧的不断更新与深化。这正是质量管理领域中应用与前沿研究相辅相成的真实写照。

质量管理的方法论在各行各业中广泛应用,相关案例不胜枚举。这些案例展示了质量管理方法论在实际操作中的广泛应用与显著成效,证明了其在提升产品质量、优化流程和减少浪费等方面的巨大价值。然而,质量管理并非一成不变,其发展依赖于不断的创新与进步。正如诗中所述,清澈的池水离不开源头活水的滋养,质量管理方法论的创新也同样依赖于学术界的不断研究和推进。

在DMAIC方法论的框架下,随着科技的进步,新的工具与技术不断涌现并融入质量管理的实践中。例如,人工智能与大数据分析的引入,极大地丰富了DMAIC工具箱的内涵,使得问题分析与解决更加高效和精准。然而,尽管工具与技术日新月异,方法论的重要性依旧不容忽视。方法论不仅帮助理解如何合理选择和应用这些工具,更重要的是,它让大家理解人类智能在其中的重要性及扮演的角色。

应用落地是质量管理的核心,它将理论与工具转化为实际成果,解决现实中的质量问题,为企业和社会创造实际价值。而前沿科研则是质量管理的"源头活水",为持续创新提供源源不断的动力。

第 18 章　DMAIC 质量管理案例

本章通过两个实际案例,展示了六西格玛方法在质量改进领域的应用实践。

本章的学习目标:

(1) 了解六西格玛方法的 5 个基本步骤 DMAIC 在实际问题中的应用;

(2) 熟悉帕累托图、鱼骨图、测量系统分析、过程能力分析、控制图等质量工具在质量改善中的具体应用。

18.1　基于 DMAIC 的连杆质量改善

A 公司是一家汽车发动机制造商。本案例以该公司一条连杆产线作为研究对象,介绍基于六西格玛质量管理流程对连杆产线新产品量产初期质量进行控制的应用过程。通过对比连杆产线前后质量控制情况,验证了六西格玛质量管理流程对连杆产线产品质量控制的可行性和有效性。

2018 年,A 公司发现发动机连杆是质量问题比较突出的零部件之一。在批量生产的前 3 个月,平均工废率为 3.5%,前 6 个月的平均工废率为 3%,远超目标工废率 2%。在零件量产初期稳定产品质量,满足顾客对连杆的质量需求,是 A 公司目前面临的挑战之一。

A 公司以连杆产线作为试点产线,实施六西格玛管理,目标是降低工废率,提升产能和效益。

18.1.1　定义

定义是六西格玛质量管理步骤中的第一步,是整个六西格玛质量管理流程中最为重要的一步,决定着整个项目是否能够取得成功。

1. 问题定义

在连杆产线正式批量生产前,连杆产线工程师根据连杆产线以往的生产经验制作了新型号连杆的工废统计表。通过对连杆产线工废数据的持续跟踪收集,获得了连杆产线连续 4 周的工废数据,并按照数量由多到少的顺序进行排列,如表 18-1 所示。

根据表 18-1,使用 Minitab 软件绘制出连杆产线工废统计的帕累托图,如图 18-1 所示。通过帕累托图可以看出:在过去 4 周的生产中,AF70 连杆小孔内壁"花印"占总工废的比例为 55.4%,是目前连杆产线在产能爬坡阶段最主要的工废,将这一占比折算成工废率,AF70 连杆小孔内壁"花印"的工废率为 2.91%。AF70 工位作为连杆产线精加工工位,连杆最后的成型加工由 AF70 工位保证,连杆小孔内壁如果出现质量问题将会影响后续连杆与活塞销的装配,甚至进一步影响发动机的整机性能。所以,AF70 连杆小孔质量是连杆产品的关键质量特性,针对 AF70 连杆小孔内壁出现的质量问题需要进行深入研究并及时进行解决。

表 18－1　连杆产线工废统计表

序　号	工 废 内 容	数　量
1	AF70 连杆小孔内壁"花印"	3 190
2	AF70 连杆大孔直径超差	1 165
3	AF40 连杆涨断面错位	587
4	AF70 连杆大孔镗偏	347
5	AF20 连杆大孔直径超差	179
6	AF70 连杆大孔圆度超差	103
7	AF70 连杆小孔镗偏	81
8	AF20 连杆大、小孔中心距超差	57
9	AF50 连杆厚度超差	36
10	其他	15

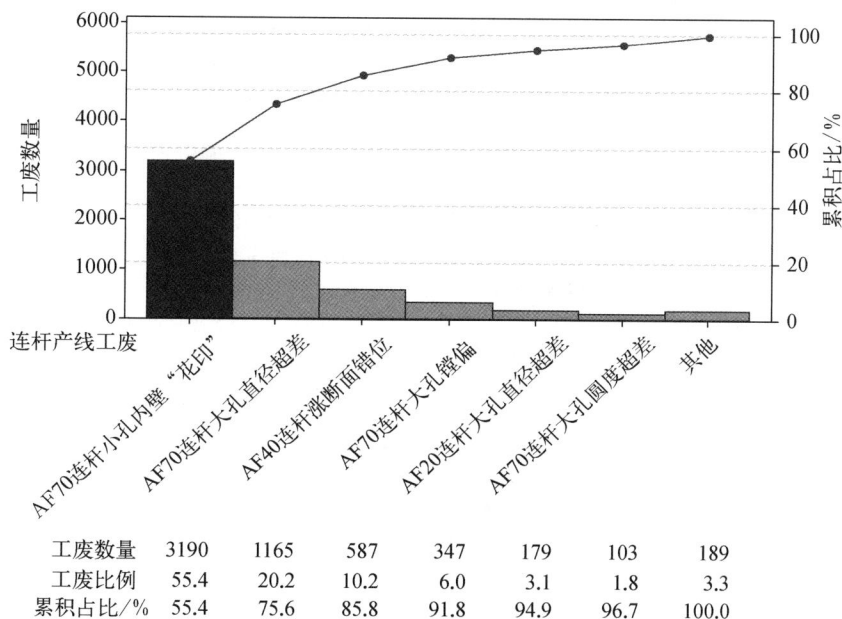

工废数量	3190	1165	587	347	179	103	189
工废比例	55.4	20.2	10.2	6.0	3.1	1.8	3.3
累积占比/%	55.4	75.6	85.8	91.8	94.9	96.7	100.0

图 18－1　连杆产线工废帕累托图

2. 成立项目团队

连杆小孔内壁"花印"质量问题的解决需要建立一支专业的专家队伍,保证这项质量改善任务有序地推进。该项目被提出后,获得公司高层肯定,并全权委托项目发起人组建一支具有丰富六西格玛专业知识与技术能力的质量提升团队,项目团队成员及其组织架构如图 18-2 所示。

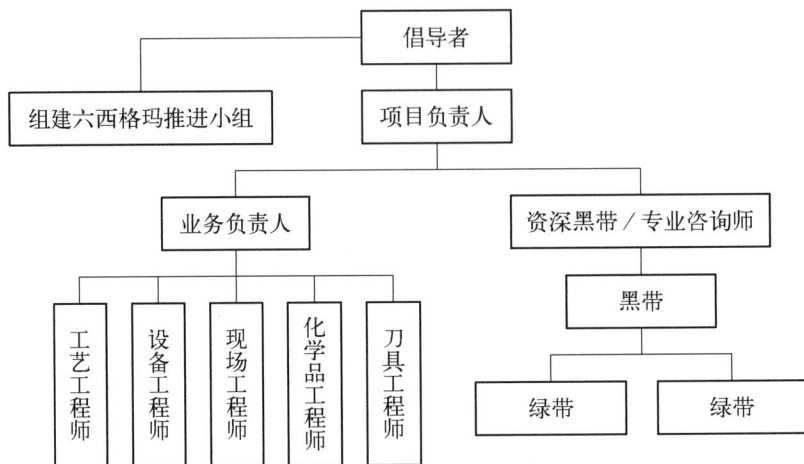

图 18-2 六西格玛质量改善团队组织架构

六西格玛质量改善团队组织成员职责表如表 18-2 所示。

表 18-2 六西格玛质量改善团队组织成员职责表

项目角色	职务	任务
倡导者	制造部总监	(1) 发起并支持六西格玛质量管理项目; (2) 确认并支持六西格玛质量管理全面推行,制订战略性项目规划; (3) 协调公司各项资源分配并在必要时刻提供支持; (4) 消除跨部门间沟通障碍; (5) 检查整个六西格玛质量管理进度,确保项目能在预定时间保质完成
项目负责人	质保部高级经理	(1) 运用专业的六西格玛管理理论掌控项目全局; (2) 控制此次六西格玛质量改善项目的整体项目进度; (3) 管理及领导业务负责人、资深黑带; (4) 了解六西格玛管理工具和技术的应用项目,在必要时为项目组成员提供相关理论与技术支持; (5) 制订此次质量改善项目的控制计划,协调六西格玛质量改善团队按照项目计划表有序完成项目进度
业务负责人	制造部连杆产线生产经理	(1) 为黑带、绿带提供技术支持(包括工艺过程支持、设备参数信息支持、化学品使用支持); (2) 为黑带、绿带提供资源支持(包括生产数据测量、生产数据收集与整理); (3) 关注黑带、绿带的项目实施过程; (4) 确保六西格玛质量管理项目的改进落实,保持改进的成果

续　表

项目角色	职　务	任　　务
资深黑带	外部专业机构咨询师	(1) 担任公司高层领导和倡导者的六西格玛质量管理参谋； (2) 为六西格玛质量管理项目黑带人员提供指导与咨询； (3) 担任六西格玛质量管理项目的培训师,为项目成员培训六西格玛质量管理及相关统计学知识； (4) 作为项目的指导者,确保六西格玛质量管理项目运行在正轨上,不出现偏差； (5) 在数据收集、统计分析及各种质量工具的使用中为团队提供意见与帮助
黑带	质保部质量经理	(1) 为六西格玛质量管理项目绿带人员提供辅导； (2) 确保六西格玛质量管理项目的日常运行； (3) 决定项目每个步骤需要完成的任务,包括组织跨职能的工作； (4) 定义此次六西格玛质量改善的项目范围,根据项目计划表完成此次质量改善任务
绿带	质保部现场质量工程师	(1) 提供六西格玛质量管理相关过程的专业知识； (2) 与黑带讨论项目的执行情况及后续执行计划； (3) 使用六西格玛质量管理工具进行问题分析

3. 项目目标与范围制订

项目目标是六西格玛质量管理团队对现有质量问题改善的一个预期值。根据连杆产线前 4 周统计的工废率数据,连杆产线整线的累计工废率为 5.26%,其中 AF70 连杆小孔内壁"花印"工废占比达 55.4%,将这一占比折算成整线工废率,AF70 连杆小孔内壁"花印"的工废率为 2.91%。根据以往其他型号连杆的生产经验,AF70 连杆小孔内壁"花印"的工废率不足 0.1%。所以,六西格玛质量管理团队对于此次质量优化项目的目标定为将目前连杆小孔内壁"花印"的工废率由 2.91% 降至 0.1% 以下。

根据连杆产线产能规模并结合目前市场预测,预估质量项目改进完成后一年可以节约的工废成本。根据 A 公司物流部门的年排产计划和公司财务部门成本核算信息。预计此次项目完成后每年将可为 A 公司节省工废金额为 140 余万元。

18.1.2　测量

测量阶段是 DMAIC 质量管理流程的第二个重要阶段。

生产线零件的尺寸数据是测量的结果,目前连杆产线 AF70 工位日常测量的设备为意大利生产的马波斯(Marposs)测量系统。在生产线日常的测量中必须保证测量系统输出结果的质量。如果测量系统本身波动过大将导致输出的测量结果与真实结果出现偏差,所以,在生产线准备测量零件并收集数据前,需要对测量系统进行分析,及时发现生产线测量检具存在的问题,确保采集的测量数据的有效性。

衡量测量系统的两大要素是精确性(precision)和准确性(accuracy)。判定测量系统是否合格的评价指标包括：测量系统的分辨率、偏倚、线性、稳定性、重复性和再现性等。六西格玛质量改善团队首先对 AF70 连杆产线的马波斯测量设备进行了测量系统分析。

马波斯测量设备属于定量检具。定量检具的属性一致性的分析结果显示：3 名检验员各自的一致性比例(重复性)均大于 90%；3 名检验员与标准的一致性比例均大于 90%；3 名检验员之间的一致性比例(再现性)为 90%；3 名检验员与标准的整体一致性比例为 90%。一致性比例标准一般要求整体一致性比例在 80% 以上。通过属性一致性分析可得出此测量系统合格，可以针对 AF70 连杆小孔内壁"花印"问题进行日常目检。

检验员在日常目检中所发现的连杆小孔内壁"花印"问题的统计数据可作为连杆 AF70 工位过程西格玛质量水平确定的依据，计算其 DPMO 为

$$DPMO = \frac{总缺陷数 \times 10^6}{产品总数 \times 每一件产品缺陷的机会数} = \frac{3\,190 \times 10^6}{109\,440 \times 1} = 29\,148.39$$

查询第 2 章的表 2-1 可得，在考虑 1.5 倍均值偏移的情况下，AF70 连杆小孔内壁"花印"这一问题的西格玛质量水平为三西格玛到四西格玛之间，西格玛质量水平较低。

18.1.3　分析

在分析阶段，质量项目团队需要不断地对问题进行推测，设法找出问题的根本原因。

分析团队在分析过程中，通过使用头脑风暴法并按照人员(man)、材料(material)、环境(environment)、设备(machine)、方法(method)5 个方面，寻找问题的相关原因，从而找出问题的根本原因，如图 18-3 所示。

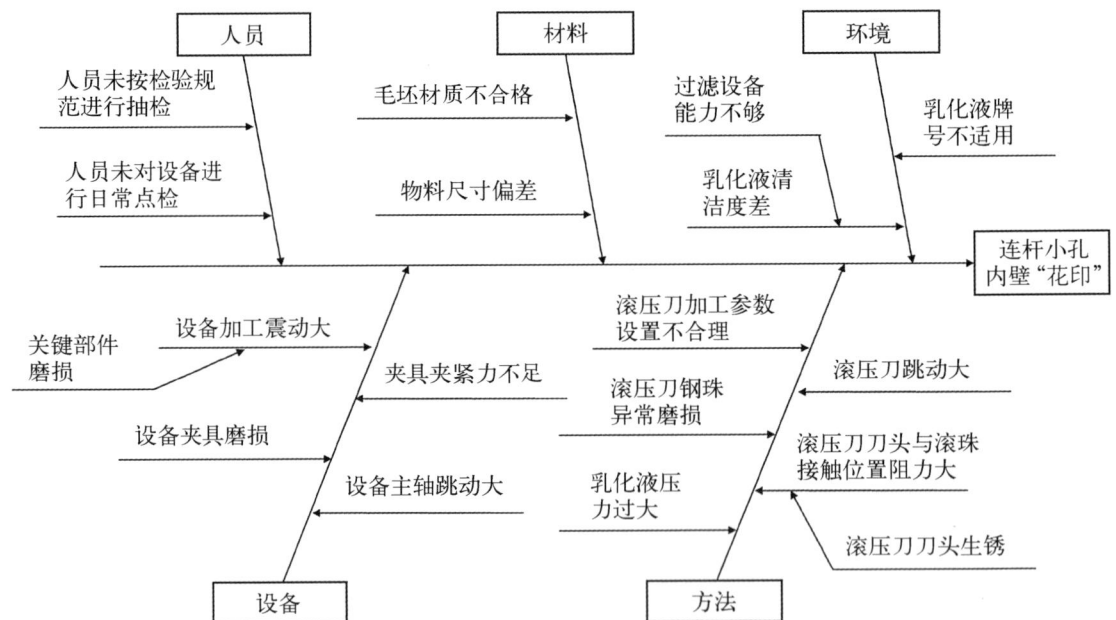

图 18-3　连杆小孔内壁"花印"原因鱼骨图

1. 人员因素

(1) 人员未按检验规范进行抽检。AF70 工位员工如果未严格按照检验规范中的要求对连杆进行抽检将会造成检验内容缺失，则不能及时发现连杆的质量缺陷，进而造成大量的工废。生产线各班班长对员工的日常操作手册进行检查，发现 AF70 工位员工均按照检验

规范的检验内容进行检验并进行记录。但在检查过程中却发现检验规范的漏洞：在测量阶段质量团队已经发现 AF70 工位的检具 Marposs 不能检测出连杆小孔内壁"花印"这项事实后，检验规范也不曾要求对连杆小孔外观进行相应的目检，这个漏洞造成连杆小孔内壁"花印"不能在 AF70 工位被及时发现，只有当连杆流转至终检工位时小孔内壁"花印"这个缺陷才被发现。此时，AF70 工位由于未及时做出调整已生产出不少带"花印"的连杆，造成连杆小孔内壁"花印"工废数量多的问题。所以，在没有找到问题根本原因的情况下，质量团队提出了临时措施，AF70 工位检验规范增加连杆小孔的目检规范，以此减少小孔内壁"花印"工废的产生。结论：此影响因素为关键因素。

（2）人员未对设备进行日常点检。在日常生产过程中生产线要求每班员工对设备进行日常点检。若员工未对设备进行日常点检，设备的运转将处于不受控状态，一旦设备处于不稳定状态将会增加连杆工废的产生。生产线各班班长对员工的日常点检记录表进行检查并与设备实际情况进行对比，并未见异常情况。结论：此影响因素为非关键因素。

2. 设备因素

（1）设备加工震动大。由于设备使用年限较长，设备上的精密部件往往会出一定程度的磨损，给设备带来异常震动，影响设备的正常加工。在全员生产维护（total productive maintenance，TPM）保养期间，设备工程师对设备的重要传动部件进行了检查，发现几处异常磨损部件，更换好部件后，连杆小孔内壁"花印"问题依然存在。结论，此影响因素为非关键因素。

（2）设备夹具磨损。连杆在加工过程中通过设备的专用夹具进行夹紧，保证连杆在加工过程中不会出现窜动的情况，如果夹具磨损，则会导致夹具夹不紧连杆的问题出现，从而导致工废产生。由于设备夹具属于易损件，根据 TPM 保养规定，设备易损件每隔一段时间都会进行更换，且设备工程师检测了目前夹具的磨损情况，磨损在合理范围内，不会造成工件夹不紧的情况。结论，此影响因素为非关键因素。

（3）夹具夹紧力不足。设备夹具的夹紧、放松通过液压油缸完成，如果油缸或者油路出现泄漏将会导致夹具夹紧力不足的问题，连杆小孔在滚压过程中将会出现异常窜动的情况。设备工程师检查了设备液压油路的密封性及油缸的密封圈，均未发现存在液压油泄漏的情况。结论，此影响因素为非关键因素。

（4）设备主轴跳动大。设备主轴带动滚压刀高速旋转完成连杆小孔滚压这个工艺步骤，主轴如果跳动大，滚压刀也会出现跳动大的现象，导致滚压刀在滚压连杆小孔时划伤内壁，造成小孔内壁"花印"这个问题。为此，设备工程师使用专业的量表检测设备主轴的跳动情况，检测结果显示设备主轴跳动在要求的精度范围内。结论，此影响因素为非关键因素。

3. 材料因素

（1）毛坯材质不合格。连杆毛坯不符合要求将会影响连杆硬度、塑性变形等属性，材料太硬或太软都会影响加工过程中滚压刀具的稳定性。质量团队决定随机抽取不同批次出现小孔内壁"花印"的连杆进行硬度与材料金相组织分析。经过质量实验室分析，连杆毛坯的硬度与金相组织均符合要求。结论：此影响因素为非关键因素。

（2）物料尺寸偏差。小孔内壁"花印"出现在 AF70 工位，如果连杆小孔在 AF70 工位之前已经出现尺寸超差情况，将会对 AF70 的加工造成不稳定因素。连杆小孔在 AF70 工位之前的尺寸由 AF20 工位保证,故需确认 AF20 工位加工的小孔尺寸是否在公差范围内。质量团队导出了 AF20 小孔尺寸一个月的抽检数据后,未见尺寸超差数据,且 AF20 小孔尺寸的过程能力指数合格。结论:此影响因素为非关键因素。

4. 方法因素

(1) 滚压刀加工参数设置不合理。不合理的加工参数往往增加刀具在加工过程中的负担。目前滚压刀所使用的加工参数是设备供应商在调试设备时设定的,是否合适还是未知数。刀具工程师在合理的参数范围下,设定多个参数进行实验,观察小孔内壁"花印"是否消失。每组参数设定后都进行一段时间加工,跟踪统计小孔内壁"花印"出现的比例。经过统计,工程师发现连杆小孔内壁"花印"情况并未得到改善。结论,此影响因素为非关键因素。

(2) 滚压刀钢珠异常磨损。在滚压工艺中与连杆小孔内壁直接接触的就是滚压刀钢珠,如果钢珠出现异常磨损,将直接影响连杆小孔内壁的粗糙度,进而产生"花印"。质量团队决定将滚压刀上的钢珠拆下,研究其表面磨损情况。发现钢珠所在的滚压刀远远没有达到预定的生产件数。结论,此影响因素为关键因素。

(3) 滚压刀刀头与滚珠接触位置阻力大。由于连杆产线同时生产多种不同型号的连杆,不同型号的连杆对应不同的加工刀具。不当的使用造成滚压刀刀头与滚珠接触处产生了锈斑,锈斑使得刀头与滚珠接触的阻力变大,在加工过程中滚珠无法顺畅滚动,造成小孔内壁"花印"产生。结论,此影响因素为关键因素。

(4) 乳化液压力过大。操作工在更换滚压刀时,发现有滚珠卡在滚压刀导套上的情况,此时滚珠无法顺畅滚动。如果在加工过程中钢珠也卡在导套上,将造成滚珠与小孔内壁产生滑动摩擦,造成内壁划伤,即"花印"。而同时,滚压刀导套也产生了一定的塑性形变。如果导套形变量继续扩大,将可能导致滚珠直接从滚压刀飞出。结论,此影响因素为关键因素。

(5) 滚压刀跳动大,滚压刀由刀头与刀体组成,属于分体式刀具。刀头与刀体之间由螺纹孔连接,这种连接方式会导致滚压刀跳动大。大的跳动可能会造成滚压刀在加工过程中出现断续加工,造成花印。结论,此影响因素为非关键因素。

5. 环境因素

(1) 乳化液清洁度差。乳化液在机械加工中起润滑与冷却作用,连杆小孔滚压是连杆在机械加工中的最后一步,经过滚压后的连杆小孔的表面粗糙度将达到 $Rz1.2(Ra0.15)$ 甚至更低,滚压工艺对乳化液的清洁度要求很高,乳化液中的清洁度差,会导致乳化液中的异物卡在滚珠与刀体的接触位置,使得滚珠无法进行连续滚动摩擦,这可能直接导致连杆小孔内壁出现"花印"。AF70 工位自带的过滤器过滤精度为 $10~\mu m$,质量团队抽取了 AF70 设备过滤后的乳化液进行清洁度测试。测试结果显示乳化液样本中的颗粒物长度大大超过 $10~\mu m$,最大金属颗粒物长度为 $538~\mu m$,其大小已远超过滤器的过滤精度。结论:此影响因素为关键因素。

(2) 乳化液牌号不适用。AF70 工位加工设备同时具备连杆大孔精镗、小孔精镗、小孔滚压的功能。设备所使用的乳化液并非专门用于小孔滚压,化学品工程师认为目前所使用的乳化液的润滑、冷却等特性并不适用当前的滚压工艺,需要对设备使用的乳化液重新进行调配。结论:此影响因素为关键因素。

通过 5 个方面分析,整理出一份关键因素汇总表,如表 18-3 所示。

表 18-3　关键因素汇总表

影响因素	关键影响因素	初 步 措 施
人员	AF70 工位没有目检	AF70 工位增加员工目检
方法	滚压刀钢珠异常磨损	优化滚珠材质
	滚压刀刀头与滚珠接触位置阻力大	强化滚压刀日常保养
	乳化液压力过大	降低乳化液压力
环境	乳化液清洁度差	提升过滤设备过滤能力
	乳化液牌号不适用	更换乳化液

18.1.4　改善

在分析阶段,六西格玛质量管理团队需要根据关键影响因素制定有效的解决措施,并对相应措施进行逐一评价,最后选择合适的改善措施进行有效性验证,得出最终的改进效果。

首先,质量管理团队对问题的关键影响因素提出初步解决措施。

1. 提出改善方案

(1) AF70 工位没有目检,可临时增加员工目检规定。

方案一:规定员工目检为百分百检验。其优点是最大程度避免小孔内壁"花印"产生;缺点是 AF70 工位需额外增加一名员工进行全部目检且与终检工位工作重复,增加了人力成本,对 AF70 工位的节拍影响大,检验效率低。方案二:规定员工目检为每隔一定时间进行抽检。其优点是 AF70 工位无须增加额外员工、对 AF70 工位的节拍影响少、检验效率高;缺点是在抽检间隔的一段时间内无法避免小孔内壁产生"花印"。

(2) 滚压刀钢珠异常磨损,可更换滚珠材质,使得滚珠更耐磨。

方案:滚珠供应商提供硬度更高的滚珠,滚珠硬度由洛氏硬度为 56~58 HRC,提高至 75~77 HRC。其优点是耐磨性好、寿命高。

(3) 滚压刀刀头与滚珠接触位置阻力大,由于保养不当,滚压刀刀头出现了锈斑、增加了滚珠的滚动阻力,可采用如下方案改善。

方案:紧急采购一批滚压刀刀头。同时编制滚压刀保养工作指导书,在生产线加工其他型号连杆时,对滚压刀进行专业保养。其优点是避免滚压刀生锈、延长滚压刀使用寿命。

(4) 乳化液压力过大,可采用如下方案改善。

方案:通过设备控制面板,降低乳化液管路增压泵功率,从而降低设备的管路压力,参照其余连杆产线将设备管路压力由原先的 70 bar 降至 50 bar。其优点是减少滚压刀刀头导套载荷,减少导套塑性变形,延长滚压刀刀头导套使用寿命。

(5) 提高乳化液清洁度有以下 3 种方案。

方案一:将 AF70 设备乳化液管路并入公司的集中过滤系统。此方案的优点是过滤效果好、生产线无须维护;缺点是结构复杂、改造成本高、改造时间久、增加集中过滤系统负荷。方案二:在原有过滤设备前后各增加一级过滤。此方案的优点是结构简单、改造成本低、改造时间短;缺点是滤芯寿命短、过滤设备需经常维护、过滤效果一般。方案三:缩短乳化液换液间隔。此方案的优点是无须对设备管路进行改造;缺点是频繁换液将推高化学品使用成本、在乳化液使用末端依然无法保证乳化液清洁度、增加设备停机时间、影响产量。

(6) 乳化液牌号不适用,可通过调整乳化液中添加剂来改善。

方案一:参照专门滚压连杆设备的乳化液添加剂来调配。其优点是实现时间短、调配成本低、无须额外采购化学试剂;缺点是产品适用性未知。方案二:委托专业的化学品公司对乳化液进行专门调配。其优点是产品适用性强、使用效果明显;缺点是调配成本高、实现时间长、需额外进行化学试剂采购。

2. 改进方案效果验证

滚压刀刀头与滚珠接触位置阻力大:在第 15 周通过临时措施对滚压刀刀头进行除锈,经过一周的跟踪统计,AF70 连杆小孔内壁"花印"的工废数为 852 根,连杆产线一周共加工连杆 39 644 根,折合工废率 2.14%。与措施实施前 2.91% 的工废率相比,小孔内壁"花印"工废率有了改善,措施有效。

AF70 工位没有目检:经过临时措施的快速改进,现场质量工程师出具临时检验规范,增加 AF70 员工目检规范,抽检频次为每 15 min 检验 4 根连杆,一旦发现连杆小孔内壁产生"花印",立即更换滚压刀滚珠。经过第 18 一周的跟踪统计,AF70 连杆小孔内壁"花印"的工废数为 481 根,连杆产线一周共加工连杆 39 676 根,折合工废率 1.21%。与第 15 周 2.14% 的工废率相比,小孔内壁"花印"工废率已经有了明显改善,措施有效。

乳化液压力过大:经过降低增压泵运行功率将管路压力降至 50 bar,经过第 21 一周的跟踪统计,AF70 连杆小孔内壁"花印"的工废数为 502 根,连杆产线一周共加工连杆 38 996 根,折合工废率 1.29%,并未见明显的改善,措施无效。

乳化液清洁度差:设备工程师在原先过滤器前后各增加一级过滤器,将过滤后的乳化液样本进行清洁度检测,检测结果显示,最大的金属颗粒物为 54 μm,金属颗粒物大小远小于改进前的 538 μm。经过第 22 一周的跟踪统计,AF70 连杆小孔内壁"花印"的工废数为 317 根,连杆线一周共加工连杆 39 704 根,折合工废率 0.8%,与前一周比较,工废率下降 0.49%,措施有效。

乳化液牌号不适用:经过化学品部门参照专门滚压连杆设备的乳化液添加剂进行调配,经过第 23 一周的跟踪统计,AF70 连杆小孔内壁"花印"的工废数为 298 根,连杆线一周共加工连杆 39 384 根,折合工废率 0.76%,并未见明显的改善,措施无效。

滚压刀滚珠异常磨损:第 24 周当硬度更高的滚珠到货后,连杆线进行滚压刀的加工实验,连杆小孔经滚压后,小孔直径、圆度、粗糙度等尺寸均符合工艺要求,经过一周的跟踪统计,AF70 工位未出现小孔内壁"花印"连杆产生。措施有效。经过耐用度实验,新材质滚珠寿命可由原先 1 000 件连杆延长至 10 000 件连杆。

项目质量团队按照之前制订的改进措施跟踪表对 6 项改进方案逐一进行实施,最终结果如表 18-4 所示。

表 18 - 4　改进措施跟踪表

序号	工位	问题描述	临时措施	改 进 措 施	实施时间	负责人	结论
1	AF70	滚压刀刀头与滚珠接触位置阻力大	滚压刀刀头除锈	紧急采购一批滚压刀刀头。同时编制滚压刀保养工作指导书,在生产线加工其他型号连杆时,对滚压刀进行专业保养	第 15 周	WYB	有效
2	AF70	AF70 工位没有目检	规定员工目检为每隔一段时间的抽检	—	第 18 周	LD	有效
3	AF70	乳化液压力过大	—	降低乳化液管路压力,由 70 bar 降至 50 bar	第 21 周	QXJ	无效
4	AF70	乳化液清洁度差	—	在原有过滤设备前后各增加一级过滤	第 22 周	WX	有效
5	AF70	乳化液牌号不适用	—	参照专门滚压连杆设备的乳化液添加剂进行调配	第 23 周	HFC	无效
6	AF70	滚压刀滚珠异常磨损	异常磨损滚珠及时更换	滚珠供应商提供硬度更高的滚珠	第 24 周	WZ	有效

18.1.5　控制

控制阶段是六西格玛 DMAIC 质量管理流程的最后一个部分。在改善阶段,通过各个解决方案的实施,质量团队已经筛选出行之有效的改善措施。控制阶段是将前期所取得的成果进行固化,其主要目的是生产线能够长期有效地实行改善措施,保证产品质量趋于稳定。

1. 文件更新与标准化

该次六西格玛质量提升过程中涉及的各类改进,经过质量团队的汇总,均须更新到标准化文档中。根据公司的质量体系要求,由各部门对各自范围的流程、作业指导书、表单等进行更新并发布。各部门汇总的标准文件更新如表 18 - 5 所示。

表 18 - 5　标准文件更新汇总

序号	文 件 名	部　门	文件类别	属性	内 容 概 述
1	《滚压刀防锈保养标准作业指导书》	制造部连杆产线	作业指导书	新增	滚压刀保养标准化
2	《滚压刀防锈保养记录表》	制造部连杆产线	表单	新增	滚压刀保养记录

序号	文 件 名	部 门	文件类别	属性	内 容 概 述
3	《滚压刀刀头框架采购申请表》	制造部刀具组	采购申请单	更新	滚压刀刀头纳入公司采购框架
4	《连杆产线 AF70 工位检验规范》	质保部	检验规范	更新	规定连杆滚压后小孔列为抽检项,抽检频次为 4 件/时
5	《AF70 工位目检记录表》	制造部连杆产线	表单	新增	连杆小孔目检记录
6	《AF70 工位质量警示牌》	制造部连杆产线	作业指导书	新增	连杆小孔内壁"花印"警示
7	《AF70 工位过滤设备专业维护作业指导书》	制造部维修组	作业指导书	新增	过滤设备维护制度
8	《AF70 工位过滤设备专业维护作业记录表》	制造部维修组	表单	新增	过滤维护记录
9	《AF70 工位乳化液清洁度送测记录表》	制造部连杆产线	表单	新增	乳化液清洁度抽检记录1次/周
10	《滚压刀滚珠材质替换表》	制造部刀具组	表单	更新	滚珠更改记录
11	《滚压刀滚珠框架采购申请表》	制造部刀具组	采购申请单	更新	滚压刀新滚珠纳入公司采购框架
12	《滚压刀耐用度变更申请表》	制造部刀具组	表单	更新	滚压刀耐用度更新记录

2. 员工培训

由于连杆产线对相关文件进行了更新,需要对各班班长及 AF70 工位员工进行统一培训,将更新的作业指导书与检验规范培训至一线员工,让一线员工都能熟知此次六西格玛质量改进后对生产、检验带来的一系列变化。

除了员工培训,还需要对参加培训的员工进行相应考核,只有考核通过的员工才能重新上岗,操作 AF70 工位。其目的是确保此次改进内容能够持续发挥作用。

3. 生产过程持续监控

为了确认员工实际操作情况及改善措施的长期有效性,需要对生产过程进行一段时间的持续监控。

将 AF70 员工的日常记录手册纳入生产线管理者日常巡检内容中。检查内容包括:滚压刀防锈保养记录表、AF70 工位目检记录表、AF70 工位乳化液清洁度送测记录表。确认以上记录员工是否均认真完成。

为保证改善阶段措施的长期有效性,项目质量团队对连杆产线 AF70 连杆小孔内壁"花印"工废率进行为期 3 个月的持续跟踪,经过 3 个月的正常生产,AF70 连杆小孔内壁"花印"工废率均低于目标线 0.1%。

18.1.6　总结

本案例聚焦于汽车发动机零部件制造过程中的质量控制,以某公司其中一条生产线连杆产线作为研究对象,提出了基于六西格玛管理的发动机连杆质量控制方法,旨在提升连杆在量产初期的质量,降低因质量问题造成的经济损失,最终达到良好的经济效益。

18.2　基于 DMAIC 的汽车电子控制元件质量改善

M 公司是一家汽车零部件制造型企业,在汽车行业供应链体系中属于二级供应商。

汽车电子控制单元(electronic control unit,ECU)的功能类似于人类的大脑,控制着汽车的行驶、人机交互等功能,是汽车中必不可少的一部分。ECU 项目决定采用跨职能的项目管理方法来开展六西格玛质量控制活动。为此公司召集各部门组长召开了六西格玛质量活动的启动会,从各个部门抽调相应的负责人。图 18-4 为 M 公司 ECU 项目团队的主要框架。

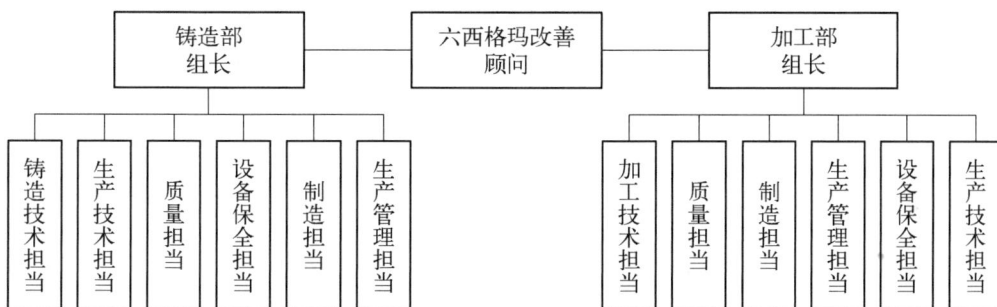

图 18-4　M 公司 ECU 项目团队的主要组织框架

ECU 产品的品质状况主要由两部分数据来反映,首先是客户处的流出不良统计,主要有两项指标,分别为流出不良比例(以 PPM 计)和客户投诉信息。其次是公司内部的质量数据,为 ECU 产品的毛坯不良率和加工不良率。

18.2.1　定义

六西格玛管理的最终目标是减少不良率、降低质量成本,提高客户的满意度。对于 M 公司的顾客来说,其期望的 ECU 产品应有的基本特征有以下几点。

(1) 外观:ECU 壳体用于汽车电子元件中,内部组装电路板,因此对于产品的外观要求较高,不可有毛刺;另外对于产品表面的耐腐蚀性也有一定要求,该产品表面有阳极氧化处理,外观方面不可有色差。

(2) 基本的尺寸:产品基本的尺寸包括 ECU 壳体加工孔径的大小,孔的中心距离以及边到边的距离等。

(3) 形位尺寸:包括平面度、加工孔的位置。由于产品具有密封性要求,产品的平面度为客户的关键特性尺寸。实际产品的平面度在加工过程也具有重要的影响,该平面为加工基准,若面产生变形,平面度超差可能会影响后续的加工尺寸,或者造成产品与夹具直接配合有间隙,造成产品或者机器的碰伤。

目前,在毛坯不良方面,定位柱断裂占所有不良的40%。另外,客户针对定位柱碰伤问题在2020年有过一起正式投诉,对于压铸工程而言,解决定位柱碰伤是重中之重。对于加工工程而言,平面度不良也是加工工程的主要问题,占了总不良的35%,且2020年针对0.2平面度有过一次客户投诉。根据帕累托图的分析,可以得出压铸工程和加工工程的主要问题,在后续的ECU六西格玛改善活动中主要解决的两个问题:一是压铸工程定位柱碰伤问题,二是加工工程平面度不良。

18.2.2 测量

为了验证M公司测量系统是否可靠,M公司选取三坐标测量仪作为实验对象,取ECU产品的关键特性尺寸0.4位置度进行测量系统分析。选取10件ECU产品,分别由3名检验员进行测量并记录测量结果。

测量数据由Minitab软件分析。"部件""操作员""部件操作员"中的p值只有"部件"的p值小于0.05,所选取的10个零件之间是有差异的,反之当操作员的p值大于0.05,可得知操作员水平是没有明显差异的。说明测量系统中测量员这一环是比较稳定的,不同测量员之间不会影响测量数据的准确性。此外,测量系统的方差占总方差的比例为7.30%。

综合分析结果可知,该测量系统表现稳定,测量的数据结果可靠。为后续ECU产品关键尺寸的工程能力分析提供了数据保障。

18.2.3 分析

1. ECU壳体定位柱断裂分析

压铸过程包含几个主要过程,分别为铸造成型、冲切、去毛刺、喷砂、整形、平面度检查、中间检查、装箱。每个过程都为独立的步骤,都有对应的工装设备及标准化操作。针对定位柱断裂的问题,逐一从这8个主要过程开始调查,找到导致问题发生的过程,运用产品不良再现实验的方法,最终得出定位柱断裂的问题是由产品整形过程导致的,根本原因在于整形治具限位柱与产品之间的间隙过大,导致产品放歪,设备顶针与定位柱发生干涉。

2. 平面度不良鱼骨图分析

针对加工过程中产品碰伤变形的问题,通过人员、机器、材料、方法、环境5个方面分析,寻找问题发生的根源,鱼骨图如图18-5所示。可以分析出平面度不良可能由多方面因素造成。通过再现实验发现,造成问题发生的原因主要是物料大类中毛坯来料的问题。毛坯平面的变形会导致产品有磕碰伤,由于加工对毛坯来料的检查主要是对外观的检查,不会涉及毛坯尺寸,因此该问题有流出的风险,需要针对毛坯来料的尺寸超差和变形问题做出分析。

18.2.4 改善

1. 定位柱断裂问题改善

定位柱断裂问题发生的根本原因在于整形治具定位柱与产品间距过大,因此解决该问

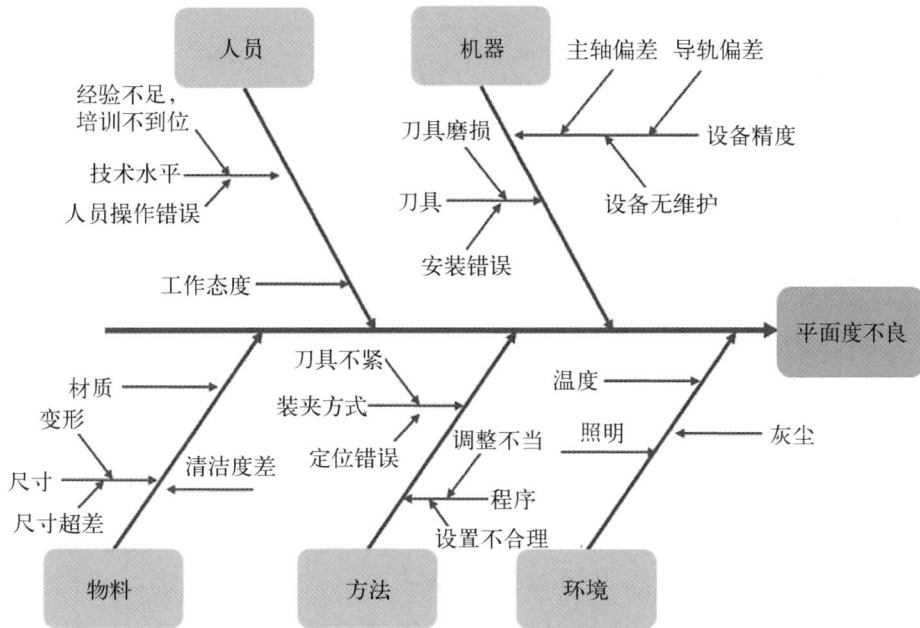

图 18 - 5　平面度不良鱼骨图分析

题的关键在于需要对 ECU 壳体与整形治具定位柱之间的间隙做出一个合理的设定。间距过大导致产品在治具中晃动,与定位柱造成碰撞,但若间隙过小也会导致产品不易装夹,造成时间的浪费,影响产线的产能。因此针对定位柱到产品的距离,设计实验方案,收集和分析实验数据,得出其间隙的最佳距离为 1~2 mm 之间。

此项改善措施实验 3 个月后,统计 3 个月的不良数据,得出产品的定位柱断裂不良明显下降。对于整形定位治具的整改取得较好的效果。

2. 平面度不良问题改善

平面度不良主要是由压铸整形工序中整形柱磨损导致毛坯变形引起的。在整形过程中更换磨损的整形柱,进行小批量生产。选取 100 组产品平面度数据进行验证,测量其工程能力。将平面度 100 组数据输入 Minitab 软件中进行计算分析,根据正态概率图可知,$p = 0.086$,大于 0.05。因此改组实验数据符合正态分布,满足过程能力分析的前提。改善后的 100 组产品 0.2 平面度的工程能力指数 $C_{pK} = 2.35$,改善后的 ECU 产品 0.2 平面度的工程能力较高。通过更换整形柱可以使工程能力由 0.9 改善到 2.35,具有明显的改善效果。毛坯件整形过程的改善能够解决平面度不良的问题。

18.2.5　控制

项目针对平面度值,选取 $\bar{x} - R$ 控制图进行统计过程控制,并进行数据记录监控。对于平面度不良进行改善后,生产过程中每 2 小时进行抽样,每次 5 件产品测量其平面度数据,共测量 30 组。将数据输入 Minitab 软件中进行计算,所得结果如图 18 - 6 所示。根据计算结果可知,平面度的上控制限 UCL = 0.157 38,下控制限 LCL = 0.120 78。将其作为生产过程中平面度过程控制的上下限。通过现场张贴此上下限的空白表格,由测量员测量并记录描点,从而对平面度尺寸实行连续有效的监控。

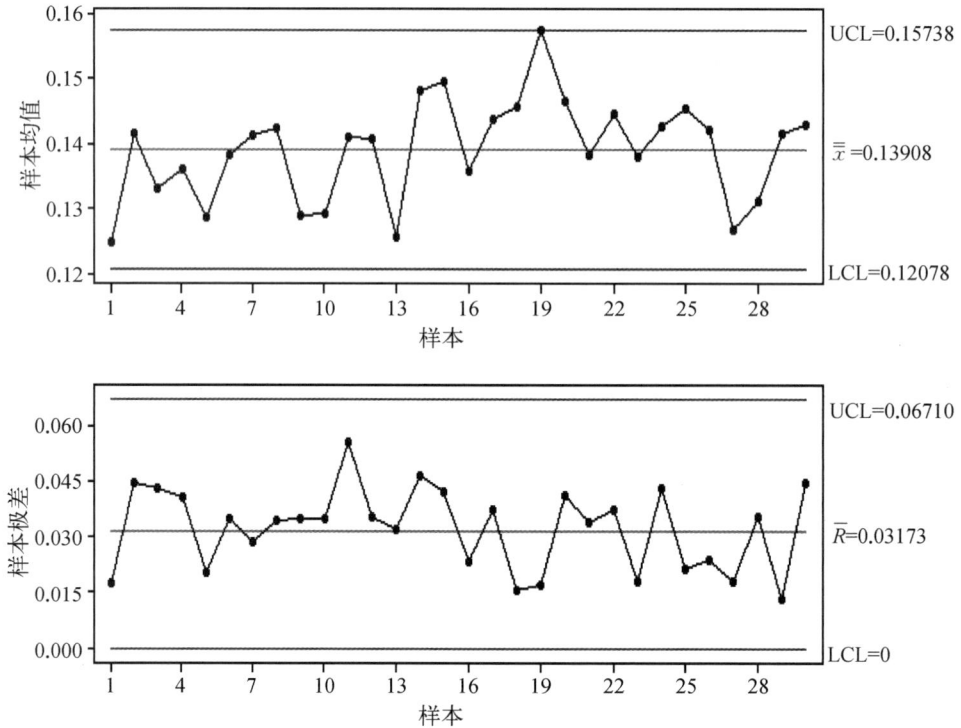

图 18-6 $\bar{x}$-R 控制图

18.2.6 结论

本案例聚焦于新能源汽车上 ECU 壳体的质量改善,利用 DMAIC 方法,成功地改善了 ECU 壳体生产过程中存在的两个主要问题,产品的不良率得到了明显降低,客户满意度不断提升,也为公司带来经济效益。

习题

1. 成立一个质量改善团队,针对某个问题,确定改善目标,按照 DMAIC 的步骤,使用适当的质量管理方法,设计数据采集方案,收集数据,分析实验数据,完成过程改善,撰写质量改善报告。

参考文献

[1] 李晨辉.基于六西格玛的 A 公司连杆小孔质量控制研究[D].上海:上海交通大学,2020.
[2] 王哲.六西格玛方法在汽车电子控制元件制造质量改进中的应用[D].上海:上海交通大学,2022.

第 19 章　人工智能和大数据驱动的质量管理

随着互联网和人工智能的快速发展,质量管理进入 4.0 时代。质量 4.0 基于数字化和智能化技术,提升生产效率、质量水平和客户满意度,帮助企业实现精准质量控制和持续改进。本章将介绍质量 4.0 下质量大数据的来源与特点、用于质量管理的人工智能关键技术,以及人工智能技术在质量管理中的新应用场景。

本章的学习目标:

(1) 掌握质量 4.0 的定义及其基于数字化和智能化技术的质量管理理念;

(2) 掌握质量大数据的来源和特点;

(3) 熟悉人工智能在质量管理中的关键技术:机器学习、深度学习、计算机视觉、自然语言处理、强化学习和知识图谱等技术的基本原理和应用场景;

(4) 了解人工智能和大数据驱动的质量管理面临的挑战,理解如何通过合理规划和实施,克服这些挑战,以充分发挥其在质量管理中的作用。

19.1　质量大数据的来源和特点

传统质量管理中用到的数据主要来源于手工记录和抽样检测,而"质量 4.0"依靠物联网、传感器、云技术、互联网技术等,从多个系统和渠道获取质量相关的数据。这些数据为质量大数据的获取和分析提供了更广阔的空间,帮助企业通过数据分析实现质量问题的预测、优化和实时控制。

质量大数据主要来源于内部生产制造过程和外部使用过程。内部生产制造过程涵盖了产品设计、生产制造、售后与回收产品、供应链与产业生态等多个方面,数据包括产品"从初始到报废"全流程环节相关质量数据,如产品信息、设备信息、生产信息、检测判定信息、运维信息、人员信息、安全信息等。外部使用过程则包括供应商数据、市场反馈、市场分析,以及气象环境数据、影响生产成本的法规数据等。以下具体介绍一些数据。

产品设计:在产品设计阶段,会产生大量关于产品功能、性能、可靠性、感官质量等方面的数据,包括产品的设计图纸、工艺流程、产品参数等数据。这些数据可以帮助企业进行产品设计和工艺优化,提高产品质量和生产效率。

生产制造:在生产制造过程中,有生产线的生产计划、生产进度、生产效率、设备利用率、原材料用量等数据。设备状态、工艺参数、产品质量等实时监测数据会被采集和记录。

这些数据可以反映生产过程的稳定性和效率,对于提高产品质量和降低生产成本具有重要意义。

产品质量数据:包括产品的检测数据、不良品数量、退货率、客户投诉率等数据。这些数据可以帮助企业了解产品质量状况,及时发现和纠正质量问题,提高产品质量。

产品供应链数据:包括供应商的交付准确率、供应商的质量评估、原材料价格和库存情况等数据。这些数据可以帮助企业了解供应链状况,发现潜在风险,优化供应链管理,降低采购成本。

成本数据:包括生产成本、管理成本、售后成本等数据。这些数据可以帮助企业了解生产成本结构,优化成本结构,提高企业盈利能力。

市场数据:包括市场需求、竞争对手、市场价格等数据。这些数据可以帮助企业了解市场动态,调整市场策略,提高市场竞争力。

售后与回收产品:售后环节中的客户反馈、维修记录等数据,以及回收产品的检测和分析数据,都是质量大数据的重要来源。这些数据可以帮助企业了解产品在实际使用中的表现,发现潜在的质量问题,并为产品改进提供依据。

供应链与产业生态:除了企业内部的数据,来自供应链上下游企业以及整个产业生态圈的数据也是质量大数据的重要来源。这些数据可以帮助企业了解整个产业的质量状况和发展趋势,为企业的战略决策提供支持。

质量大数据与传统质量数据相比,具有更复杂的特征。质量大数据同样具有大数据的 5V 特点,即数据量(volume)、速度(velocity)、多样性(variety)、真实性(veracity)和价值(value)。

(1) 数据量大:随着物联网、传感器技术和智能制造的广泛应用,数据量呈指数级增长。企业可实时采集生产设备、工艺流程及质量检测等环节的海量数据。以制造业为例,单条生产线日均可生成数百吉字节,甚至拍字节级别的数据。传统集中式系统难以高效处理如此规模的数据,因此需依托分布式计算与存储技术(如 Hadoop,Spark)及云计算平台实现实时分析与存储。

(2) 处理数据速度快:质量大数据的生成和处理速度非常快。在现代生产环境中,数据是实时产生的,企业需要能够快速处理和分析这些数据,以做出及时的决策。例如,生产线上的传感器可以每秒钟采集数百个参数,需要在毫秒级时间内完成对这些数据的分析并给出反馈。这种对实时性和高效处理的需求,使得企业必须采用高性能的计算系统和快速的数据处理技术来应对挑战。

(3) 数据多样性:质量大数据的多样性体现在其包含了结构化数据、半结构化数据和非结构化数据等多种形式。结构化数据包括产品设计参数、工艺标准、生产计划等;非结构化数据则包括客户反馈、市场评价、维修记录等。此外,质量大数据还涉及文本、图像、音频、视频等多种数据形式。制造过程中生成的设备运行数据、产品外观检测的图像数据以及售后服务的语音记录等,都是质量管理中不可或缺的数据来源。这种多样性增加了数据处理的复杂性,也为质量问题的分析和预测提供了更丰富的维度。例如,在晶圆质检中,利用电学测试设备对晶圆片上的每颗晶粒进行电性测试,可得到用于描述晶圆缺陷状态的晶圆图谱,如图 19-1 所示。图中每个小方块是晶圆上的一颗芯片,有亮色标识的即为测试异常的芯片。对晶圆上有缺陷的芯片的空间分布图谱的模式进行识别分析,可有效辅助识别制造过程中的缺陷根源,并有针对性地进行改进和预防,从而提升晶圆制造的产品良率。

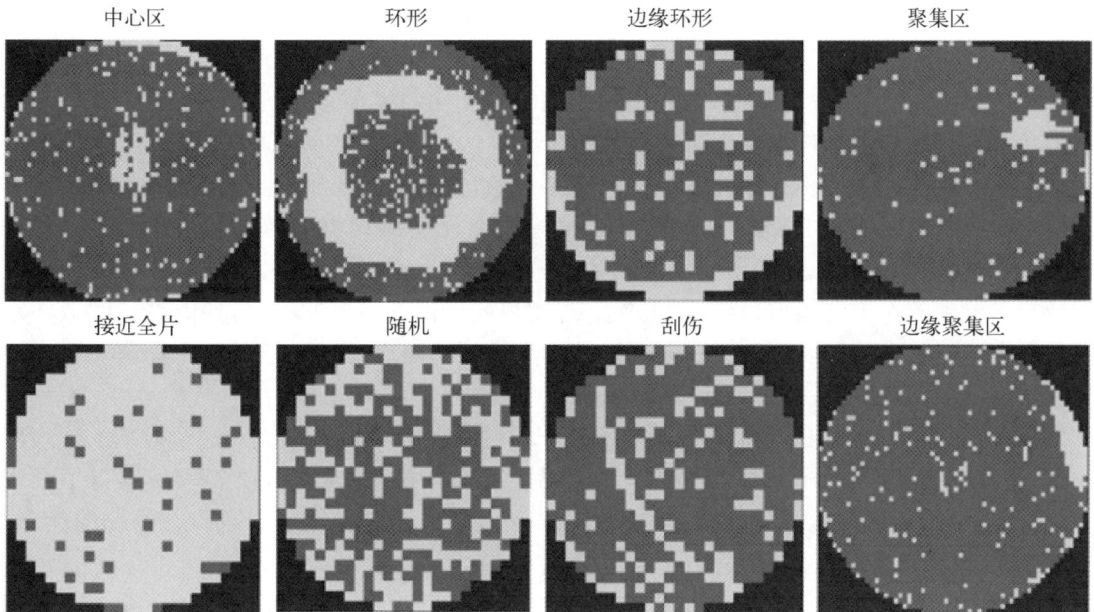

图 19-1 晶圆缺陷图

（4）数据真实性：数据来源多样且复杂，因此数据中可能存在噪声、不准确甚至是错误的信息，真实性和准确性成为影响质量管理效果的关键因素。企业必须对数据进行清洗和验证，以去除错误数据和异常值，确保质量管理决策的可靠性。

（5）数据价值密度低：尽管质量大数据的总量巨大，但其中的价值信息密度往往较低。如何从海量数据中提取出关键的质量信息，成为企业面临的重要挑战。通过大数据分析和人工智能技术，企业可以从看似无关的信息中发现潜在的质量问题，进行精准的质量预测和优化决策。

2022 年，为了助力制造业高质量发展，工业装备质量大数据工业和信息化部重点实验室联合工业和信息化部电子第五研究所赛宝智库组织相关单位编写了《质量大数据白皮书》。其阐述了质量大数据的发展历程和重要意义；从技术研究、行业应用、发展政策等方面介绍了质量大数据发展现状，分析了质量大数据当前面临的主要挑战；从生产体系、管理体系、应用模式 3 个维度分析了业务视角的质量大数据，并对典型的应用模式进行了剖析；从企业侧和产业侧视角出发，给出了质量大数据实施路径的指导框架；展望了质量大数据的发展趋势，以及质量大数据驱动的制造业质量管理数字化的未来。最后针对典型案例进行剖析，展示了企业如何通过质量大数据来实现对质量的实时管理和精准控制。

19.2 人工智能的关键技术

考虑到质量大数据的性质，仅依靠传统数据分析方法已经不足以实现智能化的质量管理，这时，人工智能技术的引入变得非常必要。

人工智能是一种使计算机系统能够执行通常需要人类智能才能完成的任务的技术和方

法。通过模拟和扩展人类智能,人工智能在感知、学习、推理、决策等方面表现出类似人类的智能行为,从而能够解决复杂问题、执行复杂任务。人工智能并不仅仅是自动化的工具,它能够自主分析大量数据、识别模式,并基于此做出智能化的决策。这使得人工智能在处理大规模、复杂度高的任务时,表现出极大的优势。

人工智能的发展历程大致可以分为几个关键阶段。20 世纪 50 年代至 70 年代,人工智能技术起步。这一时期的研究者们首次尝试通过编程模拟人类的推理和学习能力。1956 年,人工智能作为一个独立的研究领域在达特茅斯会议上正式被提出,标志着人工智能研究的开端。早期的人工智能项目,显示出人工智能在逻辑推理方面的潜力,如能够证明数学定理的逻辑理论家模型和能够解决代数问题的学生模型。然而,由于计算能力、算法和数据资源的限制,这一时期的人工智能发展很快遇到了瓶颈。

20 世纪 80 年代,人工智能研究进入了知识驱动阶段。专家系统成为这个时期的代表性技术,通过将领域知识编码到计算机中,专家系统在医疗诊断、金融分析等领域取得了一定的成功。然而,专家系统的开发和维护成本高昂,而且缺乏自我学习和适应新情况的能力,使得其应用范围受到限制,无法满足不断变化的需求。

20 世纪 90 年代,机器学习开始成为人工智能研究的核心。随着统计学习方法的成熟和计算资源的增长,人工智能技术从经验数据中自动学习模式的能力显著增强。算法如支持向量机、决策树和早期的神经网络模型在模式识别、数据挖掘等领域表现出色,推动了人工智能技术的广泛应用。

自 2010 年以来,人工智能技术进入了一个新纪元——深度学习和大数据的时代。深度学习通过构建多层神经网络,极大地提升了人工智能处理复杂任务的能力。凭借庞大的数据集和高性能计算资源,人工智能在语音识别、图像识别、自然语言处理等领域取得了突破性进展,使得人工智能技术开始大规模应用于实际生活。人工智能驱动的自动驾驶、智能客服、推荐系统等应用迅速普及,对社会和经济产生了深远的影响。

如今,人工智能已经渗透到各行各业,并发挥着越来越重要的作用。在制造业中,人工智能推动了智能制造的实现,通过优化生产流程和自动化质量检测来提高生产效率和产品质量。在医疗健康领域,人工智能辅助医生进行疾病诊断和个性化治疗,极大地提升了医疗服务的精度和效率。在金融领域,人工智能用于风险评估、自动交易以及个性化金融服务的提供,大幅度提升了金融服务的智能化水平。此外,人工智能还在交通运输、零售、教育、农业和安全等领域展现出巨大的应用潜力,不断推动着这些行业的创新与发展。

在质量管理领域,人工智能提供了一系列能够基于数据进行学习、推理,并做出决策或预测的技术。人工智能通过智能算法来增强人类的能力,帮助确保产品始终符合最高质量标准。其关键技术包括机器学习、深度学习、计算机视觉、自然语言处理、强化学习、知识图谱、智能传感器技术等。

19.2.1　机器学习

机器学习(machine learning)是人工智能的一个核心领域,旨在使计算机通过算法和模型从数据中学习和改进。机器学习通过从海量数据中自动学习模式和规律,从而进行预测、分类、优化等任务。机器学习的最大优势在于其自动化数据处理能力,能够从复杂、多样的大数据集中提取出重要的特征,并通过模型优化实现预测和决策。通过训练,机器学习模型不断改进其精度和性能,使得它在处理海量数据时非常有效,尤其适用于那些数据驱动但规则难以明确定义的领域。

根据学习方法的不同,机器学习可以应用于监督学习和无监督学习等任务:在监督学习中,算法使用标记数据进行训练,通过输入与输出的映射关系来学习,最终用于处理新的未标记数据。常见应用包括分类和回归问题,如图像分类、产品缺陷预测等。无监督学习的目标是通过从未标记的数据中识别隐藏的模式或结构。它常用于聚类、关联规则分析等任务,典型应用场景包括客户分群和生产数据的模式识别。

机器学习技术的基础是算法。常见的机器学习算法包括决策树(decision tree)、支持向量机(support vector machine)和神经网络(neural network)等。

(1)决策树:是一种监督学习算法,基于树形结构对数据进行决策。其通过递归将数据集划分为更小的子集,最终形成一个包含决策规则的树结构。每个节点代表特征,每个分支代表该特征的取值条件,叶节点代表预测结果。决策树可以处理分类和回归问题,在质量管理中常用于决策支持和质量缺陷分析。其输入数据通常是多个生产参数,输出为产品质量分类(合格或不合格)。决策树能够帮助企业找出质量问题的根源,并提出改进措施。例如,通过分析产品生产中的温度、压力和原材料,决策树可以识别出哪些因素最容易导致产品不合格。

(2)支持向量机:是一种用于分类任务的模型,适用于处理高维数据,其核心思想是通过在高维空间中找到一个最佳超平面,将不同类别的数据分开;再通过最大化不同类别数据之间的间隔,提升分类的精度。支持向量机适用于二分类任务和高维数据,如文本分类、图像分类等,在处理线性和非线性数据时表现优异,但在大数据集上的处理效率较低。在质量管理中,支持向量机可以通过分析生产和检测数据,识别出复杂的质量问题,特别适合用于缺陷检测、图像分类等任务,如利用视觉数据检测制造过程中是否存在外观瑕疵。

(3)神经网络:是受人脑神经元启发的模型,适用于处理复杂的非线性问题。其基本单元是"神经元",通过层层网络进行特征提取与学习。神经网络可以处理分类和回归任务,能够在质量管理中处理大量数据和复杂模式,尤其适用于语音识别、图像处理等复杂问题。在生产线质量监控和预测性维护中,神经网络特别有效。它可以基于设备传感器数据、环境数据等进行学习,预测生产线设备何时可能发生故障,或识别出可能导致产品质量问题的工艺条件。深度神经网络在图像分析中也被广泛应用,用于自动化的外观缺陷检测和分拣。

19.2.2　深度学习

深度学习(deep learning)是人工智能中的一个重要分支,其基于人工神经网络结构,尤其是深度神经网络(deep neural networks,DNN)来模拟人脑神经元的工作方式。通过这种层层递进的结构,深度学习模型能够从海量数据中自动提取特征并做出判断,尤其擅长处理非结构化数据,如图像、声音、视频和文本。与传统的机器学习算法相比,深度学习具有更强的非线性建模能力和自动特征提取能力,能够直接从原始数据中学习复杂的模式,而无须人工干预。

深度学习的网络结构通常包含多个隐藏层,每一层都能够提取数据中的特征。浅层网络提取基础特征,而深层网络则能够识别更抽象、更复杂的高层次特征。这种逐层抽象的学习方式使深度学习在处理复杂任务(如图像分类、语音识别、自然语言处理等)时,表现出色。

常见的深度学习架构包括卷积神经网络(convolutional neural network，CNN)、递归神经网络(recurrent neural network，RNN)、长短时记忆网络(long short-term memory，LSTM)等，它们被广泛应用于不同的数据处理任务中。深度学习的强大能力主要依赖大数据和高性能计算两个因素。通过大量的数据和强大的计算资源，深度学习模型能够逐步提高精度，达到接近甚至超越人类的表现。

（1）CNN：是一种专门用于处理图像数据的深度学习架构。其基本原理是通过卷积层对图像进行局部感知，提取图像的局部特征。这些卷积层能够有效地捕捉图像中的空间层次关系。CNN 通常包含多个卷积层、池化层(用于降维)和全连接层(用于分类)。模型的输入是原始图像，输出是图像的分类标签或特征表示，在质量管理领域主要用于自动检测和分类产品缺陷。通过对产品图像的局部特征提取，识别出表面缺陷、颜色不一致等问题，得到缺陷类别或缺陷的定位信息。CNN 在图像缺陷检测和产品质量控制中表现尤为出色，能够大幅提高检测效率和准确性。

（2）RNN：是一种专为处理序列数据设计的模型，能够记住序列中之前的状态信息，从而对时间序列数据进行建模。RNN 在每个时间步都会接受输入，并将当前的状态传递到下一个时间步，这使其特别适合处理文本、语音等有时间依赖的数据。例如 RNN 能够处理和分析来自生产线的时间序列数据，预测设备故障或生产过程中的异常情况。模型的输入是时间序列数据(如温度、压力等)，输出是异常预测或故障预警。此外，RNN 还能用于分析客户反馈。输入一个序列(如文字、音频信号)，即可输出整个序列的预测(如情感分析)或逐步生成新的序列(如生成文本)。

（3）LSTM：是 RNN 的一种改进版本，旨在解决传统 RNN 在长序列上表现不佳的问题。LSTM 引入了门控机制(包括输入门、遗忘门和输出门)，允许网络在长时间内保持信息或丢弃不必要的信息，从而有效处理长程依赖关系。LSTM 可以处理和记忆生产过程中长时间跨度的数据，如生产批次中的质量变化趋势，从而进行长期预测和趋势分析。LSTM 在生产过程优化和长期质量预测方面具有重要应用。

19.2.3　计算机视觉

计算机视觉(computer vision)是人工智能的一个重要领域，旨在使计算机具备获取、处理和理解视觉信息的能力。通过摄像头、传感器和算法，计算机视觉系统能够从图像和视频中提取信息，并基于这些信息进行分析、识别和决策。这项技术结合了图像处理、模式识别和机器学习，能够自动化地处理视觉数据，完成如目标识别、图像分类、物体检测、运动跟踪等任务。

计算机视觉的核心技术包括图像分割、目标检测、特征提取和图像分类等，利用 CNN 等深度学习模型，它能够以接近甚至超过人类的精度来识别和理解视觉场景。计算机视觉的优势在于它能够自动化处理大量视觉数据，替代传统的人工操作，显著提高效率和准确性。近年来，计算机视觉在各个行业中的应用越来越广泛，尤其是在制造业和质量管理领域，计算机视觉为产品检测、流程优化和故障识别提供了强大的支持。典型的计算机视觉模型有以下几种。

（1）区域卷积神经网络(region-based CNN，R‑CNN)：是一种改进的 CNN，专门用于目标检测。R‑CNN 通过选择性搜索算法生成候选区域(即可能含有目标的区域)，然后在这些区域内应用 CNN 网络进行特征提取和分类。输入需要检测的图像,即可得到目标区域的类别和位置坐标。在质量管理中,R－CNN 应用于精确的目标检测和缺陷定位,在识别和标记产品中的具体缺陷位置方面表现优异,适合用于精细的质量检测任务。

（2）单阶段目标检测器(single shot multibox detector, SSD)：是另一种用于目标检测的深度学习模型。SSD 采用端到端的检测方法,通过在不同尺度的特征图上进行目标检测来实现实时检测。在质量管理中,SSD 常用于实时检测和标记产品缺陷。SSD 的优势在于其高效性和实时性,适合用于需要快速检测的应用场景,例如生产线上的自动化质量检测系统。

（3）你只看一次(you only look once, YOLO)：是一种高效的目标检测模型,能够实时检测图像中的多个对象。YOLO 将目标检测任务转化为回归问题,通过单个神经网络对整个图像进行处理,从而同时预测目标的位置和类别。模型的输入是产品的图像,输出是每个检测到的缺陷的类别和边界框。YOLO 的实时处理能力使其在生产监控和质量控制中表现突出,能够即时发现和处理生产线上的质量问题,并反馈检测到的缺陷的类别和边界框。

（4）生成对抗网络(generative adversarial network, GAN)：在计算机视觉领域用于图像生成和增强。GAN 由生成器和判别器组成,生成器负责创建逼真的图像,而判别器则评估这些图像的真实性。在质量管理领域,GAN 用于生成和增强数据集,即生成稀有缺陷的图像,增强数据集的多样性,帮助训练更全面的质量检测系统,改善模型的泛化能力。

19.2.4　自然语言处理

自然语言处理(natural language processing，NLP)旨在使计算机能够理解、分析、生成和回应人类语言。NLP 结合了语言学、计算机科学和机器学习的技术,使得计算机可以从文本、语音等自然语言数据中提取有用信息,完成如语言翻译、情感分析、语义理解、对话系统等任务。NLP 技术通过处理文本和语音数据,能够帮助计算机"读懂"文本、识别出关键内容,甚至基于所理解的信息做出智能化的响应。

NLP 依赖多种技术,如语法分析、命名实体识别、情感分析、机器翻译等,结合深度学习模型如循环神经网络、长短期记忆网络、Transformer 等。通过对大规模语言数据的训练,NLP 技术能够从语言数据中识别模式和结构,从而实现人类语言的自动处理和理解。

如今,NLP 技术广泛应用于智能客服、虚拟助手、文本分析等领域,并在各种行业中展示了其巨大的应用潜力。在质量管理领域,除了 RNN 和 LSTM 等处理时间序列数据的模型以外,还有一些其他的自然语言处理工具,如以下几种。

（1）Transformer：是一种基于自注意力机制的模型,能够高效地处理长序列数据。Transformer 通过自注意力机制对序列中每个位置的所有其他位置进行加权,从而捕捉长距离依赖关系。Transformer 模型在质量管理中可用于处理复杂的文本数据,如产品质量报告和客户反馈。通过自注意力机制,Transformer 可以高效地理解和分析文本中的长距离依赖关系,从而输出对文本的关键内容提取、问题识别或质量趋势分析。Transformer 在处理大规模文本数据和生成质量报告摘要方面表现出色,有助于提升数据处理效率和准确性。

（2）BERT(bidirectional encoder representations from Transformers)：是一种预训练语言模型,是基于 Transformer 结构的双向编码器表示。BERT 的预训练阶段包括掩码语言模型和下一句预测,使得模型能够理解词汇的上下文信息。BERT 在质量管理中用于理解和分析产品质量报告、客户投诉和检测记录，并输出情感分析结果、潜在问题等关键信息。BERT 在提升文本分析的准确性、自动分类质量问题和改善客户服务响应方面具有显著优势。

（3）生成式预训练变换器（generative pre-trained Transformer，GPT），也是一种预训练的 Transformer 模型，通过大规模的语言数据进行预训练，然后在特定任务上进行微调。GPT 的核心思想是生成任务，通过上下文预测下一个词来生成连贯的文本。GPT 在质量管理中用于生成和自动化处理文本，例如撰写质量检查报告和自动回复客户反馈。GPT 的生成能力和语言理解能力使其在自动化文档生成和提升客户服务效率方面非常有用。

19.2.5　强化学习

强化学习（reinforcement learning）是一种使智能体通过与环境交互，学习最优行为策略的机器学习方法。在强化学习中，智能体通过不断尝试、观察反馈（奖励或惩罚），逐步优化其决策策略，从而在未知或动态环境中做出最优决策。强化学习与传统的监督学习不同，后者依赖标注数据集进行训练，而强化学习是在没有明确标注的情况下，通过试错方法自主学习。强化学习广泛应用于游戏、机器人控制、自动驾驶和推荐系统等领域，尤其在需要动态决策的复杂任务中表现出色。

近年来，随着深度强化学习的发展，强化学习模型可以通过神经网络处理高维状态空间，适用于更复杂的任务场景。它在优化问题、自动控制和实时决策中显示出了巨大的潜力，成为现代智能系统的重要技术之一。一些典型的强化学习模型如下。

（1）Q 学习（Q - Learning）：是一种基于值函数的强化学习算法，通过学习状态及动作值函数（Q 值）来优化决策策略。智能体通过与环境交互，更新 Q 表格中的值，以估计每个状态——动作对的长期回报。Q - Learning 可以有效地解决离散状态空间中的最优策略学习问题，在质量管理中用于优化决策策略，如自动化的生产调整和维护计划，智能体通过与生产环境互动，学习在不同状态下选择最优动作（如调整机器设置或采取维护措施），以最大化长期回报。

（2）深度 Q 网络（deep Q - Network，DQN）：是 Q - Learning 的深度学习扩展，利用深度神经网络来近似 Q 值函数，从而处理高维状态空间。DQN 通过经验回放和目标网络来稳定训练过程。DQN 将 Q - Learning 扩展到高维状态空间，通过深度神经网络处理复杂的生产环境数据。输入生产线上的状态（如传感器数据或图像），输出每个可能操作的 Q 值。DQN 在处理复杂的质量控制任务中，能够显著提高系统的智能化水平，如实时检测和自动化调整生产过程。

（3）近端策略优化（proximal policy optimization，PPO）：是一种策略优化算法，旨在稳定和高效地训练策略网络。PPO 通过限制策略更新的幅度，避免过大的变化，从而提高训练的稳定性。PPO 适用于连续动作空间和复杂环境中的策略优化，如精细的生产过程控制和自动化的质量检测等任务。输入当前的生产状态，可以得到针对各项操作或决策的概率分布。PPO 适用于需要动态调整生产策略的任务，如优化质量检测流程和减少生产中的废品率。

19.2.6　知识图谱

知识图谱（knowledge graph）是一种用于组织、表示和存储知识的结构化信息技术。它将大量分散的信息整合为实体(如产品、客户、设备等)及其之间的关系网络,并以图结构的形式展现。这种图结构不仅包含实体的属性信息,还体现了实体之间的复杂关联和上下文语义关系。通过知识图谱,人工智能系统能够进行语义理解、推理和查询,从而提供智能化的知识服务。

知识图谱通常由实体、属性和关系 3 大部分构成,能够整合海量数据并通过图形化结构来表示复杂的知识体系。借助自然语言处理和机器学习等技术,知识图谱可以从非结构化数据(如文本、文档、网页等)中自动抽取知识,并建立关联。这一技术广泛应用于搜索引擎、推荐系统、智能问答等场景中,其核心价值在于提供基于语义关联的智能查询和推理。常用的知识图谱模型有以下几种。

(1)图神经网络(graph neural network,GNN):是一类处理图结构数据的深度学习模型,专为知识图谱中的节点和边信息进行建模。GNN 通过对图中的每个节点及其邻居节点的信息进行消息传递,逐步更新节点的表示。GNN 能够对质量管理中的各种实体(如设备、工艺、缺陷类型等)及其关系进行建模,通过消息传递机制更新节点的嵌入表示,预测边之间的关系。GNN 可以帮助发现设备故障模式、优化质量控制策略,以及识别潜在的质量改进机会。

(2)翻译嵌入模型(translating embedding,TransE):是一种基于嵌入的方法,用于知识图谱中的关系建模。TransE 通过将实体和关系映射到同一个向量空间,并利用关系的平移属性来建模实体之间的关系。具体来说,对于一个三元组(头实体、关系、尾实体),TransE 试图使得头实体和尾实体的向量差接近关系向量。TransE 在知识图谱的关系预测和知识补全方面具有较好的效果,能够发现和补充知识图谱中的潜在关系。TransE 可以用于故障预测、设备维护计划制定及质量改进建议生成。

(3)图注意力网络(graph attention network,GAT):通过引入注意力机制来改进图神经网络的性能。GAT 对图中的每个节点及其邻居节点的贡献进行加权,从而提升重要邻居节点信息的影响力。GAT 在知识图谱的节点分类、关系推理和知识补全等任务中具有显著优势,能够增强对图中重要信息的关注,提升知识图谱的推理和分析能力。GAT 可以用于改进质量检测系统、优化生产流程及精准分析质量问题,增强对关键数据的关注能力。

19.2.7　智能传感器技术

智能传感器技术(intelligent sensor technology)是结合传感器、嵌入式系统和数据处理技术的综合性人工智能技术。智能传感器不仅能够捕捉环境中的物理、化学或生物信号,还能够通过嵌入式处理器实时分析数据、提取特征,并做出智能判断。与传统传感器相比,智能传感器具备数据处理和通信能力,能够独立运行并与其他设备或系统交互,形成数据驱动的决策和控制反馈机制。

智能传感器的核心特性包括自校准、自诊断和自适应,使其能够在变化的环境中维持精准的测量,并根据反馈数据进行调整。通过与人工智能技术的结合,智能传感器不仅能够检测实时数据,还能对数据进行分析,提供预测性维护、质量监控等功能,极大提高了工业生产过程中的自动化和智能化水平。

智能传感器广泛应用于工业制造、医疗、物联网、汽车、航空等领域。在质量管理中,智能传感器技术能够实时监控生产线中的关键参数,帮助企业实现精准控制、动态调整和异常预警,为提升产品质量提供强大的技术支持。例如,智能温度传感器结合了传统的温度测量技术与先进的数据处理能力,能够实时监测生产环境和设备的温度,并通过嵌入式处理单元进行数据分析,如温度趋势预测和异常检测;智能振动传感器用于监测设备运行中的振动情况,通过内置的处理器分析振动信号的特征,能够检测设备的异常振动模式,如不平衡、磨损或松动,从而支持设备的健康管理和维护,减少故障发生,提高生产设备的可靠性;智能图像传感器结合了高分辨率图像采集与嵌入式图像处理技术,能够实时捕捉生产过程中的图像数据,用于自动化检测产品的外观缺陷、监控生产过程中的异常情况,从而提升生产效率和产品质量,减少人为检查的需要。

19.3　人工智能在质量管理中的应用

如今,由人工智能引领的新革命正在彻底改变质量管理的格局。人工智能通过深度学习、机器学习、自然语言处理和计算机视觉等关键技术,能够从大数据中提取出有价值的信息,并自动优化产品全生命周期各个环节的质量(见图 19-2)。

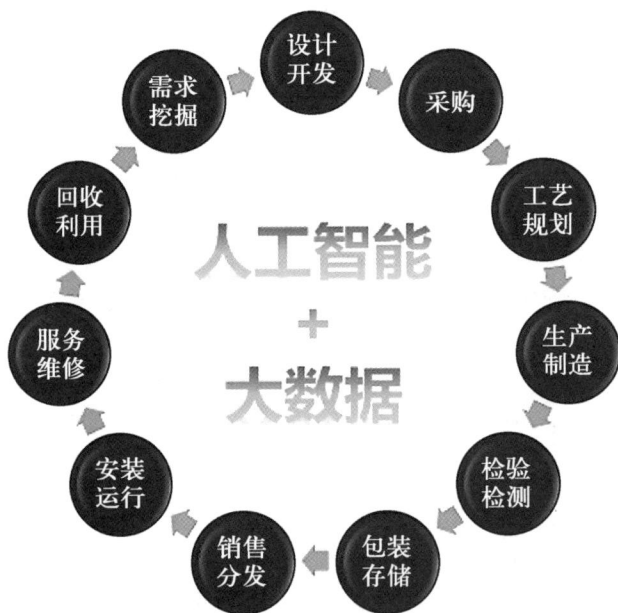

图 19-2　人工智能和大数据环境下的全面质量管理

在需求挖掘阶段,人工智能可以通过自然语言处理技术分析大量市场反馈、用户评论和社交媒体数据,帮助识别潜在的市场需求和用户偏好,为产品设计提供数据支持。

在产品设计开发阶段,利用人工智能的机器学习算法,可以优化产品设计的参数和配置,提高设计的合理性和可行性。同时,人工智能还可以进行虚拟仿真测试,预测设计在实际应用中的表现,提前发现并解决问题。

在原材料采购阶段,人工智能可以分析供应商的历史数据、质量记录和市场声誉,为采购决策提供数据支持。结合机器视觉和深度学习技术,人工智能可以自动检测原材料的外观缺陷、尺寸偏差等质量问题,确保原材料的质量符合标准。

在工艺规划阶段,人工智能可以根据历史生产数据和实时生产情况,自动调整和优化生产工艺参数,提高生产效率和产品质量。通过数据分析,人工智能可以预测生产过程中可能出现的质量风险,并提前制订应对措施。

在生产制造阶段,人工智能可以实时监测生产线上的各项指标,如温度、压力、速度等,确保生产过程稳定可控。使用机器视觉技术,人工智能可以自动识别生产过程中的产品缺陷,并进行分类和记录,以便后续分析和改进。

在产品检验检测阶段,人工智能可以实现对产品质量的自动化检测,提高检测效率和准确性。通过对检测数据的分析,人工智能可以发现潜在的质量问题和趋势,为质量改进提供依据。

在包装存储阶段,人工智能可以根据产品特性和运输需求,优化包装方案设计,减少运输过程中的损坏风险。利用人工智能的预测分析能力,可以优化库存管理策略,减少库存积压和损耗。

在销售分发阶段,人工智能可以分析市场趋势和消费者行为数据,预测产品需求,帮助企业合理安排生产和销售计划。结合物联网和人工智能技术,可以实时监控物流运输情况,确保产品安全送达客户手中。

在产品安装运行阶段,人工智能可以实现对设备运行状态的远程监控和数据分析,及时发现并解决潜在问题。通过分析设备运行数据,人工智能可以预测设备故障风险,提前进行维护和保养,减少停机时间。

在产品服务维修阶段,人工智能可以通过分析设备故障数据,快速定位故障原因并提供解决方案。利用人工智能技术,企业可以优化服务流程,提高服务响应速度和客户满意度。

在回收利用阶段,人工智能可以自动识别废弃物的种类和材质,为回收利用提供便利。通过分析回收数据,人工智能可以优化资源回收和再利用的策略,提高资源利用率。

综上所述,人工智能在质量管理的各个阶段都可以发挥重要作用,通过自动化、智能化和数据分析等手段,提高质量管理的效率和准确性,为企业创造更大的价值。

19.3.1　客户需求获取和产品设计优化

在生产制造产品之前,产品设计质量对于产品具有重要意义。竞争激烈的市场环境中,高质量的产品设计是区分自己和竞争对手的关键因素之一。高质量的研发设计能够确保产品具有卓越的性能,满足用户的基本型需求、期望型需求和魅力型需求,提升用户体验,使用户在使用产品的过程中感到愉悦和满意,吸引更多潜在用户,提高市场份额。高质量的产品设计能够提升企业的品牌形象和声誉,增加消费者对企业的信任度,有助于企业在市场中建立长期的竞争优势,吸引更多忠实用户,从而增加用户黏性。

在客户需求获取阶段,高质量的需求可以帮助企业了解用户偏好。在研发阶段,高质量的设计有助于减少后期修改和优化的次数,从而降低产品开发成本和周期。在生产阶段,好的设计有助于生产流程优化和降低生产成本,提升产量,降低产品在使用过程中出现故障和问题的风险,减少售后服务成本。

需求挖掘和创新设计与方案优化阶段,客户需求数据来源包括调查问卷、用户画像、竞品数据、行业标准、产品评论区数据、仿真数据、行业标杆技术资料和专利数据等;产品设计数据涵盖了设计人员的意见、设计知识、设计标准与法规等关键要素,同时还包括检测数据、环境试验数据、可靠性试验数据、产品使用数据、产品维修数据和产品故障数据等。主要技术包括深度学习、神经网络、关联规则、文本挖掘、OCR 图像识别和变量预测等。

19.3.2　生产制造过程质量提升

生产制造过程中产生的各类数据包括生产线上的实时数据,如机器运行参数、产品加工时间、生产速度等;各个生产阶段的质量检验结果,包括尺寸测量、性能测试、外观检查等多种检测数据;供应链相关的信息,涵盖原材料采购、库存管理、物流运输等环节;设备的维护修复记录,包括日常维护、定期保养和故障维修的详细信息;生产过程中出现的各类故障记录,包括故障类型、发生时间、影响范围等;来自客户的反馈数据,如产品质量投诉、满意度调查结果等。通过分析这些来自不同源头的数据,企业能够获得生产全过程的全面视图,为后续的分析和决策提供坚实的基础。

人工智能提供了一系列先进的技术和方法来处理和分析这些数据。首先,数据挖掘技术如关联规则挖掘、聚类分析和分类预测等,能够从海量数据中提取有价值的信息和模式,发现隐藏的生产问题,预测潜在的质量风险。仿真建模技术允许建立生产过程的虚拟模型,用于预测和优化,可以模拟不同生产参数对产品质量的影响,有助于优化生产流程,减少实际生产中的试错成本。多目标优化技术则在质量、成本、效率等多个目标之间寻找最佳平衡点,帮助制定最优的生产策略和资源分配方案。机器学习和深度学习技术被广泛应用于预测分析和复杂的故障诊断,能够处理大规模、高维度的数据,学习复杂的非线性关系,提高预测和诊断的准确性。

在生产制造环节,人工智能在质量管理方面的应用场景包括以下方面。

(1) 设备状态建模与预测性维护:基于高度集成实时监测设备的振动、温度、压力、电流等多维度传感器数据,利用机器学习、深度学习的先进算法以及智能传感器的尖端技术,构建出精准的设备状态模型。这些模型不仅有回溯历史问题的能力,更具前瞻性,精准预测设备的健康状况,提前预警潜在故障,有效规避了因设备突发故障而导致的生产停滞与质量问题。例如,卷积神经网络等先进模型擅长处理复杂的时序与多维数据,能够深入捕捉设备状态特征,对轴承等关键零部件的关键指标进行精准建模,从而提前预警故障,有效避免非计划停机,延长设备寿命。

(2) 过程监控与诊断:人工智能技术可以应用于对产品生产的实时过程监控,通过连续的数据采集和分析,实时跟踪和控制生产过程的各个环节。智能传感器可以应用于生产流程的各个环节,实时监控设备状态、环境条件和产品质量。通过对温度、湿度、压力、振动、气体成分等变量的实时采集,智能传感器能够提供精准的数据,确保生产环境和设备在最佳状态下运行。再结合机器学习等技术,实时分析这些数据,监控生产过程中的关键指标,可以帮助企业在生产过程中检测出可能影响产品质量的潜在问题,并及时进行调整。

(3) 视觉检测:深度学习与 3D 视觉技术结合的计算机视觉模型,能够精准捕捉产品的几何形状偏差、尺寸偏差和表面缺陷等,为高质量产品的生产提供了坚实保障。在汽车制造、电子设备等表面质量要求高的行业中,这项技术的应用尤为广泛。通过高分辨率摄像头与深度学习模型的紧密配合,计算机视觉能够自动处理和分析大量图像数据,识别产品表面的各类瑕疵,如 3D 打印中的拉丝、斑点、表面裂纹、材质不均或涂层损坏等不同的缺陷类别。

与传统的图像处理方法相比,深度学习无须人工设定特征,能够通过学习数据中的复杂模式,提供更高精度的质量检测。通过分析大量历史数据,深度学习模型可以预测哪些生产条件或工艺步骤最容易导致缺陷发生,从而找出缺陷模式,帮助企业优化生产工艺并降低缺陷率。同时,该技术还能在识别特定缺陷时即时调整打印参数,实现生产过程的动态优化,进一步提升产品质量与生产效率。

（4）故障诊断与根因分析:通过比对故障现象与历史数据,人工智能利用分类与回归算法快速定位问题所在,为故障的快速解决提供了有力支持。机器学习算法凭借其强大的数据分析能力,能够深入挖掘生产数据中的复杂因果关系,快速识别出质量问题的根源所在。知识图谱可以构建一个全面的质量信息网络,将生产工艺、原材料、设备状态、操作人员等多维数据信息紧密关联起来,实现了产品全生命周期的故障溯源。当质量问题发生时,知识图谱能够迅速追溯问题源头,为快速解决质量问题提供了科学依据与决策支持。

19.3.3　故障预测与健康管理

在产品被客户购买之后,生产制造商还可以继续向客户提供广泛而多样的服务,确保客户能够持续获得产品的最大价值,从而提高客户满意度和忠诚度。故障预测与健康管理(prognostics health management,PHM)是其中重要任务之一。

企业利用物联网(IoT)、大数据等先进信息技术,通过安装在设备上的各种传感器(如振动传感器、温度传感器、压力传感器等)采集设备的实时运行状态数据、操作数据(包括设备的运行参数、操作记录、维修记录等)和环境数据(如设备运行环境的温度、湿度、气压等)等信息,对设备进行远程监控和数据分析,提前预测并预防潜在故障的发生。这种预测性维护不仅限于故障诊断和及时维修,还包括必要时的零部件更换,从而有效减少故障发生频率,延长产品的使用寿命。

电梯企业利用物联网(IoT)技术,在电梯设备上安装各种传感器,收集有关电梯运行状态的数据。航空发动机制造商通过健康监测系统(HMS)持续采集发动机的振动、温度、压力等关键参数,并将这些数据传输给地面控制系统。这些数据通过云端传输到中央服务器进行分析。通过高级数据分析和机器学习算法,企业可以提供故障预测,远程监控,预防性维护和性能优化服务。与传统燃油车相比,新能源汽车中的电池管理系统(BMS)、电机控制器(MCU)以及其他电子元件需要更加精细的管理和维护。电池管理系统通过传感器监测电池的电压、电流、温度等参数,评估电池健康状态,预测电池的剩余寿命,并提醒用户何时需要更换电池;智能管理系统可以根据电池状态调整充电策略,延长电池寿命。实时电池监控系统检测到电池存在异常时,系统可以及时发出警告,防止电池故障引发安全事故。驾驶行为分析模块分析驾驶者的驾驶习惯,提供个性化的节能建议,延长电池续航里程。整车健康管理系统整合来自车辆各部分的数据,进行全面的健康评估,根据车辆实际使用情况,制订个性化的维护计划。很多工业机械和重型设备制造商也为客户提供类似的全方位服务,通过集成的数据分析平台来优化设备性能,减少停机时间,并提供定制化的解决方案。在医疗设备领域,高端医疗成像设备制造商利用先进的传感器技术和云平台来监控设备状态,确保医疗服务的连续性和高效性。

PHM作为一个综合性的技术领域,其核心在于通过集成先进的人工智能算法,实现对系统或设备的健康状态进行全面、准确的监控与预测。在这个过程中,人工智能算法不仅简化了传统的手动分析过程,还显著提高了预测的准确性和实时性。以下是对 PHM 中关键步骤及其所涉及的人工智能算法的深入解析。

数据预处理是 PHM 流程的第一步,也是至关重要的一步。它涉及数据的清洗、去噪、归一化,以及可能的平衡处理,以确保后续建模过程能够基于高质量的数据集进行。在这一阶段,除了传统的数据预处理方法,还可以引入更高级的人工智能技术,如基于生成对抗网络(GANs)的数据增强技术,来生成更多的训练样本,从而缓解数据稀缺或不平衡的问题。

特征提取是 PHM 中的关键环节,它直接关系到模型的性能与准确性。时域特征提取、频域特征提取和时频域特征提取是 3 种常用的方法,它们分别从不同角度揭示了数据的内在特性。此外,随着深度学习技术的兴起,自动特征提取成了一个热门方向。通过卷积神经网络或递归神经网络等深度学习模型,可以自动从原始数据中学习并提取出对建模有用的高级特征,这些特征往往比人工设计的特征更为有效和鲁棒。

在健康状态评估与故障诊断阶段,PHM 系统需要能够准确识别出系统的当前状态,并快速定位潜在的故障源。除了传统的支持向量机、自组织映射神经网络(SOM)和贝叶斯网络等方法,近年来,深度学习技术在这个领域的应用日益广泛。例如,CNN 可以利用其强大的图像处理能力,对系统状态图像或传感器数据进行分类和识别;而 RNN 及其变体(如 LSTM、GRU)则擅长处理时间序列数据,能够捕捉系统状态随时间的变化趋势,从而进行更准确的健康评估和故障诊断。

剩余寿命预测是 PHM 的最终目标之一,也是最具挑战性的任务之一。为了准确预测系统的剩余寿命,PHM 系统需要综合考虑多种因素,包括系统的当前状态、历史运行数据、工作环境条件和可能的故障模式等。在这个领域,基于机器学习的方法(如 SVM、神经网络等)以其强大的建模能力而备受青睐。此外,组合方法也被广泛采用,通过将多种算法或模型进行集成和优化,以充分利用各自的优势,提高预测的准确性和鲁棒性。例如,可以将深度学习模型与物理模型相结合,通过数据驱动和理论驱动相结合的方式来进行剩余寿命预测。

19.4　人工智能和大数据驱动在质量管理中的挑战

人工智能在质量管理中的应用正不断推动制造业和其他行业向智能化、自动化的方向发展。通过智能算法和数据驱动技术,人工智能技术能够预测系统状态、监控生产过程、监测设备故障、优化生产流程、提高产品质量,并提供精准的决策支持。然而,人工智能驱动的质量管理也伴随着一些挑战。

首先,数据质量和完整性至关重要。人工智能模型的准确性依赖于高质量的数据,如果数据不完整、不准确或含有大量噪声,将影响模型的预测能力和决策效果。生产环境中的传感器故障、数据收集不及时等问题都会对人工智能系统的性能产生负面影响。

其次,人工智能模型,尤其是深度学习模型,虽然能够提供精确的预测结果,但往往存在"黑箱"问题。这种模型的复杂性使得它们的决策过程难以解释,在需要明确解释决策依据的场景中,这种缺乏透明度的模型可能会限制其应用范围。

再次,部署人工智能技术还面临着技术门槛和成本的挑战。人工智能系统的实施需要企业具备高水平的技术能力和基础设施支持。特别是中小企业,可能面临初期高昂的开发、部署和维护成本。同时,人工智能技术需要大量的计算资源和人才储备,对企业的硬件、软件基础设施提出了更高的要求。

此外,数据隐私与安全问题也是人工智能技术应用中不可忽视的挑战。人工智能系统处理大量的生产和客户数据,这些数据的泄露或被滥用可能带来商业和法律风险。企业需要加强数据保护措施,使用加密技术、访问控制等方法来确保数据的安全性和隐私性。

最后,人工智能系统与传统系统的集成问题是企业在实施人工智能时需要解决的关键挑战。大多数企业已经拥有成熟的传统质量管理系统,引入人工智能技术后,如何确保人工智能系统与现有的管理系统无缝对接,并协同工作,是一个复杂的技术问题。人工智能系统需要与传统系统共享数据,并提供兼容的接口,这要求企业在实施过程中进行必要的系统集成开发工作,以确保新旧系统之间的流畅切换和数据同步。

总的来说,人工智能驱动的质量管理为企业带来了前所未有的优势。然而,要充分发挥这些优势,企业需要克服数据质量、技术门槛、隐私与安全及系统集成等方面的挑战。通过合理规划和实施,人工智能技术将为企业质量管理带来深远的变革,帮助企业实现更高效、更智能的生产和管理,保持竞争力并推动持续创新。

习题

1. 将人工智能技术引入质量管理领域,能为质量管理领域带来什么样的变化和好处?
2. 在人工智能驱动的质量管理中,如何确保数据来源的稳定,以及数据的高质量和完整性?
3. 如何处理质量管理中人工智能模型的"黑箱问题"以提升决策过程的可解释性?
4. 在质量管理领域实施人工智能技术的成本主要体现在哪些方面?如何降低在质量管理领域实施人工智能技术的成本?
5. 在质量管理中,人工智能与传统质量控制方法如何实现有效整合,形成协同作用?
6. 你觉得未来人工智能技术在质量管理领域还能应用于哪些方面?基于现有的人工智能技术,质量管理领域的前进方向会是什么?

参考文献

[1] 工业装备质量大数据工业和信息化部重点实验室,工业和信息化部电子第五研究所·赛宝智库.质量大数据白皮书[R].2022.
[2] ZHANG C, LU Y. Study on artificial intelligence:the state of the art and future prospects [J]. Journal of Industrial Information Integration,2021,23:100224.
[3] LUTZ É, CORADI P C. Applications of new technologies for monitoring and predicting grains quality stored:sensors, internet of things, and artificial intelligence [J]. Measurement, 2022,188:110609.
[4] PARASKEVOUDIS K, KARAYANNIS P, KOUMOULOS E P. Real-time 3D printing

remote defect detection（stringing）with computer vision and artificial intelligence
[J]. Processes，2020，8(11)：1464.

[5] RODGERS W，MURRAY J M，STEFANIDIS A，et al. An artificial intelligence
algorithmic approach to ethical decision-making in human resource management processes
[J]. Human Resource Management Review，2023，33(1)：100925.

附录 1　标准正态分布的累积分布函数

$$\Phi(x) = \frac{1}{\sqrt{2\pi}} \int_{-\infty}^{z} e^{-\frac{t^2}{2}} \mathrm{d}t, \ \Phi(-x) = 1 - \Phi(x)$$

Z	0	0.01	0.02	0.03	0.04	0.05	0.06	0.07	0.08	0.09
0	0.5	0.504	0.508	0.512	0.516	0.519 9	0.523 9	0.527 9	0.531 9	0.535 9
0.1	0.539 8	0.543 8	0.547 8	0.551 7	0.555 7	0.559 6	0.563 6	0.567 5	0.571 4	0.575 3
0.2	0.579 3	0.583 2	0.587 1	0.591	0.594 8	0.598 7	0.602 6	0.606 4	0.610 3	0.614 1
0.3	0.617 9	0.621 7	0.625 5	0.629 3	0.633 1	0.636 8	0.640 6	0.644 3	0.648	0.651 7
0.4	0.655 4	0.659 1	0.662 8	0.666 4	0.67	0.673 6	0.677 2	0.680 8	0.684 4	0.687 9
0.5	0.691 5	0.695	0.698 5	0.701 9	0.705 4	0.708 8	0.712 3	0.715 7	0.719	0.722 4
0.6	0.725 7	0.729 1	0.732 4	0.735 7	0.738 9	0.742 2	0.745 4	0.748 6	0.751 7	0.754 9
0.7	0.758	0.761 1	0.764 2	0.767 3	0.770 4	0.773 4	0.776 4	0.779 4	0.782 3	0.785 2
0.8	0.788 1	0.791	0.793 9	0.796 7	0.799 5	0.802 3	0.805 1	0.807 8	0.810 6	0.813 3
0.9	0.815 9	0.818 6	0.821 2	0.823 8	0.826 4	0.828 9	0.831 5	0.834	0.836 5	0.838 9
1	0.841 3	0.843 8	0.846 1	0.848 5	0.850 8	0.853 1	0.855 4	0.857 7	0.859 9	0.862 1
1.1	0.864 3	0.866 5	0.868 6	0.870 8	0.872 9	0.874 9	0.877	0.879	0.881	0.883
1.2	0.884 9	0.886 9	0.888 8	0.890 7	0.892 5	0.894 4	0.896 2	0.898	0.899 7	0.901 5
1.3	0.903 2	0.904 9	0.906 6	0.908 2	0.909 9	0.911 5	0.913 1	0.914 7	0.916 2	0.917 7
1.4	0.919 2	0.920 7	0.922 2	0.923 6	0.925 1	0.926 5	0.927 9	0.929 2	0.930 6	0.931 9
1.5	0.933 2	0.934 5	0.935 7	0.937	0.938 2	0.939 4	0.940 6	0.941 8	0.942 9	0.944 1
1.6	0.945 2	0.946 3	0.947 4	0.948 4	0.949 5	0.950 5	0.951 5	0.952 5	0.953 5	0.954 5
1.7	0.955 4	0.956 4	0.957 3	0.958 2	0.959 1	0.959 9	0.960 8	0.961 6	0.962 5	0.963 3

Z	0	0.01	0.02	0.03	0.04	0.05	0.06	0.07	0.08	0.09
1.8	0.964 1	0.964 9	0.965 6	0.966 4	0.967 1	0.967 8	0.968 6	0.969 3	0.969 9	0.970 6
1.9	0.971 3	0.971 9	0.972 6	0.973 2	0.973 8	0.974 4	0.975	0.975 6	0.976 1	0.976 7
2	0.977 2	0.977 8	0.978 3	0.978 8	0.979 3	0.979 8	0.980 3	0.980 8	0.981 2	0.981 7
2.1	0.982 1	0.982 6	0.983	0.983 4	0.983 8	0.984 2	0.984 6	0.985	0.985 4	0.985 7
2.2	0.986 1	0.986 4	0.986 8	0.987 1	0.987 5	0.987 8	0.988 1	0.988 4	0.988 7	0.989
2.3	0.989 3	0.989 6	0.989 8	0.990 1	0.990 4	0.990 6	0.990 9	0.991 1	0.991 3	0.991 6
2.4	0.991 8	0.992	0.992 2	0.992 5	0.992 7	0.992 9	0.993 1	0.993 2	0.993 4	0.993 6
2.5	0.993 8	0.994	0.994 1	0.994 3	0.994 5	0.994 6	0.994 8	0.994 9	0.995 1	0.995 2
2.6	0.995 3	0.995 5	0.995 6	0.995 7	0.995 9	0.996	0.996 1	0.996 2	0.996 3	0.996 4
2.7	0.996 5	0.996 6	0.996 7	0.996 8	0.996 9	0.997	0.997 1	0.997 2	0.997 3	0.997 4
2.8	0.997 4	0.997 5	0.997 6	0.997 7	0.997 7	0.997 8	0.997 9	0.997 9	0.998	0.998 1
2.9	0.998 1	0.998 2	0.998 2	0.998 3	0.998 4	0.998 4	0.998 5	0.998 5	0.998 6	0.998 6
3	0.998 7	0.998 7	0.998 7	0.998 8	0.998 8	0.998 9	0.998 9	0.998 9	0.999	0.999

附录 2 卡方分布上侧分位数表

$$P(\chi^2(n) > \chi_\alpha^2(n)) = \alpha$$

n	α												
	0.995	0.990	0.975	0.950	0.900	0.750	0.500	0.250	0.100	0.050	0.025	0.010	0.005
1	0.000	0.000	0.001	0.004	0.016	0.102	0.455	1.323	2.706	3.841	5.024	6.635	7.879
2	0.010	0.020	0.051	0.103	0.211	0.575	1.386	2.773	4.605	5.991	7.378	9.210	10.597
3	0.072	0.115	0.216	0.352	0.584	1.213	2.366	4.108	6.251	7.815	9.348	11.345	12.838
4	0.207	0.297	0.484	0.711	1.064	1.923	3.357	5.385	7.779	9.488	11.143	13.277	14.860
5	0.412	0.554	0.831	1.145	1.610	2.675	4.351	6.626	9.236	11.070	12.833	15.086	16.750
6	0.676	0.872	1.237	1.635	2.204	3.455	5.348	7.841	10.645	12.592	14.449	16.812	18.548
7	0.989	1.239	1.690	2.167	2.833	4.255	6.346	9.037	12.017	14.067	16.013	18.475	20.278
8	1.344	1.646	2.180	2.733	3.490	5.071	7.344	10.219	13.362	15.507	17.535	20.090	21.955
9	1.735	2.088	2.700	3.325	4.168	5.899	8.343	11.389	14.684	16.919	19.023	21.666	23.589
10	2.156	2.558	3.247	3.940	4.865	6.737	9.342	12.549	15.987	18.307	20.483	23.209	25.188
11	2.603	3.053	3.816	4.575	5.578	7.584	10.341	13.701	17.275	19.675	21.920	24.725	26.757
12	3.074	3.571	4.404	5.226	6.304	8.438	11.340	14.845	18.549	21.026	23.337	26.217	28.300
13	3.565	4.107	5.009	5.892	7.042	9.299	12.340	15.984	19.812	22.362	24.736	27.688	29.819
14	4.075	4.660	5.629	6.571	7.790	10.165	13.339	17.117	21.064	23.685	26.119	29.141	31.319
15	4.601	5.229	6.262	7.261	8.547	11.037	14.339	18.245	22.307	24.996	27.488	30.578	32.801
16	5.142	5.812	6.908	7.962	9.312	11.912	15.338	19.369	23.542	26.296	28.845	32.000	34.267
17	5.697	6.408	7.564	8.672	10.085	12.792	16.338	20.489	24.769	27.587	30.191	33.409	35.718
18	6.265	7.015	8.231	9.390	10.865	13.675	17.338	21.605	25.989	28.869	31.526	34.805	37.156

n	α												
	0.995	0.990	0.975	0.950	0.900	0.750	0.500	0.250	0.100	0.050	0.025	0.010	0.005
19	6.844	7.633	8.907	10.117	11.651	14.562	18.338	22.718	27.204	30.144	32.852	36.191	38.582
20	7.434	8.260	9.591	10.851	12.443	15.452	19.337	23.828	28.412	31.410	34.170	37.566	39.997
21	8.034	8.897	10.283	11.591	13.240	16.344	20.337	24.935	29.615	32.671	35.479	38.932	41.401
22	8.643	9.542	10.982	12.338	14.041	17.240	21.337	26.039	30.813	33.924	36.781	40.289	42.796
23	9.260	10.196	11.689	13.091	14.848	18.137	22.337	27.141	32.007	35.172	38.076	41.638	44.181
24	9.886	10.856	12.401	13.848	15.659	19.037	23.337	28.241	33.196	36.415	39.364	42.980	45.559
25	10.520	11.524	13.120	14.611	16.473	19.939	24.337	29.339	34.382	37.652	40.646	44.314	46.928

附录 3　　t 分布的分位数表

$$P(t(n) > t_\alpha(n)) = \alpha$$

n	α									
	0.40	0.25	0.10	0.05	0.025	0.01	0.005	0.002 5	0.001	0.000 5
1	0.325	1.000	3.078	6.314	12.706	31.821	63.657	127.32	318.31	636.62
2	0.289	0.816	1.886	2.920	4.303	6.965	9.925	14.089	23.326	31.598
3	0.277	0.765	1.638	2.353	3.182	4.541	5.841	7.453	10.213	12.924
4	0.271	0.741	1.533	2.132	2.776	3.747	4.604	5.598	7.173	8.610
5	0.267	0.727	1.476	2.015	2.571	3.365	4.032	4.773	5.893	6.869
6	0.265	0.727	1.440	1.943	2.447	3.143	3.707	4.317	5.208	5.959
7	0.263	0.711	1.415	1.895	2.365	2.998	3.49	4.019	4.785	5.408
8	0.262	0.706	1.397	1.860	2.306	2.896	3.355	3.833	4.501	5.041
9	0.261	0.703	1.383	1.833	2.262	2.821	3.250	3.690	4.297	4.781
10	0.260	0.700	1.372	1.812	2.228	2.764	3.169	3.581	4.144	4.587
11	0.260	0.697	1.363	1.796	2.20	2.718	3.106	3.497	4.025	4.437
12	0.259	0.695	1.356	1.782	2.179	2.681	3.055	3.428	3.930	4.318
13	0.259	0.694	1.350	1.771	2.160	2.650	3.012	3.372	3.852	4.221
14	0.258	0.692	1.345	1.761	2.145	2.624	2.977	3.326	3.787	4.140
15	0.258	0.691	1.341	1.753	2.131	2.602	2.947	3.286	3.733	4.073
16	0.258	0.690	1.337	1.746	2.120	2.583	2.921	3.252	3.686	4.015
17	0.257	0.689	1.333	1.740	2.110	2.567	2.898	3.222	3.646	3.965
18	0.257	0.688	1.330	1.734	2.101	2.552	2.878	3.197	3.610	3.992

续 表

n	α									
	0.40	0.25	0.10	0.05	0.025	0.01	0.005	0.002 5	0.001	0.000 5
19	0.257	0.688	1.328	1.729	2.093	2.539	2.861	3.174	3.579	3.883
20	0.257	0.687	1.325	1.725	2.086	2.528	2.845	3.153	3.552	3.850
21	0.257	0.686	1.323	1.721	2.080	2.518	2.831	3.135	3.527	3.819
22	0.256	0.686	1.321	1.717	2.074	2.508	2.819	3.119	3.505	3.792
23	0.256	0.685	1.319	1.714	2.069	2.500	2.807	3.104	3.485	3.767
24	0.256	0.685	1.318	1.711	2.064	2.492	2.797	3.091	3.467	3.745
25	0.256	0.684	1.316	1.708	2.060	2.485	2.787	3.078	3.450	3.725
26	0.256	0.684	1.315	1.706	2.056	2.479	2.779	3.067	3.435	3.707
27	0.256	0.684	1.314	1.703	2.052	2.473	2.771	3.057	3.421	3.690
28	0.256	0.683	1.313	1.701	2.048	2.467	2.763	3.047	3.408	3.674
29	0.256	0.683	1.311	1.699	2.045	2.462	2.756	3.038	3.396	3.659
30	0.256	0.683	1.310	1.697	2.042	2.457	2.750	3.030	3.385	3.646
40	0.255	0.681	1.303	1.684	2.021	2.423	2.704	2.971	3.307	3.551
60	0.254	0.679	1.296	1.671	2.000	2.390	2.660	2.915	3.232	3.460
120	0.254	0.677	1.289	1.658	1.980	2.358	2.617	2.860	3.160	3.373
∞	0.253	0.674	1.282	1.645	1.960	2.326	2.576	2.807	3.090	3.291

附录4 变量控制图的常数

样本量 n	A	A_2	A_3	c_4	$1/c_4$	B_3	B_4	B_5	B_6	d_2	$1/d_2$	d_3	D_1	D_2	D_3	D_4
2	2.121	1.880	2.659	0.797 9	1.253 3	0	3.267	0	2.606	1.128	0.886 5	0.853	0	3.686	0	3.267
3	1.732	1.023	1.954	0.886 2	1.128 4	0	2.568	0	2.276	1.693	0.590 7	0.888	0	4.358	0	2.574
4	1.500	0.729	1.628	0.921 3	1.085 4	0	2.266	0	2.088	2.059	0.485 7	0.880	0	4.698	0	2.282
5	1.342	0.577	1.427	0.940 0	1.063 8	0	2.089	0	1.964	2.326	0.429 9	0.864	0	4.918	0	2.114
6	1.225	0.483	1.287	0.951 5	1.051 0	0.030	1.970	0.029	1.874	2.534	0.394 6	0.848	0	5.078	0	2.004
7	1.134	0.419	1.182	0.959 4	1.042 3	0.118	1.882	0.113	1.806	2.704	0.369 8	0.833	0.204	5.204	0.076	1.924
8	1.061	0.373	1.099	0.965 0	1.036 3	0.185	1.815	0.179	1.751	2.847	0.351 2	0.820	0.388	5.306	0.136	1.864
9	1.000	0.337	1.032	0.969 3	1.031 7	0.239	1.761	0.232	1.707	2.970	0.336 7	0.808	0.547	5.393	184	1.816
10	0.949	0.308	0.975	0.972 7	1.028 1	284	1.716	0.276	1.669	3.078	0.324 9	0.797	0.687	5.469	.223	1.777
11	.905	0.285	0.927	0.975 4	1.025 2	321	1.679	0.313	1.637	3.173	3 152	.787	0.811	5.535	0.256	1.744
12	0.866	0.266	0.886	0.977 6	1.022 9	.354	1.646	0.346	1.610	3.258	0.306 9	0.778	0.922	5.594	0.283	1.717
13	0.832	0.249	0.850	0.979 4	1.021 0	0.382	1.618	0.374	1.585	3.336	0.299 8	0.770	1.025	5.647	0.307	1.693
14	0.802	0.235	0.817	0.981 0	1.019 4	0.406	1.594	0.399	1.563	3.407	0.293 5	0.763	1.118	5.696	0.328	1.672
15	0.775	0.223	0.789	0.982 3	1.018 0	0.428	1.572	0.421	1.544	3.472	0.288 0	0.756	1.203	5.741	0.347	1.653
16	0.750	0.212	0.763	0.983 5	1.016 8	0.448	1.552	0.440	1.526	3.532	0.283 1	0.750	1.282	5.782	0.363	1.637
17	0.728	0.203	0.739	0.984 5	1.015 7	0.466	1.534	0.458	1.511	3.588	0.278 7	0.744	1.356	5.820	0.378	1.622
18	0.707	0.194	0.718	0.985 4	1.014 8	0.482	1.518	0.475	1.496	3.640	0.274 7	0.739	1.424	5.856	0.391	1.608
19	0.688	0.187	0.698	0.986 2	1.014 0	0.497	1.503	0.490	1.483	3.689	0.271 1	0.734	1.487	91	0.403	1.597
20	671	0.180	0.680	0.986 9	1.013 3		1.490	0.5	1.470	3.735	0.267 7	0.729	1.		15	1.585
21	0.655	0.173	0.663	0.987 6	1.012 6	0.523	1.477	0.516	1.459	3.778	0.264 7	0.724	1.605	5.951	0.425	1.575

续　表

样本量 n	A	A_2	A_3	c_4	$1/c_4$	B_3	B_4	B_5	B_6	d_2	$1/d_2$	d_3	D_1	D_2	D_3	D_4
22	0.640	0.167	0.647	0.988 2	1.011 9	0.534	1.466	0.528	1.448	3.819	0.261 8	0.720	1.659	5.979	0.434	1.566
23	626	0.162	0.633	9 887	1.011 4		1.455	0.539	1.438	3.858	0.259 2	0.716	1.710	6.006	0.443	1.557
24	0.612	0.157	0.619	0.989 2	1.010 9	0.555	1.445	0.549	1.429	3.895	0.256 7	0.712	1.759	6.031	0.451	1.548
25	0.600	0.153	0.606	0.989 6	1.010 5	0.565	1.435	0.559	1.420	3.931	0.254 4	0.708	1.806	6.056	0.459	1.541